현대 국제군축법의 이론과 실제

이용호

Theory and Practice of
Contemporary International Disarmament Law

박영사

머 리 말

1992년 스웨덴의 스톡홀름 국제평화연구소Stockholm International Peace Research Institute를 방문해서 받았던 충격은 아직까지도 고스란히 필자의 가슴속에 남아 있다. 그 당시까지만 하더라도 국내에서는 군축을 화두로 삼는 것 자체가 수용되기 어려운 시기였고, 그렇다보니 군축 관련 법률 문헌자료를 접하는 일 또한 쉽지 않은 때였다. 이러한 국내적 상황 속에 젖어 있다가, 그 연구소 도서관을 가득 채운 수천 권의 군축 관련 문헌을 보는 순간, 정말이지 깜짝 놀랐고, 어떻게 하면 이 자료들을 최대한 많이 국내로 가져갈 수 있을까 하는 욕심밖에 들지 않았다. 특히 그 연구소에서 근무하고 있던 화학무기 전문가인 스톡Thomas Stock 박사를 만났는데, 그가 보여준 군축연구에 대한 열정으로부터 큰 자극을 받았다.

그 후부터 지금까지 오랜 기간 동안 군축 관련 연구에 매진해왔다. 그러던 중 최근 들어 아래와 같은 이유에서 그간의 연구를 정리하고 싶은 강한 소망을 가지게 되었다.

무엇보다도 지도 교수님께서 주신 숙제를 매듭짓고 싶었다. 1990년 박사학위과정을 수료할 무렵, 지도 교수님께서는 당신께서 미처 다루지 못하셨다고 하시면서 제자인 필자에게 국제군축법 분야에 대한 공부를 해보도록 권유하셨다. 그것은, 지도 교수님께서 평생 연구해 오신 무기류의 사용만을 다루는 국제인도법 분야에 보태어 필자에게 국제인도법과 국제군축법이라는 양 접근방법을 통해 무기류에 대한 통제를 포괄적으로 다루어 보라는 의미였다. 지도 교수님께서는 이미 오래 전에 작고하셨지만, 그 숙제를 해결해 보고 싶었다.

그리고 국제군축법을 30년 이상 연구해 온 학자로서 스스로 지고 있는 강한 소명의식 때문이다. 30년 이상 핵무기를 포함한 무기규제의 영역을 연구해 온 사람으로서, 군축 관련 현안에 대해 그 해결을 위한 하나의 기준으로서 군축 관련 규범을 쉽게 정리 · 분석해서 소개하는 것이 스스로 해야 할 최소한의 소명이라고 생각하였다.

끝으로 현실적 필요 때문이다. 현재 근무 중인 법학전문대학원에서 개설하는 '국제군축법'이라는 교과목의 교재를 마련하고 싶었다. 그러면서 동시에 이 책이 오늘날 뜨거운 감자인 '북한의 핵문제'의 해결을 위한 국제법적 지침서로 활용되길 바랐다. 사실 군축 관련 현안이 발생할 때마다 국제정치학적 접근을 통한 제안은 수없이 많았지만, 국제법적 관점에서의 접근은 전반적으로 미흡한 실정이었다.

이 책을 준비하는 최근 몇 년 동안, 군축 영역에서도 큰 변화가 일어났다.

핵무기의 전면적 금지를 명령하는 '핵무기금지조약TPNW'이 2017년 9월에 서명을 위해 개방되었고, 또한 현재 핵무기를 사실상 보유하고 있는 9개 국가 모두에게 핵무기의 감축에 동참하도록 요청하는 움직임이 일어나고 있다. 지금까지 핵무기의 실질적 감축 노력이 주로 미국과 구소련또는 러시아 간에만 이루어져 왔음을 감안하면, 이 또한 하나의 새로운 현상이라고 평가할 수 있다.

반면 또다시 군비경쟁을 알리는 좋지 않은 소식도 있다. 미국 · 러시아 · 중국 등 강대국들은 앞 다투어 새로운 성능을 지닌 신무기들을 속속 개발하고 있다. 또 드론과 같은 자동화 기기가 실제 군사작전에 광범위하게 활용되고, 나아가 핵무기 등 대량파괴무기와의 결합으로 발전하고 있다. 특히 핵무기가 사이버공간과 연계되는 경우 내지 테러리스트들의 수중으로 들어가는 경우는 대재앙이라고 할 수 있다. 아울러 현재 가동 중인 435기의 민수용 원자로의 수도 계속 늘어날 것으로 예상된다.

한편, 국내적으로도 '북한의 핵문제'가 새로운 국면을 맞았다. 2017년 11월 북한은 '핵무장의 완성'을 선언하였는데, 그것은 "북한이 보유한 핵무기를 어떻게 해결할 것인가?" 하는 엄청나게 어려운 숙제를 남겼다. 실제로 2018년 이후의 3차례의 남북정상회담과 2차례의 북미정상회담에도 불구하고, '북한의 핵문제'는 아직까지 진행형이다. 나아가 '북한 핵문제' 속에는 기본적으로 검증문제가 내포되어 있어, 그 해결은 그만큼 더 어렵다. 최근의 어느 한 학술회의에서 "북한 핵무기의 해결책이 무엇인가?"라는 질문을 받고, "해답이 없는 것이 해답입니다."라는 참으로 궁색하기 그지없는 답변을 했던 일은 스스로 생각해도 부끄러운 일이었다.

이상과 같은 이유와 국내외적 변화들을 반영하면서 이 책을 준비해 왔다. 그러나 처음 시작 단계에서 마음먹었던 것과는 달리 필자의 역량 부족 탓인지 많이 부족함을 느낀다. 후학 및 독자 분들의 고견과 질책을 기대한다.

이 책은 일반인들조차도 쉽게 이해할 수 있도록 군축 관련 규범을 정리 · 분석해서 소개하는 데 초점을 맞추고 있다. 실제로 무기류에 대한 규범적 규제는 국제군축법과 국제인도법에 의한 접근이 가능한데, 즉 전자는 무기류의 평시 규제로서 평시 특정 무기의 개발 · 제조 · 보유 · 비축 · 이전 · 폐기 · 실험 등의 규제를, 후자는 무기류의 전시 규제로서 전시 그 사용의 규제를 각각의 범주로 한다. 이 책에서는 전자를 중심으로 다루면서, 특별히 핵무기에 관해서만 그 사용문제까지를 포함하고 있다. 왜냐하면 핵무기는 그 대량파괴적 효과에 비추어 그 사용도 국제군축법의 범주에 포함시켜 다루는 것이 일반적이기 때문이다.

이 책은 총 4개의 편으로, 세분하면 총 23개의 장으로 구성되어 있다. 제1편에서는 군비축소의 일반론을, 제2편에서는 핵무기와 국제군축법을, 제3편에서는 생물 · 화학무기와 국제군축법을, 제4편에서는 재래식무기와 국제군축법을 다루고 있다.

제1편은 총론에 해당되는 것으로서, 국제군축법의 '이론' 부분이다. 제2~4편은 각론에 해당되는 것으로서, 국제군축법의 '실제' 부분이다. 아마 '이론' 부분인 제1편은 다소 생소하고 때때로 지루한 느낌마저 들지도 모르겠는데, 특히 '검증' 부분이 그럴 것이다. 반면 '실제' 부분인 제2~4편은 흥미진진한 부분이 될 것 같은데, 특히 '핵무기' 부분이 그럴 것이다.

독자 분들께서 이 책을 읽으면서 지루하지 않았으면 한다. 또한 이 책이 국제군축법의 발전에 작은 보탬이 되었으면 좋겠다.

동시에 지난 74년간의 핵무기미사용의 역사를 오해함으로써 자칫 오늘날의 핵위협상황을 간과하지 않기를 희망한다. 앞으로 북한의 핵무기뿐 아니라 각국의 핵무기를 더 효과적으로 규제하기 위한 다양한 노력을 경주함으로써 '핵무기 없는 세상', 즉 '핵무기 제로Zero인 세상'을 꿈꾼다.

끝으로 이 책의 교정을 맡아 수고해 준 배상철 교수와 박석현 기자 그리고 권중한 변호사에게 고마움을 전한다. 또한 어려운 출판여건에도 불구하고 이 책의 출판을 흔쾌히 허락해 준 박영사와 편집진 여러분의 노고에 깊은 감사의 마음을 올린다. 늘 함께 해 준 아내와 세 아이들에게 사랑한다는 말과 함께 이 결실을 함께 나누고자 한다.

존경하는 고 정운장 선생님의 영전에 이 책을 바친다.

2019년 3월

압량벌 연구실에서, 이 용 호

「이 저서는 2016년 대한민국 교육부와 한국연구재단의 지원을 받아 수행된 연구임(NRF－2016S1A6A4A01020519)」

목 차

1편

군축의 일반론

제1장

군축의 일반적 성질

국제연맹시대 이래 국제사회는 군비축소[disarmament, 군축]를 실현하기 위하여 많은 노력을 기울여 왔던 바, 약 45개 이상의 군축조약이 체결되는 등 이 분야는 큰 진전을 보였다.

오늘날 군축은 ① 전쟁의 발발 가능성을 감소시킴으로써 국제평화와 안전을 유지할 수 있다는 점, ② 부득이하게 전쟁이 발발하더라도 그 피해를 제한할 수 있다는 점, ③ 군사비[軍事費]를 감소시킴으로써 그만큼의 재원을 사회보장 영역으로 전용할 수 있다는 점 등에서 의의를 가진다. 이 가운데 가장 중요한 측면은 '전쟁의 발발 가능성을 줄이는 점'이라고 일반적으로 인식되고 있다.

따라서 오늘날 군축은 국제평화와 안전을 유지·촉진하는 한 수단이면서, 동시에 안전보장제도의 한 축으로서의 의미를 가진다고 하겠다.

따라서 본 장에서는 군축의 용어와 정의·대상·방법, 군축조치의 분류, 군축기구, 군축과 군사비용, 군축의 한계 등 군축의 일반적 성질에 관해 살펴본다.

I 군축의 용어와 정의

역사의 기록에 따르면, 군축의 기원은 기원전 1,100년경까지 거슬러 올라가기도 한다. 이는 그 당시 고대 이스라엘인[Israelite]들과 필리스티아인[Philistine, 팔레스티나 해안지역에 정주한 호전적 종족]들 간에 철의 사용을 제한하였다는 사실로부터 추론하는 입장이다. 또한 기원전 5세기경, 스파르타인들이 아테네인들에게 '새로운 성곽의 구축을 억제할 뿐만 아니라 기존의 것도 헐어 내리는 자신의 노력에 동조할 것'을 제안한 기록으로부터 그 기원을 찾는 견해도 있다.

이상과 같은 군축의 기원을 둘러싼 논의에도 불구하고, 군축의 중요성이 일반적으로 강조된 것은 '군축에 관한 일반적 의무 규정'국제연맹 규약 제1조 1항, 제8조 1항 · 2항 · 4항을 두었던 국제연맹시대 이래의 일이라고 이해되고 있다. 그 후 유엔국제연합, UN 헌장에서도 '일련의 군축 관련 규정'동 헌장 제11조 1항 · 제26조 및 제47조을 둠으로써 군축의 중요성을 강조하였다. 이들 양 기구의 군축 관련 규정을, 단지 외형적으로만 단순 비교하면, 유엔 헌장의 군축 관련 규정이 국제연맹 규약보다 소극적임을 알 수 있다.

그러나 유엔 헌장 채택 이후에 등장한 원자탄과 그의 확산은 국제사회로 하여금 군축에 대한 새로운 시각을 갖도록 요구하는 획기적 계기가 되었다. 즉 핵무기시대에서의 군축은 국제평화와 안전을 보장하는 필연적 실천과제로 인식되었던 것이다.

그렇다면 군축이란 무엇인가? 이를 위해서는 아래의 2가지 측면에서의 이해가 선행될 필요가 있다.

먼저 시대와 학자에 따라서, 군축이라는 용어 이외에도 다양한 용어가 사용되어져 왔다는 사실이다. 특히 제2차 세계대전 이후 군축이라는 용어뿐 아니라 '군비통제'arms control, '군비규제'regulation of armaments, '부분적 군축'partial disarmament 또는 '부수적 군축조치'collateral measures of disarmament 등 다양한 용어가 병용되어지고 있다는 점이다.

다음으로 상기와 같이 다양한 용어로 표현되는 군축 등의 용어에 대한 정의가 매우 다의적이라는 점이다.

전통적으로 군축이란 군비의 축소 및 제한군비의 철폐는 제외으로 이해되어 왔다. 즉 군축은 현실 국제정치의 실질적인 측면을 반영하면서 군비의 양적 측면을 규율하는 것으로 해석되었던 것이다. 그러나 군비의 양적 측면만을 강조하는 군축의 전통적 개념에 바탕을 두고서는 도저히 포괄할 수 없는 다양한 조치, 예컨대 군비의 질적 조치 및 통제조치가 제2차 세계대전 이후의 각종 군축협상에서 나타나게 되었다는 사실이다. 따라서 국제사회는 상기의 다양한 조치를 포괄할 수 있는 새로운 용어를 사용하기 시작하였던 것이다.

이러한 대표적 경우가 바로 미국에 의한 '군비통제' 내지 구소련에 의한 '부분적 군축'이라는 용어였는데, 이들은 1950년대에 들어서면서 군축과 대립하는 개념으로 사용되었다. 예컨대 '군비통제'란 군비에 관한 규제조치 · 동결조치 · 감시조치 · 사찰 등의 검증조치뿐만 아니라 긴장완화조치 · 국제적 의사소통의 조치 및 침략의 억제를 위한 부분적 군비강화조치 등까지도 포함하는 개념으로서,[1] 각국의 자발적 조치로부터 조약에 따른 조치까지를 두루 망라하는 것으로 이해되었던 것이다.

이러한 군비통제라는 개념을 전통적 군축의 개념과 단순히 외형적으로 구분해 보면, 군축은 군비의 축소와 같은 양적 측면에 중점을 두고 있는 개념으로 이해되었던 반면, 군비통제는 군비의 양적 측면뿐만 아니라 질적 측면에서의 관리까지도 포함하는 개념으로 이해되었던 것이다.

그러나 1950년대 중반을 거치면서 나타난 군축사의 또 하나의 특징은, 군비의 양적 조치는 물론이고 나아가 군비의 질적 조치 또는 관리조치까지도 군축이라는 이름으로 다루어지기 시작하였다는 점이다. 즉 군축의 개념이 상당히 확대되기 시작하였던 것이다.

이상과 같은 제2차 세계대전 이후에 나타난 다양한 군축조치에 대한 외형적 검토에 덧붙여서, 이 용어들이 현실적으로 어떻게 사용되어지고 있는지에 관한 다양한 실태를 고찰하는 것은 군축의 의미를 정확하게 이해하는 데 필요하다.

① 미국에서는 군축보다는 군비통제라는 용어를 일반적으로 사용하고 있다. 예를 들면, 해들리[Arther T. Hadley]는 자신의 저서에서 군축이라는 용어 대신 군비통제라는 용어를 의도적으로 사용하고 있는 이유를 다음과 같이 설명하고 있다. 즉 "군축은 그 중점이 무기와 군대의 실질적 축소에 있으며, 그 목적은 모든 군비의 완전한 철폐에 있다. 반면에 군비통제는 전쟁의 가능성 및 잔인성을 감소시키기 위한 일국의 군사정책의 한 방침인 것이다. 결국 군축은 군비통제정책의 일부이며, 물론 경우에 따라서 군비통제정책의 최종 단계일 수도 있지만 반드시 그러한 것은 아니다. 어떤 특정한 새로운 무기 및 군대를 통제하는 것이 그러한 것을 축소하는 것보다 세계평화를 위하여 유익할 때가 종종 있기 때문이다."라고 설명하고 있다.[2]

---

1 군비통제란 전쟁의 발발을 방지하고, 그 가능성을 축소하며, 또한 전쟁준비비용을 제한하고, 나아가 만약 전쟁이 발발하면 전쟁으로부터의 영향 내지 결과를 가능한 한 축소하며, 강대국 간의 군사적 균형을 유지함과 동시에 군비의 경쟁을 관리하는 것을 망라하고 있다는 것이다. 즉 국가들이 군비로부터의 위험을 감소시키기 위하여 수행하는 협상과 합의 등을 통해 안전과 안보를 추구하는 과정을 의미한다는 것이다.

2 해들리에 의하면, 군축이란 군비를 축소 또는 폐기하는 것이고, 반면 군비통제란 군비정책의 특

반면 이러한 해들리의 주장과는 달리, 마틴Andrew Martin은 군비통제라는 용어를 사용하는 데 강력히 반대하고 있다. 그는 "군비통제라는 관념을 도입함으로써 군축과 군비통제가 분리되며, 따라서 군축과 군비통제 간의 연속성을 단절시킴으로써 군비통제로부터 군축으로 나아간다는 생각을 부정하게 되기 때문이다."라는 논리적 이유를 들고 있다. 이러한 이유에서 군비통제라는 용어의 사용에 비판적인 학자들은 군축을 광의로 해석하거나, 또는 군축과의 관계가 비교적 명확한 '부분적 군축' 또는 '부수적 군축조치'라는 용어를 즐겨 사용하고 있는 것이다.

② 유엔에서는 '군축', '군비규제' 및 '부수적 군축조치' 등의 용어가 일반적으로 사용되고 있으며, 제네바군축회의에서도 마찬가지이다.

③ 구소련, 과거의 동구국가 및 비동맹국가에서는 군비통제라는 용어를 거의 사용하지 않고 있으며, 또한 기타 서구국가에서도 군비통제라는 용어를 미국만큼 일반적으로 사용하지 않고 있다. 이처럼 군비통제라는 용어는 미국 이외에는 일반적으로 사용되지 않고 있다.

④ 일본에서는 군비통제라는 용어가 전문용어로서 사용되기도 하나, 일반적으로는 군축이라는 용어를 사용하고 있다.

⑤ 우리나라의 경우, 외교부의 '군축비확산담당관실'에서 군축비확산 관련 업무를 수행하고 있다고 공시하고 있다.[3] 따라서 '군비통제'라는 용어 대신 '군축'이라는 용어를 사용하고 있음을 볼 수 있다. 또한 학계의 경우를 살펴보면, 국제정치학회 등에서는 '군비통제'라는 용어를 일반적으로 사용하고 있는 반면, 국제법학회에서는 '군축'이라는 용어를 사용하고 있음을 알 수 있다.

이상을 종합적으로 판단해 볼 때, 군비통제라는 개념에는 전쟁 발발의 가능성을 감소시키는 조치라든가 또는 전쟁의 발발 시 전쟁으로부터의 위해를 감소시키기 위한 조치 등 군비와는 직접적 관계가 없는 조치마저도 내포되기 때문에, 군축보다는 군비통제가 보다 광의의 의미로서, 따라서 양 개념은 구분된다는 견해가 다수를 차지하고 있는 것으로 보인다.[4]

징·개발·사용에 대해 국제적으로 행사되는 억제를 의미한다는 것이다.

3 대한민국 외교부에서 사용하고 있는 '군축비확산담당관실'이라는 용어로부터 아래를 추론할 수 있다. 먼저 군축과 비확산이 대등하게 열거됨으로써, 군축의 개념에 비확산이 포함되지 않는다는 것이다. 다음으로 비확산 등 질적 군축은 군축의 개념에 포함되지 않고 있다는 점이다. 즉 군축은 주로 양적 측면을 중심으로 하고 있다는 것이다. 결국 외교부의 해석은 군축의 개념을 협의로 해석하고 있는 것으로 보인다.

그러나 군축과 군비통제 양 개념을 구분할 실익은 크지 않으며, 군축의 개념을 광의로 해석함으로써 양 개념을 유사한 의미로 이해할 수도 있을 것이다. 그 이유는 아래와 같다.

첫째 오늘날 군축의 개념이 상당히 확대되어 나타나고 있다는 점이다. 많은 군축 관련 회의에서 군비의 질적 조치 또는 관리조치까지도 군축이라는 범주에서 다루어지고 있으며, 관련 전문서에서도 유사한 기조를 유지하고 있다는 점이다. 둘째 군축과 군비통제라는 양 개념을 구분할 실익이 크지 않다는 점이다. 상술한 바와 같이 전통적 의미의 군축개념만으로는 포괄할 수 없는 새로운 현상을 설명하기 위하여 군비통제라는 용어가 등장하였다는 점과 현실적으로 미국을 제외하고는 군비통제라는 용어를 일반적으로 사용하지 않고 있다는 점에 비추어 볼 때, 군축과 군비통제를 구분할 실익이 많지 않다는 점이다. 끝으로 군축의 의미를 '군비의 축소와 제한은 물론 철폐 등의 양적 조치는 물론이고, 나아가 관리 등의 질적 조치를 포괄하는' 개념으로 이해한다면, 군축 또는 군비통제라는 용어를 유사한 의미로 수용할 수 있다는 점이다. 이 경우 용어의 사용에 대한 통일성을 기할 수 있는 장점을 가진다고 할 수 있다.

Ⅱ 군축의 대상

군축의 대상은 무엇인가? 그러나 국제연맹시대에는 일국이 보유하고 있는 군대와 군수품, 즉 군사력의 총체가 군축의 대상으로 간주되었다. 이러한 국제연맹시대의 군축의 대상이 유엔시대에도 그대로 수용되고 있다. 그러나 제2차 세계대

4 예컨대 강 호 박사는 자신의 박사학위논문에서 군축과 군비통제를 구별하여 설명하고 있다. 군축이란 현재 보유 중인 군사력 전반 또는 특정 무기체계를 감축 또는 폐기하는 것으로서, 군비의 완전한 제거를 통해 안전보장을 달성하는 것을 목표로 하는 것이라고 설명하고 있다. 반면, 군비통제는 국가 간에 군사력 전반 또는 특정 무기체계의 개발·배치·운용수준을 상호 협의하여 조절하는 것으로서, 완전하고 포괄적인 군축을 통해서가 아니라 군비경쟁을 적정 수준으로 관리함으로써 전쟁을 회피하는 것을 목표로 한다는 것이다. 따라서 군비통제는 군축에 비해 보다 일반적 개념으로서, 군비통제는 반드시 군비의 감축을 의미하지 않음으로써 군비통제의 결과 특정국의 군비가 증가하는 경우도 포함될 수 있으며, 통상적으로 정치적·군사적 신뢰관계가 일정 수준에 도달한 이후에 본격적인 군비통제가 가능하다고 보고 있다.

전 와중에 등장한 핵무기로 인해,[5] 유엔시대의 군축의 대상은 새로운 논의를 필요로 하게 되었다.

유엔시대에서 군축의 대상으로 가장 우선시되는 것은 대량파괴무기 중에서 특히 핵무기이다. 전후 핵무기를 둘러싼 다양한 군축 노력이 계속되어 왔으며, 특히 이 분야는 유엔시대에서 군축 노력의 가장 중추적인 분야를 차지하고 있다.

핵무기를 둘러싼 통제는 다양하게 전개되었는데, 핵무기의 포괄적 금지를 규정하고 있는 '핵무기금지조약'을 비롯하여 미국과 구소련또는 러시아 간에 전개되었던 핵무기의 적극적 감축조치, 핵무기비확산조약을 핵심으로 하는 핵무기확산의 통제, 비핵지대의 설치, 핵실험의 통제, 핵무기의 사용금지, 핵물질 등의 수출통제체제의 설립, 대량파괴무기확산방지안보구상의 설립, 미사일기술통제체제를 기초로 하는 운반체의 통제 등이 그것이다.

또한 핵무기를 제외한 대량파괴무기, 즉 생물·화학무기에 관한 군축문제도 베트남전쟁을 계기로 국제사회의 관심이 집중된 이래, 1972년 '생물무기협약' 및 1993년 '화학무기협약'이 각각 체결됨으로써 단일의 무기분야에 대한 완전한 법적 통제가 이루어지게 되었다.

또한 재래식무기에 관해서는 20세기 초까지만 해도 거의 불모지의 상태로 있다가, 1980년 '특정재래식무기사용규제협약', 1990년 '유럽에서의 재래식군비의 제한에 관한 조약', 1997년 '대인지뢰금지협약' 및 2008년 '집속탄금지협약', 2013년 '무기거래금지조약' 등이 체결된 상태이다. 그러나 아직까지 재래식무기를 둘러싼 규제는 미흡한 실정이다.

Ⅲ 군축의 방법

군축은 어떠한 방법으로 실현되고 있는가? 국제연맹시대의 군축은 비율에 의한 방법과 개별적 방법,[6] 직접적 방법과 간접적 방법,[7] 양적 방법과 질적 방법,[8]

5 제2차 세계대전 이후, 국제사회는 냉전시대를 거쳐 평화공존과 긴장완화의 시대로 변화되어 왔으며, 또한 제3세계 국가그룹의 등장, 구소련의 붕괴 등에 따른 새로운 질서를 형성하고 있다. 또한 핵무기를 포함한 특정 무기의 개발 또는 기술적 진전이 두드러졌다는 특성을 보이고 있다.

6 비율에 의한 방법이란 각국의 군비를 퍼센트(percent)에 의해 감축하는 것으로서, 가장 완전한

군비휴가armament building holidays 9 및 정신적 군축moral disarmament 10 등으로 대별할 수 있었다. 그러나 유엔시대에 들면서 당시의 제반 현상을 반영할 수 있는 새로운 군축방법이 요구되었던 것이다.

사실 국제연맹시대는, 예컨대 '해군군축조약'이라는 명칭에서 잘 나타나는 바와 같이, 육·해·공군의 각각의 군비를 대상으로 군축이 시도되었음은 잘 알려진 사실이다.

반면 유엔시대에는 '일반적이고 완전한 군축'이라는 포괄적 방법을 채용하여 군축을 시도하였음을 볼 수 있다. 물론 이러한 포괄적 방법을 통한 군축의 달성이 현실적으로 거의 불가능하였기 때문에, 1960년대에 들면서 부분적 군축으로 전환되어 오늘에 이르고 있다. 하지만 포괄적 군축이라는 군축프로그램이 구상되었다는 점은 하나의 두드러진 특징이라고 할 수 있다.11

이러한 유엔시대에 군축을 이행하는 구체적 방법은 조약, 유엔 총회의 결의 및 일방적 조치 등 3가지 형태로 대별할 수 있다. 먼저 조약은 군축을 이행하는 가장 일반적이고 확실한 방법이다. 제2차 세계대전 이후의 군축협상을 통해 다수의 군축조약이 체결되었던 바, 그것은 다자조약과 지역적 조약 및 양자조약의 형식으로 망라되고 있다. 다음으로 유엔 총회의 결의는, 비록 법적 구속력은 없지만, 무엇이 법인가에 대한 의견을 구체화함으로써 간접적으로 국제군축법의 법원이 된다는 점, 법의 점진적 발달 및 관습법 형성의 기초가 된다는 점 등에서 매우 중요하다. 이러한 점에서 군축에 관한 매우 많은 결의가 유엔 총회에서 채택되었던 바, 유엔 총회의 결의도 군축을 실현하는 데 큰 공헌을 하여 왔다고 평가

방법은 100% 전량을 폐기하는 '일반적이고 완전한 군축'이다. 반면 개별적 방법이란 각국의 지리적 위치 내지 제반의 사정을 참조하여 행하는 군축을 의미한다.

7 직접적 방법이란 병력과 군수품의 수량적 제한에 의한 군축을, 간접적 방법이란 주로 군사비 지출의 삭감, 군대 제도의 규제 또는 무기거래·제조의 국제적 규제 등에 의한 군축을 의미한다.

8 양적 방법이란 병력 또는 군수품의 수량을 직·간접적으로 제한하는 군축을, 질적 방법이란 공격적 성질을 가지는 무기인 탱크와 중포에 대한 특별한 규제를 가하기 위하여 1932년의 군축회의에서 미국 측 대표가 제안한 군축을 의미한다.

9 군비휴가란 일정 기간 동안 군비경쟁을 유보하는 합의를 의미한다.

10 정신적 군축은 1931년의 군축회의에서 폴란드의 제안에 따라 유래한 것으로서, '전투를 행하려는 의지'(will to fight)를 제한하는 것을 의미한다.

11 이러한 포괄적 접근은 제2차 세계대전을 고비로 등장하기 시작한 신무기, 특히 핵무기의 개발과 무기체계의 전반적 발달에 직면하여, 인류의 공존에 필요한 수준으로 군비를 감축하고자 하는 필요성에 기인한 것이다.

된다. 끝으로 국가가 일방적으로 실시하는 일방적 군축조치를 들 수 있는 바, 이것 또한 군축의 한 방법이라고 하겠다. 그러나 이러한 일방적 군축조치는 그 조치의 계속성과 안정성을 확보할 수 없다는 점과 그것이 법적 의무를 수반하지 않는다는 점에서 그 한계를 갖는다.

Ⅳ 군축조치의 분류

군축조치는 아래와 같이 다양하게 분류할 수 있다.

1. 핵무기 군축, 생물 · 화학무기 군축 및 재래식무기 군축

군축의 대상에 따라 핵무기 군축, 생물 · 화학무기 군축 및 재래식무기 군축 등으로 분류할 수 있다. 먼저 핵무기 군축이란 핵무기를 대상으로 한 군축으로서, 핵무기의 전면적 금지조치를 비롯하여 핵실험의 통제조치 · 핵무기의 확산방지조치 · 비핵지대의 설치조치 · 핵물질의 규제조치 · 운반체의 규제조치 · 핵무기사용의 규제조치 등을 포함한다. 특히 여기에는 핵무기의 사용규제가 핵군축에 포함되는가 하는 문제가 있다. 일반적으로 특정 무기의 사용금지라는 조치는 전시에 해적수단의 제한이라는 형태로 통상 전쟁법일명 국제인도법의 규율대상이다. 그러나 핵무기는 재래식무기와는 그 성질이 전혀 다르기 때문에 전쟁 상황을 전제로 한 해적수단의 제한이라는 접근방법으로는 그 통제가 매우 불충분하다고 할 수 있다. 따라서 핵무기의 사용금지라는 조치를 핵무기 군축의 범주에 포함시키고 있다. 다음으로 생물 · 화학무기 군축이란 생물 · 화학무기를 대상으로 한 것이며, 재래식무기 군축이란 재래식무기를 대상으로 한 군축을 의미한다.

2. 적극적 군축과 소극적 군축

군축의 형태에 따라 적극적 군축과 소극적 군축으로 분류할 수 있다. 적극적 군축이란 기존의 군비를 실질적으로 철폐 또는 감축하는 조치로서, 미국과 구소련또는 러시아 간에 체결된 각종 핵무기의 감축에 관한 조약과 '유럽에서의 재래식무기의 제한에 관한 조약' 등을 통한 군축이 여기에 포함된다. 반면에 소극적 군축이란 기존의 군비에서 더 이상의 확장을 방지하거나 또는 각종 관리조치를 취하는 경우로서, 오늘날 체결되어 있는 대부분의 다자조약을 통한 군축이 여기에 포함된다.

3. 일반적이고 완전한 군축과 부분적 군축

군축의 범위에 따라 일반적이고 완전한 군축과 부분적 군축으로 분류할 수 있다. 전자가 모든 군비를 철폐하는 것을 의미하는데 반하여, 후자는 특정 군비를 감축하는 것을 의미하고 있다. 가까운 장래에 전자를 실현하는 것이 불가능함을 인식하고, 국제사회는 1960년대부터 후자에 노력을 집중하고 있는 실정이다.

4. 양적 조치와 질적 조치

군축의 내용에 따라 양적 조치와 질적 조치로 분류할 수 있다. 이러한 분류는 군축조치를 분류하는 대표적인 형태이다.

먼저 군축의 양적 조치란 전통적으로 군축의 협상과정에서 가장 중요한 부분을 차지하여 온 것으로서, 이는 군축량의 정도에 따라서 철폐^elimination^ 또는 폐기^destruction^, 축소 또는 감축^reduction^, 제한^limitation^, 상한설정^ceiling^ 등으로 분류할 수 있다.

철폐 또는 폐기라는 조치는 군축의 최종 단계이며, 군비를 완전히 제거하는 조치이다. 이러한 조치가 모든 군비를 포괄하는 경우를 '일반적이고 완전한 군축'이라고 하며, 이러한 일반적이고 완전한 군축은 군축협상의 최종목표이다. 축소 또는 감축이라는 조치는 군비의 양을 현재보다 일정량을 감소시키는 것이지만, 철폐까지는 도달하지 않는 상태를 의미한다. 이 조치는 군축의 과정에서 가장 일반적인 것이다. 제한이라는 조치는 군비를 현재보다 증강하는 것을 금지하는 것으로서, 양적으로는 현재의 수준으로 동결시키는 조치이다. 즉 이것은 군비경쟁을 양적으로 정지시키는 것이다. 이 조치는 군축분야에서 한층 더 진보한 것으로서, 특히 핵무기와 관련하여 많은 제안이 논의되어 왔다. 상한설정이라는 조치는 특정 군비에 대하여 현재보다 높은 일정한 수준까지의 증가를 인정하지만, 그것 이상의 증가를 금지하는 것을 의미한다.

이상과 같은 양적 군축조치 가운데 철폐와 축소는 전통적으로 군축조치의 중요 부분으로 인식되어져 왔으며, 제한이라는 것도 군축의 진일보한 조치로 인식되어져 왔다. 반면 상한설정이라는 조치는 군축과는 반대의 방향으로 향하고 있는 것으로서, 일견 군축과는 모순되는 것으로 인식될 수 있다. 그러나 상한설정이라는 조치도 군비경쟁을 완화 내지 정지시키는 작용을 하고 있다고 할 수 있다. 왜냐하면 당해 군비의 전략적 가치가 급격히 증가되는 경우에도 그 수준 이상의 증강을 금지하는, 즉 장래 어느 시점에서는 군축의 방향으로 유도될 가능성을 포함하고 있기 때문이다. 따라서 상한설정이라는 조치도 광의의 군축의 개념에 포함시킬 수 있다.

다음으로 군축의 질적 조치는 군축에 대한 새로운 분야로서, 제2차 세계대전 이후의 군축협상에서 많이 제안되었다. 일반적으로 군축의 질적 조치는 일정한 활동을 금지하는 형태로 표출되고 있으며, 이러한 조치는 특정 국가가 지금까지 행하여 온 활동을 금지하는 '정지조치'와 특정 국가가 지금까지 행하고 있지 않는 활동을 미리 금지하는 '방지조치'로 구분된다. 예컨대 1963년의 부분적 핵실험금지조약은 미 · 영 · 소 3국에게는 정지조치가 되지만, 그 밖의 국가들에게는 방지조치가 되는 것이다. 이러한 양 조치 가운데 현대 국제군축법의 주류는, 핵무기비확산조약과 비핵지대에 관한 조약들에서 잘 나타나고 있는 것처럼, 방지조치이다.

V 군축기구

군축문제는 유엔의 군축기구와 제네바군축회의에서 주로 다루어져 왔으며, 그 밖에도 각종 보조기구에서 논의되어 왔다. 여기서는 군축과 관련된 제반문제를 다루고 있는 각종 군축기구에 대해 간략하게 살펴보고자 한다.

1. 유엔의 군축기구

유엔 총회는 군비를 규제하는 원칙을 포함하는 '국제평화와 안전을 유지하기 위한 협력원칙들'에 관하여 권고를 하거나 심의할 권한을 가지고 있다[동 헌장 제11조 1항]. 비록 유엔 헌장에서는 총회와 안전보장이사회에 공동으로 군축에 관한 특별한 임무를 규정하고 있으나, 1950년대 이래 유엔 총회가 실질적으로 주도권을 행사하여 왔다. 즉 유엔 총회는 군축문제를 입안하는 상설적 토론장으로서, 동시에 군축문제의 전반적 분야를 주도하고 권고하는 국제공동사회의 주요기관으로서, 그 역할을 수행하여 왔다.

이러한 유엔 총회는 제1위원회First Committee와 군축위원회Disarmament Commission라는 산하기구를 두고 있다. 먼저 정치와 안전보장 문제를 담당하고 있는 제1위원회는 유엔 총회의 보조기관으로서, 총회의 7개 주요위원회 중의 하나이다. 1978년에 개최된 군축문제만을 다루는 '제1차 군축특별회기'에서 유엔 총회는 제1위원회로 하여금 군축문제와 관련된 국제안보문제를 배타적으로 다루며, 또한 총회에서 채택할 결의안을 권고하도록 위임한 바 있다. 따라서 유엔의 모든 회원국으로 구성되는 제1위원회는 전술한 여러 문제를 다루기 위하여 매년 10월에서 11월 사이에 독자적으로 개최되고 있다. 다음으로 군축위원회는 1952년에 설치되었던 군축위원회를 승계한 유엔의 한 기관으로서, 군축문제를 다루기 위한 보조적인 토론장으로의 역할을 수행하고 있다. 동 위원회는 상기 '제1차 군축특별회기'의 최종문서군축위원회를 특별히 다시 설립할 것을 규정하고 있는에 따라 재설립되었으며, 군축분야에서의 다양한 문제들에 관하여 권고 · 심의하며, 동시에 총회에 결의를 촉구하는 기능을 수행하고 있다. 동 위원회는 유엔의 모든 회원국으로 구성되며, 전술한 여러 문제를 다루기 위하여 매년 5월에 약 4주간의 일정으로 뉴욕에서 독자적으로 개최되며, 또한 그 결과를 총회에 매년 보고하고 있다.

그 밖에 유엔 총회는 특정한 군축문제를 다루기 위하여 특별위원회Ad Hoc Committees를 설립할 것을 결정할 수 있는데, 이에 따라 1970년대에 2개의 특별위원회, 즉 '세계군축회의에 관한 특별위원회'Ad Hoc Committee on the World Disarmament Conference와 '인도양에 관한 특별위원회'Ad Hoc Committee on the Indian Ocean가 설립되었다. 먼저 전자는 세계군축회의의 개최에 관한 각국 정부의 의견과 제안을 검토하려는 목적으로 1973년에 설립되었다. 동 위원회는 40개 핵무기비보유국으로 구성되어 있으며, 매년 총회에 보고서를 제출하고 있다. 특별히 동 위원회는 핵무기보유국들과의 협력을 유지하기 위하여, 그들을 초청할 수 있다. 이 경우 핵무기보유국들은 기타 회원국과 동등한 권리를 향유한다. 그러나 세계군축회의의 개최를 둘러싼 국가 간의 접근방식에는 큰 차이예컨대 동 회의를 개최하는 데 필요한 조건이 갖추어져 있는가 하는 점 등가 있어, 오늘날까지 이 분야에서의 큰 진전은 이루어지지 못하고 있는 실정이다.

또한 유엔 총회는 1971년 '평화지역으로서의 인도양 선언'이라는 결의를 채택하였다. 그 결의의 주요내용은 인도양이 항시 평화지역으로 존재하여야 함을 명시하고 있으며, 동시에 동 결의의 목표를 수행하기 위하여 취하여질 실질적 조치에 관하여 언급하고 있다. 또한 총회는 1972년 또 다른 하나의 결의를 채택하였던 바, 그 결의는 1971년의 전기 결의에 대한 이행문제를 연구하기 위하여 '인도양에 관한 특별위원회'를 설치할 것을 주요내용으로 하고 있다. 따라서 동 결의에 의하여 '인도양에 관한 특별위원회'가 설립되었다. 동 위원회는 유엔 안전보장이사회의 상임이사국 모두를 포함한 48개 회원국으로 구성되어 있다. 따라서 동 위원회는, 1980년 이래 인도양과 관련한 각종 회의의 소집을 위하여 필요한 예비조사를 하는 등 약간의 활동을 수행하여 왔으나, 강대국 간의 상이한 접근방법으로 인하여, 그 기능이 중단된 상태이다.

2. 제네바군축회의

군축회의Conference on Disarmament는 전임기구10개국 군축위원회, 18개국 군축위원회, 군축위원회 회의의 군축에 관한 협상노력을 승계하여 1978년 '군축에 관한 위원회'Committee on Disarmament라는 명칭으로 설립되었다. 즉 1959년 미국 · 영국 · 프랑스 및 구소련 등 4대 강대국들은 동수의 동 · 서 국가로 구성되는 10개국 군축위원회를 창설할 것을 결정하였으며, 따라서 동년에 군축에 관한 10개국 군축위원회를 창설하였다. 10개국 군축위원회는 1960년 3월 제네바에서 최초로 회합을 가졌으며, 군축에 관한 많은 논의를 하였다. 그러나 동 10개국 군축위원회는 1960년 7월 27일 5개 서구국가의 대표들이 모두 철수함으로써 그 활동이 중단되었다. 1961년 12월 13일에 발표된 미국과 구소련의 공동제안에 따라 1961년 12월 20일 유엔 총회는 동 · 서 동수로 구성되는 18개국 군축위원회의 창설 등을 내용으로 하는 총회결의 1722(xvi)를 만장일치로 의결하였다. 따라서 10개국 군축위원회는 18개국 군축위원회로 재조직되었다. 18개국 군축위원회는 1962년 3월 15일부터 제네바에서 회합을 갖기 시작하여, 매년 지속적으로 모임을 가졌다. 1969년에 동 위원회는 군축위원회 회의The Conference of the Committee on Disarmament로 명칭이 바뀌었고, 그때 회원국의 수도 26개국으로 확대되었다. 그 구성국은 1975년에 31개국으로 재차 확대되었다. 1978년에 5개 핵무기보유국을 포함한 40개국으로 구성되는 '군축에 관한 위원회'가 군축위원회 회의의 협상노력을 승계하여 설립됨으로써, 현행 군축회의의 골격을 갖추었던 것이다. 또한 1984년 이래 '군축에 관한 위원회'는 다시 군축회의로 그 명칭이 변경되어 오늘에 이르고 있다.

제네바에서 회합을 갖고 있는 군축회의는 유엔과 독특한 관계를 맺고 있다. 즉 군축회의는 유엔 총회에서 행하여진 권고를 고려하면서 독자적인 절차규칙을 결정하고, 독자적인 의제를 개발할 뿐만 아니라 유엔 총회에 매년 보고를 하며, 필요한 경우에 개별적으로도 보고를 한다. 또한 군축회의의 사무총장은 유엔 사무총장에 의하여 임명되며, 군축회의의 사무총장은 개별적 대표기관으로서 행동하고 있다.

이러한 제네바군축회의는 1979년에 아래와 같은 10개 영역으로 구성된 영속적 의제에 동의한 바 있다. 따라서 아래의 소위 10개의 주요의제에 바탕을 둔 채, 군축회의는 당해 연도의 의제와 업무계획을 수립하고 있다.

① 핵무기
② 화학무기
③ 기타 대량파괴무기
④ 재래식무기
⑤ 군사예산의 감축
⑥ 군대의 감축
⑦ 군축과 발전
⑧ 군축과 국제적 안정
⑨ 신뢰의 확립 조치로서 효과적인 검증방법
⑩ 효과적인 국제통제하에서의 일반적이고 완전한 군축을 이끌기 위한 포괄적인 군축계획

3. 각종 보조기구

군축의 촉진을 위한 보조기구로는 유엔군축사무소[UN Office for Disarmament Affairs], 유엔군축연구소[UN Institute for Disarmament Research] 및 군축연구자문위원회[Advisory Board on Disarmament Studies]가 있다.

유엔군축사무소는 뉴욕에 위치하고 있으며, 군축문제를 다루는 유엔 사무국의 한 조직단위이다. 유엔군축사무소는 핵군축과 비확산 및 생물·화학무기에 관

한 군축체제의 강화는 물론 지뢰와 소형무기 등 재래식무기에 관한 군축의 촉진이라는 목표를 가지고 설립되었다. 유엔군축사무소는 1982년 '제2차 군축특별회기'를 통해 최초로 설립된 이래, 조직화의 과정1982년~1992년, 정치국 산하의 센터1992년~1997년, 군축국1997년~2007년 등의 과정을 거쳐, 2007년부터 유엔군축사무소로 명명되었다. 동 사무소의 역할은 군축과 관련하여 유엔 헌장에 규정된 사무총장의 일반적 기능으로부터 파생되고 있는 바, 사무총장에게 직접적으로 보고하는 사무차장을 책임자로 하여 자신의 역할을 수행하고 있다. 특히 유엔군축사무소는 사무차장을 정점으로 위원회와 회의 담당분야, 출판과 세계 군축캠페인 담당분야, 제네바 담당분야로 구성되어 있으며, 또한 각 분야마다 감시 · 분석 · 연구 분야가 있다.

유엔군축연구소는 1980년에 설립되었다. 동 연구소는 군축과 관련한 안보문제를 독자적으로 연구하고 있으며, 전술한 유엔군축사무소와 밀접한 관계를 맺고 있다. 유엔군축연구소는 제네바에 있는 유엔의 유럽본부 내에 위치하고 있으며, 동 연구소의 재정은 유엔의 재정적 지원 및 그 밖에 정부 · 비정부기구 · 재단 그리고 개인으로부터의 자발적 기금으로써 충당하고 있다.

군축연구자문위원회는 군축에 관한 다양한 문제를 사무총장에게 조언하기 위하여, '제1차 군축특별회기'의 최종문서에 의하여 1978년에 설립되었다. 동 위원회는 전문성에 근거하고 공정한 지역 대표성에 따라 사무총장에 의하여 임명된 20~25명의 저명인사로 구성된다. 동 위원회는 유엔군축연구소와 공동으로 작업을 행하며, 세계군축캠페인의 이행에 관하여 사무총장에게 조언한다. 군축연구자문위원회는 뉴욕의 유엔본부에서 1년에 2회 모임을 개최하고 있다.

Ⅵ 군축과 군사비용

군축은 국제평화와 안전을 유지하는 중요한 바탕이 됨은 이미 전술한 바와 같다. 여기서는 세계의 군사비용이 어느 정도인지, 그러한 군사비용의 감축을 통한 재원을 기타 사회보장 영역으로 전용할 수 있는지, 그러한 전용의 결과 인류의 삶은 어떻게 향상될 수 있는지 등을 고민해 볼 것이다.

2016년 각국의 군사비용의 총계는 1조 6,972억 USD라고 보고되고 있다. 이는 세계의 주요 12개국 국가총생산의 약 3.2%이며, 캐나다의 2017년 국가총생산보다 많은 액수이다. 향후 점진적 군축을 통해 군사비용의 약 20%를 감소한다면 약 3,400억 USD의 절감을 가져 올 수 있다.

이처럼 군축을 통한 군사비용의 감축은 결국 국제사회가 애절하게 요청하는 사회적·경제적·문화적 영역에서의 가치를 실현하는 데 전용될 수 있을 것이고, 그만큼 국제사회는 국제평화와 안전의 증진은 물론이고 인도주의로 나아갈 수 있는 토양을 마련할 수 있을 것이다.

여기서는 스톡홀름 국제평화연구소SIPRI가 공표한 군사비용에 관한 각종 지표를 소개하고자 한다. 참고로 2017년 각국의 국가총생산에 관한 지표도 함께 소개하고자 한다.

〈2017년 각국의 국내총생산, 인구, 1인당 국민총생산〉

순위	국가명	국내총생산 (단위: USD)	인구 (단위: 억)	1인당 국민총생산 (단위: 만 USD)
1	미국	19조 3,621억	3.26	5.90
2	중국	11조 9,375억	13.80	0.85
3	일본	4조 8,844억	1.26	3.85
4	독일	3조 6,518억	0.80	4.41
5	프랑스	2조 5,748억	0.67	3.96
6	영국	2조 5,650억	0.64	3.88
7	인도	2조 4,390억	12.9	
8	브라질	2조 809억	2.07	1.19
9	이탈리아	1조 9,211억	0.62	3.16
10	캐나다	1조 6,403억	0.36	4.47
11	한국	1조 5,297억	0.52	2.97
12	러시아	1조 4,693억	1.42	1.02

〈2017년 주요 15개국의 군사비〉

순위	국가	군사비 (USD, billion)	국내총생산 대비 군사비 비율(%)	세계군사비 대비 해당 국가의 군사비 비율(%)
1	미국	610	3.1	35
2	중국	약 228	약 1.9	약 13
3	사우디아라비아	약 69.4	약 10	약 4.0
4	러시아	66.3	4.3	3.8
5	인도	63.9	2.5	3.7
소계 상위 5개국		1,038		60
6	프랑스	57.8	2.3	3.3
7	영국	47.2	1.8	2.7
8	일본	45.4	0.9	2.6
9	독일	44.3	1.2	2.5
10	한국	39.2	2.6	2.3
소계 상위 10개국		1,271		73
11	브라질	29.3	1.4	1.7
12	이탈리아	29.2	1.5	1.7
13	호주	27.5	2.0	1.6
14	캐나다	20.6	1.3	1.2
15	터키	18.2	2.2	1.0
소계 상위 15개국		1,396		80
모든 국가		1,739	2.2	100

〈2017년 지역별 군사비〉

지역	군사비(USD, billion)
세계 모든 국가	1,739
아프리카	약 42.6
아메리카	695
아시아 및 오세아니아	477
유럽	342
중동	평가 불가

〈2008년~2017년 지역별 군사비, 2016년 물가 기준, 단위 USD billion〉

	세계 모든 국가	아프리카	아메리카	아시아 및 오세아니아	유럽	중동	세계 1인당 군사비 (단위: USD)
2017	1,693	약 38.7	676	469	327	평가 불가	230
2016	1,674	약 38.9	675	453	335	평가 불가	224
2015	1,676	약 39.3	682	431	324	평가 불가	228
2014	1,649	41.5	794	409	314	191	240
2013	1,652	40.3	734	387	312	180	243
2012	1,677	약 36.8	789	368	318	165	246
2011	1,689	약 36.0	832	354	316	152	248
2010	1,684	약 33.2	841	340	322	148	236
2009	1,652	31.6	818	332	329	141	226
2008	1,543	20.4	759	295	323	135	220
2017년 (2018년 물가 기준)	1,739	약 42.6	695	477	342	평가 불가	

〈2016년 주요 15개국의 군사비〉

순위	국가	군사비 (USD, billion)	국내총생산 대비 군사비 비율(%)	세계군사비 대비 해당 국가의 군사비 비율(%)
1	미국	611	3.3	36
2	중국	약 215	약 1.9	약 13
3	러시아	69.2	5.3	약 4.1
4	사우디아라비아	약 63.7	약 10	약 3.8
5	인도	55.9	2.5	3.3
소계 상위 5개국		1,015		60
6	프랑스	55.7	2.3	3.3
7	영국	48.3	1.9	2.9
8	일본	46.1	1.0	2.7
9	독일	41.1	1.2	2.4
10	한국	36.8	2.7	2.2
소계 상위 10개국		1,243		74
11	이탈리아	27.9	1.5	1.7
12	호주	24.6	2.0	1.5

순위	국가	군사비 (USD, billion)	국내총생산 대비 군사비 비율(%)	세계군사비 대비 해당 국가의 군사비 비율(%)
13	브라질	23.7	1.3	1.4
14	아랍에미레이트	약 22.8	약 5.7	약 1.3
15	이스라엘	18.0	5.8	1.1
소계 상위 15개국		1,360		81
모든 국가		1,686	2.2	100

〈2016년 지역별 군사비〉

지역	군사비(USD, billion)
세계 모든 국가	1,686
아프리카	약 37.9
아메리카	693
아시아 및 오세아니아	450
유럽	334
중동	평가 불가

〈2007년~2017년 지역별 군사비, 2015년 물가 기준, 단위 USD billion〉

	세계 모든 국가	아프리카	아메리카	아시아 및 오세아니아	유럽	중동	세계 1인당 군사비 (단위: USD)
2016	1,688	약 39.2	683	456	342	평가 불가	227
2015	1,682	약 39.7	678	436	333	평가 불가	229
2014	1,664	42.1	699	414	322	187	241
2013	1,672	40.5	743	392	320	176	243
2012	1,695	약 37.2	797	372	326	162	246
2011	1,699	약 36.9	832	357	325	149	245
2010	1,695	약 33.6	842	343	331	145	236
2009	1,666	32.0	822	335	338	139	227
2008	1,561	31.0	768	296	332	133	221
2007	1,476	26.5	715	279	324	132	232
2016년 (2017년 물가 기준)	1,686	37.9	693	450	334	평가 불가	

Ⅶ 군축의 한계

국제연맹 규약에서는 군비에 관한 일반적 의무규정[동 규약 제1조 1항 및 제8조 1항 · 2항 · 4항]을, 그리고 유엔 헌장에서는 일련의 군축 관련 규정[동 헌장 제11조 1항 · 제26조 및 제47조]을 각각 둠으로써 군축의 이행을 강조하여 왔다. 특히 유엔 헌장의 채택 직후의 원자탄의 등장과 뒤이은 핵무기의 진전 · 확산은 국제사회로 하여금 군축에 대한 새로운 시각을 요구하는 획기적 계기였다.

결국 1945년 이래, 국제사회는 군축을 국제평화와 안전을 보장하기 위한 필연적 실천과제로 인식하게 되었던 것이다.

이와 같은 군축의 중요성에 부응하여, 국제사회는 군축을 실현하기 위해 많은 노력을 경주하여 왔다. 그 결과 앞에서 기술한 바와 같이 상당수의 군축조약이 체결되는 등 군축분야는 그 전반에 걸쳐 일련의 진전을 가져 왔던 것이다.

그러나 이러한 성과에도 불구하고, 군축은 다음과 같은 일반적 한계를 보이고 있다.

첫째 군축의 본질적 문제로서, 군축문제는 본질적으로 각국의 안보적 · 전략적 · 정치적 · 군사적 이해와 밀접한 관계를 맺고 있기 때문에, 군축의 실현에는 각국 간에 매우 첨예한 이해관계의 조절이라는 내재적 한계를 지니고 있다는 점이다.

둘째 현재까지의 군축 노력은 기존의 무기를 실질적으로 감축하는 적극적 군축조치라기보다 현재의 상황에서 더 이상의 군비확장을 방지하고자 하는 측면에만 중점을 둔 소극적 조치라는 점이다. 따라서 전쟁의 발발 가능성을 줄이고자 하는 군축의 목표를 효과적으로 달성하기 위해서는 기존 군비를 적극적으로 감축하는 적극적 조치가 필연적으로 요구된다고 할 것이다.

셋째 이미 체결된 군축조약과 관련해서, 그 실효성을 확보하는 것이 곤란하다는 점이다. 첨예한 이해 간의 타협으로서 어렵게 군축조약이 체결되었다고 하더라도, 조약의 내용대로 그 이행을 확보하는 데는 또 다른 추가적 어려움이 존재한다는 것이다.

넷째 군축조약에서는 그 이행을 확보하기 위하여 검증에 관한 규정을 두고 있는데, 이러한 검증규정이 오히려 군축조약의 채택에 장애가 되고 있다는 점이다. 실제로 군축조약에 효과적인 검증규정을 두게 되면 당해 군축조약의 채택 자체가 순조롭지 못하고, 반면 느슨한 검증규정을 두게 되면 당해 군축조약에 대한 채택 자체는 용이하나, 조약의 발효 이후 그 조약에 대한 위반을 실질적으로 방지하지 못하는 한계를 보여 왔던 것이다. 그 밖에도 검증체제와 관련해서는 검증의 기술적 측면에서도 많은 한계가 나타나고 있다는 점이다. 예컨대 모든 핵실험을 금지하는 포괄적 핵실험금지조약의 경우, 아주 저강도의 핵폭발이 발생한 경우, 그것을 자연의 폭발 내지 재래식무기의 폭발과 구분하여 핵폭발이라고 기술적으로 확증할 수 있는가 하는 문제, 즉 특정 조약에서 규정하고 있는 검증방법을 기술적 측면에서 제대로 수행할 수 있는가 하는 문제가 있다.

다섯째 지금까지의 군축 노력은 주로 구형무기에 집중되어 왔고, 그 결과 구형무기에 대한 통제라는 성과 정도만을 얻은 데 불과하였다는 점이다. 실질적으로 군축의 실현이 시급히 요청되는 대상은 신형무기라고 하겠는데, 이에 대해서는 각국 간의 전략적·군사적·경제적 이해가 다르기 때문에 거의 진전을 보지 못하고 있는 실정이다.

2018년 미국의 '2020년 우주군space force 창설 계획'의 발표, 2018년 3월 러시아의 차세대 신무기 6종의 공개, 2018년 8월 중국의 초음속 무인기의 시험발사 성공 등은 군축과는 정반대로 나아가는 군사선진국에 의한 신무기개발의 대표적 사례이다. 또한 2018년 베네수엘라의 마두로Nicolas Maduro 대통령을 겨냥한 드론 폭탄테러에서 잘 나타나는 바와 같이, 드론을 이용한 무기 또한 매우 위협적인 무기로 등장하고 있는데, 만약 핵무기 또는 생물·화학무기가 드론에 탑재된다면, 드론체계는 매우 위협적인 신형무기가 될 것이다. 실제로 미래학자인 토마스 프레이Thomas Frey는 '2030년 지구 위의 하늘에는 10억 개의 드론이 날아다닐 것'이라고 예측하고 있다. 따라서 신형무기에 대한 군축 노력이 절실한 실정이다.

결국 효과적인 군축의 실현을 위해서는 상기의 다양한 한계들이 하나씩 해결되어질 때 비로소 가능하다고 하겠다. 따라서 모든 국가는, 군축의 효과적 실현이 국제평화와 안전의 유지를 위한 첩경임을 깊이 인식하면서, 그 선행적 요건인 상호 신뢰의 여건을 조성하는 데에 모든 노력을 집중하여야 할 것이다. 이렇게 국가 간의 상호 신뢰의 여건이 조성되어질 때, 각국은 자국의 군사자료의 공개 등이 이루어질 것이며, 이는 결국 전쟁 및 평화파괴행위에 대한 위협의 해소로 나아갈 것이다.

이상과 같은 일반적 한계에 덧붙여서 핵무기, 생물·화학무기 및 재래식무기 등에서 나타나는 개별적 한계에 관해서는 후술하는 2편~4편에서 각각 기술하고자 한다.

제2장

군축과 검증

I 군축조약과 검증

국제연맹시대 이래 오늘에 이르기까지, 국제평화와 안전을 유지·촉진하는 하나의 수단으로서 군축은 매우 중요시되어 왔다. 따라서 국제사회는 군축을 실현하기 위하여 많은 노력을 기울여 왔던 바, 그 결과 약 45개의 군축조약이 체결되어지는 등 군축분야는 점진적으로 발전을 해 왔다.[12]

그러나 이러한 진전은 이미 체결된 군축조약들에 대한 실효적 이행이 수반될 때 의미가 있다고 하겠는 바, 특히 군축조약상의 군축조치의 실시와 그 의무의 위반방지가 개별 국가의 국가안보와 국제사회의 안전에 중대한 영향을 미치고 있다는 점에 비추어, 군축조약의 이행문제는 일반적으로 기타 분야의 조약보다도 더 엄격한 보장이 요구되고 있다.

그렇다면 군축조약에서 부과하고 있는 의무에 대해 그 이행을 어떻게 확보할 것인가? 이에 대해서는 해당 군축조약의 운용과 준수에 관한 재검토회의의 정기적 개최, 해당 군축조약의 성실한 이행을 보장하기 위한 성실이행의무를 조약 자체의 내용으로서 명기하는 방법 등 다양한 방법이 있을 수 있지만, 군축조약에서 가장 일반적인 이행확보수단으로는 당해 군축조약 자체에 검증규정을 두는 방안이다. 따라서 군축조약에서 검증의 지위는 당해 군축조약의 의무이행을 확보하는 가장 효과적인 수단으로서 이해되어지고 있는 것이다.

---

12 군축조약의 수와 관련해서는 집계하는 기준에 따라 약간의 차이가 있다. 예컨대 스톡홀름 국제평화연구소의 경우에는 다자조약 37개와 양자조약 8개를 소개하고 있으며, 유엔군축사무소는 27개를 소개하고 있다.

이처럼 검증이 군축의 실현을 위한 본질적 요소임에도 불구하고, 모든 군축조약에서 검증의 중요성이 강조된 것은 아니었다. 실제로, 국제연맹시대에는 군축분야에서 검증의 중요성이 간과되기도 하였다.[13] 그러나 제2차 세계대전 이후의 각종 핵군축협상을 통하여, 검증의 중요성이 다시 강조되기 시작하였다. 그 결과 전후의 핵군축협상에서, 검증문제는 개개 핵군축협상의 진행 및 그 결과에 항상 중대한 영향을 미쳐 왔다. 따라서 이때부터의 군축협상은 군축조치에 관한 협상임과 동시에 검증조치에 관한 협상이었다. 즉 검증조치에 관한 합의가 이루어지지 않음으로 인하여 군축협상이 결렬되기도 하고,[14] 또는 관련 당사국 간의 정치적 이해관계에 의해 검증문제가 해결되기도 하였던 것이다.[15] 이처럼 제2차 세계대전 이후의 군축협상에서는 검증문제가 군축조약의 체결에 큰 변수로 작용하기도 하였던 바, 이는 군사정보의 공개를 둘러싼 인식의 차이, 즉 미국 등 서구국가들의 사회가 개방성에 기초하고 있는데 반하여 구소련 및 동구국가들의 사회가 폐쇄성에 기초하고 있었다는 차이 때문인 것으로 유추된다.

한편 상술한 바와 같은 검증문제를 둘러싼 어려움에도 불구하고, 현실적으로 검증체제가 일련의 진전을 가져 왔음을 부인할 수 없다. 즉 검증체제는 그 수용에 매우 소극적이었던 시대, 즉 어떠한 검증절차도 전혀 포함하지 않고 있었던 1925년의 제네바가스의정서에서부터, 군사적 사안만을 검증의 대상으로 삼고 있는 대부분의 군축조약을 거쳐, 군사적 사안뿐만 아니라 민간의 화학산업까지도 검증의 대상으로 삼고 있는 1993년의 화학무기협약에 이르기까지 점진적으로 발전하여 왔다. 또한 검증의 방법에 있어서도 오늘날 국내검증기술수단National Technical Means, NTM, 국제원자력기구International Atomic Energy Agency, IAEA에 의한 안전조치Safeguards, 각

13 국제연맹시대의 군축회의에서 채택된 영국의 제안에서는, 군축의 이행을 감시할 상설군축위원회의 설치를 예정하고 있었지만, 그 통제의 측면을 중요하게 보지는 않았다. 특히 국제연맹시대에 있어서 군축회의를 주도한 영국과 미국은 사찰제도의 채용에 소극적이었다.

14 실제로 일정한 군축 관련 제안에 직접적으로 반대할 경우에 자국에 쏟아질 국제적 비난을 의식하여, 관련 당사국이 수용할 가능성이 전혀 없는 검증조치를 제안하거나 또는 필수적인 검증조치를 전혀 갖추지 않은 채 이행 여부가 불분명한 군축을 제안함으로써 당해 군축에 반대하는 경우가 있었다. 예컨대 이러한 경우로는 1993년의 화학무기협약의 최종안에 서명하기 이전까지의 동 협약의 협상과정에서 잘 나타나고 있다.

15 예컨대 1974년 미국과 구소련 양국 간에 체결된 지하핵실험금지조약에서는 폭발력 150kt 이상의 핵실험만을 금지하고 있지만, 그 당시의 검증기술 수준에 의하면 그 1/10 또는 그 이하의 핵실험까지도 검증할 수 있었다고 일반적으로 알려져 있었다. 따라서 그 조약은 폭발력 150kt까지의 핵실험이 현실적으로 필요하다고 생각한 상기 양국의 정치적 이해에 따라 성립되었다고 할 수 있다.

종 현지사찰On-Site Inspection 등으로 다원화되었으며, 특히 1993년의 화학무기협약에서는 침투력이 매우 강력한 강제불시사찰Challenge Inspection이라는 검증방법을 도입함으로써, 한 단계 더 발전하였다. 사실 검증분야에 있어서의 이러한 결실은 국가 간의 상호 신뢰의 증가, 구소련의 붕괴 및 전반적인 과학기술의 발달로 인한 보다 효과적인 검증수단의 개발 등 다양한 요인에 기인하고 있지만, 본질적으로는 군축의 효과적 실현이 바로 국제평화와 안전의 유지에 직결된다는 점을 국제사회가 인식하였기 때문이라고 평가된다.

결국 상기와 같이 검증체제가 큰 진전을 가져온 반면, 동시에 아직까지 검증체제 전반에 여러 가지 문제가 야기되고 있다는 점에서, 군축조약상의 검증체제 전반을 검토해보는 것은 의미 있다고 할 것이다.

Ⅱ 검증의 개념

1. 검증의 정의

일반적으로 군축조약상의 의무위반 또는 불이행은 관련 당사국의 안전보장에 중대한 영향을 미칠 뿐 아니라 평화에 대한 위협·군비증강·무력분쟁을 야기할 가능성 등을 내재하고 있기 때문에, 군축조약의 의무의 이행확보는 기타 조약과 비교할 때 더 중요한 의미를 지니고 있다. 이처럼 매우 중요한 의미를 지니고 있는 군축조약의 이행확보수단은 다양한 형태가 있을 수 있으나, 그중에서 가장 중요한 것이 검증임은 전술한 바와 같다. 왜냐하면 이행확보의 수단으로서 일정한 위반사실을 전제로 하여 취하여진 조치, 예컨대 시정조치·유엔 안전보장이사회에 의한 강제조치·원상회복·손해배상 또는 기타 제재와는 달리, 검증은 일정한 위반사실이 확인되기 이전에 취하여지는 것으로써, 주로 당해 군축조약의 당사국이 그 조약의 의무를 준수하고 있다는 사실을 확인하는 수단이기 때문이다. 따라서 검증은 군축에서 필수적 요소로서, 체결된 군축조약의 실질적 이행을 위해서는 효과적인 검증이 동시에 이루어져야 하는 것이다.

그러면 검증이란 무엇을 의미하는 것인가? 이러한 검증의 정의와 관련하여, 그에 대한 통일적이고 엄격한 정의를 내린다는 것은 사실상 곤란하다고 할 수 있다. 왜냐하면 검증을 둘러싼 정의가 시대에 따라 그리고 각 기관 내지 학자에 따라서 다의적이기 때문이다. 따라서 여기서는 검증에 관한 약간의 정의를 소개한 후, 이를 포괄할 수 있는 정의를 도출하고자 한다.

첫째 1986년 4월 캐나다 정부는 한 연구보고서에서, 검증의 주요 요소는 '증명 또는 조사과정에서의 진실의 규명'이라고 표명한 바 있다.[16] 그런데 이 정의는 매우 일반적인 것으로서, 법적 견지에서 볼 때, 매우 애매하다고 평가되고 있다.

둘째 제네바군축회의가 입안하고 1988년의 유엔 총회가 승인한 '검증의 16개 원칙' 중에서 제13원칙이다. 동 제13원칙에서는 "검증이란 군비제한 및 군축조약의 당사국에 의하여 행하여질 활동 또는 당사국의 요구 및 당사국 간의 명백한 동의하에서 특정 기관에 의하여 행하여질 활동이다. 동시에 검증은 그러한 조약에 대하여 효력을 발생시키려는 국가들의 주권의 표현이다."라고 정의하고 있다.

셋째 미국과 구소련 간의 전략무기제한회담 관련 협정들인데, 동 협정들에서는 '협정의 당사국이 협정상의 규정을 이행하고 있는 정도를 결정하는 과정'이라고 정의하고 있다.

넷째 스톡홀름 국제평화연구소의 견해인데, 동 연구소는 검증을 보다 포괄적으로 정의하고 있다. 즉 "조약의 당사국이 조약상의 규정을 이행한 후에, 조약상의 의무를 준수하였는가를 결정하기 위하여 조약의 개개 당사국 및 권한이 부여된 국제기구에 의해, 인적 또는 기술적 수단에 의해 행하여지는 것으로서, 군축조약에 의해 특별히 정해진 또는 특별히 승인된 과정이다."라고 정의하고 있다.

이상을 종합해 보면 검증이란 당사국이 특정 조약상의 의무를 충실히 이행하고 있는가를 입증하는 활동이나 과정이라고 할 수 있다. 아울러 그 과정이나 활동에는 관련 조약을 충실히 이행하는가를 평가하기 위한 정보수집, 정보의 감시, 실험 및 분석 등의 조치를 포함하고 있다고 하겠다.

그러나 법적 견지에서 판단해 볼 때, 이러한 정의는 더 명확함을 요한다. 즉 검증의 3가지 주요 요소인 사실의 확인, 그것들의 법적 평가, 어떤 위반에 대한 정치적 대응 등을 명백히 밝히는 것이 요구된다는 것이다. 나아가 검증은 당사국

---

16 캐나다 정부는 검증의 정의와 관련하여 많은 노력을 주도하였으며, 검증원칙과 검증기술에 관하여서도 많은 연구를 수행하였다. 특히 1986년 4월, 캐나다 정부는 군비제한과 군축에 관한 연구를 포함하는 3권의 문서를 출판하였고, 아울러 그것을 유엔 총회와 제네바군축회의에 제출한 바 있다.

들이 조약상의 의무를 이행하고 있는가의 여부를 확인하는 것이기 때문에, 검증은 조약상의 기본적인 법적 의무를 규정하는 것이 아니라 그 기본의무의 준수를 확인하도록 하는 부수적인 의무를 부과하고 있다는 점에 주목할 필요가 있다. 즉 검증은 군축조약상 행하여져야 하는 것 또는 행하여져서는 안 되는 것을 규정하는 것이 아니라, 당사국의 행위가 당해 군축조약에서 자국에게 부과된 의무와 일치하는지에 관하여 결정하는 것이다. 이 점에서 검증은 군축조약의 당사국이 자신의 의무를 준수하고 있는지를 입증하는 과정이라고 할 수 있다.

결국 검증이란, 전술한 제13원칙에서도 지적된 바와 같이, 군축조약상에 규정된 군축조치의 이행을 확인하는 과정 및 수단에 관계된 모든 것이라고 포괄적으로 정의할 수 있다. 또한 검증은 "당해 군축조약상의 규정이 준수되어지고 있는가? 즉 그 조약의 당사국들이 자신들의 의무를 준수하고 있는가?"에 대한 신뢰를 제공하도록 고안된 과정이라고 정의할 수 있다.

2. 검증과 기타 용어와의 관계

일반적으로 검증의 정도와 형태가 다양하게 나타남으로써 검증의 과정에서 다양한 용어가 현실적으로 사용되어지고 있다. 즉 검증과 관련하여 '사찰'inspection, '감시'monitoring, supervision, '안전조치'safeguards 및 '통제'control 등의 용어가 바로 그것이다. 이러한 용어는 비록 검증과 동의어는 아니지만, 검증에 있어서 필수적 요소라고 할 수 있는 '사실의 발견' 또는 '정보수집', '분석' 및 '준수성의 결정' 등과 같은 요소를 하나 또는 그 이상 포함하고 있다. 따라서 전술한 검증의 정의를 정확하게 이해하기 위하여, 검증과 상기 기타 용어와의 관계를 검토하여 보면 다음과 같다.

일반적으로 사찰, 감시 및 안전조치라는 용어는 검증의 한 수단으로 사용되고 있다. 따라서 전체를 포괄적으로 나타내는 용어로는 검증이 일반적으로 사용되고 있는 것이다. 먼저 사찰이라는 용어는 제2차 세계대전 이후의 군축협상에서 자주 강조되어온 개념으로서, 군축조치의 대상이 되고 있는 지역 또는 물체를 직접적으로 관찰하는 것을 주로 의미하고 있다. 다음으로 감시라는 용어는 군축조치의 대상이 되고 있는 지역 또는 물체를 직·간접적으로 관찰하는 것을 의미하고 있다. 끝으로 안전조치라는 용어는 제2차 세계대전 직후의 군축협상에서는 검증과 유사한 것으로서, 주로 군축조약의 위반이나 또는 불이행에 대비하여 그 이행을 보장하기 위한 조치를 지칭하였다. 그러나 1950년대 중반 이후, 핵에너지의 평화적 이용 및 핵무기의 비확산과의 관계에서, 핵에너지의 평화적 이용으로부터 군사적 이용 등으로의 전용을 방지하기 위한 조치를 의미하는 것으로 인식되고 있다.

한편 '통제' 또는 '관리'라는 용어는 검증과 동일한 의미로 사용되기도 하며, 경우에 따라서는 상호 혼용하여 사용되기도 한다. 국가 간의 관계에 있어서 통제라는 용어는 19세기 초의 '국제하천의 항행에 관한 조약'에 의하여 제도화된 이래 다양한 분야에서 사용되고 있다. 군축분야에서 '통제'라는 용어는 제2차 세계대전 후에 나타났지만, 전후의 각종 군축협상에서 빈번히 사용되곤 하였다. 특히 미국과 구소련 간의 '일반적이고 완전한 군축안'에서의 빈번한 사용이 그 예이다. 사전적 의미에서 통제라는 용어는 프랑스어로는 군축을 행하는 국가의 행동을 점검하는 행위를 의미하고 있다. 그러나 영어로는 군비를 억제한다는 의미로도 사용되며, 특히 군비통제의 관념과 혼동되기도 한다.

3. 검증의 기능

검증의 목적은 군축조약상의 의무가 준수되고 있다는 것을 확인하는 것이다. 따라서 이러한 검증의 목적을 달성하기 위한 과정에서 검증은 다음과 같은 기능을 수행하고 있다.

첫째 검증은 조약위반을 방지·억지하는 기능을 한다. 검증을 지속적으로 수행함으로써 검증의 대상이 되고 있는 국가로 하여금 군축조약상의 의무를 위반할 수 없는 상황을 조성하는 것이다. 나아가 검증을 통하여 해당 군축조약이 준수되고 있다는 것을 확인하여 줌으로써 당사국의 안전보장이 침해되지 않고 있다는 점을 재보증하는 수단으로서의 역할을 하고 있다.

둘째 검증의 기본적인 기능은 위반에 대한 탐지이다. 만약 군축조약상의 의무에 대한 위반이 발생하였을 경우, 그 위반이 진전되지 않도록 계속 검증을 행함으로써 그 위반을 조기에 발견하는 것이다. 이 기능은 상기 첫 번째의 기능과 같은 사전적 기능이 수행되지 않은 경우에 행하여지는 사후적 기능으로서, 억지 및 보증에 대한 보조적인 기능이다.

셋째 검증은 당사국 간의 신뢰관계를 조장하는 기능을 한다.[17] 이와 같은 검

17 1978년의 유엔 총회 제10차 특별회기의 최종문서에서는 신뢰의 구축이 검증의 목표임을 강조하고 있다. 동 최종문서에서, 유엔의 회원국들은 컨센서스(consensus)에 의하여 "군축과 군비규제

증의 신뢰조장의 기능은 조약의 이행에 있어서 신뢰를 조장하고, 나아가 일반적·장기적 안전보장정책 및 기타 당사국의 의도와 성실성에 대한 신뢰를 제공한다. 즉 군축조약상의 의무가 준수되고 있다는 확인에 의해 당사국 간의 신뢰관계를 강화하고, 나아가 추가적 군축이라는 다음 단계로 나아가게 하는 추진력을 생기게 하는 의미를 지니고 있다.

넷째 검증은 적절한 통신망의 제공, 중대한 위반과 경미한 위반 간의 구별수단의 제공 등에 관한 기능을 수행한다. 적절한 통신망의 제공이라는 기능은 검증을 통하여 국가 간의 일종의 핫라인적 기능을 수행한다는 것이며, 중대한 위반과 경미한 위반 간의 구별수단의 제공이라는 기능은 일국이 기타 국가의 위반사항에 대해 그 중요성에 따라 적절한 대응을 할 수 있도록 기반을 제공하기 때문에 중요시되는 기능이다.

Ⅲ 검증의 일반적 과정

군축조약에 있어서 검증은 해당 군축조약의 목적 또는 내용과 밀접한 관련을 맺고 있으며, 특히 공정성과 객관성을 검증과정의 기초로 삼고 있다. 이러한 검증과정에서는 일반적으로 다음의 3가지 측면이 상호 작용하고 있는데, 즉 특정 조약에 관련된 정보의 수집, 수집된 정보에 대한 법적 평가 및 그 위반에 대한 대응 등이 그것이다. 따라서 여기서는 이러한 검증의 3가지 주요 요소를 중심으로 검증의 일반적 과정을 살펴보고자 한다.[18]

에 관한 조약은 '필요한 신뢰를 구축하며 그리고 당해 조약이 모든 당사국에 의하여 준수되어지고 있음을 보장하기 위하여' 모든 당사국들이 만족할 만한 적절한(adequate) 검증조치를 규정하여야 한다."라고 확인하고 있다.

18 한편 검증의 일반적 과정에서의 필수적인 요소로서 사실의 발견 또는 정보수집, 분석 및 준수성의 결정 등의 요소를 주장하는 경우도 있다. 정보수집이라는 기능을 행하기 위해서는 특정의 위반사항을 탐지하기 위한 고도로 정확한 감시능력을 가진 검증시스템이 유효하게 작동할 것을 전제로 하고 있다. 동시에 이러한 감시를 통하여 제공된 정보는 객관적이고 정확하게 분석되고 평가되어야 한다. 결국 검증의 모든 단계에 걸쳐 법적·정치적 측면뿐만 아니라 기술적 측면도 동시에 요구되는 것이다. 그러나 궁극적으로 특정의 결론을 이끌어내는 데는 정치적 요인이 우선시되고 있다. 왜냐하면 준수성과 비준수성에 대한 최종적 판단은 정치적 판단에 의존하기 때문이다. 따라서 이러한 측면에서, 현실적으로 각국의 검증에 대한 목표는 절대적 검증이라기보다는

1. 정보수집의 단계

검증과정에서 첫 번째 단계는 정보의 수집을 통한 사실의 확정 단계이다. 이 단계는 특정 사실과 행위의 존재 여부를 결정하는 것을 의미하고 있다. 즉 특정 조약상의 의무가 이행되고 있는지, 핵실험이 대기에서 행하여졌는지 등과 같은 사실 및 행위의 존재 여부를 검증을 통하여 결정하는 것이다. 이러한 정보수집과 사실의 확정 단계는 검증과정에서 가장 중요한 것으로서, 이와 관련하여 다음과 같은 약간의 측면을 분석·이해하는 것은 필요하다.

(1) 수집된 각종 정보는 상이한 법적 가치를 가진다. 일반적으로 정보를 얻는 형태와 관련하여, Serge Sur 교수는 다음의 3가지 형태로 분류하면서, 그 각각의 법적 가치를 다음과 같이 설명한다.

정보를 얻는 첫 번째 방법은 다양한 출처, 즉 대중매체, 목격자의 보고, 과학적 평가 또는 국가에 의한 발표 등으로부터 직접적으로 얻는 경우이다. 이러한 정보는 일면 매우 유용해 보이지만, 동시에 검증과정에서 제한된 가치만을 가진다고 하겠다. 왜냐하면 일반적으로 그러한 정보는 관련 당사국에 의하여 그 법적 가치가 부인되고 있기 때문이다. 다시 말해서 그러한 정보는 출처가 불확실하며 대부분 제한된 유용성만을 가지고 있기 때문에, 결정적 증거로서의 권위가 부족하다는 것이다.

두 번째 방법은 NTM을 통하는 경우이다. 일반적으로 NTM이란 군축조약에서 부과하고 있는 의무의 이행을 원거리에서 감시하기 위하여 사용되는 모든 장치물을 의미하고 있다.[19] 이 방법은 군축조약의 당사국에 의하여 일반적으로 사용되어져 왔으며, 특정의 조약에서는 이것의 사용을 명시적으로 인정하고 있다. 그러나 NTM 가운데 대표적인 인공위성의 사용은 타국의 영공 위를 선회한다는

적절한(adequate) 또는 수용 가능한(acceptable) 검증을 기초로 하고 있다. 즉 국내의 안보를 보장하는 데 필요한 적절한 수준의 검증을 그 목표로 하고 있는 것이다.

19 NTM에 대한 명확하고 일반적인 정의가 내려져 있는 것은 아니지만, NTM이란 무엇인가에 대한 이해를 돕기 위하여, 제45차 유엔 총회에 제출된 '검증분야에 있어서 유엔의 역할에 관한 전문가의 연구보고서'에서 내리고 있는 정의를 소개하면 다음과 같다. 즉 "NTM이란 군축조약의 당사국이 자신의 의무를 준수하고 있는지의 여부를 원거리에서 감시하기 위하여 사용되어질 수 있는 개개 당사국들의 통제하에 있는 장치물을 의미한다. 따라서 NTM은 감시대상국 내에서 행하여지는 모든 활동을 방해하지 않으며 또한 감시대상국 내에 사실상 출입하지도 않는다."라고 기술하고 있다. 따라서 NTM으로는 위성정찰, 레이더와 카메라의 사용 및 지진계 등의 원거리 감지기의 사용 등이 대표적이다.

점에서, 영토주권의 존중이라는 측면에서 약간의 문제를 야기하고 있다. 즉 군축 조약상의 의무이행을 위하여 검증의 수단으로서 NTM을 사용하는 데 동의하여 온 당사국조차도 인공위성의 선회로 인하여 자국의 무제한적인 주권이 침해될 여지가 있다고 인식하고 있다는 것이다. 그럼에도 불구하고 NTM에 의한 검증은 법적 규정 또는 묵시적 양해에 의해 일반적으로 인정되고 있는 실정이며, 나아가 NTM을 통한 정보는 높은 신뢰도를 가지는 것으로 인정되고 있다.

세 번째 방법은 국제적 절차에 기초하는 경우이다. 이 방법은 전술한 2가지 방법보다 더 진전된 형태로서, 보다 포괄적인 결과를 얻을 수 있다. 이 방법을 통한 검증은 관련 당사국을 구속하는 결과를 가져 올 수 있는 반면에, 때로는 관련 당사국이 국제조직의 관여를 수용하여야 한다. 아무튼 국제적 절차를 통한 정보는 매우 객관적인 것으로 평가되며, 정보를 얻는 방법 가운데 가장 합리적인 형태라고 할 수 있다.

한편 정보를 얻는 형태를 아래와 같이 상이하게 설명하는 경우도 있는데, 즉 국내적 수단, 국제적 수단 그리고 앞의 양 수단의 혼합방식 등이 그것이다. 국내적 수단에 의한 검증이란 NTM에 기초한 검증시스템을 의미한다. 그리고 국제적 수단에 의한 검증이란 국가들이 협동하여 또는 적절한 국제기구를 통하여 일국 이상의 영역 내에서 발생하는 현상과 사건을 명확히 검증하는 경우를 의미한다. 그리고 혼합방식에 의한 검증이란 국제조직이 국내 당국에 의해 인지된 사실과 정보를 사용함과 동시에 국제조직 스스로도 일정 한도의 검증을 수행하는 것을 말한다.

(2) 현지사찰이라는 방식에 의한 정보의 수집은 영역적·시간적 측면에서 사찰대상국의 주권을 침해할 수 있다. 영역적 측면에서 볼 때, 일국의 영역 내에서 일정한 조사를 수행하기 위해서는 그 국가의 동의를 요한다. 일반적으로 그러한 동의는 군축조약의 체결을 통하여 승인되는데, 개개 군축조약에서는 일반적으로 사찰대상지역을 사전에 특정하도록 요구하고 있다. 따라서 사찰은 그 조약 자체에 명확히 표현된 지역만을 대상으로 실시될 수 있는 것이다. 시간적 측면에서도, 현지사찰은 그 횟수와 기간의 면에서 무제한적으로 행하여질 수는 없다는 것이다. 따라서 사찰은 사실을 명확히 하고 불확실성을 제거하는 데 필요한 정도로 제한되어야 하며, 특히 사찰대상국의 통상적 활동을 방해해서는 안 된다고 하겠다.

2. 법적 평가의 단계

법적 평가의 단계는 검증의 모든 과정에서 매우 중요하다. 전술한 바와 같이 제네바군축회의에서 제안되었고 1988년의 유엔 총회결의에서 승인된 '검증의 16개 원칙' 가운데 제3원칙과 제11원칙에 따르면, "검증과정 동안 조약당사국은 그 확인된 사실이 검증대상국가에 의하여 실질적으로 수용될 수 있는가를 결정하여야 하며, 아울러 그 조약의 비준과정에서 표방된 명백한 유보로 인하여 그 조약상의 특정 규정이 일정한 행위를 배제하고 있는가를 결정하여야 한다."라고 밝히고 있다. 따라서 전술한 바와 같은 다양한 방법에 의하여 수집된 정보의 가치는 개개 조약의 내용과 관련하여 평가될 수 있다. 결국 이 단계에서는, 당사국의 행위가 그 조약상의 규범에 따른 자신의 의무와 일치하는지의 여부를 결정하여야 하는 사법적 요소를 포함하고 있는 것이다. 즉 단지 이러한 법적 평가에 의해서만, 당사국은 그 조약에 의하여 부과된 의무의 이행을 확인할 수 있다.

또한 이 단계는 개개 조약에서 규정하고 있는 특정 규범을 어떻게 해석할 것인가 하는 문제와 밀접한 관계를 맺고 있다. 일반적으로 조약의 의무에 대한 개개 당사국의 일방적 해석은 모든 당사국을 구속할 수 없으며, 모든 당사국에 의한 집단적 동의 및 수락된 해석만이 구속력이 있는 것으로 인정된다. 따라서 이러한 조약의 해석문제와 관련하여, 법적 평가의 단계에서는 많은 경우에 논쟁을 야기하기 마련이다. 특히 약간의 조약에서는 이러한 논쟁을 해결하기 위하여 분쟁해결절차를 규정하고 있다. 예컨대 남극조약 제11조에서는 동 조약의 해석과 적용에 대한 조약당사국 간의 모든 분쟁에 대해 상호 자문할 의무를 규정하고 있으며, 나아가 상호 자문하였음에도 불구하고 문제가 해결되지 않을 경우에는 그 분쟁을 국제사법재판소에 이관하도록 하고 있다. 또한 1979년의 '달조약' 제15조에서도 '모든 분쟁에서 상호 수락할 수 있는 결정을 구하기 위하여' 자문할 의무를 규정하고 있으며, 아울러 "만약 그 자문으로 상호 수락할 수 있는 해결을 구하지 못한 경우, 관계 당사국은 기타 평화적 수단에 의한 모든 분쟁해결조치를 취하여야 한다."라고 규정하고 있다.

이처럼 검증과정에서 확인된 사실에 기초한 군축조약의 해석과 조약상 의무의 이행에 대한 법적 평가는 매우 민감한 문제이다. 동시에 수집된 정보의 애매성 및 조약규범의 불명확성에 의하여, 그러한 법적 평가문제는 그만큼 더 많은 어려움을 야기하고 있는 실정이다.

3. 위반에 대한 대응의 단계

명백하고 구체적인 정보가 이미 확보되어 있고, 그것이 조약상의 구체적 규범에 대한 위반으로 확인될 경우, 그 위반에 대응할 필요가 있다. 그 대응의 목표는 모든 검증과정에 대하여 유효성을 부여하는 데 있다. 비록 그러한 대응이 정치적 성질을 가지는 경우도 있을 수 있으나, 그러한 대응은 검증의 법적 측면에 있어서 중요한 부분으로 인식되어 왔다. 만약 이 단계가 결여된다면, '효과적인 국제통제하의 일반적이고 완전한 군축'을 재확인하고 있는 1978년의 '군축에 관한 총회의 제1특별회기'의 최종문서는, 검증의 불비로 인하여 공허한 선언이 되고 말 것이다. 그러므로 대부분의 군축조약에서는 의무불이행의 경우를 다루기 위한 다양한 기관을 두고 있다. 예컨대 남극조약 및 1972년의 생물무기협약에서는 국제적 기관, 즉 국제사법재판소 또는 유엔 안전보장이사회에 의무불이행의 문제를 제소하도록 규정하고 있다.

그러나 탐지된 모든 위반이 동일한 중요성을 가지는 것은 물론 아니다. 왜냐하면 대부분의 국가들은 자국의 정치적 이해관계에 따라, 중요한 위반에 관해서만 노력을 집중할 것이기 때문이다. 그럼에도 불구하고, 검증체제를 법적 측면에서 검토할 경우, 조약상 의무의 모든 불이행을 탐지하는 것이 요구된다.

결국 검증의 주요 목적이 관련 조약상 의무의 이행을 보장하는 것이기 때문에, 조약의무의 불이행 시에 나타나는 대응에 더 큰 관심이 부여되고 있는 것이다. 조약의무의 불이행의 경우, 국가는 일반 국제법에서 인정하고 있는 수단 또는 특정 조약에서 규정하고 있는 조치를 선택적으로 취할 수 있다. 그러나 이와 관련하여, 사실상 일반 국제법상의 수단은 좀처럼 사용되지 않는 반면, 특정 조약에 의하여 규정된 절차에 의한 대응이 통상적으로 사용되고 있다. 이러한 대응수단과 관련하여, 군축조약의 당사국에 가장 중요한 보편적 강제기관은 유엔 안전보장이사회이다. 이러한 경향은 1967년의 라틴아메리카핵무기금지조약 제20조 2항, 1968년의 핵무기비확산조약 제10조, 1971년의 해저비핵지대조약 제3조 3항, 4항 및 제8조, 1972년의 생물무기협약 제6조 등에서 잘 반영되고 있다.

그러나 유엔 안전보장이사회에의 제소를 포함하는 군축조약상의 대응수단에 관한 규정은 실효성이 결여된 형식적 수단에 불과하다고 비판받아 왔다. 그러나 1990년 이후 유엔의 역할, 특히 안전보장이사회의 역할이 강화되고 있는 경향이 나타나고 있음을 주목할 필요가 있다. 또한 일반적으로 군축조약의 당사국은 자국의 이익을 보호하기 위하여 당해 조약으로부터 탈퇴할 수 있는 권리를 부여받고 있으며, 조약의무의 위반국에 대해서는 다양한 대응수단을 가할 수 있도록 당해 조약 자체에 명백한 규정을 두고 있다.

Ⅳ 군축조약상 검증체제의 발전

1. 군축조약과 그 검증체제

개별 군축조약에서 도입하고 있는 특정 검증 규정과 검증방법 등을 도표를 통해 소개하면 아래와 같다.

1) 다자조약상의 검증조치

다자간 군축조약상의 검증조치는 아래와 같다. 단 여기서는 방콕조약, 펠린다바조약, 중앙아시아비핵지대조약, 유럽에서의 재래식무기 중 병력에 관한 협상의 최종문서, 유럽에서의 재래식무기의 제한에 관한 조약의 조정에 관한 합의 등의 설명은 제외하고 있다.

조약의 명칭	특정의 검증규정	검증방법	비고(기타 이행조치)
제네바 가스의정서		사용의 감시	
남극조약	§ 7	지정된 감시자에 의한 일반적 현지사찰, 공중감시	§ 3(과학적 조사): 정보의 상호교환
부분적 핵실험금지조약		NTM(a)	
우주조약	§ 10 § 12	우주물체의 비행감시(§ 10) 상호주의에 입각한 달과 천체상의 모든 정거장, 장비, 우주운반	

조약의 명칭	특정의 검증규정	검증방법	비고(기타 이행조치)
우주조약		체에 대한 일반적 시찰(visit) (§ 12)	
라틴아메리카 핵무기금지조약	§ 12~16	의무준수를 검증하기 위한 통제시스템(§ 12), IAEA의 안전조치(§ 13), 당사국의 보고서 제출(§ 14조), 라틴아메리카 핵무기금지기구(OPANAL)에 보충적 정보의 제공(§ 15), IAEA 또는 OPANAL에 의한 특별사찰(§ 16)	
핵무기비확산 조약	§ 3	IAEA의 안전조치	
해저비핵지대 조약	§ 3	NTM, 타방 당사국의 원조 또는 유엔 체제 내의 국제적 절차를 이용한 해저활동의 감시 및 사찰, 이 경우 해저활동을 방해해서는 안 됨	
생물무기협약		NTM(a)	
환경변경기술의 군사적 이용금지협약		NTM(a)	
달조약	§ 15	달 위의 정류장, 장비, 시설, 우주운반체를 대상으로 NTM, 타방 당사국의 원조 또는 유엔 체제 내에서의 국제적 절차에 따른 일반적 시찰(visit)	
특정재래식무기 사용규제협약	(b)	사용의 감시	
남태평양 비핵지대조약	§ 8	의무준수를 검증하기 위한 통제시스템(§ 8)	주요 사건의 보고 및 정보교환(§ 9), 자문 및 재검토(§ 10)
유럽에서의 재래식무기의 제한에 관한 조약	§ 8 § 14 § 15 및 사찰의정서	사찰(§ 8, 14) NTM 또는 다국적 검증기술수단(검증기술수단에 대한 방해금지)(§ 15)	정보교환(§ 9, 10), 통지(§ 11, 12), 합동자문단(Joint Consultative Group) 설치, 외교적 경로 등을 통한 정보와 통지(§ 17)

조약의 명칭	특정의 검증규정	검증방법	비고(기타 이행조치)
화학무기협약	§ 4~6 및 검증에 관한 부속서	화학무기(§ 4), 화학무기생산시설(§ 5), 본 협약에서 금지되지 않는 활동 등에 대한 일반사찰(routine inspection)과 강제불시사찰(challenge inspection), 사용의혹조사(investigation of alleged use)	국내이행조치(§ 7)
포괄적 핵실험금지조약	본 협약 § 4, 제2부속 의정서	국제감시체제(International Monitoring System), 국제데이터센터(International Data Centre), 협의 및 확인(Consultation and Clarification), 현지사찰, 신뢰구축조치	국내이행조치(§ 3)
대인지뢰 금지협약			국제적 협력과 지원(§ 6), 투명성조치(§ 7), 국내이행조치(§ 9), 준수의 조장(§ 8), 재검토회의(§ 12)
집속탄 금지협약			국제적 협력과 지원(§ 6), 투명성조치(§ 7), 준수의 조장(§ 8), 국내이행조치(§ 9), 재검토회의(§ 12)
무기거래 금지조약			일반적 이행(§ 5), 국제적 협력(§ 15), 국제적 지원(§ 16), 당사국회의(§ 17),
핵무기 금지조약	§ 3	IAEA의 안전조치	국내이행조치(§ 5) 국제적 협력과 지원(§ 7)

(a) 당해 조약에서는 검증에 관한 특정 규정을 두지 않고 있음으로써 NTM에 의한 검증이 일반적으로 양해되고 있다.

(b) 약간의 국가들은 동 협약의 협상과정에서 검증규정의 부존재에 대하여 자국의 관심을 표방한 바 있다.

2) 양자조약상의 검증조치

양자 간 군축조약상의 검증조치는 아래와 같다. 단 여기서는 핵전쟁방지협정의 설명은 제외하고 있다.

조약의 명칭	특정의 검증규정	검증방법	비고(기타 이행조치)
ABM조약	§ 12, 13	NTM	
전략공격무기제한에 관한 잠정협정	§ 5, 6	NTM	
지하핵실험제한조약	§ 2, 의정서(1990)	NTM, 양자 간 기술조치	
평화목적 지하핵폭발조약	§ 4, 5, 의정서(1990)	NTM, 양자 간 기술조치	
전략공격무기제한조약	§ 15~17	NTM	
INF조약	§ 11~13, 사찰에 관한 의정서 및 폐기에 관한 의정서	현지사찰, 특별사찰, NTM	
화학무기협정			정보교환(§ 4, 5)
START Ⅰ 조약	§ 8~12, 15, 각종 의정서	NTM, 현지사찰	데이터 교환, 통고
START Ⅱ 조약	§ 5, 각종 의정서	NTM, 현지사찰	데이터 교환, 통고
SORT	특별 조항 없음	START조약들에 따름(§ 2)	
New START	§ 6 (3), 10, 11 동 조약 부속서 제5편(사찰활동) 및 사찰활동에 관한 부속서	NTM(방해금지), 현지사찰	통지(§ 7), 원격측정정보교환(§ 9)

2. 검증체제의 발전

상기의 도표를 분석해 보면, 개개 군축조약이 채택하고 있는 검증방법이 크게 NTM, IAEA의 안전조치 및 각종 현지사찰 등임을 알 수 있다. 따라서 이러한 3가지 방법을 중심으로 각종 군축조약에서 검증체제가 발전해 온 과정을 분석해 보고자 한다.

1) NTM

부분적 핵실험금지조약, 생물무기협약, 환경변경기술의 군사적 이용금지조약, 유럽에서의 재래식무기의 제한에 관한 조약, 미국과 구소련또는 러시아 간의 전략공격무기의 통제에 관한 대부분의 조약 등에서는 검증의 방법으로서 NTM을 수용하고 있는데, 그 발전 과정을 살펴보면 아래와 같다.

NTM을 통한 검증은 조약의 규정에 의하든 또는 묵시적 양해에 의하든 사실상 모든 군축조약에서 인정하고 있는 방법이다. 1960년대까지 특정 군축조약에서 검증규정을 두지 않은 경우라고 하더라도, NTM을 통한 검증을 양해하고 있었다.

그러던 것이 1970년대에 들어서면서 미국과 구소련 간의 전략공격무기의 통제에 관한 ABM조약, 전략공격무기제한에 관한 잠정협정, 지하핵실험제한조약, 평화목적지하핵폭발조약 및 전략공격무기제한조약 등에서 NTM을 통한 검증을 명문으로 인정하는 단계로 발전하였고, 1980년대 이후에 체결된 중·단거리미사일폐기조약INF조약, 전략무기감축조약들START조약들, 전략공격무기감축조약SORT 및 New START에서도 그러한 입장은 그대로 이어졌다

상기 조약들에서 명문화하고 있는 NTM에 의한 검증의 기본규칙으로서는 '일반적으로 승인된 국제법의 여러 원칙에 합치되게 사용할 것과 기타 당사국의 검증수단을 방해하지 않을 것 및 검증을 방해하는 은닉조치를 취하지 않을 것 등을' 골자로 하고 있다.

특히 1987년 INF조약에서는 NTM뿐 아니라 광범위한 현지사찰제도를 검증방법으로 수용하였고, 그 후의 미국과 구소련또는 러시아 사이의 각종 전략공격무기감축조약에서는 INF조약상의 검증체제를 그대로 따르면서도 더 엄격하고 상세한 검증체제를 마련하였다. 즉 START조약들에서는 NTM의 이용과 관련해서, 검증의 실효성을 촉진시키기 위하여 검증대상국가의 협력조치INF조약 제12조상의 기지의 관찰에 관한 협력조치가 최초임를 상세하게 규정하였고, 동시에 원격측정에 관해서도 규정하고 있다.

2) IAEA의 안전 조치

라틴아메리카핵무기금지조약, 핵무기비확산조약, 남태평양비핵지대조약 등에서는 검증방법으로서 IAEA의 안전조치를 수용하고 있는데, 핵무기비확산조약을 중심으로 그 발전 과정을 살펴보면 다음과 같다.

IAEA의 안전조치제도는 원래 미국의 발상에서 시작되었다. 1950년대 미국은 원자력 협력이라는 명목 아래 활발한 핵수출을 전개하였는데, 이 때 미국은 공급된 핵물질이 군사목적에 사용되지 않는다는 보장과 함께 이를 확인하는 절차로서 핵수령국과 안전조치를 포함하는 양자 간 협정을 체결하여 왔다. 또한 구소련의 경우에도 동일한 방법으로 동구국가들과 양자 간 협정을 맺었다.

이러한 제도는 핵물질의 군사적 전용을 방지하는 데는 효과적이었지만, 수령국의 입장에서는 핵수출국의 사찰을 허용하여야 하고, 또한 핵물질과 기술의 수입에도 선택의 여지가 없었기 때문에 주권의 일부를 제약받는 조치라고 인식하고 있었다.

이러한 점을 감안하여, 미국은 1954년부터 IAEA의 설립을 추진하였는데, 그것은 아이젠하워Dwight Eisenhower 대통령이 1953년의 유엔 총회에서 제안한 '국제적 관리안'으로부터 나왔다. 결국 1956년 10월 26일 IAEA 규정이 채택되었고, 1957년 7월 29일 70여 개국의 비준을 얻어 1958년부터 동 기구의 활동이 시작되었다. 따라서 개별 협정을 통하여 실시되어 오던 안전조치를 IAEA가 담당하게 되었던 것이다IAEA 헌장 제3조 5항. 이로써 안전조치의 실시와 관련하여 문제가 되었던 수령국의 주권침해라는 문제는 안전조치를 IAEA라는 객관적인 국제기구를 통하여 실시함으로써 간접화할 수 있었다.

그 후 핵무기비확산조약이 체결됨으로써 IAEA의 안전조치는 비약적으로 확대되었다. 왜냐하면 핵무기비확산조약에서는 모든 핵무기비보유 당사국에게 IAEA가 실시하는 안전조치의 수락을 의무화하고 있고, IAEA라는 국제적 기구에 의해 안전조치를 실시함으로써 안전조치의 객관성 및 공정성을 향상시키는 장점을 가질 수 있었기 때문이다.

일반적으로 IAEA가 실시하는 안전조치를 적용하기 위해서는, 조약 당사국인 핵무기비보유국이 IAEA의 헌장에 따라서 개별적으로 또는 타국과 공동으로 IAEA와 안전조치협정을 체결하여야 한다. 이러한 예로서 핵무기비확산조약 제3조 4항에서는 다음과 같이 규정하고 있다. 즉 "안전조치협정의 협상은 동 조약의 효력이 최초로 발생한 날로부터 180일 이내에 개시되어야 하며……, 협상개시일로부터 18개월 이내에 효력을 발생하는 것으로 한다."라는 것이다.

또한 안전조치협정의 체결에 관한 문제를 논의하기 위하여 안전조치위원회를 설치하고, 동 위원회로 하여금 안전조치협정의 체결에 관한 제반 문제를 검토하도록 하고 있는 바, 핵무기비확산조약 제3조 1항에 따라 1970년 3월 IAEA는 안전조치위원회를 설치하였고, 1971년 동 위위원회의 검토를 거쳐 'NPT에 따른 IAEA와 당사국 간의 협정을 위한 구성과 내용'The Structure and Content of Agreements between the Agency and States Required in Connection with the Treaty on the Non-Proliferation of Nuclear Weapons, 즉 INFCIRC/153을 작성하였다. 이것을 달리 '모델협정'이라고도 하는 바, 동 모델협정에 의하면 안전조치는 '유의량의 핵물질이 평화적 활동으로부터 핵무기 및 그 밖의 핵폭발장치의 제조 또는 불투명한 목적을 위해 전용되는 것을 적시에 탐지하고, 그러한 전용을 조기에 발견함으로써 핵무기 및 기타 핵폭발장치에로의 전용을 억제할' 목적으로 실시된다고 규정하고 있다모델협정 제28조.

이러한 목적을 달성하기 위하여 안전조치협정에서는 다음과 같은 일반적인 내용을 규정하고 있다.

첫째 안전조치의 적용과 관련하여 아래와 같은 당사국의 기본적 의무를 규정하고 있다. ① 당사국은 IAEA에 핵시설의 설계정보를 제공하여야 한다. 여기에는 기존의 핵시설에 대한 설계정보와 새로운 핵시설에 대한 설계정보를 포함한다모델협정 제42항. 이러한 설계정보의 제공의 목적은 IAEA로 하여금 전용과정을 가급적 최대한 확인하는 데 있다. ② 당사국은 핵물질의 국내계량관리제도를 설치하여 핵물질의 계량기록 및 핵시설의 조작기록을 유지하여야 한다모델협정 제51항 및 제54항. 따라서 그것의 관리자는 항시 어디에 핵분열성물질이 존재하고 있는지를 보여 줄 수 있어야 한다. ③ 당사국은 IAEA에 안전조치하의 모든 핵물질에 대한 주기적인 계량보고를 제출하여야 한다. 이 경우 그 최초의 보고서는 본 협정이 발효하는 해당 월의 최종일로부터 30일 이내에 IAEA에 송달되며, 해당 월의 최종일 현재의 상황을 기술한다모델협정 제62항, 제63항 및 제65항. 또한 만약 예외적인 사건이 발생할 경우, 그 관리자는 특별보고서를 IAEA에 제출하여야 한다모델협정 제68항. ④ 당사국은 IAEA가 행하는 사찰을 수용하여야 한다모델협정 제70항. 이 사찰은 그 핵물질이 보고되어진 특정 지점에 그대로 존재하는지의 여부를 확인하기 위하여 IAEA 사찰요원에 의하여 핵시설과 핵물질을 대상으로 실시되며, 수시사찰, 일반사찰 및 특별사찰이라는 3개 형태의 사찰을 정하고 있다.

둘째 안전조치를 실시하는 과정에서의 IAEA의 의무를 규정하고 있다. 여기에서 IAEA의 의무란 안전조치를 적용하는 과정에서 안전조치대상국가의 경제적·기술적 발전을 방해하지 않을 의무, 안전조치의 적용을 통하여 취득한 안전조치

대상국가의 상업적·산업적 정보 및 기밀사항을 보호할 의무를 포함한다[모델협정 제5항].

셋째 안전조치를 실시하는데 있어서의 세부적인 이행절차를 보조약정[subsidiary arrangement]의 체결을 통하여 정하도록 하고 있다. 즉 "IAEA와 당해 정부는 IAEA로 하여금 안전조치협정에 따른 책임을 효과적이고 능률적으로 이행하기 위하여 필요한 한도까지, 안전조치협정에 규정된 절차의 시행방법을 구체적으로 명시하는 보조약정을 체결한다."라고 규정하고 있다[모델협정 제39항 및 제40항].

또한 1997년 안전조치의 적용을 위한 국가와 IAEA 간의 협정에 관한 추가의정서를 채택함으로써, IAEA의 안전조치를 강화시켰다.

3) 각종 현지사찰

남극조약, 우주조약, 달조약, 유럽에서의 재래식무기의 제한에 관한 조약, 화학무기협약, 포괄적 핵실험금지조약, INF조약, START조약들, SORT 및 New START에서는 검증의 방법으로서 각종 현지사찰제도를 채택하고 있음을 알 수 있는데, 이들의 발전 과정을 살펴보면 아래와 같다

초기의 사찰제도와는 달리 1980년대 들어서면서 검증방법으로서 현지사찰제도는 큰 진전을 보이게 된다.

INF조약에서도 상세한 현지사찰제도를 도입하고 있었지만, START조약들에서 채택하고 있는 현지사찰제도가 훨씬 더 엄격하고 상세하다고 할 수 있다.·왜냐하면 START조약들에서는 전략무기의 전폐가 아닌 감축이 요구되고 있었기 때문이다.

START조약에서 채용하고 있는 현지사찰의 종류는 기초데이터사찰[base-line data inspection], 데이터갱신사찰[data updata inspection], 신시설사찰[new facilities inspection], 의심스러운 장소의 사찰[suspect-site inspection], 재돌입운반체사찰[reentry vehicle inspection], 사후연습분산사찰[post-exercise dispersal inspection], 전환·폐기사찰[conversion or elimination inspection], 폐쇄사찰[close-out inspection], 폐기 선언된 시설의 사찰[formerly declared facility inspection], 기술적 특징의 공개와 사찰[technical characteristics exhibition and inspection], 구별 가능성의 공개와 사찰[distinguish-ability exhibition and inspection], 기초 공개와 사찰[baseline exhibition and inspection], 계속적 감시활동[continuous monitoring activity] 등이다.

이러한 검증방법은 SORT와 New START에서도 그대로 수용되었다.

또한 화학무기협약에서는 광범위한 현지사찰방법에 기초한 검증체제를 수용

하고 있는데, 특히 강제불시사찰challenge inspection이라는 침투력이 강력한 검증방법을 규정하고 있다. 이것은 기타 군축조약상의 검증체제보다 진전된 검증체제로 평가되고 있다.

화학무기협약에서 채택하고 있는 현지사찰의 종류는 최초사찰initial inspection, 일반사찰routine inspection, 강제불시사찰challenge inspection, 화학무기의 사용의 조사investigation of alleged use 등이다.

V 검증체제의 한계와 개선방안

1. NTM의 한계

NTM에 의한 검증은 고도로 발달된 과학기술을 보유한 국가만이 검증활동에 종사할 수 있다는 점에서 제한적이라고 할 수 있다.

또한 NTM에 의한 검증은 영토주권의 존중이라는 측면에서 약간의 문제를 야기하기도 하는데, 예컨대 검증방법으로서 NTM을 사용하는 데 동의한 당사국조차도 인공위성의 선회로 인하여 자국의 주권이 무제한적으로 침해될 여지가 있을 수 있음을 우려하고 있다는 점이다.

2. IAEA의 안전조치의 한계

안전조치의 가장 중요한 목표는, 안전조치의 실시를 통하여 안전조치협정 당사국의 핵활동이 평화적으로만 수행되고 있음을 확인함으로써, 핵의 평화적 이용에 대한 최대한의 신뢰를 도출하는데 있다. 이러한 목표에 비추어 IAEA의 안전조치는 아래와 같은 한계를 가진다.

첫째 조기 발견의 한계이다. 모델협정에서는 안전조치의 목적을 '유의량의 핵물질이 평화적 활동으로부터 핵무기 및 그 밖의 핵폭발장치의 제조 또는 불투명한 목적을 위해 전용되는 것을 적시에 탐지하는 것과, 그러한 전용을 조기에 발견함으로써 핵무기 및 그 밖의 핵폭발장치에로의 전용을 억제하는 데' 두고 있다. 여기서 '유의량'이란 핵폭발을 일으키는 데 필요한 핵물질의 양을 의미하는데, 이러한 양은 플루토늄 8kg, 우라늄233 8kg 및 우라늄235 25kg으로 정해져 있다.

따라서 이러한 양의 핵물질이 무기화되기 전에 조기 발견되어야 하는 것이다. 또한 상이한 형태의 핵물질이 핵폭발장치로 전환되는 데 요구되는 시간은 금속원소형태인 플루토늄과 고농축우라늄인 경우 7~10일, 조사된 연료형태인 플루토늄과 고농축우라늄인 경우 1~3개월 및 천연우라늄 또는 저농축우라늄인 경우 1년으로 그 근사치를 정하고 있는데, 이러한 전환시간 내에 발견하지 못하면 전용을 방지하지 못할 수 있다. 이러한 사실을 감안할 때 안전조치제도 자체가 조기발견의 능력을 충분히 갖추었다고 볼 수 없기 때문에, 조기 전용의 발견은 어려운 실정이다.

둘째 비밀누설에 대한 우려를 들 수 있다. 사찰요원에 의한 비밀누설의 가능성은 주로 핵시설에 대한 설계의 심사와 설계의 변경의 경우에 일어날 수 있다. 이러한 사찰요원에 의한 비밀누설 가능성은 개개 국가로 하여금 안전조치를 수락하는 것을 주저하게 하는 요인이 되고 있다.

셋째 안전조치의무의 비준수성에 관한 문제이다. 안전조치의무에 대한 위반의 형태는 본질적으로 매우 다양하다고 할 수 있다. 그럼에도 불구하고 안전조치의무의 위반을 방지 또는 중단시킬 수 있는 수단에 관한 규정이 미흡하다는 점에서, 안전조치제도는 한계를 갖고 있다.

넷째 IAEA의 안전조치는 단지 IAEA에 신고되고 통지된 시설만을 그 대상으로 한다는 한계를 갖고 있다.

다섯째 안전조치제도로써는 국가의 장래 의도 및 결정을 예견할 수 없다는 점이다. 사실 안전조치는 특정 시점에서의 어떤 시설이 평화적 목적으로 사용되어지고 있음을 확인할 뿐이며, 또한 어떤 시설이 평화적 목적으로 사용되지 않거나 또는 핵물질이 전용되는 경우, 그에 대하여 경고하는 데 불과한 것이다.

3. 각종 현지사찰의 한계

현지사찰에 의한 정보의 수집은 역설적으로 사찰대상국의 주권을 침해할 수 있다. 영역적 측면에서 볼 때, 일국의 영역 내에서 일정한 조사를 수행하기 위해서는 그 국가의 동의를 요한다. 일반적으로 그러한 동의는 조약의 체결을 통하여 승인되는데, 개개 조약에서는 일반적으로 사찰대상지역을 사전에 결정하도록 요구하고 있다. 따라서 현지사찰은 그 조약 자체에 명확히 표현된 지역만을 대상으로 실시된다는 한계를 갖는다. 또한 시간적 측면에서도 사찰요원의 입국의 과정 등에 소요되는 시간 등으로 인해, 즉각적인 사찰이 이루어질 수 없다는 한계를 갖는다.

이처럼 현지사찰은 신고의무에 따라 신고가 된 항목에 대해서만 사찰이 실시된다는 점과 즉각적인 사찰이 어렵다는 점에서 한계를 갖는다고 하겠다.

이러한 한계를 보완하기 위하여, 화학무기협약에서는 미신고된 화학무기 및 시설에 대해서도 현지사찰을 실시할 수 있는 길을 열어 두고 있는데, 이것이 바로 강제불시사찰이다. 사실 강제불시사찰이라는 검증방법은 그 당시까지의 군축조약에서는 채택된 바 없었던 것으로서, 동 조약상의 의무이행을 효과적으로 확보할 수 있는 하나의 방안임에는 틀림없었다. 그럼에도 불구하고 화학무기협약상의 강제불시사찰도 아래와 같은 약간의 한계를 보인다. 첫째 강제불시사찰을 요청하기 위해서는 동 협약에 대한 비준수의 사실 내지 의문을 전제로 하고 있기 때문에, 비준수를 탐지할 능력을 갖추고 있는 국가가 극히 한정적이라는 현실에 비추어, 강제불시사찰의 실시 자체가 매우 제한적이라는 점이다. 둘째 사찰대상 당사국에게 민감한 시설에 대한 보호권과 비밀정보에 대한 유출방지권을 부여함으로써, 강제불시사찰의 실시범위가 축소되고 있다는 점이다. 셋째 사찰대상 당사국은 사찰개시에 이르기까지의 소요시간을 지연할 수 있기 때문에, 협약의 위반사항을 은폐할 수 있다는 점이다. 즉 동 협약 제9조 15항 및 '이행 및 검증에 관한 부속서' PART 10, 제14항~21항에서, 사찰대상 당사국으로 하여금 사찰단이 사찰지역에 도달하기까지 최고 120시간을 지연시킬 수 있도록 하고 있다. 넷째 사찰기간이 제한될 수 있음으로써 충분한 검증에 장애가 되고 있다는 점이다. 즉 '이행 및 검증에 관한 부속서' PART 10, 제57항에 따라 사찰대상 당사국과의 합의에 의해 사찰기간이 연장되지 않는 한, 사찰기간은 84시간을 초과할 수 없기 때문이다.

또한 시간적 측면에서도, 현지사찰은 그 횟수와 기간이 무제한적이 아니라는 한계가 있다. 결국 사찰은 사실을 명확히 하고 불확실성을 제거하는 데 필요한 정도로 제한되고 있으며, 특히 사찰대상국의 통상적 활동을 방해하지 못하도록 하고 있다.

4. 개선방안

이상과 같이 현행 군축조약상의 검증체제의 발전 과정과 그 한계에 관해 살펴보았다. 사실 보다 강력한 검증체제를 갖춘 군축조약의 경우, 각종 정보를 비공개하려는 성향의 국가들이 그러한 군축조약에의 참여 자체를 주저하기 때문에, 강력한 검증체제 자체가 군축의 실현에 장애가 되기도 한다. 반면, 완화된 검증체제를 두고 있는 군축조약의 경우, 상기의 경우와 달리 당해 군축조약에의 참여에 거부감이 없기 때문에 군축의 실현이 상대적으로 쉬울 수 있겠으나, 그러한 검증체제만으로는 당해 군축조약에 대한 실효성을 확보하기가 어렵다.

이러한 군축과 검증의 상관관계에서 볼 때, 현행 군축조약상의 검증체제를 개선·발전시키는 것은 한마디로 매우 어려운 과제라고 할 수 있다. 나아가 효과적인 검증을 위해서는 기술적 측면에서의 진전은 물론이고 검증비용의 문제 등 검증 외적 요소가 관련을 맺고 있기 때문에 검증체제의 진전은 더욱 어려운 문제이다.

그럼에도 불구하고 효과적인 검증을 위해 몇 가지를 제안하면 아래와 같다.

첫째 IAEA의 안전조치는 당해 국가로부터 신고된 핵물질이나 또는 시설만을 그 대상으로 하고 있다. 즉 설령 IAEA가 완벽한 검증체계를 갖추고 있다고 하더라도, IAEA는 법적으로 수락되지 않은 대상에 대해서는 안전조치를 실시할 수 없다는 것이다. 따라서 효과적인 핵확산방지를 위해서는 검증의 대상을 확대함과 아울러 미신고시설에 대해서도 사찰을 실시할 수 있는 제도적 개선이 요청된다.

둘째 NTM을 공유할 수 있는 국제협력체제가 요청된다.

셋째 검증분야에 있어서의 진전은 국가 간의 상호 신뢰의 증가, 전반적인 과학기술의 발달로 인한 보다 효과적인 검증수단의 개발 등 다양한 요인에 기인하고 있지만, 본질적으로는 군축의 효과적 실현이 바로 국제평화와 안전의 유지에 직결된다는 점을 국제사회가 인식하여야만 가능하다고 하겠다. 따라서 국가 간 군사정보의 공개 등을 통한 상호 신뢰의 분위기를 조성하는 것이 전제가 된다고 하겠다.

제3장
군축분야에서의 유엔 및 제네바군축회의의 역할

군축을 실현하려는 노력은 특히 유엔과 제네바군축회의에 의하여 주도적으로 수행되어져 왔다.

I 유엔의 역할

국제평화와 안전을 유지하기 위한 하나의 수단으로서 군축의 중요성이 강조된 것은 일반적으로 국제연맹시대 이래의 현상이라고 할 수 있다. 즉 국제연맹규약에 군비에 관한 일반적 의무규정[동 규약 제1조 1항 및 제8조 1항 · 2항 · 4항]을 둠으로써, 군축의 이행을 강조하여 왔던 것이다.

또한 유엔도 그 헌장에서 군축과 군비규제에 관한 특정의 책임을 명문화함으로써, 군축을 국제평화와 안전을 유지하는 하나의 수단으로서 인식하였다. 특히 제2차 세계대전의 참화와 고통을 경험하면서 출범한 유엔은 '국제평화와 안전의 유지'라는 명제를 자신의 가장 중요한 목표로 설정하였으며[유엔 헌장 제1조], 이러한 목표에 기인하여 동 헌장에서는 국제관계에서 무력의 사용 및 무력에 의한 위협의 금지[동 헌장 제2조 4항], 국제분쟁의 평화적 해결[동 헌장 제33~38조] 및 평화에 대한 위협 · 평화의 파괴 · 침략행위에 대한 제재[동 헌장 제39~51조] 등을 규정하고 있다. 사실 이들 규정은 유엔시대에 있어서 군축의 근거와 증진을 위해 요구되는 보편적인 법적 · 정치적 토대를 제공하고 있다.

나아가 국제사회는 군축이라는 목표를 추구하는 데 요구되는 특정의 역할을 유엔에 위임하고 있다. 즉 유엔 총회에는 군축과 군비규제를 규율하는 원칙을 심의할 권한과 아울러 회원국 및 안전보장이사회에 그러한 원칙에 관하여 권고할 권한이 부여되어 있다동 헌장 제11조 1항. 또한 안전보장이사회에는, 군사참모위원회의 조언을 얻어 군비감소를 위한 체계를 확립하기 위해 유엔 회원국에게 제출될 계획서를 작성할 책임이 부과되어 있다. 이는 세계의 인적·경제적 자원이 군비로 전용되는 것을 최소화함으로써 국제평화와 안전의 확립과 유지를 촉진하려는 임무를 안전보장이사회에 맡긴 것이다동 헌장 제26조 및 제47조.

이처럼 유엔시대에서는 동 헌장을 통하여 군축의 중요성을 담보받고 있지만, 유엔 헌장의 채택 직후에 최초로 사용된 원자탄의 등장은 군축에 관한 새로운 시각을 요구하는 계기가 되었다. 즉 원자탄의 위력은 예견하지 못한 군사적·정치적 문제에 유엔이 직면하게 하였던 바, 결국 국제사회는 유엔 헌장에서 계획하고 있던 국제안보제도로서의 군축 일정 대신에 원자탄의 재사용의 가능성 등을 염두에 둔 군축 및 국제안보 제도에 더 중요한 강조점을 두었다.

또한 그 이후에 이어진 핵무기의 급속한 개발과 확산은 군축의 중요성을 급속도로 가속화시키는 요인이 되었다. 따라서 1945년 이래, 국제사회는 군축을 국제평화와 안보를 보장하기 위한 필연적 실천과제로 인식하고 있다.

이상과 같은 군축의 중요성에 부응하여, 국제사회는 군축과 관련한 작업에 많은 노력을 경주하여 왔다. 그 결과 오늘날까지 다수의 군축조약이 체결되는 등 군축분야의 전반에서 큰 진전을 가져 왔다. 사실 이러한 결실은 제2차 세계대전 이후 유엔과 제네바군축회의 등을 포함하는 각종 국제군축기구가 보여 준 노력의 산물로서, 특히 1990년대에 들어서면서 형성된 국가 간 상호 신뢰의 증가라는 요인에 힘입은 바가 크다고 할 수 있다.

따라서 본 장에서는 이러한 국제사회의 군축분야에 있어서의 다양한 노력 가운데, 특히 전술한 유엔 헌장상의 군축 관련 규정들을 바탕으로 하여 유엔이 보여 준 역할에 관하여, 다음과 같은 3단계, 즉 초기·중기·후기로 구분하여 고찰하고자 한다.

1. 초기의 역할

1) 군축위원회(UN Disarmament Commission)

전후 핵무기의 규제문제는 국제사회가 직면한 시급한 과제로 인식되었으며, 그 결과 이에 관한 유엔의 노력도 활발하게 전개되었다. 1946년 1월 24일 원자탄과 기타 대량파괴무기의[20] 폐기 및 원자력의 평화적 사용의 보장이라는 특정의 목적을 달성하기 위하여 '원자력위원회'Atomic Energy Commission가 최초의 유엔 총회결의를 통하여 설립되었다. 그러나 동 위원회는 설립 후 단지 1년 만에 난관에 봉착하였던 바, 그 이유는 미국과 구소련을 포함하는 강대국들 간의 정치적·이념적 기반의 차이 및 동 위원회의 목적의 달성과 관련한 접근방법에 있어서의 대립에 기인하고 있었다.[21] 이러한 난관을 극복하기 위하여, 1947년 2월 13일 유엔 총회는 그 당시 유엔 안전보장이사회의 11개 회원국 전부로 구성되는 '재래식군비위원회'Commission for Conventional Armament를 설립하였던 바, 이는 군대와 군비의 일반적 감

---

20 대량파괴무기(weapons of mass destruction)란 통상의 전투에서 사용되어 온 전통적 무기가 아니라 파괴력이 대규모적이고 지속성이 긴 무기, 즉 핵무기와 생물무기 및 화학무기를 말한다. 우리나라에서는 대량파괴무기 또는 대량살상무기라고 혼용하여 사용되고 있는데, 정치학자들은 주로 후자로 명명하고 있다. 그러나 인적 침해뿐 아니라 물적 침해를 동시에 야기한다는 점에서 대량파괴무기라고 명명하는 것이 더 합리적이라고 생각한다.

21 원자력위원회에서 미국과 구소련 양국은 상호 조화를 이룰 수 없는 안들을 경쟁적으로 제안하였는 바, 이것 또한 동 위원회가 단시일 내에 난관에 봉착한 이유라고 할 수 있다. 여기서는 상기 양국이 제안한 소위 '바루크(Baruch) 안'과 '그로미코(Gromyko) 안'의 주요내용을 간략하게 살펴보고자 한다. 먼저 '바루크 안'이란 1946년 6월 14일에 열린 원자력위원회의 최초 회합에서 미국의 대표인 바루크가 제안한 것으로서, 원자력의 발달과 사용에 대한 모든 측면(원자력의 평화적 사용을 조장하고 규제하기 위한, 핵분열성물질의 군사 목적으로의 잠재적 전용에 대한 국제적 현지사찰시스템과 제재시스템을 설치하기 위한)을 위탁할 '국제핵개발기구'(International Atomic Development Authority)의 창설을 주요내용으로 하고 있었다. 따라서 그 기구는 우라늄과 같은 핵물질을 자신의 관리하에 두었으며, 핵폭발 분야에 있어서의 연구를 수행하는 측면과 핵분열성물질을 생산·소유하는 측면 등 양 측면에서의 배타적인 권리를 보유하고 있었다. 또한 기타 모든 핵활동은 동 기구의 승낙하에서만 허용되어질 수 있었으며, 동 기구의 권리를 침범하는 행위에 관해서는 일정한 제재가 가하여짐을 강조하였다. 이 제안으로 인하여, 한때 통제와 제재시스템이 효과적으로 작동하였으며, 핵무기의 생산이 중단되었으며, 당시의 핵물질의 보유량이 감축되었으며 그리고 모든 기술적 정보가 동 기구에 전달되었다. 다음으로 '그로미코 안'이란 1946년 6월 19일에 개최된 원자력위원회의 두 번째 회합에서 구소련의 대표인 그로미코가 동 위원회에 제출한 안이다. 동 안에서는 원자무기의 생산과 사용을 금지하며, 동 안이 발효된 후 3개월 이내에 모든 원자무기가 파괴되어져야 하며, 동시에 NTM을 유일한 수단으로 하는 검증을 요구하고 있다.

축 및 그 감축의 효과적 보장을 목적으로 하고 있었다. 이들 양 위원회는 자신의 설립의 목적을 달성하기 위하여 많은 노력을 경주하였으나, 서구국가들과 구소련 간에 검증문제에 있어서의 입장 차이에 기인하여,[22] 군축문제의 해결에는 별 진전이 없었다.

이러한 와중에서, 1949년 구소련의 원자탄의 실험성공 및 1950년 한국전쟁의 발발이라는 양 사건은 유엔으로 하여금 다자간 군축협상을 재개하도록 요구하는 원인이 되었다. 따라서 1952년 초 유엔 총회는 당면한 군축문제를 해결하기 위한 하나의 노력으로서 상기 양 위원회를 통합하여, '군축위원회'Disarmament Commission 라는 단일기구를 설립하였다.[23] 안전보장이사회의 모든 이사국과 캐나다로 구성된 동 위원회는 모든 군대와 군비의 제한 · 규제 · 감축, 모든 대량파괴무기의 폐기 및 핵무기의 금지와 핵에너지의 평화적 사용을 보장하기 위한 핵에너지의 효과적인 국제통제 등에 관한 내용을 조약화하는 데 그 목적이 있었다. 그러나 군사력의 우선적 공개와 검증의 우선적 합의 및 핵무기 철폐의 비급박성 등을 주장하는 서구국가와 핵무기문제의 우선적 고려와 민감한 군사정보의 자발적 공개를 주장하는 구소련 간의 입장의 차이로 인하여, 동 위원회에서의 군축 노력은 결실을 얻지 못하였다.

더욱이 설상가상으로 핵무기의 개발과 확산이 이어졌는데, 1952년 미국이 최초로 수폭실험에 성공하였고, 또한 1953년 구소련도 수폭실험에 성공하는 등 핵군비경쟁은 가속화되었다.

이러한 상황하에서, 군축위원회는 1954년 4월 19일 자신의 목적을 수행하기 위한 하나의 방안으로서 캐나다 · 프랑스 · 구소련 · 영국 및 미국 등의 5개국으로 구성되는 '소위원회'를 창설하였는데, 동 소위원회는 포괄적 군축안을 조약화하기 위한 실질적인 협상 임무를 띠고 있었다. 그러나 이러한 당초의 목표에도 불

---

22 검증문제와 관련하여, 서구국가들은 군대와 군비의 감축에 선행하여 국제안보를 보장하기 위한 일반적 조치에 관한 협정의 체결 및 군대와 군비를 감시하기 위한 프로그램의 개발을 우선적으로 요구한 반면에, 구소련은 안전보장이사회의 개개 상임이사국(미국 · 구소련 · 중국 · 프랑스 · 영국)으로 하여금 군대의 1/3 감축 및 동시에 모든 핵무기의 폐기를 우선적으로 요구하였다. 이러한 양 진영 간의 입장 차이에 기인하여, 1950년 구소련이 재래식군비위원회로부터 이탈하였으며, 그로 인해 동 위원회에서의 군비감축과 폐기에 관한 협상은 정지되었다.

23 군축위원회는 총회결의 502(vi) 제1항에 근거하여 창설되었는데, 동 결의는 1952년 1월 11일 찬성 42표, 반대 5표 및 기권 7표로 채택되었다.

구하고, 포괄적 군축조약의 체결을 둘러싼 진전은 결실을 얻지 못하였고, 오히려 국가 간의 이견만 표출되었다.[24] 따라서 1955년 말 이래, 포괄적 군축조약을 체결하기 이전에 현실적으로 이행이 가능한 다양한 부분적 군축조치로 그 관심이 점차적으로 이동되었다.[25] 결국 동 위원회에서의 다자간 군축협상은 더 이상 진행되지 못하였다.

따라서 이러한 상황을 극복하기 위한 하나의 노력으로써, 1957년 유엔 총회는 군축위원회의 구성국의 수를 25개국으로 확대하였으며, 또한 1958년에 재차 그 구성국의 수를 확대하여 유엔의 모든 회원국이 동 위원회의 구성국이 되었다.[26] 이러한 구성국의 확대현상에도 불구하고, 1958년 이후 군축위원회의 활동은 단 2번의 회기1960년과 1965년를 개최하는 데 불과하였다. 따라서 1952년에 시작된 모든 군대 및 군비의 규제와 제한 및 감축을 위한 포괄적인 군축조약을 체결하려는 유엔의 목표는 좌절되었다고 할 수 있다.

그럼에도 불구하고, 동 기간 동안 군축분야에서 약간의 진전을 가져 왔는데, 그것은 IAEA의 설립과 남극조약의 체결이라는 결실이었다.

---

24 동 소위원회에서 서구의 4개 국가들은 적절한 통제하에서 재래식무기와 군대의 제한 및 감축의 측면에 강조점을 두었으며, 반면에 구소련은 핵무기실험의 조기중단과 핵무기의 비사용이라는 측면에 관심을 표방하였다.

25 1956년 동 소위원회에서 미국과 구소련 양국은 포괄적인 군축조약의 체결에 선행하여 제한적이고 부분적인 군축조치를 이행할 것을 합의하였다. 동시에 동 소위원회의 서구 대표들은 유엔 외곽에서 군축조약을 협상하고 이행할 특정 군축기구의 창설을 제안하였다. 1956년 런던에서 재소집된 동 소위원회의 회합에서, 구소련 대표는 다음과 같은 부분적 군축조치를 제안하였다. 즉 ① 재래식무기와 군인의 제한인데 향후 2년 이내에 미국과 구소련 및 중국은 100만 명에서 150만 명 수준으로 그리고 프랑스와 영국은 65만 명 수준으로 감축 ② 유럽 지역에 대한 군비의 제한과 사찰 ③ 열핵무기의 실험 중단 등이다. 또한 동 소위원회에서 미국은 군인의 수를 미국과 구소련이 각기 250만 명 수준으로 즉각 감축 및 중요한 정치적 문제의 해결에 따른 포괄적 군축의 이행 등을 주장하였다. 1957년 4월 30일 구소련은 서구국가들이 포괄적 군축조약을 체결할 준비가 되어 있지 않다는 점을 이유로, 2단계 포괄적 군축조약 및 부분적 군축조치에 관한 조약을 새롭게 제안하였다. 이처럼 1956년에서 1957년 사이에 많은 부분적 군축조치들이 제안되었다.

26 군축위원회의 구성국 확대현상은 유엔 총회의 제12차 회기에서 인도가 '군축위원회와 동 소위원회의 구성국의 확대'라는 제안을 총회에 제출함으로써 나타났으며, 그 후 구소련은 유엔의 모든 회원국으로 구성되는 상설군축위원회의 설치를 제안하였으나, 부결되었다. 1957년 11월 19일 찬성 60 반대 9 및 기권 11로 채택된 총회결의 1150(ⅹⅱ)에서 다음의 14개국이 군축위원회의 구성국으로 추가됨으로써 군축위원회의 구성국은 확대되었다. 그 14개국은 다음과 같다:Argentina, Australia, Belgium, Brazil, Burma, Czechoslovakia, Egypt, India, Italy, Mexico, Norway, Poland, Tunisia 및 Yugoslavia 등이다. 1958년 찬성 76 반대 0 및 기권 2로 채택된 총회결의 1252 A/D(ⅹⅲ)에서 군축위원회는 유엔의 모든 회원국으로 구성되어질 것을 결정하였다.

먼저 1950년대 군축분야에서 가장 주목할 만한 성과는 IAEA의 설립이었다. 물론 IAEA는 유엔의 후원 아래 설립되었지만, 그 원안은 미국의 주도하에 입안되어졌다. 즉 1953년 12월 미국의 아이젠하워 대통령은 유엔 총회에서 행한 연설 Atoms for Peace을 통하여 '원자력의 국제적 관리안'을 제안하였는 바, 동 안을 기초로 IAEA의 설립이 추진되었다. 따라서 유엔 총회는 1954년 IAEA의 설립을 만장일치로 승인하였으며, 1956년 10월 26일 IAEA 헌장을 승인하였고, 그 결과 1957년 7월 29일 70여 개국의 비준을 얻어 IAEA는 자신의 활동을 시작하였다. 따라서 그 이후 오늘날까지 IAEA는 핵에너지의 평화적 이용의 조장 및 핵에너지의 군사적 목적으로의 전용을 방지하는 데 많은 노력을 경주하여 왔다.

다음으로 남극조약은 비핵지대를 설정한 최초의 조약으로서, 1959년 12월 1일 워싱턴에서 체결되었으며, 1961년 6월 23일부터 효력을 발생하였다. 동 조약은 전후에 체결된 최초의 군축조약이라는 점 및 비핵지대라는 개념을 실질적으로 적용한 최초의 조약이라는 점에서 의의가 있다.

결국 이러한 2가지는 1950년대의 군축사에서 하나의 성공사례로 평가된다.

2) 일반적이고 완전한 군축

1959년부터 유엔은 2가지의 독특하면서도 평행적인 접근방식을 통하여 군축 노력을 추구하기 시작하였는데, 그 하나는 포괄적인 군축 노력이었고 다른 하나는 부분적인 군축 노력이었다. 포괄적인 군축을 달성하려는 노력은 제2차 세계대전 직후부터 계속되어 왔으나, 특히 1959년 유엔은 총회결의 1378(ⅹⅳ)을 통하여 '효과적인 국제통제하에서의 일반적이고 완전한 군축'을 군축 노력의 궁극적 목표로 선포하였다. 그 후, 유엔과 제네바의 군축협상기구에서는 군축과 관련한 많은 제안과 논의가 있었다. 특히 10개국 군축위원회Ten-Nation Committee on Disarmament에서 구소련과 서구국가는 새로운 조약안을 상호 제안하였다. 즉 구소련은 모든 핵무기 운반수단의 폐기와 그것들의 제조의 금지, 모든 외국 군사기지의 폐쇄와 모든 외국 군대의 철수, 핵무기를 장착한 모든 로켓에 대한 사찰 및 그것의 제조에 대한 정보의 사찰 등을 주요내용으로 하는 조약안을 제안하였다. 동 조약안은 핵무기와 기타 대량파괴무기의 전면적 금지 및 '포괄적이고 일반적인 완전한 군축'에 대한 첫 번째의 단계로 의도되었다. 또한 서구국가도 전기한 구소련의 제안에 대응하여, 우주에서의 대량파괴무기의 배치의 금지, 핵무기용 핵분열성물질의 생산금지 및 기습을 방지하기 위한 조치 등을 내포하는 조약안을 제안하였다. 그러나 이러한 논의와 제안에도 불구하고, '포괄적이고 일반적인 완전한 군축'이라는 포괄적인 군축안을 이끌어 낼 수는 없었다.

다만 그 당시의 '포괄적이고 일반적인 완전한 군축'에 관한 주목할 만한 제안으로는 구소련이 제출한 '엄격한 국제통제하에서의 일반적이고 완전한 군축에 관한 조약안'Draft Treaty on general and complete Disarmament under strict international Control과 미국이 제출한 '평화로운 세계에 있어서의 일반적이고 완전한 군축에 관한 기본규칙의 개요'Outline of basic Provisions of a Treaty on general and complete Disarmament in a peaceful World가 있었는데, 1962년에 18개국 군축위원회Eighteen-Nation Committee on Disarmament에 제출되어, 그들 조약안에 대한 논의와 검토가 수년 동안 행하여졌다. 그러나 그마저도 이행분야·핵군축분야 및 검증분야에 있어서의 미국과 구소련 양 강대국 간의 입장의 차이로 인하여 어떠한 결실도 맺지 못하였다. 이처럼 '포괄적이고 일반적인 완전한 군축'이라는 군축 노력의 궁극적 목표를 가까운 장래에 성취하는 것이 용이하지 않음을 국제사회는 인식하게 되었고, 그 결과 1960년대 중반부터 유엔의 군축분야에서의 노력은 부분적 군축조치로 그 강조점이 이동되었다. 그럼에도 불구하고 국제사회가 '포괄적이고 일반적인 완전한 군축'이라는 포괄적인 접근방법을 포기한 것은 아니었으며, 그 이후에도 이러한 포괄적인 군축의 실현을 위한 노력은 계속되었다. 1969년 유엔 총회는 1970년대를 '제1차 군축 10년'으로 선언하는 결의를 채택하였다. 또한 1962년부터 1969년까지 매년 군축문제를 논의하여 오던 18개국 군축위원회는 1969년 군축위원회 회의Conference of the Committee on Disarmament로 개칭되었고, 1970년부터 1978년까지 군비경쟁의 중단과 효과적인 국제 통제하에서의 일반적이고 완전한 군축에 관한 모든 문제를 다루었으며, 그 결과 1978년 군축위원회 회의는 군축에 관한 포괄적인 프로그램을 작성할 실무작업단을 설립하였다.

결국 핵무기비확산조약과 같은 핵무기의 규제와 제한을 위한 중요 조약이 체결되어 왔다는 사실에도 불구하고, 군비경쟁을 제한하기에는 전반적으로 불충분하였다. 이러한 측면을 인식하면서 총회는 결의 2499(ⅹⅹⅳ)를 통하여 군비경쟁의 중단에 관한 효과적인 조치를 구하기 위하여 그리고 자신의 노력을 증가하기 위하여 정부 간 회합을 소집할 것을 요구하였다. 또한 1975년 총회는 주로 자신의 역할을 강화하려는 견지에서 군축분야에 있어서의 유엔의 역할을 검토할 것을 결정하였고, 아울러 그러한 목적을 위하여 '특별위원회'Ad Hoc Committee를 설립하였다. 동 위원회는 자신의 업무에 관하여 총회에 특별보고서를 제출하였다.

2. 중기의 역할

유엔은 군축분야에 있어서 자신의 역할을 강화하려고 많은 노력을 행하여 왔다. 그러한 노력 중의 하나가 바로 전적으로 군축문제만을 다룰 특별회기를 개최하는 것이었는데, 그것은 비동맹국가의 주도와 기타 국가들의 지지 속에서 1976년의 유엔 총회에서 결정되었다. 이러한 특별회기의 소집은, 국제적 관심사인 군축문제에 관한 새로운 방향을 설정한 점과 핵과 재래식무기의 경쟁으로부터 군축으로 나아가도록 계기를 제공한 점에서, 군축분야에서 그 의의는 매우 크다고 평가된다. 이러한 특별회기는 1978년, 1982년, 1988년 및 2006년에 각각 개최되었는데, 이에 관해서 살펴보면 다음과 같다.

1) 군축에 관한 총회의 제1차 특별회기

제1차 특별회기는 1978년 5월 23일부터 동년 6월 30일까지 뉴욕에서 개최되었다. 동 회기는 그 당시까지 군축에 관한 문제를 다루기 위하여 소집되었던 회의 가운데 그 규모가 가장 컸다. 특히 동 회기의 최종문서에서는, 유엔이 군축분야에서 중추적 역할을 행함과 동시에 중요한 책임을 지고 있음을 선언하고 있고, 나아가 유엔이 모든 군축조치의 이행을 장려하고 촉진함을 선언하고 있다. 동시에 동 최종문서에서는 유엔체계 내에서 군축문제를 다루는 기구를 활성화시키기 위한 특정조치를 담고 있다.

이러한 내용을 포함하고 있는 최종문서는 '서문'Introduction · '선언'Declaration · '행동계획'Programme of Action · '기구'Machinery 등의 4편으로 구성되어 있으며, 군축분야에 있어서 군축의 목적 · 원칙 그리고 우선사항 등을 규정하고 있다. 따라서 여기에서는 동 최종문서의 주요내용을 간략하게 고찰하고자 한다.

'서문'Introduction에서는 오늘날 핵무기의 비축이 극심한 위협을 야기하고 있다는 점을 인식하면서, 무기의 감축을 점진적으로 그리고 효과적으로 이행할 것을 요구하고 있다.

'선언'Declaration에서는 현재의 군축의 상황을 개관 · 평가하고 있으며, 아울러 군축의 목적 · 우선사항 및 군축협상의 과제와 원칙을 제시하고, 국제적 안정과 군축 간의 상호관계에 관하여 명백히 언급하고 있다. 특히 '선언'에서는, "진정하고 영속적인 평화는 유엔 헌장에서 규정된 안보체계의 효과적인 이행, 무기와 군대의 신속하고 실질적인 감축, 효과적인 국제 통제하에서 일반적이고 완전한 군축으로 나아가는 조약의 체결 및 상호 간 신뢰의 회복을 통하여 달성될 수 있다." 라고 기술함으로써, 군축의 중요성을 지적하고 있다. 또한 '선언'에서는 군축조약상의 의무를 확인하는 적절한 검증조치를 군축조약에서 규정하도록 요구하고 있다.[27]

'행동계획'Programme of Action에서는 군축분야에서의 긴급한 문제로서 국가가 취하여야 할 우선사항과 조치를 규정하고 있는 바, 그 내용은 다음과 같다. 즉 '군축협상에 있어서의 우선사항은 핵무기, 화학무기를 포함하는 기타 대량파괴무기, 과다한 상해 또는 무차별 효과를 가지는 것으로 간주되는 재래식무기 및 병력의 감축' 등이라고 기술하고 있다. 또한 행동계획에서는 검증조치, 신뢰회복조치 등 다양한 영역에서 추구되어지는 수많은 특정조치에 관하여 열거하고 있다.

'기구'Machinery에서는 현존하고 있는 군축 관련 기구를 활성화시킬 긴급성을 지적하고 있으며, 동시에 군축협상을 위한 적절한 토론장을 설치할 것을 요구하고 있다.

한편 전술한 군축에 관한 총회의 제1차 특별회의가 개최된 후 약 4년간은 세계 군사비의 지출 증가와 신뢰의 급격한 결여 등으로 인하여, 국제상황은 크게 악화되었다. 따라서 주요 군축문제의 협상과정은 사실상 중단된 형국이었고, 그 결과 1978년 최종문서에서 규정된 행동계획은 거의 이행되지 않았다고 할 수 있다. 그러나 최종문서상의 목표를 용이하게 달성하기 위하여, 총회는 1980년대를 '제2차 군축 10년'으로 선언하였다. 그 새로운 선언에서는, 그 10년이 군축의 궁극적 목표 즉 효과적 국제 통제하의 일반적이고 완전한 군축과 부합될 수 있는 기간이 되어져야 함을 표방하고 있다.

2) 군축에 관한 총회의 제2차 특별회기

제2차 특별회기는 1982년 6월 7일부터 동년 7월 10일까지 뉴욕에서 개최되었다. 동 회기에는 유엔의 회원국뿐만 아니라 47개국으로부터 약 450개의 비정

---

27 그 밖에도 '선언'에서는 "군축조치가 자국의 안보를 보장할 정도로 공정하고 조화로운 수준으로 달성되어야 한다."는 군축의 주요 원칙을 기술하고 있다.

부간기구non-governmental organizations가 옵저버로서 참석하였다. 전 세계의 개인과 단체로부터 수백만 명의 서명을 받은 수천 개의 호소문과 탄원서가 유엔에 제출되었으며, 특히 유엔 회원국도 60개 이상의 제안과 정책지침서를 제출하였다. 그러나 제1차 특별회기에서의 경험과는 달리, 제2차 특별회기에서는 각종 조약안의 심의 과정에서 어떠한 컨센서스도 얻을 수 없었다.

그럼에도 불구하고 동 회기의 최종문서에서는 제1차 특별회기의 최종문서에 대한 유효성이 재인식되었을 뿐만 아니라 전쟁, 특히 핵전의 위협에 관하여 심오한 관심이 표방되었다. 특히 동 최종문서에서는 핵전의 위협을 방지하기 위하여 제출된 제안들을 가능한 한 신속히 유엔 회원국들이 검토할 것을 요구하고 있고, 또한 군축분야에서의 유엔의 역할을 더욱 더 강화할 필요성과 군축기구의 효용을 증대시킬 필요성을 강조하고 있다.

동시에 제2차 특별회기에서는 세계군축캠페인의 시작과 유엔을 통한 '군축의 지속과 확장'이라는 결실을 거두었다.

3) 군축에 관한 총회의 제3차 특별회기

제3차 특별회기는 1988년 5월 31일부터 동년 6월 26일까지 뉴욕에서 개최되었다. 동 회기가 미국과 구소련 양국 간에 INF조약이 체결된 직후이면서 전략핵무기의 감축에 관한 협상이 진행되고 있었던 시기에 개최되었던 관계로, 동 회기로부터 많은 성과를 얻을 것이라고 예견되었다.

그러나 이러한 기대와는 달리, 동 특별회기에서는 어떠한 컨센서스도 얻을 수 없었다.

그럼에도 불구하고 동 회기에서는 검증문제가 심도 있게 논의되었는데, 특히 유엔이 검증문제에 관하여 적극적인 역할을 수행할 것을 요청하였다. 또한 구소련은 전술핵무기를 장착하고 있는 군함의 수를 제한하는 협정을 체결할 것을 제안하였다.

3. 후기의 역할

상술한 바와 같이 군축에 관한 총회의 제3차 특별회기에서 구체적 성과를 내지 못하였음에도 불구하고, 유엔은 1990년대를 '제3차 군축 10년'으로 선포하는 등 지속적인 역할을 수행하여 왔다. 따라서 이러한 유엔의 역할을 연구 분야, 대량파괴무기 분야 및 기타 분야로 나누어, 그 주요내용을 살펴보면 다음과 같다.

첫째 유엔 총회는 핵무기에 대한 포괄적인 연구를 수행할 것과 검증분야에서의 유엔의 역할에 관하여 연구할 것을 결의로서 채택하였다.[28]

둘째 유엔 총회는 1963년의 부분적 핵실험금지조약을 재검토할 것과[29] 화학무기협약의 서명을 촉구하는 결의를 채택하였으며,[30] 또한 유엔 안전보장이사회 상임이사국에게 대량파괴무기의 확산을 중단시키기 위한 효과적인 조치를 강구할 것과 대량파괴무기의 규제를 위한 지침을 채택할 것을 요청하였다.[31]

셋째 유엔은 이라크에 대하여 사찰을 실시하는 등 핵의 투명성을 보장하기 위한 일련의 조치를 취하였으며,[32] 또한 북한의 핵사찰문제와 관련해서도 일련의 조치를 취함으로써, 핵질서를 유지하기 위한 일련의 노력을 수행하였다.

넷째 1995년 핵무기비확산조약의 '효력연장회의'를 통하여 동 조약 체제를 지속시켰고, 모든 핵실험을 금지하기 위한 '포괄적핵실험금지조약'을 체결하는 등의 성과를 얻었다.

다섯째 '군축에 관한 총회의 제4차 특별회기'의 개최를 위해 노력하였으나, 아직 제4차 특별회기는 개최되지 못하고 있다. 2006년 12월 6일의 유엔 총회는 '군축에 관한 총회의 제4차 특별회기'를 개최할 것을 촉구하는 결의를 채택하였는데, 동 결의에서는 제4차 특별회기를 위한 준비위원회의 설립 등을 다룰 실무

---

28 1988년 12월 7일 유엔 총회는 '핵무기에 관한 유엔의 포괄적 연구'(총회결의 43/75 N)와 '검증분야에 있어서 유엔의 역할에 관한 연구'(총회결의 43/81 B)를 채택하였다.

29 1989년 12월 15일 유엔 총회는 '1963년의 부분적 핵실험금지조약을 개정할 회의를 개최할 것'을 권고하는 결의를 채택하였다. 그러나 미국과 영국은 동 결의에 반대하였다.

30 1992년 11월 30일 유엔 총회는 '화학무기협약이 1993년 1월 13일자로 서명을 위하여 개방될 것'을 요구하는 결의(총회결의 47/39)를 채택하였다.

31 1991년 7월 9일 유엔 안전보장이사회 상임이사국들은 파리에서 '대량파괴무기의 확산을 중단시키기 위한 효과적인 조치를 강구하기 위하여' 회합을 가졌으며, 그 후, 1992년 5월 29일에 워싱턴에서 대량파괴무기를 규제하기 위한 지침을 채택하였다.

32 1991년 한 해 동안, 유엔은 이라크를 대상으로 많은 일련의 조치를 취하여 왔다. 1991년 4월 3일 유엔은 이라크 내의 화학무기와 핵 관련 시설을 대상으로 현지사찰을 실시하기 위하여 유엔 특별위원회(UN Special Commission)를 설치하였으며, 그 이후 1991년 6월 17일에 이라크의 핵물질과 시설을 파괴하기 위한 안전보장이사회 결의를 채택하였다.(안전보장이사회 결의 699) 또한 동년 8월 15일에는 안전보장이사회 결의 707을 채택하였는데, 그 결의는 이라크로 하여금 자국의 모든 대량파괴무기의 개발계획을 공표할 것과 모든 핵활동(의료와 농업용은 제외)을 중단할 것을 요구하고 있다. 또한 1991년 10월 11일 유엔 안전보장이사회는 결의 715호로서 이라크로 하여금 자국의 모든 핵무기와 생물·화학무기를 폐기하도록 하는 계획을 승인하였다.

그룹의 설립을 결정하였다. 이러한 노력은 2007년 12월 5일의 유엔 총회결의[A/RES/62/29]에서도 그대로 이어졌다.

여섯째 2008년 집속탄금지협약, 2013년 무기거래금지조약, 2017년 핵무기금지조약 등이 유엔의 노력으로 체결되었다.

Ⅱ 제네바군축회의의 역할

1959년 이래 제네바군축회의도 유엔 총회와 함께 군축분야에서 중요한 역할을 수행해 왔다. 특히 제네바군축회의는 10개의 영속적 의제에 따라 매년 당해 연도의 의제와 업무계획을 결정하여 자신의 업무를 수행하고 있는데, 그 구체적 내용은 제1장의 '군축기구' 부분에서 이미 기술한 바와 같다.

제4장
국제군축법의 법원

국제군축법의 법원으로는 국제연맹 규약과 유엔 헌장상의 군축조항을 비롯하여, 각종 군축조약 및 군축에 관한 유엔 총회와 안전보장이사회의 결의, 무기 등의 다자간 수출통제체제의 각종 지침, 일국의 일방적 군축조치에 관한 선언문 등을 근간으로 하고 있는 바, 여기서는 국제군축법의 가장 중요한 법원인 군축조약을 다자조약과 양자조약으로 나누어 그 연대순으로 개설하면 다음과 같다.

I 다자조약

1. 남극조약(Antarctic Treaty)

동 조약은[33] 남극이 평화적 목적으로만 이용되어져야 하며, 동시에 국제분쟁의 무대가 되어서는 아니 됨을 목적으로 하고 있다동 조약 전문. 또한 동 조약은 남극지역에서의 군사기지의 설치, 군사연습의 수행, 모든 형태의 무기의 실험 등과 같은 군사적 성격의 모든 조치를 금지하고 있으며, 남극지역에의 방사성 폐기물의 처분 및 모든 핵폭발의 금지를 규정하고 있다. 이처럼 동 조약은 남극의 비무장화를 규정하고 있는데, 특히 비핵지대라는 개념을 최초로 실행한 조약으로서, 후에 라틴아메리카핵무기금지조약, 해저비핵지대조약, 우주조약 및 남태평양비핵지대조약 등의 체결에 상당한 영향을 미쳤다.

---

33 동 조약은 1959년 12월 1일 워싱턴에서 서명되었으며, 1961년 6월 23일에 효력이 발생하였다. 또한 1991년의 환경보호에 관한 의정서(마드리드 의정서)도 1998년 1월 14일에 효력이 발생하였다. 현재 동 조약의 당사국의 수는 53개국이다.

2. 부분적 핵실험금지조약(Partial Test Ban Treaty)

동 조약은 우주공간을 포함하는 대기, 영해와 공해를 포함하는 수중에서의 모든 핵무기의 실험폭발 또는 기타 핵폭발의 수행을 금지하고 있다. 동 조약은 핵실험을 금지시킨 최초의 조약이라는 점에서 의의가 있으나, 지하에서의 핵실험의 금지가 포함되지 않은 부분적 조치라는 점에서 취약점을 가지고 있다.[34]

3. 우주조약(Outer Space Treaty)

동 조약의 목적은 우주를 탐험하고 사용하는데 있어서 인류의 모든 평화적 이익을 보호하려는 데 있다. 동 조약은 지구궤도에 핵무기와 기타 대량파괴무기의 배치금지, 천체의 군사적 사용금지, 천체에 핵무기의 배치와 우주에서의 무기배치를 금지하고 있다.[35]

4. 라틴아메리카핵무기금지조약(일명 틀라텔롤코(Tlatelolco) 조약)

동 조약은 라틴아메리카와 카리브 해의 국가들로 하여금 핵무기의 부존재를 보장하고, 핵비확산에 기여하고, 일반적이고 완전한 군축을 촉진하고, 평화적 목적으로만 핵물질과 시설을 사용하고, 모든 핵무기의 실험·사용·제조·생산·취득을 금지하며, 모든 핵무기의 수령·보관·설치·배치·소유를 금지하며, 모든 핵무기의 실험·사용·제조·생산·소유를 수행·촉진하지 못하도록 규정하고 있다. 또한 동 조약의 당사국은 자신들의 핵활동에 대해 안전조치를 적용받기 위해 IAEA와 안전조치협정을 개별적으로 체결해야 할 의무를 지고 있다. 동 조약에 대한 제1추가의정서에서는 상기 지역 내에 영역을 가진 국가(프랑스·네덜란드·영국·미국)로 하여금 동 영역 내를 비핵지대로 설정할 의무를 지우고 있으며, 제2추가의정서에서는 5대 핵무기보유국으로 하여금 동 지역에 대한 비핵지대를 존중하고, 동 조약 당사국을 대상으로 핵무기의 사용 또는 그 위협을 행하지 않을 의무를 지도록 하고 있다. 동 조약은 인구밀도가 높은 주거지역을 대상으로 비핵지대를 최초로

---

34 동 조약은 1963년 8월 5일 워싱턴, 런던 및 모스크바에서 서명을 위해 개방되었으며, 동년 10월 10일에 효력을 발생하였다. 현재 동 조약의 당사국의 수는 126개국이다.

35 동 조약은 1967년 1월 27일 런던과 모스크바 및 워싱턴에서 서명을 위해 개방되었으며, 동년 10월 10일에 효력을 발생하였다. 현재 동 조약의 당사국의 수는 108개국이다.

설치하였다는 점에서 의의를 가진다.[36]

5. 핵무기비확산조약(Non-Proliferation Treaty)

동 조약에서는[37] 핵무기보유국과 핵무기비보유국에게 각각 상이한 의무를 부과하고 있다. 먼저 핵무기보유국에게는 핵무기·기타 핵폭발장치 또는 그것의 관리를 어떠한 수령자에게도 이양해서는 안 되며, 또한 그러한 핵무기 또는 핵폭발장치의 제조 또는 취득하는 데 어떠한 방법으로도 원조·장려 또는 권유해서는 안 될 의무를 부과하고 있으며, 특히 핵군비경쟁의 중단과 핵군축에 관한 효과적 조치를 협상하도록 촉구하고 있다. 다음으로 핵무기비보유국에게는 핵무기·기타 핵폭발장치 또는 그것의 관리를 수령해서는 안 될 의무와 그러한 의무에 대한 준수여부를 확인하기 위해 IAEA가 실시하는 안전조치를 수락할 의무를 추가로 부과하고 있다.

6. 해저비핵지대조약(Sea Bed Treaty)

동 조약의 목적은 해저에서의 핵무기의 경쟁을 방지하려는 데 있다. 동 조약은 특히 영해의 측정 기선으로부터 12해리 이원의 해저와 그 지하에 핵무기와 기타 대량파괴무기의 설치를 금지하며, 그러한 무기를 내포하는 시설의 설치도 금지하고 있다.[38]

7. 생물무기협약(Biological Weapons Convention)

동 협약은, 예방용·방호용 또는 기타의 평화적 사용을 위하여 정당화되는

---

36 동 조약은 1967년 2월 14일 멕시코의 수도인 멕시코시티에서 서명을 위해 개방되었으며, 1968년 4월 22일에 효력이 발생하였다. 그 후 1990년, 1991년 및 1992년에 각각 동 조약의 특정 조항이 개정되었고, 그 개정 조약에 대한 비준국의 수는 각각 상이하다. 현재 동 조약(1967년)의 당사국의 수는 33개국이며, 제1추가의정서는 4개국, 제2추가의정서는 5개국이다.

37 동 조약은 1968년 7월 1일 워싱턴·런던 및 모스크바에서 서명을 위해 개방되었으며, 1970년 3월 5일에 효력이 발생하였다. 현재 동 조약의 당사국의 수는 2015년 2월 10일 팔레스타인(State of Palestine)이 동 조약에 가입함으로써 192개국으로 확대되었다. 또한 1997년에 승인된 안전조치 협정에 대한 추가적 모델의정서에는 133개국이 서명하고 있다.

38 동 조약은 1971년 2월 11일 런던과 모스크바 및 워싱턴에서 서명을 위해 개방되었으며, 1972년 5월 18일에 효력이 발생하였다. 현재 동 조약의 당사국의 수는 95개국이다.

형태와 양을 제외한, 모든 미생물작용제·기타 생물작용제 또는 독소뿐 아니라 무력충돌이나 또는 적대적 목적을 위하여 그러한 작용제 또는 독소를 사용할 목적으로 고안된 무기·장비 또는 운반수단의 개발·생산·비축 또는 취득을 금지하고 있다. 각 당사국은 동 협약 발효 9개월 이내에 자국이 보유한 상기 작용제·독소·무기·장비·운반수단을 폐기하거나 또는 평화적 목적으로 전용하여야 한다. 동 협약의 이행을 강화하기 위하여 매년 정치적·기술적 모임을 개최하고 있으며, 동시에 이행을 지원하기 위하여 이행지원단Implementation Support Unit을 제네바에 두고 있다. 동 협약은 생물 및 독성 무기류의 전면적 금지를 규정하고 있는 최초의 조약이라는 점에서 그 의의가 있다.[39]

8. 환경변경기술의 군사적 이용금지협약(ENMOD Convention)

동 협약의 목적은 환경변경기술의 군사적 이용 및 기타 적대적 사용을 금지하는 데 있다. 동 협약에서는 지진·조수·기후 등의 변경과 같은 현상들을 야기하는 광범위하고 장기적이며 극심한 효과를 가지는 환경변경기술의 사용을 금지하고 있다.[40]

9. 달과 기타 천체에서의 국가의 활동을 규율하는 협약(Agreement Governing the Activities of States on the Moon and Other Celestial Bodies)

동 협약의 목적은 달과 기타 천체에서의 국가 활동을 규제하는 데 있다. 동 협약은 달을 평화적 목적으로만 이용할 것을 확인하고 있으며, 달에서 또는 달로부터의 무력의 사용, 그 위협 또는 기타 적대행위를 금지하고 있다. 또한 동 조약에서는 당사국으로 하여금 달 또는 달 궤도 주위에 대량파괴무기를 배치하는 것을 금지하고 있다.[41]

---

39 동 협약은 1972년 4월 10일 워싱턴·런던 및 모스크바에서 서명을 위해 개방되었으며, 1975년 3월 26일에 효력이 발생하였다. 현재 동 협약의 당사국의 수는 180개국이다.

40 동 협약은 1977년 5월 18일 제네바에서 서명을 위해 개방되었으며, 1978년 10월 5일에 효력이 발생하였다. 현재 동 협약의 당사국의 수는 78개국이다.

41 동 협약(일명 달조약, Moon Treaty)은 1979년 12월 18일에 뉴욕에서 서명을 위해 개방되었고, 1984년 7월 11일에 효력이 발생하였다. 현재 동 협약의 당사국의 수는 18개국이다.

10. 특정재래식무기사용규제협약(Inhumane Weapons Convention)

동 협약의 목적은 특정의 재래식무기의 사용을 규제하는 데 있는 바, 여기서 특정의 재래식무기란 재래식무기 중에서도 그 성질상 특히 불필요한 고통 또는 과다한 상해를 일으키거나 또는 무차별적 효과를 갖는 것으로 판단되는 특정 유형의 재래식무기를 지칭한다. 특히 동 협약에서는 재래식무기의 사용의 규제에 관한 일반적 규정만을 두고, 그 규제의 대상이 되는 특정의 무기에 관해서는 동 협약의 부속의정서에서 규제하고 있는 바, 이러한 협약을 '우산조약'umbrella treaty이라고 한다. 각 부속의정서에서 구체적으로 금지하고 있는 것은 다음과 같다. 즉 제1부속의정서에서는 엑스선X-ray에 의해 탐지되지 않는 쇄편무기의 사용의 금지를, 제2부속의정서에서는 지뢰·부비트랩 및 기타 장치물의 사용의 금지를, 제3부속의정서에서는 소이성무기의 사용의 제한을, 제4부속의정서에서는 레이저무기의 사용의 금지를, 제5부속의정서에서는 폭발성 전쟁잔존물의 규제를 담고 있다.[42]

11. 남태평양비핵지대조약(일명 라로통가(Rarotonga) 조약)

동 조약은 각 당사국에게 남태평양 지역 안팎에서 어떠한 핵폭발장치의 소유·관리 또는 제조와 취득을 금지시키고 있으며, 핵물질과 장비의 공급·핵폭발장치의 실험 또는 배치·방사성폐기물의 투기 등을 제한하고 있다. 또한 제1의정서에서는 프랑스·영국·미국으로 하여금 상기 지역 내에 있는 자국 영역에서 핵폭발장치의 제조·배치·실험을 금지하도록 하고 있으며, 제2의정서에서는 5대 핵무기보유국으로 하여금 동 조약의 당사국에 대해 핵폭발장치의 사용 또는 그 위협을 행하지 못하도록 하고 있으며, 제3의정서에서는 5대 핵무기보유국으로 하여금 상기 지역 내에서 핵폭발장치의 실험을 하지 못하도록 의무를 지우고 있다.

---

42 동 협약은 1981년 4월 10일 뉴욕에서 서명을 위해 개방되었으며, 1983년 12월 2일 효력이 발생하였다. 그 후 2001년 11월 21일 1981년 협약(원협약) 제1조에 대한 개정(2004년 5월 18일 발효)이 있었고, 제2부속의정서의 개정, 제4부속의정서의 채택, 제5부속의정서의 채택 등으로 발전해 왔다. 현재 1981년 협약(원협약)의 당사국의 수는 125개국이며, 개정된 협약의 당사국의 수는 86개국이며, 제1부속의정서의 당사국의 수는 118개국이며, 제2부속의정서의 당사국의 수는 96개국이며, 개정된 제2부속의정서의 당사국의 수는 104개국이며, 제3부속의정서의 당사국의 수는 115개국이며, 제4부속의정서의 당사국의 수는 108개국이며, 제5부속의정서의 당사국의 수는 94개국이다.

동 조약은 서쪽의 오스트레일리아에서부터 동쪽의 라틴아메리카 지역까지 미치는 지구의 1/6을 커버하는 광대한 지역에 비핵지대를 설치하고 있는 조약이라는 점에서 의의가 있다.[43]

12. 유럽에서의 재래식무기의 제한에 관한 조약(CFE 조약)

동 조약은 유럽에서의 재래식무기의 제한을 목적으로 '대서양에서 우랄산맥에 이르는 지역'Atlantic-to-the-Urals 지역 내에 위치하고 있는 개별 국가들에 대한 5가지의 특정 형태의 재래식무기조약적용무기, treaty-limited equipment의 수적 상한을 정하고 있는데, 그 5가지는 탱크, 장갑차, 대포, 전투기, 공격용 헬리콥터 등이다.

동 조약의 체결 이후, 구소련연방이 해체됨으로 인하여 새로 독립한 ATTU 지역 내에 위치하고 있는 국가구소련의 개개 공화국를 동 조약의 당사국으로 만들 필요가 있었다. 1992년 5월 15일 상기 신생 국가들은 '자국의 영역 내에 존재하고 있는 CFE 조약상의 적용무기에 대한 상한을 확인하는 4개의 의정서' 및 'CFE 조약의 원칙과 이행절차에 관한 협정'에 서명하였으며, 1992년 6월 5일 북대서양조약기구NATO의 모든 당사국과 러시아, 루마니아, 몰도바, 벨라루스, 불가리아, 아르메니아, 아제르바이잔, 우크라이나, 체코슬로바키아, 폴란드 등이 스스로 CFE 조약의 당사국이 되는 'CFE 조약의 당사국의 임시회의의 최종문서'에 서명한 후, 동 조약은 효력이 발생하였다.[44]

13. 유럽에서의 재래식무기 중 병력에 관한 협상의 최종문서(CFE-1A Agreement)

동 최종문서는 1992년 7월 10일에 서명되었고, 상기 CFE 조약과 동시에 발효하였다. 동 최종문서는 정치적으로만 구속력 있는 합의로서, 'ATTU지역' 내에 있는 각 당사국이 배치할 수 있는 군 병력의 수에 대한 상한을 정하고 있다.

---

43 동 조약은 1985년 8월 6일 쿡제도(Cook Islands)의 라로통가(Rarotonga)에서 서명을 위해 개방되었으며, 1986년 12월 11일에 효력이 발생하였다. 현재 동 조약의 당사국의 수는 13개국이며, 제1의정서는 2개국, 제2의정서는 4개국, 제3의정서는 4개국이 가입하고 있다.

44 동 조약은 1990년 11월 19일 파리에서 서명되었으며, 1992년 11월 9일 효력이 발생하였다. 현재 동 조약의 당사국의 수는 30개국이다.

14. CFE 조약의 적용에 관한 합의(Agreement on Adaptation of the Treaty on Conventional Armed Force in Europe)

동 합의는 1999년 11월 19일 헬싱키에서 CFE 조약의 당사국에 의해 서명되었으나, 아직 발효하지 않고 있다. 동 합의는 바르샤바조약기구WTO의 해체와 북대서양조약기구의 확대에 따른 유럽의 군사적 변동의 상황을 반영하기 위해 CFE 조약을 개정한 것으로서, 블록바르샤바조약기구의 구성국과 북대서양조약기구의 구성국별로 조약적용무기의 상한을 정했던 CFE 조약의 구조를 변경하여 개별 국가별 또는 영토별로 그 상한을 정하고 있다.[45] 또한 동 합의에서는 과거 북대서양조약기구 또는 바르샤바조약기구의 구성국이 아니었던 국가에 대해서도 가입을 개방하고 있으며, 보다 강화된 투명성을 제공하고 있다.

15. 화학무기협약(Chemical Weapons Convention)

동 협약의 체제는 군축, 비확산, 화학무기로부터의 보호와 지원, 화학제의 평화적 이용에 관한 국제적 협력 등 4개의 틀로 구성되어 있는데, 특히 화학무기의 사용은 물론 개발 · 생산 · 취득 · 이전 · 비축을 금지하고 있다. 나아가 동 협약에서는 각 당사국으로 하여금 자국이 비축하고 있는 화학무기를 2012년 4월 29일까지 폐기하도록 요구하고 있었으나, 실제로 일부 국가에 의해 그 폐기기한이 연장되기도 하였다. 동 협약의 이행과 준수문제는 1993년 설립된 화학무기금지기구Organization for the Prohibition of Chemical Weapons가 담당하고 있다.[46]

16. 포괄적 핵실험금지조약(Comprehensive Test Ban Treaty)

동 조약은 당사국으로 하여금 모든 핵무기의 실험폭발 및 기타 모든 핵폭발의 수행을 금지하며, 나아가 그러한 수행에 참여하거나 조장하는 것을 삼가도록 요구하고 있다. 이처럼 동 조약은 핵실험을 전면적으로 금지하고 있다는 점에서 의의를 가진다. 또한 동 조약의 준수문제는 포괄적 핵실험금지조약기구Comprehensive

---

45 여기서 국가별이란 일국이 국가 차원에서 보유할 수 있는 조약적용무기의 상한을 의미하는데, 다른 당사국의 영토에 배치된 군사력도 포함된다. 또한 영토별이란 한 당사국의 국가별 조약적용무기의 수와 함께 다른 당사국에 의해 배치된 군사력을 포함하는 개념이다.

46 동 협약은 1993년 1월 13일 파리에서 서명을 위해 개방되었으며, 1997년 4월 29일 효력이 발생하였다. 현재 동 협약의 당사국의 수는 192개국이다.

Test Ban Treaty Organization에 맡겨져 있다. 동 조약은 아직 미발효 상태이다. 동 조약의 발효요건은 부속서 Ⅱ에서 열거하고 있는 44개국이 비준서를 기탁한 후 180일이 경과하도록 규정하고 있는 바, 44개국 가운데 아직 미국 · 북한 · 이란 · 이스라엘 · 이집트 · 인도 · 중국 · 파키스탄 등이 비준하지 않고 있다.[47]

17. 대인지뢰금지협약(APM Ban Convention)

동 협약은 모든 대인지뢰의 개발 · 생산 · 비축 · 취득 · 보유 · 이전 및 사용을 포괄적으로 금지하고 있으며, 동 협약의 발효 후 4년 이내에 기존 비축된 대인지뢰를 폐기하여야 하며, 발효 10년 이내 매설된 지뢰를 제거하도록 하고 있다.[48]

18. 집속탄금지협약(Convention on Cluster Munitions)

동 협약은 민간인에게 받아들일 수 없는 해악을 야기하는 집속탄의 사용 · 생산 · 양도 및 비축을 금지하고 있으며, 희생자의 보호와 복귀를 위한 적절한 준비를 보장하는 협력과 지원체제의 설치, 오염지역의 제거, 위험감소교육 및 비축물의 폐기 등에 관해 규정하고 있다.[49]

19. 무기거래금지조약(Arms Trade Treaty)

동 조약은 재래식무기의 국제거래를 규제하기 위한 공통의 국제기준을 설정하고, 아울러 재래식무기의 불법적 거래를 방지하고 근절하기 위하여 체결되었다. 또한 동 조약에서는, 무기가 집단살해범죄 · 인도적 범죄 및 전쟁범죄에 사용되어지는 경우, 각 당사국으로 하여금 그러한 무기의 양도를 금지하고 있으며, 또한 무기수출국으로 하여금 수출이 평화와 안전을 파괴하거나 또는 국제인도법 내지 국제인권법의 심각한 위반을 야기하는 모든 무기에 대한 잠재력을 평가하도록 요구하고 있다. 나아가 각 당사국은 재래식무기의 실제적 수출입에 관한 연

---

47 동 조약은 1996년 9월 24일 뉴욕에서 서명을 위해 개방되었으며, 현재 미발효 상태에 있다. 현재 동 조약에 비준서를 기탁한 국가의 수는 166개국이다.

48 동 협약은 1997년 12월 3~4일 오타와에서 그리고 12월 5일 뉴욕의 유엔본부에서 서명을 위해 개방되었으며, 1999년 3월 1일 효력이 발생하였다. 현재 동 협약의 당사국의 수는 164개국이다.

49 동 협약은 2008년 12월 3일 오슬로에서 서명을 위해 개방되었으며, 2010년 8월 1일에 효력이 발생하였다. 현재 동 협약의 당사국의 수는 102개국이다.

간보고서를 제출하여야 한다.[50]

20. 핵무기금지조약(Treaty on the Prohibition of Nuclear Weapons)

동 조약은 핵무기 또는 기타 핵폭발장치의 개발 · 실험 · 생산 · 제조 · 취득 · 소유 또는 비축을 금지하며, 그것[통제를 포함한]의 이전을 금지하며, 그것의 이전의 수령을 금지하며, 그것의 사용 또는 사용의 위협을 금지하며, 상기의 금지된 행위의 지원 또는 장려를 금지하며, 그러한 지원 등의 수령을 금지하며, 그것의 배치 또는 전개를 금지하고 있다[동 조약 제1조]. 즉 핵무기 또는 기타 핵폭발장치의 포괄적 금지를 규정하고 있는 것이다.[51] 현재 미발효 상태에 있다. 동 조약의 발효의 요건은 50번째 비준서가 기탁된 이후 90일이 경과하여야 한다.

21. 제네바가스의정서 등

재래식무기에 관한 통제는 전술한 주요 군축조약 이외에도, 질식성 · 독성 또는 기타 가스의 사용을 금지하는 제네바가스의정서,[52] 보스니아와 헤르체코비나 간의 군비통제협약[일명 플로렌스(Florence) 협약],[53] 소형무기와 탄약과 폭발물 및 관련 물질의 불법 제조와 거래를 금지하는 소형무기에 관한 미주협약,[54] 재래식무기의 취득에 있어서의 투명성에 관한 미주협약,[55] 남아프리카개발공동체에서의 화기 · 탄약 · 물질의 통제에 관한 의정서,[56] 그레이트 레이크 지역과 아프리카 혼에 있어서 소형무기의 통제와 감축을 위한 나이로비의정서,[57] 서아프리카경제공동체국

---

50 동 조약은 2013년 6월 3일 뉴욕에서 서명을 위해 개방되었으며, 2014년 12월 24일 효력이 발생하였다. 현재 동 조약의 당사국의 수는 92개국이다.

51 동 조약은 2017년 9월 20일 뉴욕에서 서명을 위해 개방되었으며, 동 조약의 당사국의 수는 3개국이다(53개국이 비준 없이 서명만 한 상태임).

52 동 의정서는 1925년 6월 17일 제네바에서 서명된 이래, 현재 당사국의 수는 141개국이다.

53 동 협약은 1995년의 보스니아와 헤르체코비나 간의 Dayton협정에 근거한 것으로서 1996년 6월 14일 효력이 발생하였다. 동 협약에서는 5가지의 재래식무기의 상한을 정하고 있다.

54 동 협약은 1997년 11월 14일 워싱턴에서 서명을 위해 개방되었고, 1998년 7월 1일 발효하였다. 현재 당사국의 수는 31개국이다.

55 동 협약은 1999년 6월 7일 Guatemala City에서 서명을 위해 개방되었고, 2002년 11월 21일 발효하였다. 현재 당사국의 수는 17개국이다.

56 동 의정서는 2001년 8월 14일 Blantyre에서 서명되었고, 2004년 11월 8일 발효하였다. 현재 당사국의 수는 11개국이다.

가 간의 소형무기협약,[58] 소형무기 등의 통제를 위한 중앙아프리카협약[일명 킨샤사 (Kinshasa) 협약],[59] 비무장의 관측비행을 허용하는 것에 관한 영공개방조약[Treaty of Open Skies][60] 등이 있다.

22. 방콕조약(Treaty of Bangkok) 등

지역적 비핵지대의 창설을 목적으로 하는 조약으로서, 방콕조약 · 펠린다바조약 · 중앙아시아비핵지대조약 등이 있다.

방콕조약[Treaty of Bangkok]은 동남아시아에서의 비핵지대의 창설을 목적으로 체결되었다. 동 조약은, 각 당사국으로 하여금 핵무기를 개발 · 생산 · 실험 · 획득 · 보유 또는 통제하는 것을 금지하고 있으며, 동시에 제3국으로 하여금 전기 목적을 위하여 동 조약의 당사국의 영토를 이용할 수 없도록 규정하고 있다.[61]

펠린다바조약[Treaty of Pelindaba]은 아프리카에서의 비핵지대의 창설을 목적으로 체결되었다. 동 조약은 각 당사국의 영토에서 핵무기를 제조 · 비축 · 획득 · 보유 · 통제 · 배치하는 것을 금지하고 있다.[62]

핵테러행위억지협약은 핵테러를 억지하기 위하여 채택되었다.[63]

중앙아시아비핵지대조약[일명 세미팔라틴스크(Semipalatinsk) 조약]은 중아아시아에서의 비핵지대를 규정하고 있다.[64]

---

57 동 의정서는 2004년 4월 21일 나이로비에서 서명되었고, 2006년 5월 5일 발효하였다. 현재 당사국의 수는 9개국이다.

58 동 협약은 2006년 6월 14일 Abuja에서 체결되었고, 2009년 9월 29일 발효하였다. 현재 당사국의 수는 14개국이다.

59 동 협약은 2010년 11월 19일 Brazzaville에서 서명을 위하여 개방되었고, 2017년 3월 8일 발효하였다. 현재 당사국의 수는 7개국이다.

60 동 조약은 1992년 3월 24일 헬싱키에서 서명을 위해 개방되었고, 2002년 1월 1일 발효하였다. 현재 당사국의 수는 34개국이다. 동 조약은 캐나다의 밴쿠버에서 동쪽 방향으로 러시아의 블라디보스토크에 이르기까지의 각 영역국은 비무장의 관측비행을 허용할 것을 의무지고 있다.

61 동 조약은 1995년 12월 15일 방콕에서 서명되었으며, 1997년 3월 27일에 효력이 발생하였다. 현재 동 조약의 당사국의 수는 10개국이다.

62 동 조약은 1996년 4월 11일에 카이로에서 서명되었으며, 2009년 7월 15일에 효력이 발생하였다. 현재 동 조약의 당사국의 수는 41개국이다. 아울러 동 조약에 대한 제1부속서와 제2부속서의 당사국의 수는 각각 4개국이고, 제3부속서의 당사국의 수는 1개국이다.

63 동 조약은 2005년 9월 14일에 뉴욕에서 서명을 위해 개방되었으며, 2007년 7월 7일 효력이 발생하였다. 현재 동 조약의 당사국의 수는 113개국이다.

64 동 조약은 2006년 9월 8일 세미팔라틴스크에서 서명되었으며, 2009년 3월 21일에 효력이 발생하였다.

Ⅱ 양자조약

미국과 구소련[또는 러시아] 양국은 1970년대의 전략무기제한회담[Strategic Arms Limitation Talks], 1980년대의 중·단거리미사일폐기협상[Intermediate-range Nuclear Forces 협상], 1980년대부터 2002년까지의 전략무기감축회담[Strategic Arms Reduction Talks], 21세기의 SORT[Treaty on Strategic Offensive Reductions]와 New START에 의해 전략핵무기를 통제해 왔다.

1. ABM조약과 잠정협정

미국과 구소련 양국은 1970년 4월부터 1972년 5월까지 비엔나와 헬싱키를 오가면서 제1단계 전략무기제한협상을 개최한 결과, 1971년 9월 '핵전쟁의 발발위험성을 감축하기 위한 조치에 관한 협정'[Agreement on Measures to Reduce the Risk of Out-Break of Nuclear War]과 '미소 간의 직접대화라인의 개선을 위한 조치에 관한 협정'[Agreement on Measures to Improve the USA-USSR Direct Communication Link]이라는 2개의 협정을 체결하였으며, 1972년 5월 26일 모스크바에서 전략무기를 제한하는 다음 2개의 조약을 채택하였다.

1) 탄도탄요격미사일시스템의 제한조약(Treaty on the Limitation of Anti-Ballistic Missile Systems, ABM Treaty)

동 조약은 오늘날 미국이 추진하는 미사일방어[MD]체제와 관련되는 것으로서 ABM시스템의 제한 및 자국의 방위를 위한 ABM의 배치의 금지를 목적으로 하고 있다. 동 조약은 양국으로 하여금 ABM시스템의 배치를 각각 최대 100기까지로 제한하고 있으며, 특히 1974년에 채택된 의정서에 의해 ABM시스템의 배치지역이 1곳으로 축소되었다. 또한 1997년 미국·러시아[구소련의 승계국]·벨라루스·카자흐스탄·우크라이나는 양해각서에 각각 서명하였는데, 그 결과 벨라루스와 카자흐스탄 및 우크라이나가 추가로 동 조약의 당사국이 되었다. 그러나 동 조약은 2002년 6월 13일부터 효력이 중단되었는데, 왜냐하면 2001년 12월 13일 미국이 동 조약으로부터의 탈퇴를 선언하였기 때문이다.

현재 동 조약의 당사국의 수는 5개국이다. 아울러 부속의정서에 대한 당사국의 수는 4개국이다.

2) 전략공격무기의 제한에 관한 잠정협정(Interim Agreement on Certain Measures with respect to the Limitation of Strategic Offensive Arms, Interim Agreement)

동 협정은 전략공격무기의 제한을 목적으로 체결되었는데, 전략무기발사장치의 수를 1977년 10월 3일까지 제한할 것을 규정하고 있다.

2. 핵전쟁방지협정(Agreement on the Prevention of Nuclear War)

동 협정은 1973년 6월 22일 양국 간에 서명되고 발효된 것으로서, 양 당사국의 관계악화를 방지하고, 군사적 대결을 피하며, 양국 간 또는 양국과 기타 국가 간의 핵전쟁의 발발을 배제시키는 방향으로 행동할 것을 요구하고 있다. 즉 핵전의 위협을 제거하고, 핵무기의 사용을 방지하며, 동시에 안전과 평화를 보장하는 모든 노력을 기울일 것을 요청하고 있는 것이다. 상기 협정과 관련되는 문서로서는 '직통 통신망 설치에 관한 미국과 소련 간의 양해각서'Hotline Agreement, 1963년 6월 20일 서명 · 발효, '핵위험감소센터 설립에 관한 미국과 소련 간의 협정'1987년 9월 15일 서명 · 발효, '핵전쟁의 발발위험감소조치에 관한 협정'1971년 9월 30일 서명 · 발효 등이 있다.

3. 지하핵실험제한조약(Treaty on the Limitation of Underground Nuclear-Weapon Tests, Threshold Test-Ban Treaty)

동 조약은 폭발력 150kt을 초과하는 모든 지하핵실험의 금지를 목적으로 체결되었다. 동 조약은 미국과 구소련 간의 양자조약이라는 점과 폭발력 150kt 이하인 지하핵실험의 경우에는 허용된다는 점에서 취약점이 있다.[65]

4. 평화목적지하핵폭발조약(Treaty on Underground Nuclear Explosions for Peaceful Purpose, PNE Treaty)

동 조약은 평화적 목적을 위한 지하핵폭발 분야에서의 협력을 촉진할 것을 목적으로 체결되었다. 동 조약에서는 폭발력 150kt을 초과하는 모든 개별 핵폭발의 수행을 금지하고 있으며, 동시에 총 폭발력 1,500kt을 초과하는 모든 집단 핵

65 동 조약은 미국과 구소련 간에 1974년 7월 3일 체결되었으며, 1990년 12월 11일에 효력이 발생하였다.

폭발의 수행을 금지하고 있다. 동 조약은 상기 지하핵실험제한조약과 동일한 취약점을 가지고 있다.[66]

5. 전략공격무기제한조약

1972년 11월부터 제2단계 전략무기제한회담이 시작되었으며, 그 결과 1979년 6월 18일에 전략공격무기제한조약Treaty on the Limitation of Strategic Offensive Arms이 체결되었다. 동 조약은 전략공격무기, 특히 전략핵운반체의 수와 형태에 대한 제한과 감축을 목적으로 체결되었다. 동 조약은 1990년 12월 31일까지 비준되지 않았으나, 일반적으로 준수되어져 왔다고 평가되고 있다.

6. 중 · 단거리미사일폐기조약(Treaty on the Elimination of Intermediate -Range and Shorter-Range Missiles, INF Treaty)

동 조약은 양국으로 하여금 모든 지상발사 중·단거리 탄도·크루즈미사일, 그 발사장치 및 그 지원 장비를 1991년 6월 1일까지 폐기하도록 요구하고 있다. 동 조약에 따라 양국은 1991년 5월까지 총 2,692기의 미사일을 폐기함으로써 조약상의 의무를 완전히 이행하였다. 1994년 동 조약의 당사국이 벨라루스·카자흐스탄·우크라이나로 확대되어 오늘에 이르고 있는데, 최근 양국의 이해관계로 인해 동 조약은 폐기될 조짐을 보이고 있다. 여기서 중거리미사일이란 유효사거리가 1,000~ 5,500km, 단거리미사일이란 유효사거리가 500~1,000km인 미사일을 의미한다.[67]

7. 화학무기협정

동 협정은 화학무기의 생산을 중단하고 동시에 기존의 화학무기를 파괴하기 위하여, 1990년 6월 1일 미국과 구소련 간에 체결되었다. 양국은 동 협정을 계기로 다자간 화학무기협정을 체결하려고 노력하였던 바, 그 결과 1993년 1월 13일 다자간 화학무기협정의 체결로 발전하였다. 특히 동 협정에서는 화학무기의 생

66 동 조약은 미국과 구소련 간에 1976년 5월 28일 체결되었으며, 1990년 12월 11일에 효력이 발생하였다.

67 동 조약은 1987년 12월 8일 서명되었고, 1988년 6월 1일 효력이 발생하였다.

산의 중단 및 기존의 화학무기의 파괴 이외에도, 화학무기의 파괴를 위한 방법과 기술에 대한 협력 및 다자간 화학무기협정을 용이하게 체결하기 위한 다양한 조치 등 다방면에서의 양국의 협력에 관해 규정하고 있다.

8. START I 조약 및 START II 조약

제1단계 전략무기감축회담START I 을 통하여 1991년 7월 31일 START I 조약이 체결되었고, 1994년 12월 5일 발효하였다. 동 조약에서는 미국과 구소련 양국이 보유하고 있던 전략핵무기를 조약의 발효 후 7년 이내에 각각 29%와 36%를 감축하도록 요구하고 있다. 또한 구소련의 해체 이후, 1992년 리스본의정서를 통해 구소련 당시 핵무기를 보유하고 있었던 벨라루스·카자흐스탄·우크라이나를 동 조약의 당사국으로 포함시켰다.

제2단계 전략무기감축회담START II 을 통하여 미국과 러시아 양국은 1993년 1월 3일 START II 조약을 체결하였으나, 양국이 비준서를 상호 교환하지 않았기 때문에 효력이 발생하지 않았다. 동 조약에서는 2003년 1월 1일 이전에 양국이 보유하고 있던 전략핵무기개별유도복수목표탄두를 탑재한 ICBM 및 배치된 전략핵탄두를[68] 각각 1/3 수준3,000~3,500기으로 감축하도록 요구하고 있다.

9. SORT(Treaty on Strategic Offensive Reductions, 일명 모스크바 (Moscow) 조약)

동 조약은 2002년 5월 24일 미국과 러시아 간에 체결되었고, 2003년 6월 1일부터 발효되었다. 양국은 2012년 12월 31일까지 배치된 전략핵탄두의 총수를 각각 1,700~2,200개를 초과하지 않는 수준으로 감축할 것을 약속하고 있었으나, 2011년 2월 5일부터 New START에 의해 대체됨으로써 2011년 2월 5일부터 더 이상 효력을 발생하지 않고 있다.

---

68 MIRV란 개별유도복수목표탄두(Multiple independently targetable re－entry vehicle)의 약어이며, ICBM이란 대륙간탄도미사일(Intercontinental ballistic missile)의 약어이다. 장거리미사일이란 유효사거리 5,500km 이상의 미사일을 의미하는데, 그 대표적인 것이 대륙간탄도미사일이다(전략공격무기제한조약 제2조 1항).

10. New START(일명 프라하(Prague) 조약)

동 조약에서는 양국으로 하여금 2018년 2월 5일까지 ① 기배치된 ICBM, 잠수함발사 탄도미사일Submarine-Launched Ballistic Missile, SLBM 및 중폭격기의 수를 700기까지 ② 기배치된 ICBM, SLBM의 탄두 수와 기배치된 중폭격기가 가지고 있는 탄두 수를 1,550개까지 ③ 기배치됐던 아니면 비배치됐던 ICBM발사장치, SLBM발사장치 및 중폭격기의 수를 800기까지 감축하도록 규정하고 있다. 또한 양자 간 자문위원회Bilateral Consultative Commission를 두어 동 조약의 준수와 기타 이행문제를 해결하도록 하고 있고, 검증문제를 다루는 부속 의정서도 두고 있다.[69]

동 조약은 2010년 4월 8일 프라하에서 미국의 오바마Barack Obama 대통령과 러시아의 메드베데프Dmitry Mdevedev 대통령 간에 서명되었고, 각각 비준을 거쳐 2011년 2월 5일 효력이 발생하였다. 동 조약은, 만약 5년의 추가적 효력의 연장이 없다면, 발효 후 10년이 되는 2021년 2월 5일에 종료하게 된다. 동시에 동 조약에서는 기본의무를 발효 후 7년이 되는 2018년 2월 5일 이전까지 이행하도록 요구하고 있는데, 실제로 양국은 각국에게 부과된 전략무기의 최대허용치Treaty Central Limits 이하로 완전히 이행하였음을 천명하였다.

Ⅲ 유엔 총회의 결의

유엔 총회는 군축문제에서 주도적 역할을 해 왔다. 그 결과 수많은 군축 관련 결의를 채택해 왔는데, 핵무기의 사용과 관련한 결의도 다수 존재한다. 이러한 유엔 총회의 결의로서는 결의 1653(XⅥ) 결의 33/71 B1978.12.14, 결의 34/83 G1979.12.11, 결의 35/152 D1980.12.12, 결의 36/92 I1981.12.9, 결의 45/59 B1990.12.4, 결의 46/37 D1991.12.6, 결의 49/75 K 등이 있다.

이 가운데 1961년 11월 24일과 1994년 12월 15일에 각각 채택된 총회결의 1653(XⅥ) 및 결의 49/75 K가 가장 대표적이라고 할 수 있다. 전자는 핵무기의 사용이 유엔의 정신에 반하며, 헌장을 위반하며, 국제인도법에 반하며, 인류와 문

69 동 조약은 2010년 4월 8일 프라하에서 양국 간에 서명되었고, 2011년 2월 5일 효력이 발생하였다.

명화에 범죄를 범하는 행위라고 천명하고 있다. 후자는 핵무기의 존재와 개발이 인도성에 심각한 위협을 야기한다는 점을 인식하면서 국제사법재판소에 권고적 의견을 구하도록 촉구하고 있다. 전자는 핵무기의 사용을 금지하는 최초의 총회 결의라는 점에서, 그리고 후자는 최초로 국제사법재판소에 사법적 판단을 구하고 있다는 점에서 큰 의미를 갖는다.

2편

핵무기와 국제군축법

오늘날 핵무기를 사실상 보유한 국가는 9개국이고, 미국의 핵무기가 유럽 5개국네덜란드 · 독일 · 벨기에 · 이탈리아 · 터키에 배치되어 있다는 점을 감안하면, 14개국에 핵무기가 배치되어 있는 셈이다.[1] 이들 핵무기보유국이 가지고 있는 핵탄두의 총 수는 최대 16,300개에서 최소 15,000개로 추정되는데, 이러한 수치는 그 최대치에 이르렀던 1986년의 핵탄두 보유량 69,368개와 비교하면, 크게 감축된 것이다.

또한 국제사회의 핵비확산 노력에 힘입어 핵무기의 보유 내지 핵무기프로그램을 포기한 국가도 다수 존재하고 있다. 먼저 1991년 구소련이 붕괴한 이후에 독립한 신생 국가들이 국제적 합의에 따라 자국에 잔존하던 핵무기를 러시아로 이송시키거나 폐기의 절차를 밟았다. 그 당시 우크라이나는 약 5,000개, 카자흐스탄은 약 1,400개, 벨라루스 또한 약 50개의 핵탄두를 보유하고 있었다. 다음으로 남아프리카공화국은 1979년 9월 이스라엘과 협력하에 남인도양에서 핵실험을 수행하였고, 1980년대 6개의 핵탄두를 제조하였다. 그러나 1993년 인종차별 정권이 붕괴되기 직전에 클레르크Frederik Klerk 대통령에 의해 6개의 핵탄두를 자발적으로 폐기하였고, 그 제조시설도 폐쇄한 바 있다. 그 밖에도 아르헨티나와 브라질의 경우 1970년대 후반부터 핵무기프로그램을 가동해 왔는데, 1990년대 문민정부가 구성된 후 핵무기프로그램의 포기절차를 밟았다. 이라크의 경우 1980년대부터 핵무기의 개발에 전력해 왔는데, 1990~1991년 걸프전 이후의 국제원자력기구International Atomic Energy Agency, IAEA의 사찰활동으로 인해 핵의 개발이 지연되었다. 리비아의 경우 1970년대부터 핵무기개발을 시작하였는데, 2000년대 초반까지 핵물질의 취득과 초보 단계의 원자탄 설계도의 작성 등 진전이 있었다. 그러나 2003년 12월 리비아는 미국과 물질 · 장비 · 시설 등의 폐기에 합의하였다. 그 외에도 스웨덴 · 스위스 · 한국 · 대만 · 알제리 등이 핵무기프로그램을 시작했다가 포기하였으며, 구서독 · 시리아 · 미얀마 등이 핵무기프로그램의 개발을 심각하게 고려한 바 있다.

이상과 같은 핵확산을 둘러싼 사례 이외에도, 핵무기를 둘러싼 위협은 핵무기의 통제의 과정에서부터 핵전쟁의 발발 가능성에[2] 이르기까지 다양하게 일어

---

1 미국은 최대 27개국에 핵무기를 배치하였던 적이 있었으며, 구소련도 쿠바를 비롯한 동유럽국가와 중앙아시아에 핵무기를 배치한 적이 있었다.

2 핵전쟁에 근접한 사례로는 쿠바 미사일위기를 비롯하여 에이블 아처 사건, 노르웨이 로켓 사건, 카길 전쟁 등을 들 수 있다. 쿠바 미사일위기는 1962년 10월 미국의 U-2 정찰기가 구소련에 의해

나고 있다. 보고에 따르면 핵무기의 우발적 폭발은 아직까지 일어나지 않았지만, 핵무기와 관련한 심각한 사고들이 미국에서만 최소한 30회 이상 발생하였다는 것이다. 이러한 사고가 주로 전략폭격기와 핵잠수함에서 일어났는데, 그 주된 원인은 인적 과오, 기술적 결함 또는 앞의 둘의 결함으로 알려지고 있다.

이처럼 핵무기의 직접적 사용이라는 최악의 상황은 다행히 피해왔지만, 그 관리의 과정에서 나타나는 인적과오, 기술적 결함, 컴퓨터의 오작동, 불량 지휘관에 의한 비인가 사용, 분실, 도난, 테러집단에 의한 탈취 등으로 인해 핵무기는 여전히 위협적이다. 특히 핵무기와 사이버공격이라는 양 측면이 결합될 경우를 가정한다면, 장래 국제사회가 직면할 상황은 최악이 될 수도 있다.

그럼에도 불구하고 특정 국가들이 핵무기를 갖고자 하는 이유는 본질적으로 다원화된 국제질서 속에서 외부의 위협으로부터 자국의 안보를 보장받을 수 있는 최선의 방안이 바로 핵무기의 보유라고 확신하기 때문인 것으로 보인다.

한편 민수용 원자로는 약 31개국에서 435기가 가동되고 있는데,[3] 그 수는 향후 점차적으로 증가할 것으로 예상된다. 이렇게 될 경우 체르노빌 발전소 원자로

쿠바에 건설 중이던 탄도미사일 기지를 발견하면서부터 시작되어, 양국 간 핵전쟁의 발발 직전까지 나아갔던 사건으로서, 양국 간의 외교노력으로 사태가 해결되었다. 에이블 아처 사건은 1983년 NATO의 군사훈련상황을 자국에 대한 실제 핵공격으로 오인한 구소련이 미국과 벌인 긴장상황을 말한다. 노르웨이 로켓 사건은 1995년 1월 노르웨이와 미국의 과학자들이 북극광을 연구하기 위하여 발사한 4단 로켓으로부터 기인하는데, 그 비행경로가 모스크바를 겨냥한 미국의 지상발사 탄도미사일 내지 잠수함발사 탄도미사일(SLBM) 궤도와 유사한 특징을 보임으로써, 러시아가 핵무기 비상경계 태세로 대응한 일련의 과정을 말한다. 그 당시 보리스 옐친 대통령이 즉각적인 핵보복 명령을 하지 않음으로써 종결된 사건이다. 카길 전쟁은 1999년 인도와 파키스탄이 카슈미르의 통제선을 따라 전투를 시작하였는데, 약 2개월 동안 양국은 핵무기사용을 고려한 바 있었다는 것이다. 그 밖에도 핵무기의 사용을 자제한 사례도 존재하는데, 그것은 아래와 같다. 한국전쟁(1950~1953년)에서 전쟁이 교착상태에 빠져 있었음에도 불구하고 그 당시 핵무기보유국인 미국이 북한과 중국에 대한 핵무기사용을 자제하였다. 베트남전쟁(1965~1973년)에서 미국이 북베트남에 대한 핵무기사용을 자제하였다. 시리아·요르단·이라크·이집트 등이 이스라엘을 기습적으로 공격하면서 발발한 욤키푸르 전쟁(1973년)에서 핵무기를 보유하였던 이스라엘이 핵무기사용을 자제하였다. 중국과 베트남 사이의 전쟁(1979년)에서 핵무기보유국인 중국이 베트남에 대한 핵무기사용을 자제하였다. 아프가니스탄 전쟁(1979~1989년)에서 핵무기보유국인 구소련이 핵무기사용을 자제하였다. 포클랜드 전쟁(1982년)에서 영국이 아르헨티나의 포클랜드 섬 침공에도 불구하고 핵무기사용을 자제하였다. 제1차 걸프전쟁(1990~1991년)에서 핵무기보유국인 미국이 이라크에 대한 핵무기사용을 자제하였다. 아프가니스탄 전쟁(2001년~)에서 미국과 영국이 아프가니스탄(탈레반)에 대해 전술핵무기의 사용을 자제하였다.

3 독일은 2020년까지 자국이 가동하고 있는 9기의 원자로를 모두 폐쇄하겠다고 선언한 바 있다. 반면 아랍에미리트 연방(UAE)은 원자로를 건설 중에 있다.

용융·폭발사건1986년 4월 26일이나 후쿠시마 발전소 원자로 용융사건2011년 3월 11일과 같은 방사능 물질의 유출이라는 상황에 직면할 가능성이 커지는 문제가 대두될 것이다. 또한 핵무기나 핵분열성물질이 비국가행위자나 테러리스트의 손에 들어가는 문제, 즉 원자력발전소에 대한 테러집단의 공격 또는 핵분열성물질의 절취시도 내지 불법핵거래에 직면하여, 어떻게 그러한 원자로 등을 안전하게 관리하고 그러한 시설의 보안을 유지할 것인가 하는 문제 또한 상존할 것이다.

핵테러리즘이란 테러리스트가 핵무기나 '더러운 폭탄'dirty bomb을 사용하거나 또는 민간 내지 군의 핵시설을 공격하는 등의 위협을 통해 자신들의 특정한 대의를 달성하고자 하는 것을 의미한다. 테러집단에 의한 핵테러는 통상 국가에 의한 핵무기의 사용과 비교할 때, 그 억지와 예측 및 제어가 불가능하다는 점에서 그만큼 더 위협적이라고 할 수 있다.

나아가 민수용 원자로의 이용의 과정에서 얻어지는 핵기술과 핵물질을 핵무기 제조로 전용하는 것을 어떻게 차단할 것인가의 문제도 국제사회가 직면하고 있는 최우선적 과제 가운데 하나이다. 남아프리카공화국·북한·이스라엘·인도·파키스탄·프랑스 등이 이미 이러한 방식으로 핵무기를 제조하였다는 사실을 보면 더욱 더 그렇다.

결국 현재 각국이 보유한 핵무기로부터 야기되는 문제들과 민수용 원자로의 사용확대로 인한 새로운 도전이라는 관점에서 비추어 보면, 핵무기로부터 야기되는 위협은 앞으로 더욱 거세질 것이다. 지금까지 핵전쟁이 발발하지 않았다는 행운의 역사에만 너무 방점을 두어 판단함으로써, 장래에도 그럴 것이라고 기대하는 것은 실로 어리석은 짓이다.

따라서 핵무기 자체, 그 관리, 그와 관련한 사이버공격문제에서부터 민수용의 핵물질의 안전과 그 폐기물의 관리에 이르기까지 국제사회의 총체적이고 새로운 차원의 공조 노력이 즉각적으로 요구되는 것이다. 핵군축을 실현하고자 하는 많은 국제조직이 주장한 것처럼, 오늘날 인류가 추구해야 할 궁극의 목표가 '핵무기 없는 세상', 다시 말해 핵무기를 완전히 폐기시키는 일에 있음은 재언을 요하지 않는다.[4]

---

4 21세기에 들어서면서, 핵군축을 실현하기 위한 많은 국제조직이 설립되었다. 먼저 핵묵시록의 4기사(Four horseman of the nuclear apocalypse)이다. 키신저(Henry Kissinger), 넌(Sam Numm), 페리(William Perry), 슐츠(George Shultz) 등은 2007년 1월 월 스트리트 저널에 사설을 게재하였는

이러한 기조 위에서 본 장에서는 핵무기를 둘러싼 다양한 규범을 소개하고자 한다. 분쟁의 해결수단으로서 규범에 중점을 두는 것이 아니고, 핵무기를 둘러싼 규범체계를 보다 더 잘 이해함으로써 '핵무기 없는 세상'을 이루는 데 있어서의 촉매가 되기를 기대하는 것이다. 다시 말해 "어떤 경우에든 핵무기가 사용되어서는 안 된다."라는 신념을 다시 상기시키는 데 있는 것이다.

데, 그들은 '핵무기 없는 세상'을 촉구하고, 핵무기 폐기에 노력해야 할 것을 주장하였다. 그 후 이들 4명을 핵묵시록의 4기사라고 불렀는데, 이들은 미국의 핵무기 증강에 기여한 핵심인물들이라는 점에서 센세이션을 불러일으켰다. 그 밖에도 핵무기철폐국제캠페인, 글로벌제로그룹과 글로벌 의제(2008년 12월, 전 세계적으로 핵폐기의 달성을 목표로 하는 국제운동), 오바마 대통령 등에 의한 공개적 핵군축 의제수용, 핵군축 인도주의 이니셔티브(2013년) 등이 있다.

제1장
핵무기와 그 국제법적 규제

I 핵무기의 개념

1. 원자탄의 개발

원자탄은 1905년 아인슈타인Albert Einstein의 특수상대성이론$E=mc^2$과 1911년 러더퍼드Ernest Rutherford의 원자핵의 발견이라는 과학적 진전에서 출발하고 있다. 그 후 1938년 독일의 한Otto Hahn과 슈트라스만Fritz Strassmann에 의한 핵분열 현상의 발견은[5] 그간 이론적 가능성에 머물렀던 원자탄의 개발을 실현 가능한 것으로 만들었다.

이러한 과학적 진전에 보태어 제2차 세계대전이라는 시대적 상황은 원자탄의 개발을 촉진하는 계기가 되었다.

먼저 미국에서는 1939년 8월 2일 루스벨트Franklin D. Roosevelt 대통령에게 보내진 '아인슈타인－실라르드Leo Szilard 편지'를 통해 원자탄의 개발계획이 제시되었다. 이 편지는 나치독일의 원자탄의 개발가능성을 경고하고 미국으로 하여금 원자탄의 개발을 즉각적으로 추진할 것을 요청하고 있었는데, 실라르드와 그의 동료였던 헝가리 출신 물리학자 텔러Edward Teller와 위그너Eugene Paul Wigner가 작성하였고, 아인슈타인이 서명한 것이었다. 그로부터 2년이 지난 후, 그 편지는 '맨해튼 프로젝트'라는 이름으로 빛을 보게 되었다.

---

5 반면 핵융합을 기반으로 한 강력한 핵폭탄을 수소탄(또는 열핵폭탄, Super Bomb, 또는 H-Bomb)이라고 하며, 이는 1952년 11월 1일 태평양의 비키니 환초(Bikini Atoll)에서 실시된 미국에 의한 최초의 수소폭탄 실험으로부터 출발한다. 수소탄은 먼저 핵분열반응을 통해 얻어진 막대한 열과 에너지를 이용하여 수소의 특정 원자들을 결합시킴으로써 새로운 동위원소를 생성시키는 과정에서 발산되는 거대한 에너지를 이용한 무기이다.

다음으로 나치독일에서도 1939년 우란베레인 계획Uranverein Project이라고 불린 원자탄의 개발계획을 개시하였는데, 과학자들의 독일로부터의 대규모 이탈로 인해 그 결실은 초보단계에 머문 것으로 평가된다.

1942년 8월에 시작된 '맨해튼 프로젝트'는[6] 미국의 원자탄의 개발계획의 핵심으로서, 과학자인 오펜하이머Julius R. Oppenheimer와 육군 공병 소장 그로브스Leslie Groves에 의해 주도되었고, 1942년부터 1945년까지 약 12만 9,000명의 인력과 약 210억 달러1996년 가치로 환산 시의 예산이 소요되었다고 추측된다. 그리고 동 프로젝트에는 미국의 과학자들은 물론 유럽으로부터 온 과학자들도 함께 참여하였는데, 과학적 주요설계는 미국의 뉴멕시코주의 사막지역인 로스알라모스Los Alamos에서, 우라늄과 플루토늄의 생산은 테네시주의 오크리지Oak Ridge와 워싱턴주의 핸포드Hanford에서 각각 진행되었다. 동 프로젝트는 1945년 7월 16일 뉴멕시코 주의 남부 지역에 있는 호르나다 델 무에르토Jornada Del Muerto 사막의 실험장에서 그 실험이[7] 성공함으로써 일단락되었다.

동 프로젝트의 당초 목표는 나치독일보다 먼저 원자탄을 개발하는데 있었으나, 그 실험이 성공한 때는 이미 히틀러의 자살로 독일이 항복1945년 5월 7일한 이후였기 때문에 미국이 개발한 원자탄을 사용할 대상은 일본뿐인 상황이었다.

1945년 당시 일본은 패전이 가까웠다는 것을 인식하면서도 육군을 중심으로 결사항전을 외치고 있었고, 이러한 저항을 의식한 미국의 지도부는 일본 본토의 공격 시에 예상되는 엄청난 희생을[8] 줄이기 위하여 가능하면 원자탄의 사용을 통한 일본의 항복을 갈망하고 있었다.[9]

따라서 미국은 극비리에 개발 중이던 원자탄을 사용할 준비를 해 나가게 되

---

6 '맨해튼 프로젝트'란 원자탄의 개발계획을 담당하는 본부가 처음에 뉴욕의 맨해튼에 위치하고 있었기 때문에 붙여진 이름이다.

7 일명 '트리니티 테스트'(Trinity Test)로 알려진 동 실험은 폭발력 약 20kt 규모의 플루토늄을 이용한 첫 번째 핵실험이었다.

8 그 당시 일본 본토를 공격할 경우, 미군의 예상피해규모에 대해서는 다양한 견해가 제시되고 있었다. 먼저 킹 제독은 미군의 사상자가 약 3만 1천명 내지 4만 2천명에 이를 것으로 추정하였고, 리히 제독은 26만 명 이상의 사상자를 예상하였다. 또한 스팀슨 국무장관은 1백만 명 이상의 사상자가 날 것으로 추측하였다.

9 제2차 세계대전 중 일본에 가한 대규모의 소이탄 공격에도 불구하고 일본의 사기와 전쟁수행의지가 꺾이지 않았다는 사실, 맨해튼 프로젝트에 쏟아부은 엄청난 시간과 비용에 대한 보상심리 등에 의해 일본에 대한 원자탄의 사용은 선택의 여지가 없었다는 견해도 있다.

는데, 그 첫 단계가 바로 원자탄의 사용과 관련되는 모든 문제를 논의할 '특별위원회'를 구성하는 것이었다. 동 위원회는 1945년 5월 8일 14명의 위원으로 구성되었는데, 결국 1945년 6월 1일 "원자탄을 가능한 한 조속한 일자에 예고 없이 사용해도 된다."라는 비극적 결정을 내렸던 것이다.

이처럼 원자탄의 사용 여부를 둘러싸고는 대체적으로 일치된 의견을 보였는데, 원자탄의 압도적인 힘을 과시함으로써 무제한의 살육을 피하고, 전쟁을 조속히 종결하며, 나아가 세계평화를 실현함으로써 인류에게 희망을 줄 수 있다고 확신했던 것이었다. 사실 미국과 영국의 지도부가 원자탄의 사용을 아무런 주저 없이 결정한 것은 그만큼 그들에게는 자국 군대의 희생을 줄이는 것이 절박했기 때문이다.[10]

일본을 향한 최후통첩이라고 할 수 있는 1945년 7월 26일자의 포츠담선언Potsdam Declaration이 끝내 일본에 의해 거부됨으로써, 마침내 원자탄이 1945년 8월 6일 오전 8시 15분 히로시마에[11] 그리고 1945년 8월 9일 오전 11시 2분 나가사키에[12] 각각 투하되었다.[13] 이러한 원자탄은 제2차 세계대전을 조기에 종결짓는 수단이 되었음과 동시에 인류에게 새로운 해악을 잉태시키는 출발점이기도 하였던 것이다.[14]

---

10 반면 미국이 미리 일본 천황의 미래를 보장했다면 일본이 보다 일찍 항복했을 것이라는 점, 원자탄이 미래의 지정학적 고려 때문에 의도적으로 투하되었다는 점, 일본 본토의 침공에는 많은 비용이 들지 않을 것을 미국이 이미 알고 있었다는 점 등을 주장하면서 원자탄의 투하에 대한 반론을 제기하기도 한다.

11 히로시마에 투하된 원자탄은 무게 4톤, 길이 3미터의 외형을 가진 89% 농축우라늄235 64.1kg을 사용한 것으로서, 티베츠(Paul Tibbets) 대령이 조종한 B－29 중폭격기 에놀라 게이(Enola Gay)로부터 투하되었다. 일명 리틀 보이(Little Boy)로 명명되었는데, 그 폭발력은 16kt으로 추정된다. 이러한 원자탄의 사용은 반경 약 2.4km 이내의 대부분 건물의 붕괴 및 대부분 사람의 사망이라는 결과를 낳았으며, 결과적으로 약 9만에서 16만 명을 사망케 한 것으로 알려졌다.

12 나가사키에 투하된 원자탄은 무게 4.6톤, 길이 3미터의 외형을 가진 플루토늄239 6.2kg을 사용한 것으로서, 스위니(Charles Sweeney) 소령이 조종한 B－29 중폭격기 복스카(Bockscar)로부터 투하되었다. 일명 팻맨(Fat Man)으로 명명되었는데, 그 폭발력은 20kt으로 추정된다. 이러한 원자탄의 사용은 반경 약 2.4km 이내의 대부분 건물의 붕괴 및 대부분 사람의 사망이라는 결과를 낳았으며, 결과적으로 약 6만에서 8만 명을 사망케 한 것으로 알려졌다.

13 1945년 8월 15일 일본이 무조건항복선언을 하기 이전의 미국의 계획은 1945년 8월 말에 제3탄을, 그리고 9월과 10월에 추가의 원자탄을 사용할 대비를 갖추고 있었다고 알려지고 있다.

14 원자탄의 해악에 관해서는 다양하게 묘사되고 있는데, 그 가운데 하나를 소개하면 아래와 같다. 1945년 9월 30일 히로시마의 한 의사가 국제적십자위원회로 보고한 내용인데, 아래와 같이 묘사하고 있다. "상황은 끔찍하다. 도시가 완전히 파괴되었다. 전체 병원의 80%가 파괴되거나 심각한

결국 일본은 포츠담선언을 거부함으로써 원자탄의 세례를 받았고, 그 이후 어쩔 수 없이 포츠담선언을 수락·공표[1945년 8월 10일]하는 비운을 겪게 된 것이다. 수십만 명의 사상자와 엄청난 폐허 속에서 미국은 전승국의 위용을 유감없이 보여주었는데, 그 징표 가운데 하나가 자국의 원자탄사용을 정당화하는 일이었다. 즉 트루먼 대통령은 원자탄의 사용이 전쟁의 고통을 단축시킴과 동시에 많은 미국인의 생명을 구하였다는 점, 진주만 기습 내지 미군 포로의 처형 등 일본의 위법행위에 대한 응징이었다는 점, 일본의 완강한 항전태세에 대한 유일한 대안이었다는 점, 엄격한 구별의 원칙에 따라 원자탄 공격을 감행하였다는 점 등을 내세워 자신의 주장을 정당화하였다.[15]

2. 핵무기의 정의

"핵무기가 무엇인가?"라는 정의를 내리기 이전에 아래와 같은 몇 가지 개념에 관한 이해가 선행될 필요가 있다.

먼저 핵폭발[또는 핵반응]의 개념이다. 모든 물질은 원자로, 원자는 핵과 그를 둘러싼 전자로, 핵은 양성자와 중성자로, 그리고 양성자는 소립자[쿼크]로 구성되어 있는데, 이러한 원자 속의 핵이 외부의 핵과 충돌하여 그 원자가 분열 또는 융합할 때 막대한 에너지[특히 열]를 발생시키는 과정을 핵폭발이라고 한다.

다음으로 핵분열성물질의 개념이다. 그것은 '원자로의 작동'과 관련해서는 연료를 의미하지만, 통상적으로는 핵분열과 핵연쇄반응을 유지할 수 있는 물질 즉 핵분열 가능 물질을 의미하는데, 대표적인 것으로서는 우라늄235와 플루토늄239가 있다. 우라늄235는 천연 우라늄 가운데는 극히 일부만 존재하기 때문에, 천연 우라늄 가운데 약 99%를 차지하는 우라늄238을 반복적으로 정제[농축과정]함으로써 추출된다. 오늘날 고속원심분리기를 이용하여 우라늄235를 추출하는 것이 일반적이다. 플루토늄239는 우라늄의 핵반응을 통해 인위적으로 만들어질 수 있다. 왜냐하면 플루토늄239는 자연 상태에서는 극히 일부만 존재하기 때문이다. 사용된 핵연료는 일반적으로 다량의 우라늄[약 95%]과 소량의 플루토늄[약 0.9%]으로 구

피해를 입었다. 많은 사람이 죽어가고 있으며, 응급실에는 10만 명 이상의 부상자가 넘쳐나고 있다."

15 일본에 대한 원자탄의 사용에 대한 평가는 대일 전쟁에서의 승리를 위한 전략 중의 하나라는 주장, 뒤늦게 참전한 구소련을 견제하기 위한 정치적 계략이었다는 주장, 특히 일본이 주장하는 것으로서 인종적 편견에 기인한다는 주장 등도 있다.

성되는데, 사용된 핵연료를 재처리하면 원자로에서 사용될 새로운 연료혼합산화물핵연료, mixed oxide fuel와 핵무기를 제조하는 데 필요한 기본적 분열물질플루토늄을 추출할 수 있다.

끝으로 원자탄atomic bomb과 수소탄hydrogen bomb의[16] 구분이다. 원자탄은 원자를 분열시키고 핵연쇄반응을 촉발시킴으로써 큰 에너지를 얻어 그것을 일시에 사용하는 원리를 가지고 있는 무기이다. 원자탄의 위력은 크기·속도·무게 등의 요인에 의해 제한적이다. 반면 수소탄은 원자의 융합과정을 거침으로써 막대한 에너지를 얻는 원리, 즉 먼저 원자의 분열에 의해 얻어진 열이 중수소 또는 삼중수소와 결합함으로써 막대한 에너지를 얻어 일시에 사용하는 무기이다. 이러한 막대한 에너지를 얻는 과정이 시작되기 위해서는 먼저 핵분열반응을 통해 큰 에너지를 얻는 과정이 필요하며, 그 에너지를 바탕으로 2개의 원자를 합쳐 새로운 동위원소를 생성시키면서 거대한 에너지를 얻는 다음 단계로 나아가기 때문에, 수소탄을 달리 2단계 핵폭탄이라고 부르기도 한다. 수소탄의 위력은 크기·속도·무게 등의 요인에 의한 제한이 없다.

전술한 바와 같이 핵폭발은 원자의 분열과정과 융합과정으로 구분할 수 있으며, 양 과정 모두 큰 열을 발생시키고 엄청난 에너지를 방출하지만, 특히 융합과정을 통해 훨씬 더 많은 에너지를 방출한다. 그 결과 융합과정을 통해 얻은 에너지는 폭탄 이외에 다른 용도로 사용할 수 없는 반면, 분열과정을 통한 경우에는 폭탄 이외에 평화적 용도로도 사용할 수 있다.

따라서 분열과정을 통해 얻은 에너지를 서서히 제어하면서 사용하는 경우를 핵의 평화적 이용이라고 하며, 예컨대 원자력 발전소 또는 핵추진잠수함의 활용이 여기에 해당된다. 반면 분열과정이든 융합과정이든 얻어진 에너지를 집적하여 한꺼번에 사용하는 경우를 핵의 군사적 이용이라고 하며, 예컨대 핵무기의 활용이 여기에 해당된다.

---

16 수소탄은 달리 열핵무기 또는 핵융합무기라고 불린다. 두산백과사전에서는 수소탄을 아래와 같이 정의하고 있다. 전형적인 반응식은 삼중수소와 중수소가 고온하에서 반응하여 헬륨의 원자핵이 융합되면서 중성자 1개가 튀어나오게 되는 것이다. 이들 수소는 액체 상태의 것을 사용하기 때문에 습식이라 한다. 그런데 이것은 냉각장치 등으로 부피가 커서 실용적이지 않다. 따라서 리튬과 수소의 화합물(고체)을 사용하는 건식이 개발되었다. 그 반응의 예를 들면 중수소화 리튬이 고온하에서 중성자의 충격을 받으면 헬륨과 중수소와 삼중수소가 생성되고, 다시 중수소와 삼중수소가 융합하여 헬륨이 생겨나고, 중성자가 튀어나오게 되는 식이다.

그렇다면 핵의 군사적 이용으로서의 핵무기란 무엇인가? 일반적으로 핵무기란 원자핵의 분열반응 또는 융합반응에 의하여 발생하는 방대한 에너지를 인명의 살상 또는 시설의 파괴에 사용하는 무기를 총칭하는 것으로 이해되고 있다. 그러나 법적 관점에서 보면, 이러한 정의는 좀 더 보완될 필요가 있다. 왜냐하면 핵무기 발명 초기의 유인 항공기에 의해 핵탄두가 투하되었던 시대에서부터 최첨단 운반체, 예컨대 다탄두복수목표미사일이 실제 활용되는 오늘날에 이르기까지의 핵무기의 정의를 동일하게 내릴 수는 없기 때문이다.

그럼에도 불구하고 핵무기란 핵탄두와 관련한 직접적 장치물만을 의미한다고 보는 견해가 일반적인데, 즉 핵무기를 '핵폭탄 및 핵탄두를 포함하는 것으로' 이해하고 있기 때문에 운반체 또는 핵추진잠수함 등과 같이 직접적으로 핵폭발과 관련이 없는 장치는 핵무기의 범주에서 제외시키고 있는 것이다. 이러한 입장은 아래의 다양한 문서에서 잘 나타나고 있다.

첫째 미국의 1954년과 1958년 및 1968년의 원자력법Atomic Energy Act of 1954 제2조상의 정의이다. 즉 1954년의 원자력법 제2조 d에서는 "원자탄이란 이동이나 추진을 위한 수단그 장치로부터 분리되어질 수 있고 나눌 수 있는을 제외한 원자에너지를 이용한 모든 장치물, 무기 자체나 무기실험장치의 사용 또는 발전을 주된 목적으로 하는 것을 의미한다."라고 정의하고 있다.[17]

둘째 라틴아메리카비핵화조약 제5조상의 정의이다. 동 조에서는 '핵무기를 제어되지 않고 핵에너지를 방출할 수 있는 그리고 전쟁용으로 사용되어질 일련의 특성을 지닌 모든 장치'라고 정의하고 있다. 이 경우 상기 장치의 이동이나 또는 추진용으로 사용되어지는 기구는, 그 기구가 그 장치로부터 분리되어질 수 있고 동시에 그 장치로부터 통일적인 체계를 가지지 않는다면, 핵무기에 포함되지 않는다는 것이다.

셋째 브리태니커 백과사전에는 핵무기란 핵분열, 핵융합 또는 양 프로세스의 결합의 결과로서 폭발 시 에너지를 방출하도록 고안된 장치라고 정의되어 있다.[18]

---

17 d. The term 'atomic weapon' means any device utilizing atomic energy, exclusive of the means for transporting or propelling the device (where such means is a separable and divisible part of the device), the principal purpose of which is for use as, or for development of, a weapon prototype, or a weapon test device.

넷째 위키피디아에는 핵무기란 핵반응[분열 또는 분열과 융합의 결합]으로부터 파괴적인 힘을 파생시키는 폭발장치라고 정의되어 있다.[19]

다섯째 미국문화유산사전[American Heritage Dictionary]에는 핵무기란 핵에너지의 방출로부터 파생되는 폭발력을 갖는 폭탄 또는 탄두와 같은 장치물이라고 정의되고 있다.[20]

여섯째 그 외에도 핵무기란 원자핵의 분열 또는 결합에 따른 에너지의 방출로부터 파생되는 잠재적 파괴력을 갖는 폭발장치라든가,[21] 핵에너지의 방출로부터 파생된 엄청난 폭발력을 갖는 폭탄 또는 탄두와 같은 장치물이라고 정의되고 있다.[22]

결국 다탄두복수목표미사일 등 운반체에 있어서의 획기적인 진전 및 통제장치의 첨단화가 이루어진 오늘날에는 핵무기의 정의를 상기와 같이 핵탄두와 그와 관련한 직접적 장치에만 한정할 이유는 없다고 하겠다. 따라서 오늘날 핵무기란 핵탄두와 그 관련 장치뿐 아니라 운반체[미사일] 및 통제장치 등의 유기적인 단위를 모두 포괄하는 것으로 이해하는 것이 보다 합당하다고 판단된다.

이러한 핵무기는 핵폭발의 종류에 따라 핵분열무기[원자탄]와 핵융합무기[수소탄]로 대별할 수 있으며, 이를 더 구체적으로 구분해 보면 핵분열무기, 핵분열·융합혼합무기, 증폭핵분열무기, 다단계 방사능 내폭핵무기, 중성자탄,[23] 코발트탄[24] 및

18 "......device designed to release energy in an explosive manner as a result of nuclear fission, nuclear fusion, or a combination of the two processes."

19 "A nuclear weapon is an explosive device that derives its destructive force from nuclear re-actions, either fission or a combination of fission and fusion."

20 "......device, such as a bomb or warhead, whose great explosive power derives from the re-lease of nuclear energy."

21 "......an explosive device whose destructive potential derives from the release of energy that accompanies the splitting or combining of atomic nuclei."

22 "A device, such as a bomb or warhead, whose great explosive power derives from the release of nuclear energy."

23 소형 수소탄에 베릴륨과 리튬을 둘러싸서 헬륨원자핵의 에너지를 고에너지 중성자선으로 변환한 핵무기로서, 주로 중성자에 의해 인원을 살상하는 소위 3세대 핵무기이다. 일반적으로 핵무기는 출력이 적을수록 방사선에 의한 효과가 커지는데, 중성자탄은 저출력화함으로써 중성자량을 늘리고 대신 폭풍 또는 열의 비율을 적게 한 것이다. 따라서 같은 출력의 핵무기와 비교할 때 노출된 인원에 대한 살상반경이 거의 2배나 되며, 탱크의 내부의 인원에 대한 살상반경은 거의 3배나 된다. 즉 기존의 수소탄에 비해 물리적인 파괴력은 줄이고 방사선에 의한 생물체의 살상효과를 극대화한 무기이다.

기타 첨가탄 등으로 세분된다.

핵무기의 효과는 폭풍파blast wave · 열복사선thermal radiation · 초기 방사선initial radiation, 선낙진 · 잔류 방사선residual radiation, 후낙진 등으로 나타나는데, 폭풍파는 물리적 피해를, 열복사선은 화재의 발생과 피부 · 망막에 대한 화상을, 초기 방사선은 폭발지역에 방사선 피해를, 잔류 방사선은 방사능 오염과 전자기 파동electro-magnetic pulse 즉 강력한 전자장을 야기한다.[25] 일반적으로 핵무기의 효과는 폭풍파가 약 55%, 열복사선이 30% 및 초기 방사선이 15%의 비율을 보인다고 보고되고 있다.

Ⅱ 핵무기의 국제법적 규제

1945년 이래, 지구에서는 2,058회핵탄두의 수로는 2,087개의 핵무기실험과 143회미국 27회 및 구소련 116회의 평화목적의 핵폭발이 있었고, 그 결과 핵무기보유국이 가지고 있는 핵탄두의 총 수는 한 때 약 69,000개1986년를 상회하다가 오늘날 약 16,300~15,000개 수준으로 감축된 상태이다.

이처럼 핵탄두의 수가 감축된 원인은 국가 간의 신뢰의 형성, 핵무기보유국의 핵군축 노력 등 다양하지만, 핵군축의 필요성이 대중운동으로 자리를 잡았기 때문이기도 하다.

사실 원자력에 대한 경고는 20세기 초까지 거슬러 올라가는데, 1914년 웰스Herbert G. Wells는 자신의 소설 '해방된 세계'The World Set Free에서 원자력의 엄청난 파괴력을 소개한 바 있다.

원자탄이 발명된 1945년 이후부터 원자력의 실제를 알리려는 노력이 계속되

---

24 원자탄이나 수소탄의 외형에 코발트59를 둘러싼 것으로서, 해당 핵폭탄이 폭발하면서 만들어진 중성자선이 코발트에 접촉하면서 코발트60을 생성하게 되는 바, 이 코발트60에 의한 방사능 오염은, 코발트60의 반감기가 약 5년(5.2714년)이므로 방사능 오염이 자연적으로 제거되려면 장기간이 소요되기 때문에, 해당 오염지역을 장기간 불모지로 만드는 무기이다.

25 EMP탄이란 핵폭발로 생기는 전자펄스에 의해 전자기기 내에 순간적으로 대전류를 일게 하여 집적회로 · 대규모 집적회로 등을 파괴하는 무기이다. EMP는 핵폭발로 생기는 감마선이 대기 및 대지에 흡수되었을 때 일어나는 2차 반응을 의미하는데, 구체적으로 전자기기의 안테나선에 수분의 1초 사이에 수천 볼트의 대전압을 발생시켜 전리층을 파괴한다. 안테나가 긴 통신장치는 피해가 커 콘덴서나 트란지스터는 터지지만, 안테나가 없는 휴대용 송수신기나 진공관을 사용하는 전신기는 피해가 적다.

어 왔는데, 예컨대 시카고 핵과학자협회The Atomic Scientists of Chicago, 미국과학자연맹Federation of American Scientists 등이 그 대표적 경우이다. 전자는 자신의 회보를 통해 원자력에 대한 이해와 핵무기폐기의 필요성을 제시하였는데, 그러한 교육은 맨해튼 프로젝트에 참여한 물리학자들이 담당하였다. 또한 전자는 1947년에 지구종말시계Doomsday Clock를 발표하였다. 후자는 1948년 창설되었는데, 원자력에 대한 정보를 확산시키고 동시에 핵무기 없는 세상을 위한 캠페인을 전개하였다.

동시에 이 시기부터 핵군축의 필요성이 대중운동으로 표출되었는데, 특히 1952년 미국의 수소탄의 실험성공이라는 사건은 핵군축이라는 문제가 국제사회의 일반적 이슈로 등장하는 계기가 되었다. 그 결과 1956년 IAEA의 창설이 미국에 의해 제안되었고,[26] 1955년 러셀Bertrand Russell과 아인슈타인은 핵무기의 위협을 소개하고 평화적 해결의 중요성을 역설하는 선언을 제시한 바 있다. 또한 1957년의 퍼그워시회의Pugwash Conference on Science and World Affair를 비롯하여, 핵군축캠페인Campaign for Nuclear Disarmament, 전미세인핵정책위원회National Committee for a Sane Nuclear Policy,[27] 1971년의 그린피스Greenpeace, 1980년의 핵전쟁방지국제의사회International Physicians for the Prevention of Nuclear War, 유럽핵군축그룹European Nuclear Disarmament, 2007년의 핵무기철폐국제캠페인International Campaign to Abolish Nuclear Weapons[28] 등과 같은 세계핵군축기구가 핵군축의 실현을 위한 대표적 국제기구로 활동해 오고 있다.

이상과 같이 핵군축을 실현하고자 하는 거대한 흐름이 원자탄의 사용 직후1950년대~1960년대 초반, 긴장완화 이후1980년대~1990년대 초반, 9.11테러 이후2000년대 초반 이후에 일어났었는데, 그 결과 국제사회는 핵무기 · 운반체 · 핵기술 및 핵물질의 통제영역에서 상당한 결실을 맺어왔던 바, 그것은 아래와 같다.

첫째 핵무기의 전면적 규제이다. 국제사회는 핵무기의 전면적 금지를 위한 노력을 지속하여 왔던 바, 2017년 핵무기금지조약이 체결되었다.

둘째 미국과 구소련또는 러시아 간의 전략핵무기의 규제이다. 양국은 1970년대의 전략무기제한회담을, 1980년대의 중 · 단거리미사일폐기협상을, 1990년대 이후에

---

26 동 제안은 일명 바루크 안(Baruch Plan)이라고도 하는데, 유일한 핵무기보유국인 미국이 다른 국가의 핵무기 부제조와 철저한 국제적 감시 및 보호체제의 구비를 전제조건으로 자국의 핵무기를 유엔에 양도할 것을 약속하고 있는 것이다.

27 그 후에 평화행동(Peace Action)으로 명칭을 변경하였다.

28 핵전쟁방지국제의사회가 출범시킨 기구이다.

는 전략무기감축회담과 전략공격무기감축회담을 통해서 전략핵무기를 규제해왔다. 그 결과 ABM조약 · 잠정협정 · 전략공격무기제한협정 · INF조약 · START I 조약 · START II 조약 · SORT · New START 등 핵무기의 실질적 감축을 위한 조약이 체결되었다.

셋째 핵무기의 확산의 방지를 위한 규제이다. 핵무기비확산조약[NPT]이 체결되었다.

넷째 비핵지대의 설치를 통한 규제이다. 전술한 NPT와 함께 특정 지역을 비핵지대로 하는 조약, 즉 남극조약 · 우주조약 · 라틴아메리카핵무기금지조약 · 해저비핵지대조약 · 달조약 · 남태평양비핵지대조약 등이 체결되었다.

다섯째 핵실험의 금지를 위한 규제이다. 핵실험을 규제하기 위하여 부분적 핵실험금지조약[PTBT] · 포괄적 핵실험금지조약[CTBT] · 미국과 구소련 간의 지하핵실험제한조약[TTBT] · 평화목적핵폭발조약[PNET]이 체결되었다.

여섯째 핵무기사용의 규제이다. 이 분야에서는 아직 조약화가 이루어지지 못하고 있는 실정이나, 그나마 '핵무기의 사용 또는 그 위협의 합법성'에 관한 국제사법재판소의 권고적 의견이 채택되어 있다.

일곱째 핵물질의 규제이다. 핵물질을 규제하기 위하여 쟁거위원회[Zangger Committee]와 핵공급국그룹[Nuclear Suppliers Group]이 설립됨으로써, 핵기술과 핵물질 등의 국제적 수출통제가 일정 부분 가능하게 되었다.

여덟째 미사일의 규제이다. 미사일을 규제하기 위하여 미사일기술통제체제[MTCR]가 설립되어, 미사일의 국제적 통제를 위해 작동하고 있다.

아홉째 대량파괴무기확산방지안보구상[PSI]을 통한 핵의 규제이다. 핵확산을 방지하기 위한 다자간 법집행협력체로서 PSI가 설립되었다.

제2장
핵무기의 전면적 규제

I 핵무기금지조약(TPNW)의 성립배경과 주요내용

1. 성립배경

핵무기를 전면적으로 규제하려는 노력은 이미 1950년대부터 있어 왔다. 그 당시 국제사회는 핵무기군축의 궁극적 목표를 '일반적이고 완전한 군축'general and completely disarmament을 실현하는 데 두고 많은 노력을 경주하였던 것이다. 그럼에도 불구하고 가까운 장래에 그러한 목표를 실현하는 것이 불가능함을 인식하였고, 그 결과 1960년대부터는 개별적인 군축조약의 체결에 초점을 둔 '부분적 군축'으로 그 중점이 옮겨지게 되었던 것이다. 따라서 1960년대부터 핵무기와 관련한 개별 군축조약이 하나씩 체결되었다.

그럼에도 불구하고 핵무기보유국의 수는 증가하여 왔고, 특히 비국가행위자 등이 핵무기를 취득할 가능성까지 제기되고 있다. 또한 사이버전이라는 개념이 핵무기시스템과 결합하는 상황까지를 가설하게 되면, 핵무기를 둘러싼 우려는 극에 달하게 된다. 결국 의도적이든 우발적이든 아니면 잘못된 계산에 의하든 핵무기의 사용가능성은 그만큼 증가한 상태에 이르게 된 것이다.

이러한 증가된 핵무기의 위협상황에 직면하여 국제사회는 또다시 핵무기가 사용되지 못하도록 그리고 완전히 폐기되도록 보장해야 할 도덕적 책무를 져야 하는 시점에 놓이게 되었다. 핵무기의 사용은, 지난 1945년의 경험에서 잘 나타나는 바와 같이, 잔혹한 반인도주의적 결과를 초래할 것이고 동시에 인류와 지구환경에게 상상할 수 없는 고통과 폐허를 촉발할 것이다. 핵무기의 사용으로 인한 방사선에의 노출[조사]은 직접적인 살상과 파괴라는 결과 이외에도, 수십 년 동안 암을 유발시키며, 생존자에게 고통을 지속시키며, 다음 세대에까지도 건강상의 두려움을 상속시킬 것이다. 동시에 그것은 식량생산의 감소와 전지구적 기근을 유발하며, 국제적 긴장을 고조시킬 것이다. 결국 국제사회는 핵무기의 사용위험을 '0'으로 만들어야만 하는 필연적 과제에 직면해 있는 것이다.

이러한 요구에서 성립된 것이 바로 핵무기금지조약[Treaty on the Prohibition of Nuclear Weapons]이다. 동 조약은 많은 핵무기비보유국은 물론이고 국제적십자위원회[ICRC]와 핵무기철폐국제캠페인[ICAN]의 헌신에 힘입은 바가 크다. ICRC는 원자탄이 등장한 직후인 1945년 9월부터 핵무기의 폐기를 위한 다양한 주장을 해 왔으며, 또한 2007년에 조직된 ICAN도 역시 핵무기의 폐기를 강조해 왔다. 이들 양 기관은 그러한 노력이 인정되어 ICRC는 1963년에[29] 그리고 ICAN은 2017년에 노벨평화상을 수상하는 영예를 안기도 하였다.

아무튼 핵무기금지조약은 지난 20년 동안 진행되어 온 논의의 결실로서, 핵무기의 전면적 금지를 수용한 법적 구속력 있는 최초의 문서이다. 동 조약은 인도주의의 승리의 징표이며, 현재와 미래 세대의 희망과 꿈인 '핵무기 없는 세상'이라는 국제공동체의 열망에 한 단계 부응한 것으로서, 핵무기군축의 역사에 희망을 제시하고 있다.

물론 동 조약이 하룻밤 사이에 모든 핵무기를 사라지게 할 수는 없다. 그러나 동 조약은 특정 무기류의 전면적 금지를 가져온 1972년의 생물무기협약이나 1993년의 화학무기협약과 같이, 핵무기의 전면적 금지로 나아가는 데 일조할 것으로 확신한다.

동 조약은 122개국의 동의하에 2017년 7월 7일 뉴욕에서 채택되었고, 동년 9월 20일 뉴욕에서 서명을 위해 개방되었다. 그러나 현재 동 조약의 당사국의 수는 14개국으로서[60개국이 서명한 상태임] 미발효 상태에 있다.

2. 주요내용

핵무기금지조약은 핵무기 또는 기타 핵폭발장치의 개발 · 실험 · 생산 · 제조 · 취득 · 소유 또는 비축을 금지하며, 그것[통제를 포함한]의 이전을 금지하며, 그것의 이전

29 ICRC는 1917년, 1944년 및 1963년에 각각 노벨평화상을 수상하였으며, 또한 국제적십자운동의 창시자인 앙리 뒤낭도 1901년에 노벨평화상을 수상한 바 있다.

의 수령을 금지하며, 핵무기의 사용 또는 사용위협을 금지하며, 상기의 금지된 행위에 대한 지원 또는 장려를 금지하며, 그러한 지원 등의 수령을 금지하며, 그 것의 배치 또는 전개를 금지하고 있다[동 조약 제1조]. 즉 핵무기 또는 기타 핵폭발장치의 포괄적 금지를 규정하고 있는 것이다.

동 조약은 전문을 포함해서 20개의 조항으로 구성되어 있는데, 그 구체적 내용은 아래와 같다.

먼저 동 조약의 전문이다. 동 전문에서는 당사국들이 아래의 사항을 유념하면서 동 조약에 동의하였음을 밝히고 있다. 즉 ① 유엔 헌장의 목표와 원칙의 실현에 기여한다는 결정 속에서, ② 핵무기의 사용으로 인해 발생할 인도적 재앙에 깊이 유의하면서, 어떤 상황하에서도 핵무기가 사용되어지지 않도록 하기 위한 유일한 방안이 바로 핵무기를 완전히 폐기하는 것이라는 점을 인식하면서, ③ 모든 국가는 핵무기의 어떠한 사용도 방지해야 할 책무가 있음을 강조하면서, ④ 핵무기의 재앙적 결과는 인간생존, 환경, 사회경제적 개발, 글로벌 경제, 식량안보, 현재와 미래 세대의 건강, 여성에 대한 불균형적 영향 등에 깊이 연관됨을 인식하면서, ⑤ 모든 국가는 항시 국제인도법과 국제인권법을 포함한 적용 가능한 국제법과 일치할 필요를 재확인하면서, ⑥ 무력충돌에서 전투 수단과 방법을 선택할 당사국의 권리는 무제한적이지 않다는 점, 구별의 원칙, 무차별공격의 금지, 비례성의 원칙과 공격의 사전조치, 지나친 상해와 고통을 야기하는 성질을 갖는 무기의 사용금지, 자연환경의 보호를 위한 규칙 등 국제인도법 원칙과 규칙에 기초한다는 점을 중요시하면서, ⑦ 핵무기의 어떠한 사용도 무력충돌에 적용되는 국제법 특히 국제인도법 규칙에 반함을 고려하면서, ⑧ 핵무기의 어떠한 사용도 인도성의 원칙과 공공양심의 명령에 양립하지 않는다는 점을 강조하면서, ⑨ 핵무기의 폐기에 관한 1946년 1월 24일자 유엔 총회의 결의를 비롯한 추후의 결의를 상기하면서, ⑩ 핵군축의 더딘 진전, 군사개념 · 안보개념 · 선언과 정책으로서 핵무기에 관한 계속된 의존, 핵무기의 제조 · 유지 · 현대화를 위한 프로그램에 의한 경제적 · 인적 자원의 낭비에 관심을 가지면서, ⑪ 핵무기에 대한 법적 구속력 있는 금지가 핵무기의 불가역적, 검증 가능한 투명한 폐기를 포함하는 핵무기 없는 세상의 성취와 유지에 대한 중요한 공헌을 한다는 점을 재인식하면서, ⑫ 엄격하고 효과적인 국제 통제하에서의 일반적이고 완전한 군축에 대한 효과적 진전을 달성하기 위한 입장에서 행동함을 결정하면서, ⑬ 핵무기비확산조약의 완전하고 효과적인 이행이 국제평화와 안전을 증진시키는 데 중요함을 재인식하면서, ⑭ 핵군축과 비확산체제의 중요 부분으로서 포괄적 핵실험금지조약과 그것의 검증체제의 중요성을 재인식하면서, ⑮ 조약의 형식으로 국제적으로 승인된 비핵지대의 설치가 국제적 또는 지역적 평화와 안보를 강화함을 재확인하면서, 차별 없는 평화적 이용을 위한 핵에너지의 연구·생산·이용을 증진시킬 불가분의 권리를 강조하면서, 모든 측면에 있어서의 평화와 군축 교육의 중요성을 재인식하면서 그리고 현재와 미래 세대를 위한 핵무기의 위험과 결과의 인지를 높이는 중요성을 재인식하면서, 동 조약의 규범과 원칙의 보급의 중요성을 재인식하면서, 핵무기의 완전한 폐기를 위해 요청되는 공공양심의 중요성을 강조하면서 동 조약에 동의하였음을 천명하고 있다.

다음으로 동 조약의 본문이다. 동 조약에서는 각종 금지[제1조], 신고[제2조], 안전조치[제3조], 핵무기의 폐기[제4조], 국내적 이행조치[제5조], 희생자에 대한 지원 및 환경의 복구[제6조], 국제적 협력 및 지원[제7조], 당사국회의[제8조], 비용[제9조], 개정[제10조], 분쟁의 해결[제11조], 보편성[제12조], 서명[제13조], 비준·수락·승인 및 가입[제14조], 발효[제15조], 유보[제16조], 기간 및 탈퇴[제17조], 기타 협약과의 관계[제18조], 수탁자[제19조], 원본[제20조] 등에 관해 규정하고 있는데, 그 주요내용은 아래와 같다.

1) 각종 금지(제1조)

각 당사국은 어떠한 상황하에서도 아래의 행위를 삼가해야 한다.

첫째 핵무기 또는 기타 핵폭발장치의 개발·실험·생산·제조·취득·소유 또는 비축하는 것[동조 a항], 둘째 핵무기, 기타 핵폭발장치 또는 그러한 것들의 직·간접적 통제를 수령자에게 이전하는 것[b항], 셋째 핵무기 또는 기타 핵폭발장치의 통제 또는 이전을 직·간접적으로 수령하는 것[c항], 넷째 핵무기 또는 기타 핵폭발장치의 사용 또는 그것을 통해 위협하는 것[d항], 다섯째 동 조약하에서 각 당사국에게 금지하고 있는 활동에 종사하는 특정인을, 어떠한 방법으로든지, 지원하거나 장려하거나 또는 유도하는 것[e항], 여섯째 동 조약하에서 각 당사국에게 금지하고 있는 활동에 종사하는 특정인으로부터, 어떠한 방법으로든지, 지원을 구하거나 또는 수령하는 것[f항], 일곱째 자국의 영토, 또는 자국의 관할 내지 통제하에 있는 어떤 장소에 존재하는 핵무기 또는 핵폭발장치의 배치·설비·전개를 허용하는 것[g항].

2) 각종 신고(제2조)

① 각 당사국은 동 조약의 발효 후 30일 이내발효 후 개별적으로 비준 또는 가입하는 경우, 당해 개별 국가에 대한 발효 후 30일 이내에 유엔 사무총장에게 아래를 제출하여야 한다. 첫째 각 당사국의 동 조약에 대한 발효일 이전에, 핵무기 또는 핵폭발장치를 소유 · 보유 또는 통제하였는지를 신고하여야 하는 신고서 그리고 모든 핵무기 관련 시설의 폐기 또는 불가역적 전환을 포함하는 자국의 핵무기프로그램을 폐기하였는지를 신고하여야 하는 신고서, 둘째 상기 동 조약 제1조 a항에도 불구하고, 각 당사국이 핵무기 또는 핵폭발장치를 소유 · 보유 또는 통제하고 있는지를 신고하여야 하는 신고서, 셋째 상기 동 조약 제1조 g항에도 불구하고, 자국의 영역 내에 또는 자국의 관할 또는 통제하의 어떤 장소에 자국 이외의 국가가 소유 · 보유 또는 통제하는 핵무기 또는 핵폭발장치가 존재하는지를 신고해야 하는 신고서 등이다.

② 유엔 사무총장은 제출된 모든 신고서를 각 당사국에 송부하여야 한다.

3) 안전조치(제3조)

① 동 조약 제4조 1항 또는 2항이 적용되지 않는 각 당사국은, 장래 자국이 참여하는 추가적인 관련 기구들에 방해 받음이 없이, 최소한, 동 조약의 발효 시에 시행 중인 IAEA의 안전조치의무를 준수하여야 한다.

② 아직까지 동 조약 제4조 1항 또는 2항이 적용된 적이 없는 당사국으로서 동 조약 제4조 1항 또는 2항이 적용되지 않는 각 당사국은, IAEA와 포괄적 안전조치협정INFCIRC/153을 체결하여 발효시켜야 한다. 그러한 협정에 대한 교섭은 각 당사국에 대한 본 조약의 발효 후 180일 이내에 개시되어야 하며, 그 협정은 각 당사국에 대한 본 조약의 발효 후 18개월 이내에 발효되어야 한다. 그 이후에 각 당사국은 자국이 장래에 채택할 추가적 관련 기구의 활동을 침해함이 없이 그러한 의무를 유지하여야 한다.

여기서 '동 조약 제4조 1항 또는 2항이 적용되지 않는 각 당사국'이란 핵무기 또는 기타 핵폭발장치를 소유 · 보유 또는 통제해 보지 않은 국가 또는 핵무기 관련 시설을 폐기 또는 불가역적 전환을 포함하는 자국의 핵무기프로그램을 폐기해 보지 않은 국가를 의미한다.

4) 핵무기의 폐기(제4조)

① 2017년 7월 7일 이후에 핵무기 또는 기타 핵폭발장치를 소유·보유 또는 통제했다가 핵무기 관련 시설의 폐기 또는 불가역적 전환을 포함하는 자국의 핵무기프로그램을 폐기하였던 각 당사국은, 자국에 대한 동 조약의 발효 이전에, 자국의 핵무기프로그램의 불가역적 폐기를 검증하기 위한 목적으로 본 조 제6항[아래 ⑥]에 따라 고안된 권한 있는 국제기구와 협력하여야 한다. 그 권한 있는 국제기구는 모든 당사국에 보고하여야 한다. 각 당사국은 자국 내에서의 평화적 핵활동으로부터 나온 신고된 핵물질의 비전용에 대해 그리고 미신고된 핵물질 또는 핵활동의 부존재에 대해 신뢰할 만한 보장을 제공하기 위하여 IAEA와 안전조치협정을 체결하여야 한다. 안전조치협정에 대한 교섭은 각 당사국에 대한 동 조약의 발효로부터 180일 이내에 개시되어야 한다. 안전조치협정은 각 당사국에 대한 동 조약의 발효로부터 18개월 이내에 효력을 발생하여야 한다. 당사국은, 장래 자국이 참여하는 추가적인 관련 기구들에 방해 받음이 없이, 최소한, 이러한 안전조치의무를 준수하여야 한다.

② 본 조약 제1조 a항에도 불구하고, 핵무기 또는 기타 핵폭발장치를 소유·보유 또는 통제하고 있는 각 당사국은, 첫 번째 당사국회의[동 조약 제8조]에서 결정된 시한 이내에, 모든 핵무기 관련 시설의 폐기 또는 불가역적 전환을 포함하는 당사국의 핵무기프로그램에 대한 검증된 그리고 불가역적인 폐기를 위한 법적 구속력이 있는 시간대별 계획에 따라, 그것들을 작동상태로부터 즉각적으로 분리하여야 하고, 그리고 가능한 한 조속히 그것들을 즉각적으로 폐기하여야 한다. 각 당사국은 자국에 대한 동 조약의 발효 후 60일 이내에 기타 당사국들에 또는 각 당사국이 정한 권한 있는 국제기구에 상기 계획을 제출하여야 한다. 그 계획은 권한 있는 국제기구와 교섭되어져야 하고, 절차·규칙에 따른 승인을 위해 직후에 열리는 당사국회의 또는 재검토회의에 제출되어져야 한다.

③ 상기 2항[상기 ②]을 적용하는 각 당사국은, 평화적 핵활동으로부터 나온 신고된 핵물질의 비전용에 대해 그리고 당해 국가의 비신고된 핵물질 또는 핵활동의 부존재에 대해 신뢰할 만한 보장을 제공하기 위하여, IAEA와 안전조치협정을 체결하여야 한다. 그러한 협정의 교섭은 상기 2항에서 언급된 계획의 이행 완료일 이전에 개시되어야 한다. 그러한 협정은 교섭일로부터 18개월 이내에 발효되어

야 한다. 각 당사국은, 장래에 자국이 채택하는 어떠한 추가적 관련 기구들의 활동을 침해함이 없이, 최소한, 이러한 안전조치의무를 유지하여야 한다. 본 항에서 언급된 안전조치협정의 발효에 따라, 각 당사국은 본 조하에서 각 당사국이 이행해 온 자국의 의무에 관한 최종보고서를 유엔 사무총장에게 제출하여야 한다.

④ 본 조약 제1조 b항과 g항에도 불구하고, 다른 국가가 소유·보유 또는 통제하고 있는 것으로서, 자국의 영역 내에 있는 또는 자국의 관할 또는 통제하의 어떠한 장소에 있는 핵무기 또는 기타 핵폭발장치를 보유한 각 당사국은, 첫 번째 당사국회의에서 결정되는 기한 이전에 가능한 한 조속히 그러한 무기의 즉각적인 제거를 보장하여야 한다. 그러한 무기 또는 기타 폭발장치의 제거에 근거해서, 각 당사국은 본 조항하에서 자국이 이행해 온 의무에 관한 신고서를 유엔 사무총장에게 제출하여야 한다.

⑤ 본 조가 적용되는 각 당사국은, 본 조하에서 수행된 자국의 의무이행과정에 관한 이행시점까지의 보고서를, 각 당사국회의와 각 재검토회의에 제출하여야 한다.

⑥ 각 당사국은 본 조 1항[상기 ①]과 2항[상기 ②] 그리고 3항[상기 ③]에 따른 모든 핵무기 관련 시설의 폐기 또는 불가역적 전환을 포함하는 핵무기프로그램의 불가역적 폐기를 교섭하고 검증하기 위하여 권한 있는 국제기구 또는 기타 기구들을 지정하여야 한다. 본 조 1항과 2항이 적용되는 그러한 지정이, 각 당사국에 대한 동 조약의 발효 이전에 행하여지지 않은 경우에는, 유엔 사무총장은 요청된 모든 결정을 취급할 비상 당사국회의를 소집하여야 한다.

5) 국내적 이행조치(제5조)

① 각 당사국은 동 조약의 의무이행을 위해 필요한 조치를 취해야 한다.

② 각 당사국은, 개인에 의하여 취해진 것이든 또는 자국의 관할이나 통제하의 영토 위에서 취해진 것이든, 본 조약하에서 각 당사국에 금지되는 활동의 방지와 억제를 위하여 형사처벌의 부과를 포함하는 적절한 법적·행정적·기타의 모든 조치를 취해야 한다.

6) 희생자에 대한 지원 및 환경의 복구(제6조)

① 각 당사국은 핵무기의 사용 또는 실험에 의해 영향을 받은 자국의 관할하

에 있는 모든 개인에 대하여, 국제인도법과 국제인권법에 따라, 차별 없이, 경제적·사회적 통합뿐 아니라 의료보호·재활과 심리적 지원을 포함하는 연령 인지적 지원과 성 인지적 지원을 적절히 제공하여야 한다.

② 핵무기 또는 기타 핵폭발장치의 실험 또는 사용과 관련한 활동의 결과로서, 자국의 관할 또는 통제하의 오염된 지역에 대해서 각 당사국은 그러한 오염된 지역의 환경복구에 대해 필요하고 적절한 조치를 취해야 한다.

③ 상기 제1항[상기 ①]과 제2항[상기 ②]의 의무는, 국제법 또는 양자협정하에서의 기타 국가에 부과된 의무를 침해함이 없이, 부과되어야 한다.

7) 국제적 협력 및 지원(제7조)

① 각 당사국은 동 조약의 이행을 용이하게 하기 위하여 기타 당사국과 협력하여야 한다.

② 동 조약상의 의무를 이행함에 있어서, 각 당사국은 기타 당사국으로부터 지원을 구하고 수령할 권리를 갖는다.

③ 그렇게 행할 지위에 있는 각 당사국은, 동 조약의 이행을 촉진하기 위하여, 핵무기 사용 또는 실험에 의해 영향을 받은 당사국들에 기술적·물질적·재정적 지원을 제공하여야 한다.

④ 그렇게 행할 지위에 있는 각 당사국은 핵무기 또는 기타 핵폭발장치의 사용 또는 실험으로 인한 희생자에게 지원을 제공하여야 한다.

⑤ 본 제7조의 지원은, 그 중에서도, 유엔 시스템, 국제적·지역적·국내적 조직 또는 기관, 비정부조직 또는 기관, ICRC, 국내적십자 등을 통해 제공될 수 있다.

⑥ 국제법하에서 각 당사국이 부담하는 의무를 침해함이 없이, 핵무기 또는 기타 핵폭발장치를 사용 또는 실험해 온 각 당사국은, 희생자에 대한 지원과 환경복구를 위하여, 영향을 받은 당사국에 적절한 지원을 제공해야 할 책임을 져야 한다.

8) 당사국회의(제8조)

① 각 당사국은, 동 조약의 이행과 지위, 동 조약에 대한 추가의정서를 포함한 핵무기프로그램의 검증된·시간적으로 제약된·불가역적인 폐기를 위한 조치, 동 조약의 규정에 따른 기타 문제를 포함하는 동 조약의 적용 또는 이행 그리고

추가적 핵군축조치에 관한 모든 문제를 결정하고 처리하기 위하여, 정기적으로 회합을 갖는다.

② 첫 번째의 당사국회의는 동 조약의 발효 후 1년 이내에 유엔 사무총장이 소집한다. 추가적 당사국회의는, 당사국이 따로 합의하지 않으면, 2년 간격으로 유엔 사무총장이 소집한다. 첫 번째 당사국회의에서 절차적 규칙을 채택한다.

③ 필요하다고 판단되는 경우, 비상 당사국회의는 당사국의 서면에 의한 요청에 의해 유엔 사무총장이 소집한다. 그 요청은 적어도 모든 당사국의 1/3의 요청에 의한다.

④ 동 조약의 발효 후 5년 후에, 유엔 사무총장은 동 조약의 이행을 재검토하고 그리고 동 조약의 목표달성에 있어서의 진전을 재검토하기 위하여, 회의를 소집하여야 한다. 추가적 재검토회의는, 당사국 간에 달리 합의되지 않는 한, 동일한 목적하에서 6년 간격으로 유엔 사무총장이 소집한다.

⑤ 당사국회의와 재검토회의에서 비당사국, 관련 국제기구, 지역기구, ICRC, NGO 등은 옵저버로서의 지위를 갖는다.

9) 발효(제15조)

동 조약은 50번째 비준서가 기탁된 이후 90일이 경과하면 효력이 발생한다. 발효 이후에 비준·수락·승인·가입하는 국가에는 비준서·수락서·승인서·가입서를 기탁한 후 90일 후에 효력이 발생한다.

10) 기타

그 밖에도 동 조약에서는 아래와 같은 내용을 규정하고 있다.

첫째 비용에 관한 규정이다[제9조]. 당사국회의, 재검토회의, 당사국 간의 비상 당사국회의에 소요되는 비용은 각 당사국과 옵저버로 참석하는 비당사국이 부담한다.

둘째 개정에 관한 규정이다[제10조]. 각 당사국은 개정을 제안할 수 있으며, 제안된 개정안은 유엔 사무총장에게 제출된다. 유엔 사무총장은 개정안을 모든 당사국에 회람하고, 회람 후 90일 이내에 과반수가 그 개정안을 지지하는 경우, 그 개정안은 차기의 당사국회의 또는 재검토회의에서 처리된다. 당사국회의 또는 재검토회의는 모든 당사국의 2/3 다수결에 의해 채택되는데, 개정안은 과반수의 비준서 내지 수락서가 기탁된 후 90일이 지나면 효력이 발생한다.

셋째 분쟁의 해결에 관한 규정이다[제11조]. 동 조약의 적용과 해석을 둘러싸고 2개 또는 그 이상의 국가 사이에 분쟁이 발생하는 경우, 관련 당사국은 유엔 헌장 제33조에 따른 교섭 또는 동 제33조에서 정하고 있는 방법 가운데 당사국이 정하는 기타 평화적 방법에 따를 것을 협의하여야 한다. 당사국회의가 주선을 제안하는 등 분쟁의 해결에 기여하도록 규정하고 있다.

넷째 보편성에 관한 규정이다[제12조]. 동 조약에 대한 모든 국가의 지지를 얻기 위하여, 각 당사국은 비당사국이 서명 · 비준 · 수락 · 승인 · 가입하도록 조장하여야 한다.

다섯째 서명을 포함한 비준 · 수락 · 승인 및 가입에 관한 규정이다[제13조, 제14조]. 2017년 9월 20일 뉴욕의 유엔 본부에서 모든 국가에 서명을 위해 개방되었으며, 모든 국가에 그 가입이 개방되어 있다.

여섯째 유보에 관한 규정이다[제16조]. 동 조약은 유보가 허용되지 않는다고 규정하고 있다.

일곱째 기간 및 탈퇴에 관한 규정이다[제17조]. 동 조약의 기간은 무제한적이다. 또한 각 당사국의 탈퇴권을 인정하고 있는데, 그것은 아래와 같다. 해당 국가의 최고 이익을 침해하는 경우 탈퇴할 수 있는 권리를 인정하고 있는데, 기탁자에게 탈퇴의 사실을 통고해야 하고, 그 통고에는 발생한 예외적 사건이 자국의 최고 이익을 침해하였음을 진술하고 있어야 한다. 탈퇴의 효력은 기탁자가 탈퇴의 통고를 받은 후 12개월이 지나면 발생하도록 하고 있다.

여덟째 그 밖에 기타 협약과의 관계[18조], 유엔 사무총장을 수탁자로 한다는 규정[제19조], 원본[제20조]에 관한 규정 등이다.

Ⅱ 핵무기금지조약(TPNW)의 한계

핵무기금지조약은 핵무기라는 단일의 무기류를 전면적으로 금지한 조약이라는 점에서 큰 의미를 가진다고 평가할 수 있다. 그러나 핵무기통제에 있어서 중요한 요소라고 할 수 있는 핵무기보유국과 그 동맹국들이 그 협상과정에 참여하지 않은 채, 핵무기비보유국들만이 공동으로 발의한 조약이라는 점에서, 그 실효성에 의문이 있다고 하겠다. 동시에 현재까지 동 조약의 당사국의 수가 14개국에 지나지 않는다는 점은 동 조약의 미래를 어둡게 하는 부분이다.

장래에 동 조약이 발효될 수 있도록 최선의 노력을 경주하여야 하겠다. 그 사이에 우선 아래와 같은 노력이 이루어져야 할 것이다.

첫째 핵무기의 핵탄두를 운반체와 분리시키는 등 핵무기의 작전대비태세를 완화시킬 필요가 있다.

둘째 '억지이론' 내지 '상호확증파괴이론' 등과 같은 기존의 핵무기정책의 비중과 중요성을 단계적으로 축소시키는 노력이 필요하다.

셋째 핵무기의 사용이 고의적이든 또는 부주의에 의하든 그 가능성을 줄이기 위해 핵무기보유국 간의 신뢰구축조치에 합의해야 한다.

넷째 지난 73년의 핵무기 비사용의 역사를 근거로 현재의 핵위협의 상황을 간과하거나 과소평가해서는 안 된다.

제3장
전략핵무기의 규제

핵무기를 규제하고자 하는 노력은 크게 유엔 총회와 제네바군축회의를 중심으로 한 다자간 핵군축협상체제와, 미국과 구소련또는 러시아 양국 간에 진행된 핵군축협상체제로 나뉘어 진행되어 왔다. 이 가운데 후자는 양자 간의 체제라는 한계에도 불구하고 세계 핵무기의 약 92% 이상을 보유하고 있는 양 군사강대국 간에 수행된 그리고 실질적으로 기존의 핵무기를 감축하는 조치를 취하고 있는 협상체제라는 점에서, 그 중요성은 매우 크다고 하겠다.

미국과 구소련또는 러시아 양국은 1970년대의 전략무기제한회담Strategic Arms Limitation Talks, SALT, 1980년대의 중·단거리미사일폐기협상Negotiation on the Elimination of Intermediate-Range and Shorter-Range Missile, INF협상, 1980년대부터 2002년까지의 전략무기감축회담Strategic Arms Reduction Talks, START, 21세기의 전략공격무기감축조약Treaty on Strategic Offensive Reductions, SORT 및 전략공격무기의 추가적 감축과 제한을 위한 조치에 관한 조약Treaty on Measures for the Further Reduction and Limitation of Strategic Offensive Arms, New START을 통해 전략핵무기를 규제해 왔는데, 다음의 도표에서 잘 나타나는 것처럼 상당한 성과를 얻어 왔다.

이러한 상황에서 향후 전략핵무기규제에 있어서의 핵심적 과제는, 미국과 러시아 양국이 자국의 핵탄두 수를 얼마까지 줄일 것인가 하는 문제, 이러한 전략핵무기의 규제에 양국 이외의 나머지 핵무기보유국을 어떻게 동참시킬 것인가 하는 문제라고 하겠다.

한편 2018년 3월 러시아는 차세대 첨단신무기 6종을 공개하였고, 이에 미국도 2020년까지 우주군Space Force을 자국의 제6군으로 창설하겠다는 계획을 공개한 바 있다. 이러한 우주군 계획은 우주에서 지상·공중·해양의 목표를 공격하고,

우주에서 적의 미사일을 요격하고, 우주공간을 군사적으로 장악함으로써 러시아와 중국의 우주활동을 겨냥하는 것이다. 이러한 일련의 일들은 미국과 러시아 간에 일고 있는 신냉전적 패권다툼문제로서 군축이라는 시대적 요청과는 정반대로 나아가는 매우 우려스러운 일이라고 하겠다. 이는 자칫 신군비경쟁의 기화점이 될 수도 있다는 점에서, 전략핵무기의 규제는 그만큼 더 복잡한 요소를 안고 있는 것이다.

아래의 도표는 핵무기보유국이 보유한 핵탄두의 수를 소개하고 있는데, 평온해 보이는 전 세계에 엄청난 해악과 위협이 상존함을 한눈에 잘 보여주는 데이터라고 할 수 있다.

〈1945년 이래 핵무기보유국이 보유한 총 핵탄두의 수의 변화〉

연도	추가 핵무기보유국	전세계 추정치	증감
1945	미국	2	
1955	구소련, 영국	2,636	+2,634
1965	프랑스, 중국	37,741	+35,105
1975	이스라엘	47,454	+9,713
1985	상동	63,632	+16.178
1995	상동	39,123	-24,509
2005	인도, 파키스탄	26,388	-12,735
2015	북한	16,300	-10,088
2017		14,935	-1,365

〈2017년 현재 핵무기보유국이 보유하고 있는 핵탄두의 수〉

국가	배치된 탄두	저장된 탄두	기타 탄두	각국의 보유량
미국	1,800	2,200	2,800	6,800
러시아	1,950	2,350	2,700	7,000
영국	120	95		215
프랑스	280	10	10	300
중국		270		270
인도		120~130		120~130
파키스탄		130~140		130~140
이스라엘		80		80
북한			10~20 추정	10~20 추정
총수	4,150	5,275	5,510	14,935(최고치)

이하에서는 미국과 구소련[러시아] 양국이 수행해 온 협상과정을 개괄해 보고, 그러한 협상을 통해 체결된 탄도탄요격미사일제한조약[Treaty on the Limitation of Anti-Ballistic Missile Systems, ABM조약], 전략공격무기 제한에 관한 잠정협정[Interim Agreement on Certain Measures with respect to the Limitation of Strategic Offensive Arms, 잠정협정], 전략공격무기제한조약[Treaty on Limitation of Strategic Offensive Arms, 전략무기제한조약], INF조약, START I 조약, START II 조약, SORT, New START 등의 주요내용과 그 한계를 검토하고자 한다.

I 미국과 구소련(러시아) 간의 협상과정

1. SALT

제1단계 전략핵무기의 규제는 SALT를 통하여 이루어졌다. SALT가 시작된 외관상 배경은 핵무기비확산조약[NPT] 제6조에서 밝히고 있는 핵무기보유국에 부과된 '핵군축의무의 성실이행'에서 찾아 볼 수 있으나, 실질적으로는 양국의 현실적이고 군사적인 필요에 기인한 것이었다. 즉 1950년대 말부터 구소련이 대륙간 탄도미사일[Inter-continental Ballistic Missile, ICBM]을 개발함으로 미국의 핵전략은 불안정하게 되었으며, 동시에 1960년대 이후 핵무기를 둘러싼 기술이 비약적으로 발달함으로써 양국은 핵전략의 수정이 불가피하게 되었던 것이다. 특히 미국으로서는, 구소련이 핵공격에 대한 지역방위를 위하여 탄도탄요격미사일망[ABM망]을 광범위하게 구축함으로써 자국의 핵전력을 무력화할 수 있었기 때문에 탄도탄요격미사일의 규제를 위한 협상의 필요성이 크게 대두되었던 것이다. 마찬가지로 구소련으로서도, 당시 닉슨[Richard Nixon] 행정부가 추진하고 있던 광역미사일방어계획이 큰 위협요인으로 작용하였던 것이다. 이처럼 탄도탄요격미사일의 규제를 둘러싼 양국의 이익이 일치하였기 때문에, SALT는 시작될 수 있었던 것이다

SALT란 양국이 전략핵무기를 제한하기 위하여 1969년부터 1979년까지 벌인 협상을 말하는데, SALT I [1969~1972년]과 SALT II [1972~1979년]로 대별할 수 있다. SALT I 을 통하여, 1972년 5월 26일 ABM조약과 잠정협정이 체결되었다. 그러나 후자의 잠정협정은 그 표현대로 잠정적인 조치로서 1977년 10월 3일까지만 효력이 발생하도록 하고 있다[잠정협정 제8조 1항 · 2항]. 이에 양국은 전략공격무기에 대한 보다 지속적인

제한을 위하여 1974년 11월 블라디보스토크 성명을 채택하였다. 동 성명에서는 '전략핵운반수단에 관하여 양측에 동일한 상한을 둔다는 것, ICBM·잠수함발사탄도미사일Submarine-Launched Ballistic Missile, SLBM·중폭격기의 수를 양측 각각 2,400기로 제한하고, 이 중 1,320기만이 개별유도복수목표탄두Multiple Independentry Targetable Re-entry Vehicle, MIRV를 장착할 수 있다는 것 및 이러한 한계 내에서 양측의 전략구성은 자유롭다는 것' 등 SALT Ⅱ의 대강을 정하고 있었다. 물론 양국 간에는 구소련의 백파이어Backfire폭격기와 미국의 순항미사일을 협상대상으로 할 것인지의 여부를 둘러싼 이견이 있었고, 그 이후 전략핵무기의 상당량의 삭감을 포함하는 소위 포괄적 군축안을 둘러싼 입장차이 때문에, SALT Ⅱ의 진전이 소강상태에 머문 적도 있었다. 그럼에도 불구하고 1978년에 들어서면서, 양국은 상기 블라디보스토크 성명에서 정하고 있는 상한을 낮추는 데 대한 합의, 쟁점이 되고 있는 문제에 대한 단기적 조정 및 SALT Ⅱ 조약을 위한 기본원칙의 입안 등에 관하여 약간의 구체적인 합의를 보았다. 이러한 합의를 기초로, 양국은 전략공격무기에 관한 보다 지속적인 제한을 위하여 일련의 협상을 거쳐 1979년 6월 18일 전략공격무기제한조약을 체결하였다.[30]

2. INF협상

제2단계 전략핵무기의 규제는 1981년부터 1987년까지 진행된 INF협상을 통하여 달성되었다. 양국이 1981년 11월부터 중·단거리핵미사일의 철폐를 위한 협상을 시작하였으나, 미국이 유럽에 중거리미사일을 배치한 사건으로 인해, 동 협상은 1983년 12월에 중단되었다.

1985년 3월 제네바에서 개최된 '핵 및 우주협상'Nuclear and Space Talks, NST은 INF협상을 사실상 재개하도록 하였고, 양국은 그 후의 일련의 협상과정을 거쳐 마침내 1986년 10월 11~12일의 레이캬비크Reykjavik정상회담을 통해 INF조약의 기본조항과 현지사찰을 포함하는 검증문제에 합의하였다. 다만 검증문제와 관련하여, 양국은 현지사찰을 포함하는 엄격한 검증을 제안하고 있었지만, 현지사찰의 대상에 대해서는 상이한 입장을 취하고 있었다. 즉 현지사찰의 대상과 관련하여, 미

30 전략공격무기제한조약은 그 후 비준되지 않았으나, 동 조약의 유효기간인 1985년 12월 31일(동 조약 제19조 1항)까지는 물론이고 그 이후에도 동 조약의 내용대로 준수되었다고 평가되고 있다.

국은 그 대상을 신고된 시설뿐 아니라 신고되지 않은 장소에 대한 현지사찰도 예상하고 있었던 반면에, 구소련은 신고된 시설만을 그 대상으로 할 것을 제안하였던 것이다.

따라서 그 후부터의 교섭은 주로 검증문제와 관련하여 진행되었는데, 1987년 3월 이후에 개최된 일련의 협상을 통하여 현지사찰의 대상에 관한 합의가 이루어졌으며, 결국 양국은 1987년 12월 8일 INF조약에 서명하였다.

INF조약은 1991년 5월까지 동 조약상의 의무가 완전히 이행되었다는 점에서, 군축사에 있어서 하나의 획기적 결실로 평가되고 있다.[31]

그러나 2018년 10월 미국의 트럼프Donald Trump 행정부는 INF조약의 폐기를 공언하였는데, 이는 괌 또는 일본에 지상발사 중거리미사일을 배치하기 위한 포석으로 보인다. 이 경우 미국은 중국과 북한에 대한 전략에서 상당한 우위를 가질 것으로 예상된다.

3. START

제3단계 전략핵무기의 규제는 1982년부터 2002년까지 진행된 START를 통하여 이루어졌는데, 여기에는 START I 1982~1991년과 START II 1992~1993년 및 START III로 나뉘어 진행되었다.

양국은 1982년 6월 29일 제네바에서 START I 을 시작하였는데, 이는 1982년 5월 7일 레이건Ronald Reagan 대통령이 '미 · 소간의 무기감축협상을 시작하도록 제안하는 서신'을 브레주네프Leonid Brezhnev 서기장에게 보낸 것이 계기가 되었다. START I 의 초기에는 미국의 유럽에 대한 중거리미사일 배치문제와 미국의 '전략방위구상'Strategic Defense Initiative, SDI의 발표 등이 장애로 작용하기도 하였다. 특히 동 구상은 그 당시 국방부가 개발 중이었던 ICBM방어장비의 개발계획으로서, 그 후 국가미사일방어체제NMD와 미사일방어체제MD로 이어져 오늘에 이르고 있다. 동 구상은 구소련으로 하여금 핵협상에 적극 참여하도록 하는 등 핵군축을 촉진시키는 효과가 컸다고 평가된다.

이러한 초기의 어려움에도 불구하고, START I 은 1985년 11월 21일 레이건

31 INF조약의 완전한 이행이 가능하였던 것은 지상발사 중·단거리미사일의 철폐라는 동 조약의 내용이 미국과 구소련 양국의 이해와 일치하였기 때문이라고 주장하는 견해도 있다.

대통령과 고르바초프Mikhail Gorbachev 서기장이 제네바에서 개최된 정상회담을 통하여 '전략무기의 50% 감축원칙'에 합의하고, 이어서 1986년 10월 11~12일에 개최된 레이캬비크 정상회담을 통해 중ICBM의 수를 반으로 감축하기로 합의함으로써 큰 진전을 이루었다.

특히 장거리 공중발사 핵크루즈미사일의 계산규칙counting rules, 이동식 ICBM의 상한 및 잠수함발사 탄도미사일SLBM의 규제형태와 내용에 관한 문제들은, 미국의 국무장관인 베이커James Baker와 구소련의 외무장관인 세바르드나제Eduard Shevardnadze 간의 일련의 회담을 거친 후 1990년 초에 사실상 해결되었다.

또한 마지막까지 논란의 대상이었던 중ICBM의 현대화, 구소련의 백파이어 폭격기 및 이동식 ICBM에 대한 검증, 탄도미사일 탄두의 탑재, 원격측정의 암호화 및 신형 탄도미사일의 정의 등의 문제는 1991년 7월 11~14일에 개최된 베이커 국무장관과 베스메르트니흐Alexander Bessmertnykh 외무장관 간의 회담에서 사실상 해결되었다.

따라서 1991년 7월 17일에 개최된 런던 경제정상회담에서는 부시George Bush 대통령과 고르바초프 대통령은 신형 탄도미사일을 둘러싼 문제를 최종적으로 해결하였으며, 동시에 START I 조약에 서명하기 위한 정상회담을 개최할 것을 합의하였다.

따라서 1991년 7월 30~31일에 개최된 모스크바 정상회담에서 START I 조약에 서명하였다.

1991년 8월 19일의 구소련 군부의 쿠데타로 인해 1991년 12월 25일 소련연방은 해체되었으며, 그 결과 START I 조약의 유효성에 의문이 생기기 시작하였다. 왜냐하면 구소련연방의 구성국 가운데 핵무기를 보유한 공화국은 러시아를 비롯하여 우크라이나, 카자흐스탄 및 벨라루스 등 모두 4개국으로서, 그중 러시아를 제외한 나머지 국가에 의한 START I 조약의 준수여부 및 핵무기보유문제가 중요한 현안으로 등장하였기 때문이다. 특히 주목의 대상이 되었던 공화국은 우크라이나와 카자흐스탄이었는데, 우선 이들의 핵무기보유량이 미국과 러시아에 이어 세계 제3위와 제4위의 자리를 점하고 있음은 물론 우크라이나는 러시아와 미묘한 경쟁의식을 가지고 있다는 점에서, 또한 카자흐스탄은 이슬람의 색채를 보유하고 있다는 점에서 START I 조약의 이행에 또 다른 불안요인이 되고 있었다.

이러한 상황을 고려하여, 1992년 5월 23일 미국의 국무장관인 베이커와 구소련의 4개 핵무기보유국의 대표들은 리스본[Lisbon]회담을 통하여 START I 조약의 이행을 위한 START I 조약에 대한 새로운 의정서, 즉 '리스본의정서'에 서명하였는데, 이는 과거 미국과 구소련 간의 START I 조약을 승인하는 한편 그 성격을 양자조약에서 다자조약으로 전환하는 것이었다. 이로써 우크라이나·카자흐스탄 그리고 벨라루스는 START I 조약의 공식적 당사국이 되었으며, 본 의정서에서는 이들 4개 공화국으로 하여금 7년 내에 자국이 보유하고 있는 모든 핵무기를 폐기시킬 것을 공식적으로 선언하고 있다. 또한 벨라루스·카자흐스탄 및 우크라이나는 '가능한 단시일 내에' NPT에 핵무기비보유국의 지위로 가입하겠다는 공약을 표명하였다.

나아가 동 의정서에서는 START I 조약에 대하여 비준절차를 거칠 것과 전략무기보유고를 START I 조약보다 더욱 감축하기 위한 미국과 러시아 간 협상을 계속한다는 내용을 담고 있었다. 이에 따라, 미국과 러시아 양국은 1992년 5월 24일 STARTⅡ를 시작하였는데, 실제로는 1992년 1월부터 STARTⅡ가 시작되었다고 할 수 있다. 즉 1992년 1월 28일 부시 대통령은 START I 조약에서 규정하고 있는 것보다 더 많은 전략공격무기를 감축하기 위한 새로운 협정을 제안하였으며, 이에 옐친[Boris Yeltsin] 대통령이 그 제안을 수용함으로써 STARTⅡ가 시작되었던 것이다.

1992년 2월, 3월, 5월 및 6월에 베이커와 코지레프[Andrei Kozyrev] 간의 회담을 통하여 STARTⅡ 조약의 대강에 합의를 보았으며, 동년 6월 미국을 공식 방문한 옐친 러시아 대통령은 다음과 같은 메시지를 던졌다. 즉 "미국과의 핵경쟁시대는 끝났으며, 핵 우위를 위한 각축전을 포기하겠다."라는 것이었다. 이러한 러시아의 의지는 그것이 경제적 원조를 겨냥한 국내적 요인에 기인했다고 하더라도, STARTⅡ 조약을 체결할 수 있었던 원동력이었던 것은 분명하다. 동년 6월 17일에 개최된 정상회담을 통하여 지상발사 다탄두핵미사일의 전면 폐기를 포함하여, 나아가 START I 조약에서 합의된 것보다 50% 더 감축하기로 합의하는 양해각서에 서명하였던 것이다. 즉 2003년까지 미국과 구소련이 보유하고 있던 핵탄두 가운데 약 2/3를 폐기하기로 하는 STARTⅡ 조약이 체결되는 계기가 되었던 것이다.

STARTⅡ 조약의 체결과정에서 쟁점이 되었던 부분은, 러시아의 SS－18 ICBM 발사장치의 폐기문제와[32] 러시아의 SS－19 ICBM의 탄두 수 문제[33] 및 미국의 전

32 러시아는 154기의 SS－18 발사장치를 경제적 사정으로 인하여 SS－25 이동미사일의 발사장치로

략핵폭격기문제[34]등 3가지로 대별할 수 있다. 이에 미국은 SS-18 발사장치와 SS-19 다탄두미사일의 전면폐기에서 일부폐기로, 그리고 B-1 폭격기에 전략핵무기를 탑재하지 않을 것을 요구하는 러시아의 주장을 수용하는 타협을 통하여 1993년 1월 3일 STARTⅡ 조약에 서명하였던 것이다.

STARTⅡ 조약이 전격적으로 서명된 이유는 양국이 동 조약을 신속히 체결해야 할 필요성이 양국에 동시에 존재했기 때문인데, 즉 미국으로서는 부시의 재선 실패로 인하여 동 조약의 서명을 차기 행정부에 넘길 경우, 새로운 긴 협상기간을 요하게 됨으로써 조약의 체결에 많은 시간이 걸린다는 점과 부시의 외교적 완성 속에서 차기 대통령인 클린턴Bill Clinton이 국내문제에 전념하겠다는 정치적 고려가 작용한 것으로 보이며, 동시에 러시아로서는 국내정치문제와 경제적 문제가 작용한 것으로 보인다.

STARTⅡ 조약은 '희망의 조약'으로 불릴 정도로 인류에게 큰 기대를 안겨주었다. 동 조약이 완전히 이행될 경우, 미국의 핵무기보유량은 1960년대의 수준으로, 또한 러시아의 핵무기보유량은 1970년대 중반의 수준으로 각각 되돌아가는 것이었다.

그러나 이러한 의의를 갖는 동 조약은 그 발효문제를 둘러싸고 논란이 있었다. 미국이 1996년 1월에 압도적인 지지로 STARTⅡ 조약에 대한 비준절차를 마쳤음에도 불구하고, 러시아는 2000년 4월에 와서야 STARTⅡ 조약 및 STARTⅡ 조약의 이행연장을 위한 의정서에[35] 대한 비준절차를 완료하게 되었고, 그 마저도 자국의 STARTⅡ 비준법Russian START II Ratification Law에서 정하고 있는 여러 조건이 달성되지 않았음을 이유로 그 이행을 보류하고 있었다는 점이다.

사용하겠다는 것이나, 미국은 러시아에 강경파 보수정권이 들어설 경우에 이 발사장치가 전략핵무기로 재사용될 가능성을 미연에 방지하기 위하여 완전폐기를 주장하였다.

33 6개의 탄두를 장착하고 있는 SS-19의 경우, 러시아는 현재의 핵탄두 6개를 단탄두미사일로 개조하겠다는 것이고, 미국은 이 미사일의 전량(170기)을 폐기할 것을 주장하였다.

34 미국이 보유하고 있는 B-1 폭격기를 미사일처럼 핵무기운반체로 계산하느냐 하는 문제였다. 미국은 B-1 폭격기의 경우, 이미 핵무기를 해체하였기 때문에 계산에 포함시킬 수 없으나, 현재의 B-52 폭격기가 퇴장할 경우 그 대체물로 쓸 수 있도록 해야 한다는 것이었다. 러시아는 이에 대하여 B-1 폭격기를 B-52 폭격기의 대체물로 가정한다면, 당연히 감축계산에 포함시켜야 한다고 주장하였다.

35 1997년 9월 26일 미국과 러시아는 'STARTⅡ 조약의 이행연장을 위한 의정서'에 서명하였던 바, 동 의정서는 STARTⅡ 조약의 최종이행기한을 2007년 12월 31일로 연장시키고 있다.

사실 STARTⅡ 조약의 비준문제는 러시아의 두마Duma가 NATO의 회원국의 확대, 동 조약 이행의 예산상의 부담과 기술상의 문제, 국내정치의 불안정 및 미국의 탄도미사일방어프로그램을 둘러싼 폭넓은 안보정책논의 등을 이유로 강력한 반발을 보여 왔기 때문에, 상당한 진통과정을 겪었다.[36] 그런데 양국에서 겨우 비준을 완료하고 나니, 비준 시에 붙인 발효를 위한 조건의 성취여부가 장애가 되고 있었던 것이다.

1996년 1월 26일 미국의 상원은 87 대 4라는 압도적 지지로 STARTⅡ 조약을 비준하면서, "만약 러시아가 STARTⅡ 조약을 비준하지 않는다면, 미국의 전략핵무기를 STARTⅠ 조약상의 상한 이하로 감축하기에 앞서 대통령은 반드시 상원에 조언을 구하여야 한다."라는 조건을 포함한 8개항의 조건을 붙인 바 있었다. 그런데 2000년 4월 러시아도 상기의 비준법을 통해, 아래와 같은 조건을 붙이고 있었다. ① STARTⅡ 조약상의 미비점을 보완할 수 있는 STARTⅢ 조약에 대한 협상을 촉구할 것 ② 당해 조약으로부터 탈퇴할 경우, 그 요건으로서 '비상사태'의 의미를 명확히 규정할 것 ③ ABM조약과 관련하여 1997년에 미국과 러시아 간에 서명한 협정들에[37] 대해 미국이 비준을 완료해야만, 러시아는 STARTⅡ 조약의 비준서를 상호 교환할 것이라는 점 등이 그것이다.

결국 상기와 같은 조건들은 STARTⅡ 조약의 이행에 큰 걸림돌로 작용하는데, 특히 러시아 비준법상의 상기 ③의 조건은 미국의 상원에서 강력한 반대에 직면한 바 있었다는 점에서, STARTⅡ 조약의 발효시점은 불명확하였던 것이다.

4. SORT와 New START

STARTⅡ 조약이 체결된 이후에도, 양국은 추가적인 전략핵무기의 감축 노력을 이어갔고, 그러한 결실 중의 하나가 1997년 3월 클린턴 대통령과 옐친 대통령이 헬싱키정상회담을 통해 헬싱키프레임워커약정Helsinki Framework Agreement을 체결한

36 1993년의 러시아 헌법에서는 "조약의 비준은 상하 양원의 단순다수결에 의한 동의를 요한다."라고 규정하고 있다. 따라서 STARTⅡ 조약의 효력이 발생하기 위해서는 상원(Federal Council)과 하원(State Duma)의 동의를 필요로 한다.

37 미국과 러시아 간의 ABM조약과 관련한 1997년의 협정들에는, ① 벨라루스·카자흐스탄·러시아·우크라이나 및 미국의 외무장관이 서명한 2개의 공동성명(전략적 미사일방어와 전역적 미사일방어 간의 한계 설정을 명확히 하기 위한 기술적 변수를 규정하고 있음) ② 상기 5개국에 의한 ABM조약상 구소련의 권리와 의무의 승계에 관한 양해각서 등이 포함된다.

것이다. 동 약정에서는 배치된 전략핵탄두의 수를 양측이 각각 총 2,000기에서 2,500기 사이의 수준으로 감축한다는 것과 전략핵탄두의 목록과 폐기의 투명성을 확보하는 조치에 관한 내용을 포함하고 있었다. 이것은 장래 체결될 STARTⅢ 조약에 포함될 핵심적 내용이기도 하였다.

이러한 와중에 미국과 러시아 양국은 2002년 5월 24일 SORT^Treaty on Strategic Offensive Reductions, 일명 모스크바 조약^를 체결하였고, 2003년 6월 1일부터 발효시켰다. 동 조약에서는 2012년 12월 31일까지 배치된 전략핵탄두의 총수를 각각 1,700~2,200기를 초과하지 않는 수준으로 감축할 것을 약속하고 있었다.

그러나 SORT는 2011년 2월 5일 New START^일명 프라하 조약^로 대체됨으로써 2011년 2월 5일부터 더 이상 효력이 발생하지 않게 되었다.

New START는 2010년 4월 8일 프라하에서 오바마 대통령과 메드베데프 대통령 간에 서명되었고, 각각 비준을 거쳐 2011년 2월 5일 효력이 발생하였다. 동 조약은, 만약 5년의 추가적 효력연장이 없는 경우라면, 발효 후 10년이 되는 2021년 2월 5일에 종료하게 된다. 동시에 동 조약에서는 기본의무를 발효 후 7년이 되는 2018년 2월 5일 이전까지 이행하도록 요구하고 있는데, 실제로 양국은 각국에 부과된 전략무기의 최대허용치 이하로 완전히 이행하였음을 천명하였다.

Ⅱ 관련 조약의 주요내용

1. SALT Ⅰ 조약의 주요내용

SALT Ⅰ을 통하여, 1972년 5월 26일에 ABM조약과 잠정협정 및 잠정협정에 대한 의정서를, 1973년 5월 30일에 상설협의위원회^Standing Consultative Commission, SCC^에 관한 양해각서 및 SCC부속규칙을, 1973년 6월 21일에 전략공격무기의 제한을 위한 협상에 있어서의 기본원칙에 관한 협정을, 그리고 1974년 7월 3일에 ABM조약에 대한 의정서 등이 각각 체결되었다. 따라서 SALT Ⅰ 조약이란 상기의 여러 문서를 의미하는데, 이 중에서 ABM조약^16개 조항^과 잠정협정^8개 조항^이 SALT Ⅰ 조약의 근간을 형성하고 있다.

1) ABM조약의 주요내용

동 조약은 ABM시스템의 수를 제한하며, 자국 영역의 방위를 위하여 ABM시스템을[38] 배치하지 않을 것을 목적으로 체결되었다[동 조약 제1조 1항 · 2항]. 원래 동 조약은 ABM의 완전한 철폐를 목적으로 하였으나, 결과적으로는 ABM의 수를 낮은 수준으로 제한하고 있다. 그 이유는 ABM의 완전 철폐를 규정하더라도, 그 확인이 곤란하다는 데에 있었다.

첫째 ABM시스템의 배치가 허용되는 장소를 다음의 2곳으로 한정하고 있다. 즉 각 당사국의 수도를 중심으로 하는 반경 150km 이내의 지역과 ICBM격납고를 중심으로 하는 반경 150km 이내의 지역이다. 그러나 이러한 배치장소에 관한 ABM조약 제3조의 규정은, 1974년 7월 3일 체결된 양국 간의 ABM조약에 대한 의정서에 의하여 각각 1곳만으로 추가적 제한이 가해졌다. 따라서 미국은 자국 수도에 ABM시스템을 배치하지 않을 의무를 지며, 만약 배치되어 있을 경우 그것을 파괴 또는 해체하여야 한다. 동시에 구소련도 자국의 ICBM격납고 인근에 ABM시스템을 배치하지 않을 의무를 지며, 만약 배치되어져 있다면 그것을 파괴 또는 해체하여야 한다[ABM조약에 대한 의정서 제1조 · 제2조]. 따라서 구소련은 ABM시스템을 모스크바에, 미국은 미니트맨[Minuteman]Ⅲ 격납고의 인근에 배치하고 있다.[39]

둘째 ABM과 그 발사장치는 각각에 100기까지 허용된다[동 조약 제3조]. ABM레이더의 수에 관하여는, 각국의 수도인 경우에는 각 당사국에게 6기의 레이더가 각각 허용되며, ICBM격납고인 경우에는 20기의 레이더가 각각 허용된다.

셋째 ABM의 개발과 실험을 위하여 실험장에 ABM시스템을 둘 수 있다[동 조약 제4조]. 단 이 경우의 ABM시스템은 상기 ABM시스템의 제한 수치에 가산되지 않는다. 그 외에도 각 당사국은 실험장에 15기까지의 ABM발사장치를 둘 수 있다.

넷째 해상기지, 공중기지, 우주기지 및 이동식 지상기지로부터 발사되는 ABM시스템을 개발 · 실험 및 배치하여서는 안 될 의무를 부과하고 있다[동 조약 제5조]. 따라서 상기와 같은 제한 내에서의 허용되는 대상은 고정된 지상배치 ABM시스

38 통상적으로 ABM시스템이란 전략탄도미사일 또는 그 구성요소를 탄도의 비행궤도에서 요격하는 시스템으로서, ABM · 그 발사장치 및 레이더로 구성된다(동 조약 제2조 1항).

39 미니트맨(Minuteman)이란 그 당시 미국의 핵전력의 중심을 이루고 있던 고체연료 3단 로켓을 사용하는 ICBM이다. 미니트맨Ⅱ형과 Ⅲ형이 그 당시 배치되어 있었다. 즉 미니트맨Ⅱ형은 1966년 12월부터, 그리고 미니트맨Ⅲ형은 3개의 탄두를 가진 MIRV로 1971년부터 배치되었다.

템만이다. 동시에 1기의 ABM발사장치로부터 2개 이상의 요격미사일을 발사할 수 있는 형태의 발사장치의 개발·실험 및 배치는 금지된다.

다섯째 기존의 미사일시스템을 탄도비행궤도에서 전략탄도미사일을 요격할 수 있는 ABM시스템으로의 전환금지의무 및 전략탄도미사일 공격을 조기에 경고하는 레이더를 배치하지 않을 의무를 부과하고 있다[동 조약 제6조].

여섯째 상기와 같은 ABM시스템의 수적 제한에도 불구하고 ABM시스템의 현대화를 허용하고 있다[동 조약 제7조]. 따라서 ABM의 질적 개선은 허용되고 있는 것이다.

일곱째 동 조약과 관련하여 자국의 최고이익이 위태롭다고 판단되는 예외적인 사건이 발생하는 경우 탈퇴할 수 있는 탈퇴권[동 조약 제15조 2항], 제한수치초과 및 특정 지역 이원의 ABM시스템의 배치금지[동 조약 제8조], 타국으로의 이동 및 배치 금지[동 조약 제9조], 전략공격무기에 대한 지속적 협상의무[동 조약 제11조], 동 조약의 재검토[동 조약 제14조 2항] 등이 규정되어 있다.

2) 잠정협정의 주요내용

동 협정은 중폭격기 및 MIRV에 대한 규제조항을 두지 않고 있다는 점과 전략무기에 대한 연구·개발을 허용하고 있다는 점에서, 부분적이고 제한적이라고 평가된다. 동 협정에서는 이러한 단점을 보완하기 위하여, 각 당사국으로 하여금 전략공격무기의 제한을 위한 적극적인 협상을 지속할 의무를 부과하고 있다[동 협정 제7조].

첫째 1972년 7월 1일 이후, 고정된 지상기지 ICBM발사장치의 추가적 건조금지 및 1964년 이전에 배치된 경ICBM 및 구형ICBM 지상기지 발사장치를 중ICBM 지상기지 발사장치로의 전환을 금지하고 있다[동 협정 제1, 2조]. 따라서 고정된 지상발사ICBM은 동결되며, 중ICBM으로의 전환금지로 ICBM의 질적 개선을 제한하고 있다.

둘째 SLBM발사장치와 신형 탄도미사일 잠수함은 동 협정의 서명일인 1972년 5월 26일을 기준으로 동결된다[동 협정 제3조]. 그러나 동일자로 서명된 동 협정에 대한 의정서에서는 미국에 최고 710기의 잠수함용 탄도미사일 발사장치와 44척의 신형탄도미사일 잠수함을, 구소련에 최고 950기의 잠수함용 탄도미사일 발사장치와 62척의 신형탄도미사일 잠수함을 허용하고 있음으로써, 미국은 54기의 SLBM을, 구소련은 210기의 SLBM을 추가로 증강하는 것이 허용되게 되었다. 따라서 지상발사 ICBM의 동결의 의의를 크게 상쇄하고 있다.

셋째 동 협정 제4조에서는 전략공격무기의 현대화와 교체를 허용하고 있다.

2. SALTⅡ 조약의 주요내용

SALTⅡ를 통하여, 1979년 6월 18일 전략공격무기제한조약, 동 조약에 대한 의정서, 데이터베이스의 설치에 관한 양해각서 및 동 조약과 그 의정서에 대한 공동성명과 공동양해가 각각 체결되었는바, 이들 관련 문서를 SALTⅡ 조약이라고 한다.

이 가운데 전략공격무기제한조약[19개 조항]이 SALTⅡ 조약의 기본을 형성하고 있다. 동 조약에서는 양국의 전략핵운반수단에 대하여 동일한 상한을 두어, 그 총수를 제한하고 있다. 또한 전략핵운반수단 중에서 특히 MIRV를 장착한 전략핵운반체를 동일한 상한으로 그 총수를 제한하고 있는데, 이에 관하여 간략하게 살펴보면 다음과 같다.

첫째 동 조약의 발효일로부터 각 당사국은 ICBM발사장치,[40] SLBM발사장치,[41] 중폭격기[42] 및 ASBM[43]의 총수가 2,400기를 초과하지 않도록 제한한다[동 조약 제3조 1항]. 이러한 총수는 1981년 12월 31일까지 다시 2,250기로 감축하여야 한다[동 조약 제3조 2항 및 제11조 3항].[44] 상기 제한총수를 초과하는 경우에는 다음 규정에 따른다. 즉

---

40 ICBM발사장치란 미국 대륙의 북동경계와 구소련 대륙의 북서경계 간의 최단거리를 초과하는 유효사거리를 가진 지상기지 탄도미사일발사장치를 의미하는데, 구체적으로는 5,500km 이상의 유효사거리를 가진 탄도미사일발사장치를 의미한다(동 조약 제2조 1항).

41 SLBM발사장치란 그 형태와 무관하게 핵추진 잠수함에 장착된 탄도미사일발사장치 또는 잠수함에 장착된 신형 탄도미사일발사장치를 의미한다(동 조약 제2조 2항).

42 중폭격기란 다음과 같은 것을 포함한다. 첫째 미국의 B-52와 B-1과 같은 형태의 폭격기 및 구소련의 투폴레프(Tupolev)95와 마시셰프(Myasishchev)와 같은 형태의 폭격기, 둘째 장래 앞서 열거한 폭격기들의 형태와 유사하거나 더 우수한 유형의 폭격기, 셋째 유효사거리 600km 이상인 크루즈미사일을 장착한 유형의 폭격기, 넷째 공중발사전략탄도미사일을 장착한 폭격기 등이 그것이다(동 조약 제2조 3항).

43 ASBM이란 공중발사 전략탄도미사일(air-to-surface ballistic missile, ASBM)로서, 항공기의 내부 또는 외부에 장착되는 유효사거리 600km 이상인 전략탄도미사일을 의미한다(동 조약 제2조 4항). 동시에 전략공격무기의 수에 관한 데이터베이스(Data Base)의 설치에 관한 양국 간의 양해각서에서 ASBM은 전혀 보유하고 있지 않는 것으로 나타나 있음으로 인하여 ASBM의 수는 제한총수에서 제외시켜도 무방하다.

44 이러한 제한총수와 관련하여 약간의 측면에서 주목할 필요가 있다. 첫째 동 조약에서는 제한총수 내에서는 자유롭게 전략을 구성하도록 하고 있다(동 조약 제3조 3항). 둘째 중폭격기의 수와

동 협정의 발효일로부터 ICBM발사장치는 4개월, SLBM발사장치는 6개월 및 중폭격기는 3개월 이내에 각각 해체하거나 파괴하여야 하며[동 조약 제11조 2항], 전략공격무기는 1981년 12월 31일 이전에 해체하거나 파괴하여야 한다[동 조약 제11조 3항].

둘째 MIRV를 장착한 전략핵운반수단의 추가적 제한규정을 두고 있다. 즉 MIRV를 장착한 ICBM발사장치, SLBM발사장치 및 ASBM 그리고 크루즈미사일을 장착한 중폭격기는 총 1,320기를 초과할 수 없다[동 조약 제5조 1항]. 또한 MIRV를 장착한 ICBM발사장치, SLBM발사장치 및 ASBM은 총 1,200기를 초과할 수 없으며[동 조약 제5조 2항], MIRV를 장착한 ICBM발사장치는 820기를 초과할 수 없다[동 조약 제5조 3항]. 이에 따라, 미국은 MIRV를 장착한 ICBM발사장치와 SLBM발사장치를 154기까지 추가로 배치할 수 있게 되고, 구소련도 같은 분야에서 448기까지 추가로 배치할 수 있게 되었다.[45]

셋째 ICBM과 그 발사장치에 관한 규정을 살펴보면 다음과 같다. 먼저 각 당사국에게 경ICBM발사장치와 1964년 이전에 배치된 구형ICBM발사장치를 중ICBM발사장치로 전환하지 못하도록 하고 있다[동 조약 제4조 3항]. 또한 동 조약 제4조 7항과 9항에서는 각 당사국으로 하여금 동 조약의 서명일을 기준으로 하여 이미 배

ASBM의 수와 관련하여, 중폭격기에 ASBM을 장착하는 경우에 제한수치의 중복을 피하기 위하여, 동 조약 제3조 3항과 4항에서는 특정 규정을 두고 있다. 즉 ASBM을 장착한 폭격기에 있어서 ASBM의 수는 제3조상의 제한수치에 포함되지만, ASBM만을 장착한 폭격기의 수는 그 제한수치에 포함되지 않는다.

45 전략공격무기의 수에 관한 데이터베이스(Data Base)의 설치에 관한 미국과 구소련 간의 양해각서에 따르면, 1978년 11월 1일을 기준으로 아래의 표와 같은 전략공격무기가 각국에 존재하고 있음을 표방하였다.

	미국	구소련
ICBM발사장치	1,054(1,054)	1,398(1,398)
ICBM고정발사장치	1,054(1,054)	1,398(1,398)
MIRV 장착 ICBM발사장치	550(550)	576(608)
SLBM발사장치	656(656)	950(950)
MIRV 장착 SLBM발사장치	496(496)	128(144)
중폭격기	574(573)	156(156)

그 밖에 유효사거리 600km를 초과하는 크루즈미사일을 장착한 중폭격기, ASBM만을 장착한 중폭격기, ASBM 및 MIRV를 장착한 ASBM에 관해서는 양국이 보유하고 있지 않는 것으로 규정되어 있다. 그러나 전략공격무기제한협정의 서명 당시에 전략공격무기의 수에 관한 성명서와는 약간의 차이가 있다. 이는 1979년 6월 18일을 기준으로 작성한 것인데, 양국이 보유하고 있는 전략공격무기의 수치는 편의상 위 도표에서 ( )로 표시하고자 한다. 그리고 유효사거리 600km를 초과하는 크루즈미사일을 장착한 중폭격기에 관해서는 미국이 3기를 보유하고 있는 것으로 나타나고 있다.

치되어 있는 중ICBM보다 더 무거운 발사중량 또는 투사중량을 가지는 ICBM의 배치를 금지하고 있으며, 신형ICBM의 배치와 비행실험도 금지하고 있다.[46] 그러나 신형 경ICBM인 경우에는 비행실험과 배치가 허용되고 있다[동 조약 제4조 9항]. 또한 동 조약 제4조 10항에서는 ICBM에 장착할 수 있는 MIRV의 수를 제한하고 있는데, 1979년 5월 1일까지 비행실험 되어져 온 ICBM이 장착하고 있었던 최대 수치보다 더 많은 수의 MIRV를 장착한 ICBM은 그날 이후부터 비행실험과 배치가 금지된다.[47] 따라서 ICBM에 장착할 수 있는 MIRV의 수는 10개까지 허용된다고 하겠다. 이러한 MIRV의 제한수치에서 볼 때, ICBM발사장치의 수는 제한되었으나 탄두수의 증가는 불가피하게 되어 있다. 따라서 전략의 균형이라는 기능에 반하여 그 위협요인을 존속시키고 있는 것이다.

넷째 동 조약 제4조 12항에서는 SLBM에 장착할 수 있는 MIRV의 수를 제한하고 있는데, 그 수는 14개까지로 되어 있다.[48] 이러한 허용수치는 미국이 보유하고 있는 포세이돈[Poseidon] C－3 SLCM의 경우를 반영한 것으로서, 실제로는 SLCM 탄두수의 증가를 야기하고 있다. 한편 동 조약에서는 대잠수함무기와 신형SLBM에 관하여는 전혀 제한규정을 두고 있지 않음으로써 SALT II 조약의 효과는 그만큼 제한적이라고 평가된다.

3. INF조약의 주요내용

1987년 12월 8일 양국 간에 INF조약이 체결되었는데, 동 조약은 1988년 6월 1일 효력이 발생하였다. 17개 조항으로 구성된 동 조약에는 동일자로 서명된 3개의 개별문서, 즉 데이터베이스[Data Base]의 설치에 관한 양해각서, 미사일시스템의 폐기절차에 관한 의정서 및 사찰에 관한 의정서[동 사찰에 관한 의정서에는 사찰요원과 항공기승원의 특권

---

46 전략공격무기제한조약 제4조 9항에 대한 합의성명과 공동양해에서는 신형ICBM의 판단기준을 설명하고 있다. 즉 신형ICBM이란 1979년 5월 1일까지 비행시험 되어 온 ICBM과 약간의 측면(미사일의 단(stages)의 수 · 길이 · 최장직경 · 투사중량 · 발사중량 및 각 단(stages)의 추진형태)에서 차이가 있다. 따라서 이들의 차이가 5%를 초과하는 경우에는 신형 ICBM이다.

47 전략공격무기제한조약 제4조 10항에 대한 합의성명에서는 1979년 5월 1일까지 비행실험이 되어진 ICBM에 장착한 MIRV의 최대 수치를 규정하고 있는데, 그 수는 다음과 같다. 먼저 미국의 ICBM으로서 미니트맨Ⅲ 7개, 다음으로 구소련의 ICBM으로서 RS－16형 4개, RS－18형 6개 및 RS－20형 7개 등이다.

48 SLBM가 장착할 수 있는 MIRV의 최대 수치는 다음과 같다. 미국의 SLBM인 포세이돈 C－3형 14개, 트라이던트(Trident) C－4형 7개 및 구소련의 SLBM인 RSM－50형 7개 등이다.

과 면제에 관한 부속규정이 포함되어 있음 등을 포함하고 있다.

동 조약은 양국이 보유하고 있던 모든 중·단거리 지상발사 탄도 및 크루즈 미사일의 폐기를 목적으로 하고 있는 바동 조약 제2조, 그 주요내용은 아래와 같다.

1) 기본의무

첫째 각 당사국은 조약의 발효 후 3년 이내에 자국의 모든 중거리미사일, 그 발사장치, 지원구조물 및 지원장치를 폐기하여야 하며동 조약 제4조 1항, 이러한 감축은 2단계로 이행된다동 조약 제4조 2항.[49] 제1단계는 조약의 발효 후 29개월 이내에 중거리 미사일과 그 발사장치에 관해 다음과 같은 상한을 정하고 있다. ① 배치된 중거리미사일 발사장치의 수는 171개의 탄두를 동시에 장착할 수 있을 만큼의 발사장치의 수를 초과할 수 없다. 그리고 이 경우 비배치된 중거리미사일 발사장치를 포함한 발사장치의 총수는 동시에 200개의 탄두를 장착할 만큼의 수를 초과할 수 없다. ② 배치된 중거리미사일의 수는 180개의 탄두를 장착할 수 있을 만큼의 미사일의 수를 초과할 수 없다. 그리고 이 경우 비배치된 중거리미사일을 포함한 중거리미사일의 총수는 200개의 탄두를 장착할 만큼의 수를 초과할 수 없다. 또한 제2단계는 조약발효 후 3년 이내에 중거리미사일과 그 발사장치뿐만 아니라 모든 지원구조물과 지원장비를 전폐하도록 하고 있다동 조약 제4조 2항 및 동 양해각서.

동 조약에서, 중거리미사일이란 1,000~5,500km의 유효사거리를 가지는 지상발사 탄도미사일과 지상발사 크루즈미사일을 의미한다동 조약 제2조 5항. 따라서 오늘날의 미사일시스템 중에서 중거리미사일에 해당되는 것으로는 미국의 퍼싱Pershing Ⅱ와 BGM−109G 그리고 구소련의 RSD−10과 R−12 및 R−14를 들 수 있다. 다만 이러한 명칭은 전자에 관해서는 미국과 구소련에서 동일하게 사용하고 있지만, 후자에 관해서는 미국이 각각 SS−20, SS−4 및 SS−5라고 명명하고 있다동 조약 제3조 1항.

---

49 데이터베이스의 설치에 관한 양해각서에서는 1987년 11월 1일을 기준으로 현재의 중거리미사일과 그 발사장치에 관한 데이터를 교환하도록 하고 있다. 따라서 1987년 11월 1일 현재의 중거리미사일과 그 발사장치의 수치는 다음과 같다.

	기배치		비배치		합계	
	미사일	발사장치	미사일	발사장치	미사일	발사장치
미국	429	214	260	68	689	282
구소련	470	484	356	124	826	608

둘째 각 당사국은 조약의 발효 후 18개월 이내에 자국의 모든 단거리미사일,[50] 그 발사장치 및 지원장치를 폐기하여야 하며[동 조약 제5조 1항], 이러한 감축은 2단계로 이행된다[동 조약 제5조 2항].[51] 제1단계는 조약발효 후 90일 이내에 모든 배치된 단거리미사일과 모든 그 발사장치[배치된 발사장치와 비배치된 발사장치를 포함]가 전폐되어야 하며, 또한 조약의 발효 후 12개월 이내에 비배치된 단거리미사일이 전폐되어야 한다. 제2단계는 조약의 발효 후 18개월 이내에 단거리미사일 및 그 발사장치뿐만 아니라 모든 지원장치를 전폐하도록 하고 있다[동 조약 제5조 및 동 양해각서].

동 조약에서 단거리미사일이란 500~1,000km의 유효사거리를 가지는 지상발사 탄도미사일과 지상발사 크루즈미사일을 의미한다[동 조약 제2조 6항]. 따라서 미사일시스템 중에서 단거리미사일에 해당되는 것으로는 미국의 퍼싱 I A가 있으며, 구소련의 OTR－22와 OTR－23이 있다. 다만 이러한 명칭과 관련하여 전자에 관해서는 미국과 구소련이 동일하게 사용하고 있지만, 후자에 관해서는 미국이 각각 SS－12와 SS－23이라고 명명하고 있다[동 조약 제3조 2항].

셋째 각 당사국은 조약의 발효 이후부터 모든 중·단거리미사일을 생산 또는 비행실험을 행하지 않을 의무를 지며, 또한 그러한 미사일의 모든 단[stages]이나 또는 발사장치를 생산하지 않을 의무를 진다[동 조약 제6조].

2) 통지의무

각 당사국은 조약의 발효 후부터 폐기되어질 미사일시스템의 수, 형태 및 위치를 상호간에 통지하여야 하며, 또한 미사일·특정 배치지역·미사일기지·미사일지원시설 등의 폐기 시에 그 폐기예정일로부터 역산하여 30일 이상을 남기고

---

50 동 조약에서 단거리미사일이란 500~1,000km의 유효사거리를 가지는 지상발사 탄도미사일과 지상발사 크루즈미사일을 의미한다(동 조약 제2조 6항). 따라서 미사일시스템 중에서 단거리미사일에 해당되는 것으로는 미국의 퍼싱 I A가 있으며, 구소련의 OTR－22와 OTR－23이 있다. 다만 이러한 명칭과 관련하여 전자에 관해서는 미국과 구소련이 동일하게 사용하고 있지만, 후자에 관해서는 미국이 각각 SS－12와 SS－23이라고 명명하고 있다(동 조약 제3조 2항).

51 데이터베이스의 설치에 관한 양해각서에서는 1987년 11월 1일을 기준으로 자국의 단거리미사일과 그 발사장치에 관한 데이터를 교환하도록 하고 있다. 따라서 1987년 11월 1일 현재의 양국의 단거리미사일과 그 발사장치의 수는 다음과 같다.

	기배치		비배치		합계	
	미사일	발사장치	미사일	발사장치	미사일	발사장치
미국			178	1	178	1
구소련	387	197	639	40	926	237

그 폐기의 사실을 통지하여야 한다(동 조약 제9조 5항). 이 경우 통지는 1987년 9월 15일에 양국 간에 설치된 핵위기감소센타(Nuclear Risk Reduction Centers, NRRC)를 통하여 수행된다(동 조약 제9조 2항).

3) 폐기의무

각 당사국은 미사일시스템의 폐기절차에 관한 의정서에 따라 중·단거리미사일, 그 발사장치, 지원구조물 및 지원장치를 폐기하여야 한다(동 조약 제10조).

4) 기타

동 조약에는 효력기간과 탈퇴조항(동 조약 제15조) 및 개정조항(동 조약 제16조) 등을 두고 있다. 먼저 동 조약은 시간적인 제약을 받지 않으며, 자국의 최고 이익이 침해되었다고 결정되는 경우에, 그 결정을 6개월 전에 통지함으로써 동 조약으로부터 탈퇴할 수 있는 권리를 인정하고 있다. 또한 동 조약의 내용을 상호 합의하에서 개정할 수 있도록 하고 있다.

5) 의의

동 조약은 다음과 같은 2가지 측면에서 의의를 가진다고 평가할 수 있다.

첫째 동 조약은 핵무기의 실질적 감축을 요구하고 있는 적극적 군축조치를 내용으로 하고 있다는 점과 조약상의 의무가 완전히 이행되었다는 점이다. 동 조약이 비록 미국과 구소련 양국 간에 체결된 조약이라고는 하나, 핵무기의 비축규모와 질적 수준에 있어서 절대적 우위를 차지하고 있는 양국 간에 핵군비의 실질적 감축을 요구하고 있다는 점에서 매우 중요시된다고 하겠다. 또한 동 조약이 그 내용대로 완전히 이행되었다는 점에서, 이는 군축사에서 획기적인 결실로 평가된다.

둘째 동 조약은 검증체제의 획기적 개선을 꾀하고 있다는 점이다. 일반적으로 1970년대까지의 검증체제는 주로 자국의 국내검증기술수단(National Technical Means, NTM)에 의존하여 왔다. 그러나 군축의 대상이 점차적으로 다양하고 복잡하게 변화됨으로 인하여, 검증의 수단으로 NTM에만 의존한다는 것이 조약의 이행을 효과적으로 확보하는데 불충분한 것으로 인식되었다. 따라서 군축의 효과적인 실현과 전략핵무기의 실질적 감축을 위한 하나의 방안으로서, 현지사찰(On-Site Inspection

이라는 검증수단이 요구되었던 것이다. 따라서 1987년에 체결된 INF조약에서는 NTM뿐만 아니라 상세한 현지사찰을 통한 검증체제를 최초로 도입함으로써,[52] 군축의무의 이행을 효과적으로 확보할 수 있는 검증체제를 갖추게 되었다.[53]

이처럼 INF조약에서 보다 진전된 검증체제를 채택할 수 있었던 것은 미국의 노력에 힘입은 바 컸다고 하겠는데, 미국은 검증문제를 처음부터 깊이 인식하면서 동 조약의 초안을 작성하였으며, 동시에 검증의 중요성을 구소련과 공유하면서 협상을 진행하였다. 그러나 검증문제는 미국과 구소련 양국에 매우 민감한 부분이었으므로, 약간의 세부적인 측면에 대한 결정은 동 협상의 최종 단계까지 보류되기도 하였던 것이다. 결국 이러한 과정을 통하여, INF조약 제11~13조 및 사찰의정서에서 매우 진전된 검증체제에 관해 규정하게 되었다. 동 조약상의 의무의 이행과 관련된 모든 문제를 해결하기 위하여 특별검증위원회Special Verification Commition를 두고 있다는 점은 검증분야에 있어서의 큰 진전이라고 할 것이다.

4. START I 조약의 주요내용

START I 조약은 19개 조항으로 구성된 본문을 비롯하여, 공동성명부속서, 용어의 정의에 관한 부속서, 전환 또는 폐기에 관한 의정서, 사찰에 관한 의정서, 통고에 관한 의정서, 투사중량에 관한 의정서, 원격측정에 관한 의정서, 합동준수·사찰위원회에 관한 의정서 및 데이터의 설정에 관한 양해각서 등으로 구성되어 있다. 또한 추가로 전기한 문서를 보완하기 위한 것으로는 관련 협정, 미·소 양국의 대표에 의하여 서명된 서신, 보조문서 및 선언 등이 있다. 이 처럼 START I 조약은 매우 많은 관련 문서로 구성되어 있는데, 이의 주요내용은 다음과 같다.

1) 기본의무와 대상

동 조약 제1조에서는 양국으로 하여금 동 조약의 규정에 따라서 전략공격무기를 감축 또는 제한하도록 요구하고 있으며, 동시에 동 조약과 부속서, 의정서

---

52 물론 1959년의 남극조약과 1967년의 우주조약에서도 검증수단으로서 현지사찰제도를 채택한 바 있으나, 그 절차와 내용면에서 미흡한 수준에 있었다.

53 그러나 INF조약에서 채택하고 있는 현지사찰제도는 미리 선언되어 있거나 또는 지정된 장소만을 대상으로 실시되기 때문에, 그 밖의 장소에 대한 현지사찰은 사실상 불가능한 실정이다. 다만 1993년에 체결된 화학무기협약에서는 강제불시사찰(Challenge Inspection)제도를 도입함으로써, 기존의 현지사찰제도를 보완하고 있다.

및 양해각서에서 규정하고 있는 의무를 준수할 것을 요구하고 있다. 이처럼 동 조약에서는 ICBM · ICBM발사장치 · SLBM · SLBM발사장치 · 중폭격기 및 전기한 전략핵운반체에 장착된 탄두의 수 등 양국의 전략공격무기를 규제대상으로 하고 있다.

2) 기배치된 전략공격무기의 상한

첫째 전략핵운반체[Strategic Nuclear Delivery Vehicles]에 대한 상한을 정하고 있는데, 즉 기배치된 ICBM과 그 발사장치, 기배치된 SLBM과 그 발사장치 및 기배치된 중폭격기의 총수를 동 조약의 발효 후 7년 이내에 1,600기 이하로 감축하도록 요구하고 있다. 이 수치에는 중ICBM과 그 발사장치의 제한수치[154기]를 포함하고 있다[동 조약 제2조 1항 a]. 이러한 전략핵운반체의 제한수치는 1990년 9월 1일을 기준으로 한 전략공격무기의 기본수치를 정하고 있는 양해각서와 비교할 때, 미국은 29%의 그리고 구소련은 36%의 전략핵운반체의 감축을 약속하고 있는 것이다. 특히 구소련만이 배치하고 있었던 중ICBM과 그 발사장치의 수치를 154기로 감축한 것은 전기한 양해각서상의 수치와 비교할 때,[54] 50%를 감축한 것이다.

둘째 탄두에 관한 상한을 정하고 있는데, 즉 기배치된 ICBM과 SLBM에 탑재된 탄두가 4,900개, 이동식 ICBM발사장치에 장착되어 있는 ICBM에 탑재되어 있는 탄두가 1,100개 및 기배치된 중ICBM에 탑재되어 있는 탄두가 1,540개를 초과하지 않을 것을 세부적으로 정하면서, 기배치된 ICBM · SLBM 및 중폭격기에 탑재된 탄두의 총수는 조약의 발효 후 7년 이내에 6,000개 이하로 감축하도록 요구하고 있다[동 조약 제2조 1항 b]. 이러한 탄두 총수의 제한은 전기한 양해각서에서 정하고 있는 수치와 비교할 때, 미국이 43%를 그리고 구소련이 41%를 감축하는 것이 된다.

셋째 투사중량[throw-weight]에 대한 상한을 두고 있는데, 즉 기배치된 ICBM과 기배치된 SLBM의 총투사중량은 동 조약의 발효 후 7년 이내에 3,600 매트릭톤[metric ton] 이하로 감축하도록 요구하고 있다[동 조약 제2조 3항]. 여기서 투사중량이란 적재하중 또는 최종 하중과 동의어로 ICBM 등의 탑재물중량을 의미한다. ICBM 등에서 최종 단계의 로켓엔진이 연소 완료되어 떨어져 나간 뒤에 남는 중량으로, 탄두 · 유도시스템 · 대기권재돌입용장치 등의 중량을 합한 것을 말한다. 투사중량은 로켓

54 1990년 9월 1일을 기준으로 구소련은 중ICBM인 SS-18과 그 관련 발사장치를 308기 배치하고 있었다.

엔진의 추진력·발사중량 및 로켓의 단의 수 등에 의해 결정되며, 투사중량을 크게 하기 위해서는 로켓엔진의 추진력을 크게 할 것과 구조중량을 가볍게 할 것 등이 필요하다. 구소련의 ICBM은 투사중량에 관한 한 미국의 것보다 우수하다고 일반적으로 인식되고 있다.

3) 전략공격무기의 감축단계

동 조약에서 정하고 있는 상한은 동 조약의 발효 후 7년 이내에 완료될 것을 전제로 하고 있는데, 특히 동 조약에서는 조약의 발효 후 3년, 5년 및 7년이라는 3단계로 그 상한을 정하고 있다. 동 조약 서명 시의 양국의 전략공격무기의 보유량과 그 이후의 감축예정표는 다음과 같다[동 조약 제2조 2항].

	전략핵 운반체의 수	전략핵 운반체의 수	탄두 수	탄두 수	ICBM/SLBM 탄두 수	ICBM/SLBM 탄두 수
	미국	구소련	미국	구소련	미국	구소련
서명 시	2,246	2,500	10,563	10,271	8,210	9,416
3년 후	2,100	2,100	9,150	9,150	8,050	8,050
5년 후	1,900	1,900	7,950	7,950	6,750	6,750
7년 후	1,600	1,600	6,000	6,000	4,900	4,900

4) 기타

그 밖에 계산규칙에 관한 규정[동 조약 제3조], 비배치된 전략공격무기의 상한에 관한 규정[동 조약 제4조], 전략공격무기의 현대화 및 교체에 관한 규정[동 조약 제5조], 검증에 관한 규정, 양국의 협력조치에 관한 규정[동 조약 제12조] 등을 두고 있다.

5. STARTⅡ 조약의 주요내용

이러한 STARTⅡ 조약은 8개 조항으로 구성된 조약의 본문, 중ICBM폐기 및 중ICBM사일로의 전환에 관한 의정서, 중폭격기의 전시[exhibition]와 사찰에 관한 의정서 및 폭격기의 데이터와 부속탄두에 관한 양해각서 등으로 구성되어 있는데, 그 주요내용은 다음과 같다.

1) 탄두 수의 제한

동 조약 제1조에서는 전략핵운반체[ICBM · SLBM · 중폭격기]에 장착된 탄두의 수를 제한하고 있는데, 이는 다음의 2단계에 걸쳐 실시된다.

제1단계는 동 조약의 발효일로부터 최초의 7년간 전략핵탄두의 총보유수를 3,800~4,250개 수준으로 감축한다는 것이다. 이러한 상한하에서, 기배치된 SLBM에 장착된 탄두의 수는 2,160개를, 기배치된 다탄두ICBM에 장착된 탄두의 수는 1,200개를 그리고 기배치된 중ICBM인 구소련의 SS－18에 장착된 탄두의 수는 650개를 초과할 수 없다는 것이다.

제2단계는 2002년 12월 31일까지 그 총보유수를 3,000~3,500개로 감축한다는 것이다.[55] 이러한 상한하에서, 기배치된 SLCM에 장착된 탄두의 수는 1,750개를 초과할 수 없으며, 기배치된 다탄두ICBM에 장착된 탄두는 전량 폐기되어야 하며,[56] 기배치된 중ICBM에 장착된 탄두도 전량 폐기되어야 한다. 따라서 이러한 제2단계의 감축이 완료되는 경우에는 단지 1,700~1,750개의 탄두만이 미국과 러시아의 SLBM에 배치되어질 수 있을 것이다.

2) 기타

그 밖에도 미사일의 폐기 및 사일로의 전환에 관한 규정[동 조약 제2조], 다운로딩[downloading]에 관한 규정[동 조약 제3조], 폭격기에 관한 규정[동 조약 제4조], 검증에 관한 규정[동 조약 제5조] 및 기간 · 개정 · 탈퇴 및 등록에 관한 규정[동 조약 제6~8조] 등을 두고 있는데, 그 주요내용을 살펴보면 다음과 같다.

첫째 2003년 1월 1일 이후, 양국은 동 조약에 포함된 다탄두ICBM을 생산 · 취득 및 배치하지 않으며, 우주로켓발사기지로부터의 비행실험 이외의 비행실험도 행하지 않는다[동 조약 제2조 9항].

둘째 양국은 각각 105기의 다탄두ICBM으로부터 1기당 최고 5개의 탄두를 제거해 단일탄두를 지닌 미사일로 전환할 수 있도록 합의한다[동 조약 제3조 2항 c]. 이 조

55 단 동 조약의 발효 후 1년 이내에, 미국과 러시아 양국이 동 조약의 이행을 촉진할 특정의 약정을 체결한다면, 동 조약상의 의무(제2단계 핵무기감축)는 2000년 12월 31일 이전에 완료될 수 있다(동 조약 제1조 6항).

56 이 경우 폐기방법으로는 그대로 폐기하거나 또는 최고 90기까지는 발사장치를 개조하여 단일탄두로 전환할 수 있도록 하고 있는데, 이것은 SS－18의 발사장치 90개를 SS－25의 발사장치로 전환해야 한다는 러시아의 요구를 수용한 것이다.

항도 러시아의 요구를 수용한 것이다. 러시아는 어려운 경제여건을 이유로 자국이 보유하고 있는 6개의 핵탄두를 지닌 SS-19미사일 170기 가운데 105기를 단일탄두미사일로 전환할 것을 요청하였던 것이다.

셋째 중폭격기에 있어서 기종 당 탑재할 수 있는 탄두의 수는 탄두와 중폭격기의 데이터에 관한 양해각서에서 구체적으로 정한다[동 조약 제4조 2항].

넷째 양국은, 동 조약의 발효 후 180일 이내에, 양해각서에서 정하고 있는 각종 중폭격기를 한대씩 전시하여야 한다. 이것은 그 전시된 중폭격기가 실제로 탑재하고 있는 핵무기의 수를 상대 당사국에 확인시키기 위해서이다[동 조약 제4조 4항].

다섯째 일방 당사국이 양해각서에 포함된 중폭격기의 탑재된 핵무기의 수를 변경하고자 하는 경우에는 상대 당사국에 90일 전에 통고하여야 한다[동 조약 제4조 5항].

여섯째 양국은 또한 최고 100대까지의 중폭격기를 핵폭격기에서 재래식폭격기로 재전환할 수 있으며, 추후에 역절차를 밟는 것도 가능하다[동 조약 제4조 7항~9항].

일곱째 START I 조약이 발효되어야만 START II 조약이 발효된다는 점을 분명히 하고 있다[동 조약 제6조 1항].

6. SORT

동 조약에서는 미국과 러시아 양국으로 하여금 2012년 12월 31일까지 배치된 전략핵탄두의 총수를 각각 1,700~2,200개를 초과하지 않는 수준으로 감축할 것 및 그러한 허용치의 범위 내에서의 각국의 핵전략은 자유롭게 구성할 수 있도록 하고 있었다. 그리고 동 조약의 이행과 관련하여, 양자이행위원회[Bilateral Implementation Commission]를 설치하여 최소한 2년마다 필요한 회합을 개최할 것을 예정하고 있었다. 그러나 2011년 2월 5일부터 New START로 대체됨으로써 New START의 발효일인 2011년 2월 5일부터 더 이상 적용되지 않고 있다.

7. New START(일명 프라하 조약)

동 조약의 기본의무[전략무기의 최대 허용치]는 각 당사국으로 하여금 2018년 2월 5일까지 감축하여야 할 전략무기의 상한을 정하고 있는데, 그것은 아래와 같다. ① 기배치된 ICBM, 기배치된 SLBM 및 기배치된 중폭격기의 수를 700기 이하로 ② 기배치된 ICBM과 기배치된 SLBM의 탄두 수와 기배치된 중폭격기의 탄두 수를

1,550개 이하로[단 여기서 각각의 중폭격기는 하나의 탄두를 가지는 것으로 계산됨] ③ 기배치된 또는 비배치된 ICBM발사장치, 기배치된 또는 비배치된 SLBM발사장치 및 기배치된 또는 비배치된 중폭격기의 발사장치의 수를 800기 이하로 감축하도록 규정하고 있다.

이러한 기본허용치 내에서, 각 당사국은 자국의 전략무기를 둘러싼 전략구성을 자유롭게 결정할 수 있도록 하고 있다. 또한 양자 간 자문위원회[Bilateral Consultative Commission]를 두어 준수와 기타 이행문제를 해결하도록 하고 있고, 검증문제를 다루는 부속 의정서를 두고 있다. 이러한 동 조약의 검증체제는 1991년의 START I 조약의 검증체제를 근간으로 하여, 동 조약에서 정하고 새로운 요소를 반영하도록 하고 있다. 동 조약에서 취하고 있는 검증조치로는 현지사찰 · 전시 · 데이터의 교환 · 통지 및 국내검증기술수단을 포함하고 있다.

동 조약이 체결될 당시의 양국의 상기 범주의 전략무기의 수 및 전략무기의 변화추이는 아래의 표와 같다.

〈2011년 2월 5일 및 동년 9월 1일의 미국과 러시아의 전략공격무기의 총수〉

데이터의 범주	러시아	러시아	미국	미국
	2011년 2월	2011년 9월	2011년 2월	2011년 9월
상기 ①	521	516	882	822
상기 ②	1,537	1,566	1,800	1,790
상기 ③	865	871	1,124	1,043

〈미국과 러시아 양국의 전략무기감축조약 비교〉

조약	서명일	발효일	핵탄두 총수	전략핵운반체 총수	종료일
START I 조약	1991.7.31	1994.12.5	6,000	1,600	2009.12.5
SORT	2002.5.24	2003.6.1	1,700~2,200	핵운반체의 총수에 대한 제한 없음	2012.12.31 예정, New START로 대체됨
New START	2010.4.8	2011.2.5	1,550	800	2021.2.5

Ⅲ 한계

전술한 바와 같이 미국과 구소련또는 러시아 양국 간의 전략핵무기의 규제는, 핵무기의 보유규모와 질적 수준에 있어서 절대적 우위를 차지하고 있는 국가 간에 이루어져 왔다는 점과 전략핵무기의 실질적인 감축을 이행해 왔다는 점에서, 그 의의가 매우 크다고 할 것이다. 특히 1990년대 양국이 보유하고 있던 전략핵무기의 수를 기준으로, 약 5/6를 폐기하도록 공언하였던 New START의 이행이 성공적으로 완료되었다는 점은 핵군축사의 큰 성과라고 평가되고 있다.

그럼에도 불구하고 지구상에는 아직까지 약 15,000개 이상의 핵탄두가 잔존하고 있으며, 그 가운데 약 13,800개가 미국과 러시아 양국의 보유하에 있다는 점에서, 양국이 보유한 핵무기는 여전히 인류의 생존에 절대적 위협이 되고 있다. 따라서 향후 양국의 핵무기를 어느 수준으로까지 감축할 수 있을 것인가 하는 문제가 매우 중요한 사안이라고 하겠다. 만약 미국과 러시아의 핵무기 수준을 기타 핵무기보유국의 수준약 500개의 핵탄두까지 감축할 수만 있다면, 인류는 핵의 공포로부터 크게 벗어날 수 있다고 평가된다.

물론 이러한 목표를 달성하는 데는 각국의 핵무기의 질적 수준, 미사일방어시스템의 정도, 핵무기전략을 둘러싼 이해관계의 조정 및 각국 간 문화적 차이 등이 중요한 변수로 작용할 것이지만, 미국과 러시아 양국의 의지가 가장 중요한 요인이라고 판단된다. 나아가 모든 핵무기보유국들이 핵무기의 규제과정에 참여하는 문제, 즉 현재 핵무기를 보유하고 있는 9개국 모두가 참여하는 '전략핵무기군축의 다자화'가 반드시 필요하다고 본다. 그러나 현재 9개 핵무기보유국 간에는 상당한 입장의 차이가 존재한다는 점, 특히 인도·파키스탄·이스라엘·북한 등은 애당초 핵무기군축에 관심조차 없으며 오히려 핵군비를 확충하려는 데 혈안이 되어 있는 상황이고, 영국과 프랑스 및 중국도 자국의 핵무기를 감축할 의지가 없는 것으로 보인다는 점에서, 핵무기군축의 다자화는 본질적으로 많은 난관에 직면하게 될 것으로 판단된다. 그러나 동시에 전략핵무기를 둘러싼 협상을 다자화하는 것은 '핵무기 없는 세상'을 실현할 수 있는 방책이 될 수 있다는 점에서, 이러한 핵무기군축을 위한 노력은 반드시 필요하다고 판단된다.

또한 미국과 러시아 양국이 처한 상황이 전략핵무기의 추가적 감축을 어렵게 하고 있다는 점을 지적하고자 한다. 사실 미국은 미사일방어시스템의 강화와 재래식무기의 첨단화·현대화를 도모하면서 상대적으로 핵무기에 대한 의존도를 낮추어 왔다. 그런데 이러한 미사일방어시스템의 강화와 재래식무기의 첨단화·현대화가 미국의 전략적 경쟁자 내지 잠재적 적국에 또 다른 위협신호가 되고 있다는 것이다. 그 결과 예컨대 러시아의 경우에는 자국의 안보전략에서 핵무기에 대한 의존도를 과거보다 훨씬 높이고 있다는 것이다. 왜냐하면 미국을 비롯한 NATO가 미사일방어시스템을 강화하고 동시에 재래식 전력의 첨단화·현대화로 군사력의 열세를 보완하여 오고 있다는 점, 또한 탈냉전 이후 형성된 경제력을 중심으로 한 세계질서의 재편으로부터 러시아가 소외되고 있다는 점에서, 자국의 위신을 회복하기 위해서는 핵무기의 활용을 높일 수밖에 없다는 것이다. 결국 미국이 미사일방어시스템의 확산 및 재래식 전력의 첨단화를 포기하지 않는 한, 상기와 같은 상황으로 인해 미국과 러시아 간에 추가적인 핵전력의 감축은 매우 어려울 것이라는 점이다.

특히 최근 러시아가 공개한 핵추진 순항미사일, 신형 ICBM, 핵탄두탑재 수중드론 등 신무기의 개발계획에 대해 미국이 강력하게 대응하겠다는 의지를 표명하고 있는데, 이러한 양국의 대응은 새로운 핵군비경쟁의 출발이 될 수 있다는 점에서 특히 우려스러운 일이라고 하겠다.

그 밖에도 미국과 구소련또는 러시아 양국이 전략핵무기를 규제하기 위하여 체결해 온 다수의 조약, 즉 SALT 관련 조약들·INF조약·START 관련 조약들·SORT 및 New START의 이행과 관련한 한계들을 소개하면 아래와 같다.

① 발효문제이다. 구소련의 해체과정에서의 START I 조약의 발효문제와 미발효 상태였던 START II 조약의 발효문제에 관해 간략히 살펴보면 아래와 같다. 1991년 7월 30일에 체결된 START I 조약은, 구소련의 붕괴로 인하여, 이행과 비준문제가 매우 복잡한 새로운 국면에 직면하였다. 특히 START I 조약의 발효와 관련해서는 미국과 러시아뿐만 아니라 우크라이나·카자흐스탄·벨라루스 등의 비준절차를 필요로 하게 되었다는 점이다. 이는 양자조약의 형태였던 동 조약이 구소련의 붕괴로 인해 다자조약화되었기 때문이었다. 그 결과 카자흐스탄은 1992년 7월 2일에, 미국은 1992년 10월 1일에, 러시아는 1992년 11월 4일에, 벨라루스는 1993년 2월 4일에 그리고 우크라이나는 1994년에 각각 START I 조약을 비준하였다. 이러한 비준과정에서 러시아 의회는 "자국은 우크라이나·카자흐스탄 및

벨라루스가 START I 조약을 완전히 이행하고 핵무기비확산조약에 핵무기비보유국의 지위로서 가입할 때까지 비준서를 기탁하지 않겠다."라는 조건을 붙인 바 있으며, 또한 우크라이나와 벨라루스는 '자국의 안전보장과 핵무기를 해체하는 데 소요되는 막대한 비용에 대한 보상'을 그 비준의 조건으로 제시하기도 하였다. 결국 이러한 재정적 원조와 안전보장 및 핵탄두의 이동비용에 대한 보상을 확인한 이후인 1994년에 우크라이나는 마지막으로 비준절차를 거쳤던 것이다. 이러한 과정을 거쳐 1994년 12월 5일 부다페스트에서 개최된 유럽안보협력회의 Conference on Security and Cooperation in Europe 정상회담에서 상기 제국이 비준서를 교환함으로써, START I 조약은 효력이 발생하였다. 또한 START II 조약은 러시아가 자국의 START II 조약 비준법상의 조건 불충족을 이유로 비준을 유보함으로써, 2002년 5월 24일 SORT에 의해 대체될 때까지 미발효 상태로 있기도 하였다.

② 검증문제이다. 미국과 구소련또는 러시아 양국 간에 체결된 각종 핵군축조약들은 비교적 진전된 검증체제를 두고 있다고 평가된다. 그 이전의 핵군축조약과 달리, INF조약과 START 관련 조약들에서는 매우 복잡하면서도 강제적인 검증수단을 포함하고 있었다. 특히 START조약들에서는 INF조약의 검증규정을 바탕으로 더욱 상세하고 엄격한 검증규정을 두고 있었다고 평가되고 있다. 즉 START 관련 조약들은 NTM뿐만 아니라 상호 협력적 검증조치예컨대 관련 자료의 교환 등와 12가지의 상세한 현지사찰제도에 의한 검증체제를 확립하고 있었다. 당초 미국과 구소련 간의 핵무기 통제에 있어서 가장 극심한 대립을 보였던 검증분야에서의 이러한 진전은 1980년대 중반까지 자국 영역으로의 출입을 원칙적으로 거부하였던 구소련의 군비정책의 큰 변화에 기인한 것이었다.

이처럼 양국 간에는 매우 발달된 검증체제, 즉 검증의 수단으로서 상대국의 영역을 출입할 수 있는 상세한 현지사찰제도를 채택하고 있었음에도 불구하고, 이러한 검증체제는 그 자체 한계를 가진다는 것이다. 다시 말해 현지사찰은 모든 장소를 대상으로 실시되는 것이 아니라 양해각서에 명기된 신고된 시설만을 대상으로 하고 있기 때문에, 현지사찰을 실시할 필요성이 있다고 하더라고 신고된 시설이 아닌 경우에는 현지사찰을 실질적으로 실시할 수 없는 한계가 있었다는 점이다.

③ 이행문제이다. 먼저 INF조약의 이행상의 문제점인데, 동 조약의 이행이 대체로 매우 순조롭게 진행되었음에도 불구하고, 몇 가지 문제점이 존재하였다.

첫째 엑스선 장비문제이다. 1988년 10월 17일, 봇킨스크Votkinsk에 있는 미국의 입구감시시설에 엑스선 장비를 설치하려는 것을 구소련이 허용하지 않은 사건이다. 구소련은 그 엑스선 장비가 SS-25의 내부에 관한 기술정보를 파악할 수 있을 것이라는 염려 때문에 거부하였던 것이다. 동 문제에 있어서, 구소련은 사찰에 관한 의정서 제9조 6항고정된 감시지점에서의 '손해를 입히지 않는 것으로 추정되는 장비'만을 허용하는을 이유로 상술한 주장을 편 반면, 미국은 "특별사찰을 위하여 방사선탐지장비의 사용은 동 조약 제12조 14항에 의하면 명백하게 허용되어진다."라며 대립하였던 것이다. 그러나 양측 중 어느 측도 그것을 중요한 문제로 취급하지는 않았다.

둘째 SNF분쟁이다. 1989년 4월 15일, 구소련의 외무장관인 세바르드나제는 본Boon을 공식방문하면서 발표한 성명에서 "만약 NATO가 단거리 랜스Lance미사일을 대체할 것을 결정한다면, 자국도 SS-23의 폐기를 중단할 것이다."라고 표방한 바 있었다. 나아가 세바르드나제는 "그러한 대체계획은 약정을 교묘히 회피하려는 시도이며… 만약 타방이 유사한 랜스2 미사일을 배치한다면, 왜 우리가 SS-23미사일을 파괴하여야 하는가?"라고 반문한 바 있었다. 그러나 1989년 5월 26일, 그는 "소련 내의 어떠한 사람도 INF조약을 망치려고 하지는 않는다."라는 성명을 냄으로써, 상기문제는 종결되었다.

셋째 탄두의 재사용을 둘러싼 문제이다. INF조약에 의하여 폐기되어질 탄두를 재사용할 것인가 하는 문제에 관하여, 미국의 의회와 행정부는 상호 대립하는 입장을 취하고 있었다. 먼저 의회는 "만약 당해 조약이 탄두의 재사용을 허용한다면, 그땐 그 조약은 군사적 측면에서 거의 가치를 가지지 않을 것이다."라고 밝히면서, 탄두의 재사용에 반대하였다. 반면 레이건 행정부는 탄두의 파괴로 말미암아 야기되는 환경적 문제와 미사일개발용으로 미국 내에 있는 핵분열성물질의 부족상황을 지적하면서, 탄두의 재사용을 주장하였다. 또한 상원군사위원회Senate Armed Services Committee는 행정부의 입장에 동의하였다.

넷째 환경적 고려문제이다. 미국에 있어서, INF조약의 이행에 따른 환경적 영향에 대한 관심은 그 폐기지점이 검토될 때부터 싹트고 있었다. 1988년 4월, 미국은 폐기대상의 소각의 환경적 결과를 둘러싼 논쟁 때문에, 잠재적 소각지점의 위치를 밝히기를 꺼려하였다. 사실 동 조약의 이행을 위해서, 미군은 폐기대상의 소각을 위한 4,300만 파운드약 200만 kg의 퍼싱미사일 고체발사화약을 보유하고 있었지만, 어떤 주에서도 그러한 폐기대상의 소각을 수용하려고 하지 않았다. 예컨대 1988년 2월 2일, 유타 주의 방거터Norm Bangerter 주지사는 환경적 영향을 고려하여 자신의 주에서의 퍼싱Ⅱ의 폐기를 봉쇄하려고 노력하여 왔음을 표명하였다. 1989년 8월, 이 문제는 환경보호주의자들이 "퍼싱1A와 퍼싱Ⅱ를 추진시키기 위하여 사용된 고체연료가 소각되거나 염산을 만들기 위하여 수분과 결합할 때 주변의 환경에 심각한 영향을 미친다."라고 폭로함으로써, 다시 상당한 어려움에 직면하였다. 이러한 관심에 따라, 상원은 안전한 처분방법을 탐구하기 위하여 600만 달러를 예산으로 책정하였다.

다음으로 STARTⅠ 조약의 이행문제이다. 1994년 12월 5일 STARTⅠ 조약이 발효됨으로써, 미국과 러시아 양국은 2001년 12월 5일까지 전략핵운반체와 핵탄두 및 ICBM·SLBM의 탄두를 각각 약 50% 수준1990년 9월 1일의 양해각서에서 밝히고 있는 수의 약 50% 수준으로 감축하여야 하며, 또한 1997년 12월 5일과 1999년 12월 5일을 기점으로 각각의 잠정적 폐기상한을 정하였다. 이러한 상한 기준에 따라 미국과 러시아는 동 조약을 이행하였다. 다음으로 1996년 6월 1일, 우크라이나의 쿠치마Leonid Kuchma 대통령은 "자국에 배치되어 있던 약 1,800기의 전략핵탄두주로 ICBM의 해체를 위해 러시아로 완전히 이전되었다"라고 선언하였다. 이는, 지난 1992년 5월에 약 2,500기의 전술핵탄두가 러시아로 이전된 사실과 함께 우크라이나를 비핵지대로 바꾸어 놓은 것이며, 또한 자신의 비핵지대공약리스본의정서 및 그 부속문서[57]을 이행한 것이기도 하였다. 이러한 우크라이나의 이행문제는 특히 재정적 지원과 밀접한 관련을 맺고 있는 것으로 판단된다. 즉 1997년 5월 미국의 국방장관 코언William Cohen과 우크라이나의 국방장관 커즈먹Olexander Kuzmuk 간에 서명된 협정을 통하여, 4억 7천만 달러가 추가적으로 지원됨으로써 총 45억 1천만 달러가 폐기비용으로 지원되었다는 사실이다. 다음으로 1995년 4월, 카자흐스탄은 자국에 배치되어 있던 전략핵탄두를 러시아로 완전히 이동시켰는 바, 이로써 카자흐스탄은 비핵지대로 남겨졌으며 또한 자국의 비핵지대공약리스본의정서 및 부속문서을 이행한 국가가 되었다. 다음으로 벨라루스에서는 NATO의 중앙유럽에의 핵배치와 관련한 안보문제로, 러시아로의 전략핵탄두의 이전이 지연되기도 하였다. 그러나 1996년 11월 27일에 마지막 16기의 전략핵탄두가 러시아로 이전됨으로써, 벨라루스도 자국의 비핵지대공약을 이행하였다. 특히 카자흐스탄과 우크라이나에 이어 벨라루스가 마

57 리스본의정서는 카자흐스탄·우크라이나·벨라루스에 분산되어 있던 구소련의 핵탄두를 러시아로 결집하고, 운반체와 그 관련구조물을 폐기하는 법적 근거를 제공하고 있다.

지막으로 자국의 전략핵탄두를 러시아에 이전함으로써, 구소련연방의 구성국 가운데 러시아만이 유일한 핵무기보유국으로 남게 되었다. 그리고 그러한 핵탄두의 이전 완료는 구소련이 남긴 핵무기문제를 1차적으로 매듭짓는 계기가 되었으며 또한 핵무기비확산 노력을 더욱 더 강화시키는 전기를 제공하였다.

제4장
핵무기의 비확산

1945년 8월 6일 최초로 투하된 원자탄은 그 대량파괴적 효과로 인해, 구소련·영국 등 강대국들로의 핵무기 확산의 출발점이 되었다. 동시에 1950년대를 통하여 광범위하게 보급된 핵기술을 바탕으로 기타 국가들도 핵무기 개발에 동참하게 되었다.

이러한 상황에 직면하여, 1950년대 중반 이후 국제사회는 핵에너지의 국제적 관리를 목적으로 한 국제원자력기구[IAEA]의 설립을 추진·운용하는 한편 핵에너지의 군사적 사용을 억제하고자 하는 노력을 기울이게 되는데, 그 대표적인 것이 바로 핵무기의 확산을 방지하고자 하는 노력이었다.

그러나 핵에너지의 물리적 특성과 그것의 사용을 둘러싼 법적 접근 사이의 간극, 즉 실제로 물리적 측면에서 핵에너지의 평화적 사용과 군사적 사용의 구분이 불분명함에도 불구하고 전자적 사용은 적극적으로 장려하는 반면 후자적 사용은 절대적으로 금지하는 법적 기준을 채택하다 보니, 핵무기의 군사적 이용만을 적절히 방지하기에는 본질적으로 큰 어려움이 가로막고 있었다. 결국 금지되지 않는 평화적 사용인 체하면서 군사적으로 전용하는 것이 얼마든지 가능하다는 현실에서, 다수의 국가로 하여금 핵무기를 비밀리에 개발하도록 유혹하고 있었던 것이다.

아무튼 이러한 핵무기의 확산방지노력은 2가지의 상이한 접근방법을 통해 전개되었는데, 하나는 핵무기의 확산을 방지하는 조약을 체결하는 것이고, 다른 하나는 비핵지대를 설치하는 것이었다.

본 장에서는 상기 전자와 관련된 노력으로서 핵무기비확산조약[NPT]을 중심으로 그 성립배경, 주요내용 및 한계 등을 살펴보고자 한다.

I 핵무기비확산조약(NPT)의 성립배경과 주요내용

1. 성립배경

1949년 8월 29일 구소련이 미국에 이어 제2의 핵무기보유국이 됨으로써 핵무기의 확산을 둘러싼 문제는 국제사회의 관심을 끌기 시작하였고, 나아가 영국 1952년, 프랑스 1960년가 추가로 핵무기보유국이 됨으로써 핵무기의 확산에 대한 우려는 더욱 커졌다.

그 결과 일부 국가들은 핵무기의 확산에 위기감을 느꼈으며, 특히 폴란드를 비롯한[58] 아일랜드와[59] 스웨덴[60] 등 3개국이 유엔 총회에서 핵무기의 확산을 방지하기 위한 노력을 주도적으로 행하였다. 이들 3개국의 제안은 핵무기의 확산방지의 필요성을 인식시킴과 함께 핵무기확산방지조약안의 체결을 위한 직접적 동기를 제공한 것으로 평가된다. 그러나 상기 3개 핵무기비보유국이 제안한 핵무기확산방지조약안은, 당시 서독에서의 핵배치 문제를 둘러싼 동·서 간의 냉전과 이해의 대립으로 인하여, 유엔에서 더 이상의 별 진전을 보지 못하였다.

그러나 1964년 10월 16일 중국의 핵실험 성공이라는 사실은 상기 아일랜드와 스웨덴이 꾸준히 촉구하여 오던 핵무기확산방지조약안의 체결을 위한 노력을 재개하도록 하는 계기가 되었으며, 특히 그 이후의 핵무기확산방지조약안에 대한 협상은 미국과 구소련이 주도적으로 수행하였다.

1965년 8월 미국은 '핵무기보유국이 핵무기비보유국에 핵무기를 양도하거나 핵무기의 제조를 원조하는 것을 기본적으로 금지하는' 조약안을 18개국 군축위원회에 제출하였으며, 1개월 후인 1965년 9월에 구소련도 '핵무기보유국이 핵무기비보유국에 핵무기를 양도하는 것을 금지하는' 조약안을 유엔 총회에 제출하였다. 이러한 과정에서 양국 간에 가장 논란이 되었던 분야는 양국의 군사동맹 내

---

58 1957년 10월 2일 제12차 유엔 총회에서 폴란드의 대표인 라파츠키(Adam Rapacki)는 '핵확산을 억제하기 위한 방안으로서 먼저 폴란드를 위시한 체코슬로바키아·동독·서독 등 일부 지역을 비핵지대로 설정할 것을 제안하는' 연설을 행하였던 바, 이를 폴란드 안 또는 라파츠키 안이라고 한다.

59 아일랜드의 핵무기확산방지안은 1959년의 유엔 총회결의 1380(ⅩⅣ), 1960년의 유엔 총회결의 1576(ⅩⅤ), 1961년의 유엔 총회결의 1665(ⅩⅥ) 등으로 채택되었다.

60 스웨덴의 핵무기확산방지안은 1961년 유엔 총회결의 1664(ⅩⅥ)로 채택되었다.

에서 핵방위협정과 관련한 문제였다. 즉 미국은 "집단적 방위협정을 통한 동맹국에의 핵무기배치는 비확산의 원칙을 위반하는 것이 아니다."라고 주장한 반면에, 구소련은 "서독이나 또는 기타 북대서양조약기구NATO의 구성국 중 핵무기비보유국에 대한 핵무기배치는 비확산의 원칙을 위반하는 것이다."라고 주장하였던 것이다. 이처럼 집단방위협정의 문제를 둘러싼 불일치에도 불구하고, 미국·구소련 양측은 비확산에 관한 조약의 체결을 희망하였으며, 이러한 희망은 많은 핵무기비보유국들에도 마찬가지였다. 따라서 이러한 국제적 총의를 바탕으로, 1966년 가을에 미국과 구소련 간의 회담이 다시 시작되었으며, 그 와중에 미국, 영국 및 구소련 등의 3개 핵무기보유국은 상호 합의에 근거하여 핵무기비확산조약안을 입안하였으며, 1968년 3월에 18개국 군축위원회를 거쳐 제22차 유엔 총회의 심의에 회부하였다. 동년 6월 19일에는 동 조약을 촉구하기 위한 결의안이[61] 유엔 안전보장이사회에서 결의 제255로서 채택, NPT의 성립을 사실상 확정지었다.

이처럼 미국과 구소련 및 영국 등 핵무기보유국이 NPT의 협상과 초안의 작성을 주도하고, 나머지 핵무기비보유국들은 사후에 동 조약에 가입하는 절차를 취하게 되었던 것이다. 이러한 핵강대국의 주도적 노력은 NPT의 협상이나 추진이라는 측면에서는 매우 효과적이었으나, NPT의 내용에 있어서는 핵무기비보유국에 불리한 차별적인 조약을 만들어 낸 원인이 되었던 것이다.

NPT는 1968년 7월 1일자로 서명을 위하여 개방되었으며, 그 당시 3개 핵무기보유국미국·구소련·영국과 50개 이상의 기타 국가들이 동 조약에 서명하였으며, 1970년 3월 5일에 효력이 발생하였다.

그 당시 핵무기보유국 가운데 프랑스와 중국은 NPT에 서명하지 않았지만, 동 조약의 의무를 이행할 것을 표명한 바 있다. 즉 프랑스는 '자국이 동 조약에 비준하지는 않았지만, 기타 비준국가와 동일하게 행동할 것'을 밝혔으며, 중국도 동 조약에 다양한 비판적 입장을 견지하고 있지만 "자국은 핵확산을 지지하지도 장려하지도 않으며, 또한 핵무기를 개발하려는 기타 국가들을 원조하지도 않을 것이다."라고 선언하였다. 그 후 양국은 1990년대에 들어와서 동 조약에 가입하였는데, 즉 중국은 1992년 3월 9일에 그리고 프랑스는 1992년 8월 3일에 각각 동

61 NPT의 추진안은 1968년 6월 12일자의 총회결의 제2373(XXII)을 통하여 95 대 5 대 22의 표결로 채택되었다. 특히 동 추진안에 브라질·아르헨티나·인도·프랑스 등이 반대하였다.

조약의 당사국이 되었다. 따라서 오늘날 5개 핵무기보유국 모두가 동 조약의 법적 구속력 하에 있다.

2. 주요내용

NPT는 핵무기의 확산방지, 핵에너지의 평화적 사용촉진, 핵무기보유국 간의 군축협상의 조장 등을 그 목적으로 하고 있다. 따라서 이러한 목적을 달성하기 위하여 동 조약에서는 다양한 내용을 규정하고 있는데, 특히 군사적 측면에서의 '억제'와 평화적 측면에서의 '장려'라는 2가지 측면을 동시에 요구하고 있다는 점과[62] 그 내용의 불평등성이라는 점 및 조약의 효력발생기간을 명시하고 있었다는 점 등의 특징을 가지고 있다.

먼저 그러한 불평등성은 동 조약이 당사국들을 핵무기보유국과 핵무기비보유국으로 구별하여 각기 상이한 의무를 부과하고 있다는 점에서 잘 나타나고 있다. 동 조약 제9조 3항에서 정하고 있는 핵무기보유국의 요건은 1967년 1월 1일을 기준으로, 그 이전에 핵무기를 보유했느냐의 여부에 따라 정하도록 하고 있다. 따라서 동 조약하에서 핵무기보유국은 미국·구소련^또는 러시아^·영국·프랑스·중국 등 5개 국가이며, 예컨대 1974년에 핵실험에 성공한 인도와 1998년에 핵실험에 성공한 파키스탄 또는 2006년에 핵실험에 성공한 북한 등은 핵무기비보유국으로 분류한다. 결국 인도와 파키스탄 및 북한은 핵무기제조국가로서 사실상의 핵무기보유국은 될 수 있어도, 동 조약상으로는 핵무기비보유국이 될 수밖에 없다는 것이다.

또한 이스라엘의 경우, 스스로 핵무기보유를 인정하지도 부인하지도 않는 핵정책을 표방하고 있지만, 핵무기비보유국으로 분류된다. 1952년 이스라엘은 원자력위원회를 설립하였고, 1958년에는 프랑스의 후원하에서 원자로를 가동하기 시작하였으며, 1967년 '6일 전쟁' 당시 2~3개의 핵탄두를 보유한 것으로 알려졌고, 1979년 9월 22일에는 남아프리카공화국의 지원하에 남인도양에서 핵실험을 수행한 것으로 알려지고 있다. 그럼에도 불구하고 이스라엘은 핵무기 프로그램의 존재를 부인해 왔던 것이다. 1986년 10월 이스라엘의 핵연구소 기술자였던 바누누^Mordachai Vanunu^의 폭로로 인해, 이스라엘의 핵무기의 보유가 기정사실로 받아

62 이는 동 조약 제1조와 제2조 및 제6조에서 무기적 측면에서의 억제규정을, 그리고 제4조와 제5조에서 평화적 핵활동에 관한 다양한 보장규정을 두고 있다는 점에서 잘 나타나고 있다.

들여졌다. 현재 이스라엘에는 약 60~80개의 핵탄두가 존재하는 것으로 추측되고 있는데, 이러한 전 과정에서 미국의 실질적 지원이 항상 함께해 왔다고 추측된다. 즉 1969년 미국의 닉슨 대통령과 이스라엘의 메이어Golda Meir 총리 사이의 합의에 따라 미국이 이스라엘의 핵프로그램을 용인하고 보호한 것으로 보인다.

다음으로 동 조약 제10조 2항에서는, 동 조약의 효력이 일차적으로 1995년 3월 5일까지 발생하며, 그 이후의 효력발생여부는 조약의 효력연장회의의 결정에 따르도록 하고 있다. 1995년 4월의 'NPT의 재검토 및 효력연장회의'를 통하여, 동 조약의 무기한 효력연장을 확정지어서 오늘에 이르고 있다.

동 조약의 주요내용을 구체적으로 소개하면 다음과 같다.

1) 기본의무

첫째 핵무기보유국은 핵무기 및 기타 핵폭발장치 또는 그것들의 통제를 핵무기비보유국에게 이양하지 않을 의무를 지며, 동시에 핵무기 또는 기타 핵폭발장치의 제조 및 그것들의 통제를 취득하는데 어떠한 방법으로도 원조, 장려 등의 행위를 하지 않을 의무를 진다동 조약 제1조. 먼저 핵무기의 '정의'에 관해서는 이미 앞에서 설명한 바 있기 때문에 여기서는 생략하기로 한다. 다음으로 '핵폭발장치'와 관련해서, 동 조약에서는 '평화적 핵폭발을 위한 장치'도 핵폭발장치에 포함되기 때문에 그것의 이양을 허용하지 않고 있으나, 후술하는 라틴아메리카핵무기금지조약에서는 '평화적 핵폭발을 위한 장치'는 이양이 허용되는 것으로 보고 있다. 끝으로 동 조약상의 '통제'라는 용어의 개념과 관련하여 미국과 구소련 간에 논쟁이 있었는데, 그것은 아래와 같다. 미국은 1965년의 조약안과 1966년의 개정안을 통하여 핵무기의 통제란 "핵무기를 발사할 권리와 그 능력을 현실적으로 소유하는 것이다."라고 보았다. 그러므로 핵무기보유국이 핵무기의 발사권한과 그 능력을 핵무기비보유국에 부여하지 않고 핵무기의 사용에 대한 거부권을 행사할 수 있는 경우라면, '통제'의 이양이라는 문제는 발생하지 않는다고 보았던 것이다. 반면 구소련은 '통제'라는 개념과 관련하여, 핵무기비보유국이 현실적으로 핵무기를 물리적으로 소유하고 있다는 것은 결과적으로 핵무기비보유국에 핵무기의 법적 및 물리적인 소유를 허용하는 것이라고 보았다. 따라서 '통제'란 핵무기의 소유·통제 또는 사용에 참가할 권리도 주지 않는 것이라고 주장하면서, 미국과는 반대의 입장을 취하였다. 결국 1967년의 미국과 구소련 양국의 공동 조약안에는 통제의 이양 및 수령의 금지뿐만 아니라 핵무기 그 자체의 이양과 수령의 금지까지도 포함하는 구소련의 '통제' 개념이 거의 반영되었다.

둘째 핵무기비보유국은 핵무기 및 기타 핵폭발장치 또는 그들의 통제를 수령하지 않을 의무를 지며, 동시에 그것들을 제조하거나 취득하지 않으며, 또한 핵무기와 핵폭발장치를 제조하는 데 어떠한 원조도 받지 않을 의무를 진다[동 조약 제2조].

이처럼 본 조약의 골격부분을 구성하는 제1조와 제2조에서는 핵무기의 보유국과 비보유국이라는 2개의 국가군으로 구분하여 각각 상이한 내용의 의무를 부과하고 있다. 이것이 핵무기비확산체제의 특징이고 동시에 동 조약의 불평등성의 기초이기도 하다. 동 조약의 협상과정에서, 이들 2개 조항은 핵무기보유국의 수를 기존의 5개국으로 동결하고 새로운 핵무기보유국의 출현을 방지할 것을 목표로 하고 있으나, 현실적으로 그 효과 면에서 판단하건대 핵무기보유국은 기존의 핵활동에 아무런 제약을 받지 않고 무기제조를 계속할 수 있는 반면에, 핵무기비보유국만이 동 조약 제2조에 의하여 핵무기비확산의무를 강요받는 꼴이 되었던 것이다.

2) 안전조치수락의무

동 조약의 당사국으로서 핵무기를 보유하지 않고 있는 핵무기비보유국은 동 조약상의 기본의무의 이행을 확인받기 위하여 IAEA가 실시하는 안전조치를 수락할 것을 약속하고 있는데[동 조약 제3조 1항], 이것을 안전조치수락의무라고 한다. 여기서 세이프가드스[safeguards]라는 용어를 안전조치·보장조치·안전장치·사찰 또는 감시 등으로 번역하여 사용하고 있다. 예컨대 일본에서는 주로 보장조치라고 번역되고 있으며, 세이프가드스의 구체적 방법으로 주로 사찰을 적용하고 있음으로 인하여 세이프가드스는 곧 사찰이라고 인식하는 경우도 있다. 이처럼 그 사용의 다양성에 비추어, 여기서는 세이프가드스를 우리나라에서 주로 번역하여 사용하고 있는 안전조치라는 용어로 번역하여 사용하고 있다.

안전조치수락의무는 '핵에너지가 평화적 이용으로부터 핵무기 및 그 밖의 핵폭발장치로 전용되는 것을 방지하기 위하여' 핵무기비보유국에 부과된 것이다. 사실 동 조약의 핵심은 비확산의무, 즉 핵무기 및 그 밖의 핵폭발장치와 관련하여 핵무기보유국들은 그러한 것을 이양하지 않을 것 및 핵무기비보유국들은 그러한 것들을 수령·제조·취득하지 않을 것인데, 그 의무의 준수여부를 IAEA의 안전조치를 통해 달성하겠다는 것이다.

IAEA의 안전조치는 NPT의 체결 이전부터 실시되어 온 제도였다. 1950년대 들면서 핵에너지의 평화적 사용의 확대와 함께, 자연스럽게 핵에너지의 평화적 사용이 군사적 사용으로 전용되는 것을 방지하기 위하여 IAEA의 안전조치를 활용하고 있었던 것이다. 그러한 안전조치는 주로 핵공급국과 핵수령국 간의 양자간의 협정 내지 IAEA · 핵공급국 · 핵수령국 간의 3자간 협정 속에 내포된 내용의 일부였다.

아무튼 NPT의 체결은 안전조치제도를 비약적으로 확대시키는 계기가 되었는데, 그 이유는 다음과 같다. 첫째 NPT에서는 당사국으로서 핵무기비보유국 모두에 안전조치의 수락의무를 부과하고 있다는 점이다. 둘째 IAEA라는 국제기구를 통하여 안전조치를 실시함으로써 핵수령국의 주권침해논란을 잠재울 수 있었고, 안전조치의 객관성과 공정성을 향상시킬 수 있었기 때문에 전반적으로 안전조치에 관한 거부감이 사라지게 되었다는 점이다.

상기와 같은 이유에서, NPT의 검증체제인 IAEA의 안전조치는 명실상부한 핵무기비확산의 방파제로서 작동하게 되었는데, 이에 관해 구체적으로 기술하면 아래와 같다.

1970년 3월 IAEA는 NPT 제3조 1항에 근거하여 안전조치위원회를 설치하였고, 1971년 동 위원회의 검토를 거쳐 'NPT에 따른 IAEA와 당사국 간의 협정을 위한 구성과 내용', the Structure and Content of Agreements between the Agency and States required in Connection with the Treaty on the Non-Proliferation of Nuclear Weapons 즉 INFCIRC/153을 작성하였는데, 이를 달리 '모델협정'이라고 한다. 동 모델협정에 의하면, "안전조치는 상당량의 핵물질이 평화적 활동으로부터 핵무기 및 기타 핵폭발장치의 제조 또는 불투명한 목적을 위해 전용되는 것을 적시에 탐지하고, 그러한 전용을 조기에 발견함으로써 핵무기 및 기타 핵폭발장치에로의 전용을 억제할 목적으로 실시된다."라고 규정하고 있다[동 모델협정 제28조].

이러한 IAEA의 안전조치는 NPT의 당사국이면서 핵무기보유국에는 적용되지 않으며, 또한 핵무기비보유국의 평화적 핵활동만을 대상으로 한다. 따라서 핵무기비보유국의 핵무기 이외의 군사적 핵활동, 예컨대 핵추진 잠수함 등에 대해서는 NPT의 안전조치가 적용되지 않는다. 또한 NPT의 각 당사국이 원료물질 및 특수핵분열성물질, 특수핵분열성물질의 처리·사용·생산을 위하여 특별히 설계·작성된 시설과 자재를 평화적 목적을 위해 핵무기비보유국에 공급하는 경우에도 안전조치가 적용된다. 이 경우 그러한 물질과 시설 및 자재의 공급국이 핵무기보유국인지의 여부와, 또한 그러한 것의 수령국이 NPT의 당사국인가의 여부와도 무관하게, 단지 수령국이 핵무기비보유국인 경우에만 안전조치가 적용된다.

한편 NPT가 가지고 있는 불평등성을 완화하기 위하여 핵무기보유국들은 아래와 같은 조치를 취하기도 하였다. 먼저 미국과 영국은 NPT의 협상과정에서 '자국의 안전보장과 무관한 일정한 핵활동에 관하여' 자주적으로 IAEA의 안전조치를 수락하는 명시적 의사를 표방하였으며, 구소련도 1980년에 자주적으로 안전조치를 수락한다는 점을 표방하였다. 그 결과 영국[1976년 9월 6일], 미국[1977년 11월 18일], 프랑스[1978년 7월 27일], 중국[1984년], 구소련[1985년 2월 21일]은 IAEA와 각각 안전조치협정을 채택하였다. 그럼에도 불구하고 상기 국가들의 안전조치 수락성명서에는 '중요시설'을 제외하였다는 점에서, 그들의 의사는 상징적 의미밖에 없다고 평가된다.

3) 군축협상의무

핵무기보유국에게 '엄격한 국제통제하에서의 완전하고 일반적인 군축에 관한 조약을 달성하기 위해서 군축에 관한 협상을 행할 의무'를 부과함으로써 핵무기의 증가를 억제하고 있다[동 조약 제6조]. 이러한 의무는 동 조약 제4조·제5조[평화적 핵활동의 보장]와 함께 핵무기보유국의 핵무기 포기에 대한 보상적 의미를 가지고 삽입된 조항이지만, 그 내용 면에서 보면 충분한 것은 아니었다. 왜냐하면 동 제6조는 아래와 같은 약간의 문제를 내포하고 있기 때문이다.

첫째 핵군축에 관한 구체적 내용이 명시되어 있지 않다는 점이다. 둘째 '성실하게' 협상할 것을 요구하고 있었지만, 그것만으로써는 핵무기보유국들로 하여금 군축의무를 강력히 촉구할 법적 근거가 될 수 없었다는 점이다. 셋째 협상의 기한을 명시하지 않고 있었다는 점이다. 즉 단지 '조기'라는 표현을 두고 있으므로, 시간적인 측면에서의 실효성은 애당초 기대하기 어려웠던 것이다. 끝으로 동 제6조를 둘러싼 핵무기보유국과 핵무기비보유국 간의 인식의 차이가 실질적인 군축협상을 이끄는 데 장애가 되었던 것이다. 핵무기보유국들은 핵무기의 비확산이라는 동 조약의 기본목적에 비추어 동 제6조상의 핵군축협상의무를 보조적이고 부차적인, 즉 핵무기 폐기를 위해 노력할 의무를 부과한 정도로 받아들였던 반면, 핵무기비보유국들은 동 제6조를 핵무기를 가능한 한 조속히 폐기해야 하는 법적 책임을 공식적으로 부과한 것으로 인식하였던 것이다.

4) 평화적 핵활동에 대한 보장

동 조약 제4조에서는 모든 당사국으로 하여금 평화적 목적을 위한 핵에너지의 연구·생산·이용을 촉진할 고유의 권리를 보장하고 있으며, 핵에너지의 평화적 사용을 위한 장비와 물질 및 과학적·기술적 정보의 가능한 교류에 참여할 권리도 인정하고 있다. 또한 동 조약 제5조에서는 핵폭발의 평화적 응용으로부터 나오는 잠재적 이익을 비차별적으로 핵무기비보유국도 이용이 가능하도록 하고 있다.

5) 재검토회의와 탈퇴권

동 조약 제8조 3항에서는 '조약 발효일로부터 매 5년마다, 동 조약의 목적이 실현되고 있는가를 확인하기 위하여, 재검토회의를 소집'하도록 규정하고 있는데, 이는 동 조약의 의무이행을 평가할 목적으로 둔 규정이다. 또한 동 조약 제10조 1항에서는 '자국의 최고이익이 위협받는다고 결정되는 경우에는' 탈퇴할 수 있는 권리를 두고 있으며, 여기서 최고이익의 위협여부는 탈퇴국 스스로의 판단에 맡기고 있으므로 사실상 탈퇴권이 보장되어 있다.

6) 기타 조약과의 관계

동 조약 제7조에서는 '동 조약은 개별 국가들이 자국의 영역 내에서 핵무기의 전면적 폐기를 확정하기 위한 기타 지역적 조약을 체결할 권리에 영향을 미치지 않음'을 천명하고 있다.

Ⅱ 핵무기비확산조약(NPT)의 발달

NPT가 체결된 이후 약 50년이 흐른 오늘날까지, 일부 국가에 의한 핵무기의 추가적 개발이라는 문제점을 노출하고는 있지만, 동 조약은 핵무기확산방지를 위한 방파제로서 나름대로의 소임을 수행하여 왔다고 평가된다. 특히 동 조약의 발효 후 매 5년마다 개최되고 있는 '재검토회의'와 1995년에 개최된 '재검토 및 효력연장회의' 등은 동 조약의 발전에 있어서 큰 이정표라고 할 수 있다.

1. 제1차~제5차 재검토회의

1975년 제1차 재검토회의에서는 ① 준비위원회Preparatory Committee가 재검토회의에 앞서 일련의 회합을 갖는다는 점, ② 동 조약과 관련된 세부적 작업을 2개추후에 3개의 주요위원회Main Committee가 재검토회의에서 다룬다는 점, ③ 재검토회의의 결과는 컨센서스에 의한 최종선언Final Declaration의 형태로 표명한다는 점 등 3가지의 중요한 선례를 정하였다.

그러나 핵무기보유국의 핵군축협상의무를 둘러싼 불일치와 포괄적 핵실험금지조약의 채택과 관련한 의견의 차이로 인해, 제2차와 제4차 NPT 재검토회의에서는 최종선언조차 채택하지 못하였다.

특히 1995년은 동 조약의 발효 후 25년이 되는 해로서 재검토와 효력연장회의가 동시에 개최되는 해였다. 따라서 과거의 어느 재검토회의보다 1995년의 재검토회의에서는 동 조약의 효력연장 여부와 이행문제를 둘러싸고 핵무기보유국과 핵무기비보유국 간에 첨예한 대립이 있었다.

1995년 4월, 5대 핵무기보유국들은 NPT의 효력연장을 이끌어내기 위한 일련의 사전적 조치를 취하였는데, 먼저 1995년 4월 6일 5대 핵무기보유국은 제네바군축회의에서 'NPT의 당사국으로서 핵무기비보유국에 대한 핵무기 불사용 및 핵공격 시 핵무기비보유국에 대한 지원' 등을 천명하였고, 다음으로 동년 4월 11일에는, 5대 핵무기보유국을 중심으로 유엔 안전보장이사회에서 상기와 유사한 내용의 결의 984를 만장일치로 채택하였다.

이에 뒤이은 '재검토 및 효력연장회의'1995.4.17 ~ 5.12 뉴욕를 통해 대다수의 당사국들은 동 조약의 무기한 효력연장에 찬성하였다. 이처럼 동 회의는 동 조약의 효력을 무기한으로 연장함으로써, 당초의 목적을 달성하는 데는 성공하였다.

또한 동 '재검토 및 효력연장회의'에서는 NPT의 재검토의 절차에 관한 지침'이 개정되었는데, 그 주요내용은 동 절차의 강화 및 핵비확산 · 핵군축의 원칙과 목표의 설정으로 요약할 수 있다. 첫째 매 5년마다 개최되는 재검토회의에 선행하여 준비위원회의 회기를[63] 개최한다는 것, 둘째 재검토회의에서는 실질적 문제와 절차적 문제를 논의하며, 중요한 문제를 집중적으로 다룰 보조기구의 창설을 권고하고 동시에 동 조약 재검토회의에서 다룰 실질적 문제를 권고하는 작업을 위한 회기를 갖는다는 것, 셋째 동 조약의 이행을 평가하기 위해서 상기 핵비확산·핵군축의 원칙과 목표의 범위 내에서의 조치를 이용한다는 것이다. 이러한 재검토절차의 강화는 일반적 행동지침이 되기는 하였으나, 세부적 사항에 가서는 많은 미비한 요소를 가지고 있었다.

또한 1997년 안전조치를 강화하기 위하여 '안전조치협정에 대한 추가적 모델 의정서'Model Protocol Additional to the Safeguards Agreements가 승인되어, 각국은 IAEA와 개별적으로 안전조치의 추가의정서를 채택하였다.

이러한 성과에도 불구하고 그 당시 핵확산체제의 위협으로 간주되었던 이라크와 북한의 핵활동에 대한 제재조치, 즉 동 조약의 비준수에 대한 국제사회의 공식적 공약을 만드는 데는 실패하였다. 동시에 그 당시 이스라엘·인도·쿠바·파키스탄 등이 동 조약의 비당사국의 지위에 있었다는 사실 또한 동 조약의 이행과정에서의 큰 장애요인이었다.

2. 제6차 재검토회의

제6차 재검토회의는 동 조약에 대한 무기한 효력연장이 결정된 이후의 첫 번째 재검토회의였다. 동 재검토회의는 2000년 4월 24일부터 동년 5월 19일까지 뉴욕의 유엔 본부에서 개최되었는데, 동 회의를 통해 최종선언Final Declaration이 채택되었다.

동 최종선언에서는 1995년 효력연장회의 이후의 NPT의 이행과 관련한 진전에 대한 검토, 핵무기보유국에 의해 취하여질 많은 구체적 군축조치, 특히 핵군축에 있어서의 '행동계획'Action Plan 등을 내포하고 있었다.

1) 배경

① 재검토의 절차

제5차 재검토회의에서 채택된 재검토회의 절차의 강화조치에 따라, 제6차 재

63 준비위원회의 회기는 재검토회의가 개최되는 연도의 3년 전부터 매년 개최된다. 예컨대 2000년의 재검토회의와 관련해서, 1997년, 1998년, 1999년에 준비위원회의 회기를 개최한다는 것이다.

검토회의의 준비위원회가 1997년에 개최되었다. 동 준비위원회에서는 '중동문제에 관한 결의',the Resolution on the Middle East '안전보장' 및 '분열성물질공급중단조약'Fissile Material Cut-off Treaty 등 3가지의 특정 문제의 논의를 위한 '특별회의'가 개최되어야 함을 1998년 준비위원회에 권고하였다. 그러나 1998년의 준비위원회는, 핵무기보유국과 핵무기비보유국 간에 핵군축의 속도를 둘러싼 알력으로 인해,[64] 어떠한 실질문제나 절차문제에 있어서의 진전도 이루지 못하였다. 그럼에도 불구하고 1999년의 준비위원회는 제6차 재검토회의가 안고 있는 절차문제에 관해서는 일정한 진전을 보았으나, 제6차 재검토회의에서 다루어질 실질문제에 관한 권고나 또는 특정의 보조기구에 관해서는 어떠한 합의도 보지 못했다.

결국 상기 3번의 준비위원회의를 통해 노출된 사실은 제5차 재검토회의에서 개정된 'NPT의 재검토절차에 관한 지침'의 이행이 순조롭지 않았음을 잘 보여준다. 일부 당사국들은 강화된 그 재검토절차가 너무 복잡하다는 문제점을 지적하기도 하였다.

② 핵비확산체제

핵비확산체제는 NPT를 비롯하여 비핵지대의 설정, IAEA의 안전조치, 핵공급국그룹Nuclear Suppliers Group의 역할 등에 의해 유지된다고 할 수 있다. 그러나 국제사회가 NPT의 비준수 또는 동 조약의 비당사국에 의한 핵비확산규범의 침해에 대해 효과적이고 집단적으로 대응하지 못하는 무력함을 보임으로써, 핵무기비확산체제는 그만큼 더 위협받게 되었던 것이다.

먼저 NPT의 당사국에 의한 '동 조약의 비준수'와 관련해서이다. NPT의 당사국이면서 핵무기의 제조능력을 취득하기 위해 끊임없이 노력하는 국가가 바로 북한과 이라크였다. 다시 말해 북한과 이라크는 동 조약의 당사국으로서 동 조약의 비준수문제를 야기하는 대표적 국가였다. 다음으로 NPT의 비당사국에 의한 동 조약의 침해와 관련해서이다. 1998년 인도와 파키스탄이 핵무기실험을 자행함으로써 야기된 핵무기비확산규범의 침해는, 동 조약의 보편성 결여의 강조, 동 조약의 법적 기초에 대한 도전 및 동 조약만으로는 핵확산을 막을 수 없음에 대한 입증 등에서 매우 중요한 사건이었다. 사실 인도와 파키스탄의 핵실험은 NPT에 대한 하나의 중대한 도전이었다. 따라서 2000년에 개최될 제6차 재검토회의

64 예컨대 양측의 알력의 사례로는 중동문제에 관한 결의를 둘러싼 미국과 이집트의 첨예한 대립을 들 수 있다.

에서 상기의 핵실험에 대한 보다 강력한 권고가 직접적으로 취하여지지 않는다면, 핵무기비확산조약 체제는 유효성의 측면에서 종이호랑이로 전환할지도 모른다는 여론이 형성되었던 것이다.

③ 군축 및 국제안보

제6차 재검토회의가 개최되기 이전의 군축 및 국제안보는 다방면에서 많은 어려움에 처해 있었다. 먼저 핵군축과 관련해서는 1996년 포괄적 핵실험금지조약이 체결되고, 2000년 4월 STARTⅡ 조약의 비준이 완료되는 등 상당한 진전이 있었다. 그러나 군사목적을 위한 핵분열성물질의 생산 금지를 목적으로 하는 '분열성물질공급중단조약'의 협상과정의 난항, 핵군축기구의 설립을 둘러싼 논쟁 및 우주에서의 군사활동의 제한과 관련한 문제 등이 잔존해 있었다. 다음으로 국제안보는 훨씬 더 복잡한 양상을 보여주고 있었다. 핵무기보유국 간의 안보관계는 북대서양조약기구의 팽창문제, 이라크의 대량파괴무기 개발을 둘러싼 대처방안에 있어서의 이견 및 베오그라드의 중국대사관 공습을 포함한 유고슬라비아 연방공화국에 대한 북대서양조약기구의 폭격문제 등으로 인해 악화되고 있었다. 특히 미국과의 관계에서, 1999년의 상원의 포괄적 핵실험금지조약의 비준거부 및 탄도탄요격미사일조약으로부터의 탈퇴 등은 기타 핵무기보유국과의 관계를 냉각시키는 요인이 되었다.

결국 미국·중국·러시아 사이의 핵정책을 둘러싼 첨예한 대립으로 인해, 핵군축 및 국제안보에 있어서 합일점을 찾는 것이 매우 어려운 상황 속에서 제6차 재검토회의를 맞게 되었던 것이다.

2) 전개

제6차 재검토회의에서의 주요 전개과정은 아래와 같다.

먼저 동 재검토회의에서는 2개의 보조기구, 즉 '주요위원회(Ⅰ) 산하의 군축에 관한 보조기구(Ⅰ)' 및 '주요위원회(Ⅱ) 산하의 지역적 문제에 관한 보조기구(Ⅱ)'를 설립하였다. 사실 동 재검토회의는 주요위원회를 통해 최종선언을 입안하여 왔던 바, 그것은 핵군축문제를 담당하는 주요위원회(Ⅰ), 핵비확산문제를 담당하는 주요위원회(Ⅱ), 핵에너지의 평화적 사용을 담당하는 주요위원회(Ⅲ) 등이다. 이러한 주요위원회는 자신의 소관에 속하는 우선적 이슈들을 논의하기 위하여 제6차 재검토회의부터 보조기구를 각각 설치하였던 것이다.

동 재검토회의의 전체회의를 비롯하여 3개의 주요위원회와 2개의 보조기구는 각기 자신의 역할을 성실하게 수행하였던 바, 특히 보조기구(Ⅱ)는 중동문제를 포함하여 북한·이라크·이스라엘·인도·파키스탄의 문제를 다루었다. 특히 동 재검토회의의 전체회의에서는 강화된 재검토절차의 운용을 둘러싼 다양한 문제를 비공식적으로 논의하였고, 다양한 아이디어가 제기되어 최종선언의 초안의 작성에 영향을 미치기도 하였다.

또한 동 재검토회의에서는 군축문제를 둘러싸고 논쟁이 있었다. 먼저 핵무기보유국과 새의제연합New Agenda Coalition 사이에 군축문제를 둘러싸고 비공개협상을 진행하였으며, 다음으로 보조기구(Ⅱ)의 의장국인 캐나다를 비롯하여, 미국·이집트·이라크 및 기타 아랍국가들이 비공개 협상을 통해 지역문제에 관해 의견을 나누었다. 이러한 과정에서 보고서의 본문에서의 언어선정문제에 관한 불일치가 있었지만, 중국을 제외한 핵무기보유국이 전향적인 자세를 보임으로써, 여러 가지의 일들이 급속히 진행되었다. 그 결과 영국이 제안한 안에 대해서 약간의 수정을 가하는 선에서 프랑스·미국·러시아·영국·중국 및 비동맹운동Non-Aligned Movement을 주도하는 인도네시아가 동의함으로써, 컨센서스를 통해 군축에 관한 장래지향적인 본문을 채택하게 되었다.

3) 평가

첫째 보편성에 관해서이다.

NPT에 가입하지 않고 있었던 이스라엘·인도·쿠바·파키스탄 등이 최초로 제6차 재검토회의에 참석하였다. 이들 비당사국 가운데 특히 이스라엘·인도·파키스탄 등에 대해서 핵무기비확산조약상의 핵무기비보유국의 지위로 동 조약에 가입할 것이 요청되었다.

더욱이 국제사회는 인도와 파키스탄의 핵실험을 개탄하였고, 동시에 '그렇게 한다고 해서 핵무기보유국의 지위 내지 특별한 지위를 부여하지 않을 것임'을 선언하기도 하였다. 이러한 국제사회의 선언은 평소 "NPT 체제는 자국이 동 조약에 핵무기비보유국으로서 가입할 수 없음을 양해할 필요가 있다."라는 인도의 주장을 정면으로 반박한 것이었다.

둘째 비확산에 관해서이다.

NPT의 핵비확산 의무를 위반하였다는 의심이 가는 국가로는 북한과 이라크가 있었다. 먼저 북한의 경우에는 동 재검토회의에 불참하였기 때문에, 북한의 비확산에 대한 의무위반을 추궁하는 본문을 채택하는데 어려움이 없었다. 반면 이라크의 경우에는 자국의 대표가 동 재검토회의에 참석하였다는 점과, 1991년 이전의 비준수와 관련해서는 스스로 반증을 제시해 왔다는 점에서 훨씬 더 복잡하였다. 결국 이라크에 대한 책임추궁은 명확하지 못하였다.

셋째 군축에 관해서이다.

군축을 둘러싼 논의는 핵무기보유국이 무조건적인 군축을 공약화할 것인가의 여부 및 다음 5년 동안 취하여질 실질적인 군축조치가 어떤 것인가에 집중되었다. 제6차 재검토회의에서 채택된 군축 관련 내용은 제5차 재검토회의와 비교할 경우 훨씬 포괄적이며 광범위하였다고 평가된다.

특히 상기의 실질적 군축조치에 관한 새의제연합의 제안은 의미가 큰데, 그것은 아래와 같다. 즉 포괄적 핵실험금지조약의 조속한 발효를 달성하기 위한 서명 및 비준, 핵군축을 다루는 적절한 보조기구의 즉각적인 설립, START Ⅱ 조약의 조속한 발효 및 전면적 이행 · START Ⅲ 조약의 체결 · 전략공격무기를 보다 더 감축하기 위한 기초로서 ABM조약의 강화, IAEA와 러시아 및 미국 간 '3자적 구상'Trilateral Initiative의[65] 완성과 이행, 핵군축의무의 이행에 관한 모든 국가의 정기적 보고서의 제출, 검증능력의 개발 등이다.

넷째 비핵지대에 관해서이다.

비핵지대의 설치와 관련해서, 국제사회는 중앙아시아의 비핵지대의 설치에 관해서는 환영하고 지지하였으나, 중앙유럽과 중동의 비핵지대의 설치에 관해서는 논란이 있었다.

다섯째 IAEA의 안전조치 등에 관해서이다.

IAEA의 안전조치는 다방면에서 논쟁의 대상이었다. 먼저 기존의 안전조치제도를 강화한 '안전조치협정에 대한 추가의정서'를 둘러싸고 상당한 이견이 존재하였다. IAEA는 NPT의 안전조치제도를 발전시켜 왔는데, 그것은 안전조치협정에 대한 추가의정서를 통해 IAEA의 권한을 확장한 점에서 잘 나타나고 있다. 1997년 안전조치의 적용을 위한 국가와 IAEA 간의 협정에 대한 추가의정서의 모

65 '3자적 구상'이란 검증의 방법을 명확히 하기 위한 IAEA와 러시아 및 미국 간의 일련의 협상체제를 의미한다.

델이 IAEA 각료이사회에서 승인되었으며, 이는 1998년 2차례 개정되었다. 동 추가의정서는 1972년에 체결된 모델협정상의 IAEA의 권한을 확대시키고 있었다. 다음으로 핵물질 등의 수출지침에 관해 규정하고 있는 쟁거위원회 또는 핵공급국그룹의 역할을 둘러싸고도 상당한 논쟁이 있었다.

여섯째 핵에너지의 평화적 이용에 관해서이다.

핵에너지의 평화적 이용과 관련해서는, 핵에너지의 평화적 이용을 향유할 '국가의 양도할 수 없는 권리'의 실행을 둘러싸고 큰 논쟁이 있었다. 여기에서의 논점은 모든 국가가, 심지어 NPT의 당사국이 아닌 경우에 조차도, 이러한 이용의 권리를 향유할 것인가의 여부였다. 이와 관련해서 자국의 초보적인 핵에너지프로그램을 위해 지원을 구하는 국가그룹, 핵에너지프로그램을 포기하는데 있어서 국내적 결단을 구하는 국가그룹 및 1997년 도쿄의정서와 관련 있는 국가그룹 등 3개 그룹 간에 논쟁을 펼쳤다. 그 밖에도 방사능 폐기물의 이전, 사고의 책임 및 기술적 협력에 관해 이견이 존재하였다. 전자의 2개 문제는 주로 서구국가 상호 간의 갈등문제였다.

3. 제7차 재검토회의

제7차 재검토회의가 2005년 5월 2일부터 27일까지 뉴욕의 유엔 본부에서 개최되었다. 동 재검토회의는, 2004년의 준비위원회에서 핵무기보유국과 핵무기비보유국 사이의 이견으로 인해 어떠한 실질적 권고사항에 대한 합의도 보지 못한 상태에서 특히 다가올 제7차 재검토회의의 의제조차 결정하지 못한 채 개최되었다.

1) 주요 이슈와 성과

동 회의의 주요 이슈와 성과는 아래와 같다.

첫째 NPT의 이행 및 동 조약의 원칙과 목표의 증진에 관한 포괄적 논의가 진행되었는데, 구체적으로는 1996년의 포괄적 핵실험금지조약의 발효문제, 군사목적의 핵분열성물질의 생산금지조약의 협상개시, 핵무기의 목록 및 생산시설의 투명성 강화, 중동에서의 비핵지대의 설치, NPT의 핵무기비보유 당사국에 대한 핵무기보유국의 핵무기사용 또는 그 위협을 행하지 않는다는 공약을 담은 법적 구속력 있는 조약의 채택 등에 관한 것이었다. 이러한 포괄적 논의에서 당사국들은 NPT체제가 직면한 이행과 준수라는 측면을 둘러싸고 명백한 이견을 보였는데, 즉 핵무기비보유국들은 군축과 비확산의무를 이행하는 데 필요한 양측의 균형을 강조하면서도 핵무기보유국에 의한 핵군축의무의 불이행을 특별히 더 강조한 반면, 미국은 자국의 핵분열성물질의 비축분 및 배치된 핵전력을 단계적으로 감축하여 왔음을 주장하였다. 특히 미국은 지난 10년 동안 리비아 · 북한 · 이라크 · 이란 등 핵무기비보유국에 의한 NPT의 심각한 비준수 사례를 지적하였고, 또한 초국가테러그룹과 같은 비국가행위자에 의한 핵확산위험이 점증하고 있다는 사실과 파키스탄의 칸Abdul Q. Khan의 핵기술 · 장비를 둘러싼 전세계적 암시장네트워크에 대한 우려를 부각하였다.

그 밖에도 2003년 북한의 핵무기비확산조약의 탈퇴행위와 관련하여, 동 조약의 탈퇴에 관한 권리와 의무를 재검토하자는 내용의 제안이 다수 제기되었다. 특별히 유럽연합EU은 핵무기비확산조약으로부터의 탈퇴를 금지하자고 제안하였는데, 그 핵심은 제3국으로부터 취득된 핵물질 · 시설 · 장비를 사용하겠다는 의도하에서 행하여진 탈퇴를 금지하자는 취지였다. 또한 핵물질과 민감한 장비 및 기술에 관한 수출통제를 강화하자는 제안도 있었다.

둘째 절차적 분쟁에 관해서이다. 동 재검토회의에서의 주된 절차적 분쟁은 NPT에 대한 재검토가 명백하게 달성되었는가의 여부를 둘러싼 것이었는데, 예컨대 2000년에 채택된 '핵군축에 관한 13단계의 행동 프로그램'13-step Programme of Action on Nuclear Disarmament 및 '핵비확산 및 군축을 위한 1995년의 원칙과 목표'1995 Principles and Objectives for Nuclear Non-Proliferation and Disarmament 등에 의한 동 조약의 재검토였다. 다수의 핵무기비보유국들은 상기 '행동프로그램'을 재확인하는 데 특별한 의미를 부여하였다. 동 '행동프로그램'에는 NPT의 보편성 확보, 포괄적 핵실험금지조약의 조속한 비준과 발효, 5년 이내에 군사목적의 분열성물질의 생산을 금지하는 조약의 체결, 핵군축을 다룰 제네바군축회의 산하의 보조기구의 설치, 핵무기의 추가적 감축협상 등의 의제가 포함되어져 있었다. 이러한 13단계들 가운데 하나로서, 핵무기보유국은 자국의 핵무기에 대한 투명성 증가 · 비전략핵무기의 감축 · 핵무기의 군사적 지위 축소 · 안보정책에 있어서 핵무기의 역할축소 · 핵무기의 완전한 폐기를 위한 작업 등 핵군축을 위한 자신들의 공약을 재확인하였다.

또한 미국 주도의 핵무기보유국과 이집트 · 인도네시아 · 말레이시아 주도의 비동맹운동국가 사이에 의제설정을 둘러싸고 분쟁이 있었다. 비동맹운동국가들은 '중동에 관한 1995년의 결의'중동을 비핵지대로 설치하는 것 및 '핵군축에 관한 13단계 행동

프로그램'에서 정하고 있는 의제를 제7차 재검토회의의 의제로 할 것을 주장하였다. 이러한 비동맹운동의 주장을 새의제연합이 지지하였다. 반면 미국은 상기 '13단계 행동프로그램'의 이행을 통한 의제의 선정에 반대하였다. 이러한 가운데 의제설정문제를 해결하기 위한 제7차 재검토회의 전체회의의 의장의 타협안이 제시되었는데, 그 타협안에는 제6차 재검토회의의 결정과 결의에 따르면서 동시에 당사국이 제안하는 문제에 대해서도 토의할 수 있다는 내용을 포함하고 있었다. 이에 미국이 상기 타협안을 수락하였다. 그러나 이번에는 이집트가 그 타협안을 거부함으로써, 이러한 의제설정문제는 교착상태에 빠지게 되었다.

그럼에도 불구하고 추가적인 협상이 계속되면서. 마침내 5월 11일 당사국들은 재검토회의의 의제를 최종적으로 선정하였다. 그 밖에도 실무 프로그램의 채택을 둘러싸고 미국을 포함한 서구국가와 비동맹운동국가 사이에 불일치가 있었다. 비동맹운동국가들은 실질적 군축조치를 위한 개별기구뿐 아니라 안전보장에 관한 보조기구의 설치를 주장하였고, 반면 미국은 안전보장에 관한 보조기구의 설치에 반대함으로써 비동맹운동국가의 주장에 반대하였다. 결국 비동맹운동국가들이 자신의 제안을 철회함으로써 갈등은 타개되었다. 따라서 실무 프로그램은 각각의 주요위원회의 산하에 단일의 보조기구를 각각 설치한다는 것인데, 주요위원회(Ⅰ) 산하의 보조기구는 안전보장문제를 포함하는 실질적 군축단계를 망라하고, 주요위원회(Ⅱ) 산하의 보조기구는 중동문제에 관한 1995년의 결의의 이행을 포함하는 지역적 이슈를 망라하고, 주요위원회(Ⅲ) 산하의 보조기구는 NPT의 탈퇴를 포함하는 기타 조약규정을 고려한다는 것이었다.

2) 주요위원회와 보조기구의 작업

주요위원회(Ⅰ)은 군축문제를 다루는데, 동 주요위원회 산하의 보조기구는 재검토회의 전체회의에 제출될 실질적 군축 단계에 관한 보고서를 채택하였다. 동 보고서는 주요위원회(Ⅰ)의 위원장이 작성한 실무문서, 그리고 NPT 제1조와 제2조 및 제6조의 이행을 재검토하는 보조기구(Ⅰ)로부터 나온 실무문서로 구성된 부속서를 포함하였다. 그러나 동 보고서는 주요위원회(Ⅰ)에서 상기 실무문서를 컨센서스로 채택할 수 없다고 밝히고 있었기 때문에, 그 결과 제7차 재검토회의 전체회의는 원안위원회에 보고서를 내지 않기로 결정하였다.

주요위원회(Ⅱ)와 주요위원회(Ⅲ)은 재검토회의 전체회의에 보고서를 송부하지 못하였다. 핵안전조치에 관한 주요위원회(Ⅱ)로부터의 보고서는 중동문제 등 지역적 이슈를 다루는 보조기구에서의 불일치로 인해 채택될 수 없었다. 특히 이란은 IAEA 집행이사회에 의해 채택된 결의에 반대하였고, 미국은 이스라엘을 핵무기비보유국의 지위로 NPT에 가입시키자는 권고에 반대하는 입장을 견지하였다. 핵에너지와 핵기구에 관한 주요위원회(Ⅲ)으로부터의 보고서도 미국의 반대로 채택되지 못하였다.

그 밖에도 핵무기보유국 간의 불일치가 있었는데, 포괄적 핵실험금지조약의 조기발효를 주장하는 러시아와 그에 반대하는 미국을 비롯한 나머지 핵무기보유국 간에 불일치가 대표적 경우이다. 또한 비동맹운동과 유럽연합에 속하는 국가 상호 간에도 최종 보고서의 작성에 이견이 있었다.

3) 평가

제7차 재검토회의는 컨센서스에 의한 최종선언의 채택이라는 전통을 살리는 성과를 얻긴 하였지만, 그 내용적 측면에서 보면 절차문제에서의 한정된 성과에 불과하였다. 결국 조약이행의 증진에 관한 권고 등 실질적 사항에 관한 결정을 담지 못하였다는 점에서, 제7차 재검토회의의 성과는 미흡하였다고 평가된다.

4. 제8차 재검토회의

핵무기비확산조약 제8차 재검토회의가 동 조약의 172개 당사국이 참석한 가운데 2010년 5월 3일에서 28일까지 뉴욕의 유엔 본부에서 개최되었다. 동 회의는 지난 제7차 재검토회의와는 달리 건설적이고 화기애애한 분위기에서 시작되었다.

1) 주요 이슈와 성과

동 회의의 주요 이슈와 성과는 아래와 같다.

첫째 핵무기비확산조약의 이행 및 동 조약의 원칙과 목표의 증진에 관한 포괄적 논의가 진행되었는데, 구체적으로는 1996년의 포괄적 핵실험금지조약의 발효문제, 군사목적의 핵분열성물질의 생산금지조약의 협상개시, 핵무기의 목록 및 생산시설의 투명성 강화, NPT의 보편성, 중동에서의 비핵지대의 설치 등에 관한 것이었다.

둘째 재검토회의의 선례에 따라 사무국은 3개의 주요위원회를 설치하였는데, 주요위원회(Ⅰ)은 핵군축에 관한 것을, 주요위원회(Ⅱ)는 안전조치와 지역적 이슈를 포함하는 비확산에 관한 것을, 주요위원회(Ⅲ)은 핵안전 및 핵에너지의 평화적 이용에 관한 것을 담당하였다. 당사국들은 각 주요위원회 산하에 보조기구를 창설하는 것을 승인하였고, 논의될 이슈들을 배당하였다. 즉 주요위원회(Ⅰ) 산하의 보조기구는 안전보장을 포함하는 실질적 군축단계를, 주요위원회(Ⅱ) 산하의 보조기구는 중동에서의 대량파괴무기 없는 지대의 설치와 관련된 것들을 포함하는 지역적 이슈를, 주요위원회(Ⅲ) 산하의 보조기구는 NPT의 탈퇴에 어떻게 대응할 것인가 하는 문제를 포함하는 동 조약의 기타 규정에 관한 내용을 다루도록 하고 있었다.

상기와 같은 배당에 입각하여, 제8차 재검토회의에서 각 주요위원회에서는 아래와 같은 논의가 진행되었다.

먼저 주요위원회(Ⅰ)에 관해서이다. 동 주요위원회의 주된 논의는 제6차 재검토회의에서 채택된 핵군축의 단계별 실행에 초점을 맞추고 있었다. 여기에는 현존 무기의 불가역적이고 대규모적 감축의 실행, 국제통제하에서 잉여 분열성물질의 배치문제, 전략핵무기의 운용상 지위의 축소, 전술핵무기의 법적 구속력 있는 제한에 관한 협상, 국가안보정책에 있어서 핵무기의 역할과 중요성의 축소 등이 포함되어 있었다. 그 밖에도 핵무기보유국은 새로운 형태의 핵무기 개발과 개선을 유예할 것을 선언하기도 하였다.

또한 핵무기의 개발·취득·소유 또는 사용을 금지하는 핵무기금지조약의 협상을 승인하기 위한 회의를 재개하는 문제를 둘러싸고 비동맹운동국가와 핵무기보유국중국 제외 사이에 이견이 있었는데, 전자는 상기 조약에 대한 협상이 정해진 일정표에 따라 이행되어져야 한다고 주장한 반면, 후자는 핵군축의 달성을 위한 명확한 일정표를 제시하는 데 반대하였다. 이러한 반대 때문에, 결국 최종문서에서 전향적 핵군축의 단계를 제시하는 내용은 제외되었다.

둘째 주요위원회(Ⅱ)에 관해서이다. 동 주요위원회의 주된 논의는 이란의 핵프로그램을 둘러싼 논쟁, IAEA의 1997년 추가의정서의 지위에 관한 논쟁, 핵수출통제협정문제, 핵공급국그룹에 의한 2008년 미국과 인도 간의 민간핵협력구상US-India Civil Nuclear Cooperation Initiative의 승인문제 등이다.

또한 동 주요위원회의 보조기구에서는 1995년 재검토 및 효력연장 회의에서 채택된 중동에 관한 결의의 이행문제를 두고 아랍국가들과 미국 간에 이견이 있었다. 즉 전자는 중동에서의 대량파괴무기 없는 지대의 운용을 감시할 상설위원회의 설치에 관한 협상을 제안하였지만, 후자는 그것이 시기상조임을 주장하면서 거부하였던 것이다.

끝으로 주요위원회(Ⅲ)에 관해서이다. 동 주요위원회는 다자간 핵연료주기 관리협약의 제안에 총력을 쏟았다. 스웨덴은 다자간 핵연료보증의 필요성을 반복하면서 IAEA의 역할을 강조하였다. 반면 비동맹운동국가들은 스웨덴의 제안에 직접적으로 반대하지는 않았지만, 비차별원칙에 기초한 절차진행의 중요성을 강조하였다. 특히 동 주요위원회의 보조기구에서는 NPT의 탈퇴와 관련하여 불일치가 있었다.

2) 최종선언

2010년 5월 25일 각 주요위원회의 위원장과 그 각각의 보조기구는 최종선언안을 제안하였다. 그 안은 2개의 영역으로 나뉘어져 있었는데, 하나는 핵무기비확산조약을 둘러싼 3가지 측면에서의 이행과정을 재검토하는 것이고, 다른 하나는 행동계획을 구체화하는 것이었다. 다수의 핵무기비보유국은 주요위원회(Ⅰ) 산하의 보조기구의 보고서에 기술되고 있는 표현이 군축을 약화시키는 것이라는 이유로 그 안에 대하여 비판적 입장을 취하였는데 반해, 핵무기보유국은 그 안에 포함된 군축조치가 너무 강력하다고 불평하였다. 또한 비확산과 핵에너지의 평화적 사용과 관련해서 사용된 표현을 두고 불일치가 있었다. 즉 일부 아랍국가들은 중동의 대량파괴무기 없는 지대에 관한 제안이 이스라엘에 압박을 행사하지 못하고 있다는 불만을 제기하기도 하였다.

2010년 5월 27일 개정된 최종선언안이 나왔지만, 상기 2개 영역 가운데 두 번째 영역에 포함된 64단계로 구성된 행동계획을 둘러싸고 이견이 있었다. 이러한 이견으로 인해, 최종선언의 채택에 어려움이 있었다. 특히 '이스라엘의 NPT에의 가입의 중요성'과 '이스라엘의 모든 핵시설을 대상으로 IAEA의 안전조치를 실시한다는 것' 등의 표현은 아랍국가와 이스라엘 그리고 미국 간에 논쟁거리가 되었다. 그럼에도 불구하고 미국이 컨센서스로의 채택을 위하여 상기 이스라엘과 관련된 표현을 수용함으로써, 2010년 5월 28일 최종선언이 만장일치로 채택되었다.

5. 제9차 재검토회의

제9차 재검토회의가, 2012년 비엔나와 2013년 제네바 그리고 2014년 뉴욕에서의 준비위원회 회의를 거쳐, 마침내 2015년 4월 27일부터 5월 22일까지 뉴욕의 유엔 본부에서 개최되었다.

그러나 중동문제와 핵군축문제를 둘러싼 대립으로 인해, 제9차 재검토회의에서는 어떠한 최종선언도 채택되지 않았다. 사실 앞의 2가지 문제는 제3차, 제5차, 제6차, 제8차 재검토회의에서도 중요한 이슈 중의 하나였음은 물론 대부분의 재검토회의에서 최종선언을 채택해 왔다는 점에 비추어 보면, 제9차 재검토회의는 실패라고 평가할 수 있다.

그러나 2020년 제10차 재검토회의를 위한 준비위원회가 2017년 비엔나에서 개최되었고, 그러한 2가지 문제가 새롭게 다루어졌다는 점에서, 제10차 재검토회의에서의 성과를 기대해 볼 수 있다.

이하에서는 제9차 재검토회의의 주요위원회의 역할에 관해 살펴보고자 한다.

1) 주요위원회(I)

주요위원회(I)의 역할은 핵군축과 관련된 이슈들을 다루는 데 있다. 제9차 재검토회의에서 주요위원회(I)이 관심을 가지고 논의한 주제는 '핵무기의 인도적 영향' 및 '2015년의 재검토회의를 통해서, 핵무기를 금지하고 핵군축을 달성하기 위한 효과적 조치를 담고 있는 법적 구속력 있는 조약의 체결을 위한 절차를 개시하도록 설득하는 작업'이었는데, 그 구체적인 작업내용은 아래와 같다.

첫째 오스트리아가 주도한 '159개 핵무기비보유국으로 구성된 그룹'은 '핵무기의 인도적 영향'에 관한 논의를 일반적으로 지지하였고, 또한 새의제연합은 '포괄적 핵무기협약', '핵무기금지조약', '프레임워크 약정' 또는 '기타 혼합 약정'을 제안하였다.

둘째 5개 핵무기보유국들은 핵무기의 금지와 폐기를 주장하는 그리고 핵군축의 속도와 범위를 권고하는 핵무기비보유국의 노력을 거의 묵살하였으며 동시에 핵군축에 관한 법적 구속력 있는 체제를 직접적으로 제안하는 노력에 대해서도 반대하였다. 반면 핵무기보유국들은 전략적 안정과 모든 국가의 안보를 유지한다는 대원칙하에서 핵군축을 실질적으로 이끌 수 있는 단계적 접근방법을 제안하였다.

셋째 120개국으로 구성된 'NPT 비동맹당사국그룹'Non-Aligned States Parties to the NPT은 모든 핵무기의 폐기를 위한 행동계획을 제안하였는데, 이것은 각 단계를 5년 단위로 한 3단계 계획으로서 핵무기의 불가역적이고 검증 가능한 폐기를 주요내용으로 하고 있었다.

또한 전술한 바와 같이 비록 제9차 재검토회의 전체회의에서 의장의 최종선언안이 컨센서스로 성립되지는 않았지만, 그 최종선언안에는 핵군축에 관한 유용한 권고가 담겨 있었다. 첫째 NPT의 전면적이고 효과적인 이행, 핵비확산체제 및 핵군축이 국제평화와 안보를 촉진하는 데 필수적 역할을 한다는 점을 재확인하였다. 둘째 포괄적 핵실험금지조약의 가능한 한 조기 발효의 중요성이 재확인되었고, 동 조약의 발전을 위한 서명국의 책임이 강조되었으며, 포괄적 핵실험금지조약이 핵군축과 핵비확산을 위한 필수적이고 다자적인 조약임이 강조되었다. 그 밖에도 아래와 같은 구체적인 기준과 일정을 구체화하고 있었다. 즉 핵무기는 결코 다시 사용되어서는 안 된다는 점, 제6차와 제8차 재검토회의의 최종선언에서 합의된 핵무기보유국이 수행해야 할 핵군축의 단계별 이행은 급박한 필요성이 있는 사안이라는 점, 핵무기보유국은 차기 재검토회의의 모든 절차에 참여하여야 한다는 점, 모든 당사국은 비핵지대조약과 관련된 의정서에 비준하여야 하고 차기 재검토회의를 둘러싼 관련 유보와 해석선언을 재검토하여야 한다는 점, 모든 당사국은 핵무기 또는 기타 핵폭발장치의 사용을 위한 분열성물질의 생산을 금지하는 조약의 협상을 개시하여야 한다는 점, 모든 당사국은 핵군축에서 요구되는 검증능력을 향상시키기 위한 노력을 강화하여야 한다는 점 등이었다.

2) 주요위원회(II)

주요위원회(Ⅱ)의 역할은 안전조치, 핵안보, 수출통제, 비핵지대 및 중동·남아시아·북한 등의 지역적 이슈들을 다루는 데 있다. '주요위원회(Ⅱ)에 관한 의장실무보고서'는 2014년 IAEA 총회에서 채택된 결의들에 기초한 많은 실무보고서를 기초로 작성되었다. 비록 동 보고서가 컨센서스로 채택되지는 못하였지만 중요한 몇 가지 측면을 내포하고 있는데, 그것은 다음과 같다.

첫째 IAEA를 위한 주요위원회(Ⅱ)의 지원, 안전조치협정의 준수를 확보할 수 있는 기구, IAEA 안전조치의 신뢰성·효용성·완전성의 유지의 중요성 등이 강조되었다. 둘째 172개국이 유효한 포괄적 안전조치협정을 체결하였으며, 2010년 이래 6개 국가가 추가적으로 NPT의 안전조치협정을 발효시켰으며, 124개 국가가 안전조치협정에 대한 추가의정서를 체결하였다는 점이 소개되었다. 셋째 당사국에 의한 NPT의 비준수의 사례가 지적되면서, 그들 국가가 자신의 의무의 완전한 이행을 즉각적으로 실시할 것이 요청되었다. 넷째 비확산의무의 준수의 중요성과 NPT의 완전성을 유지하기 위한 모든 비준수문제의 중요성, IAEA 안전조치의 중요성이 강조되었다. 다섯째 새로운 비핵지대의 설치가 핵비확산체제를 강화하며, 핵군축의 목표를 실현하는 데 기여한다는 점이 강조되었다. 여섯째 특히 중동에서의 비핵지대의 설치의 중요성이 강조되었다. 일곱째 NPT의 보편성 확보의 중요성과 급박성이 재확인되었다.

또한 주요위원회(Ⅱ) 산하의 보조기구(Ⅱ)는 다음과 같은 활동을 수행하였다. 첫째 보조기구(Ⅱ)는 지역적 이슈를 다루었지만, 중동에서의 비핵지대 설치와 기타 대량파괴무기[운반체 포함]에 관한 1995년 결의[1995년 중동결의]의 이행을 둘러싸고는 어떠한 합의에도 도달할 수 없었으며, 나아가 제8차 재검토회의와는 달리 상기 문제를 논의할 회의의 소집에 관해서도 어떠한 합의도 이루지 못하였다. 그러나 아랍국가들은 제9차 재검토회의의 최종선언의 채택 이후 180일 이내에 유엔 사무총장이 중동문제를 위한 새로운 프레임워크회의를 소집할 것을 제안하였는데, 이는 중동에 있어서의 비핵지대 설치와 기타 대량파괴무기[운반체 포함]의 부존재를 위한 법적 구속력 있는 조약의 체결을 위한 절차의 개시를 목적으로 하고 있었다. 동 프레임워크회의에서는 2개의 실무그룹을 설치하기로 하였고, 실무그룹(Ⅰ)은 그 범위·지리적 범주·금지와 잠정조치를, 실무그룹(Ⅱ)는 검증과 이행을 다루기로 하였다.

사실 상기의 아랍국가들의 제안에는 회의의 소집을 위한 전적인 책임을 유엔 사무총장에게 두고 있었으며, NPT의 수탁국의 역할을 배제하고 있었다. 따라서 동 제안은 NPT의 수탁국의 승인을 얻지 못하였고, 그 결과 제9차 재검토회의 동안 큰 이목을 끌지 못한 채 시간만 죽이는 협상이 되고 말았다. 이러한 난관을 타개하기 위하여 러시아가 이집트의 안에 기초한 타협안을 제안하였는데, 그것은 다음과 같았다.

즉 중동회의는 2016년 3월 1일 이전에 개최되어야 한다는 것, 회의의 준비를 위해 모든 중동 국가는 집중적 협의에 직접 참여하여야 한다는 것, 유엔 사무총장은 2016년 3월 1일 이전까지 중동의 모든 국가에 개최될 회의의 초대장을 발송하여야 한다는 것, 그 회의의 위임사항은 중동에 관한 1995년 결의에 따르며, 모든 실질적 결정은 컨센서스로 결정된다는 것 등이었다. 이에 대해 NPT의 수탁국인 미국과 영국은 중동회의의 준비과정에서의 자국의 배제를 이유로 상기 러시아 안을 반대하였다.

3) 주요위원회(Ⅲ)

주요위원회(Ⅲ)의 역할은 핵에너지의 평화적 사용과 응용, 국제적 핵협력, 핵안전, NPT으로부터의 탈퇴, 동 조약의 보편성, 동 조약의 재검토절차의 강화 등을 다루는 데 있다. 동 위원회의 핵심적 작업은 NPT의 탈퇴기준, 핵물질과 핵기술의 이전을 둘러싼 국제적 협력 및 재검토절차를 강화하는 것이었다. 이러한 문제에 관하여 제5차와 제6차 재검토회의에서 합의된 것 이외에는 탈퇴기준이나 재검토절차의 강화에 관한 별도의 성과는 없었다.

그 밖에 주요위원회(Ⅲ)에서도 공식적인 합의는 아니지만, 아래와 같은 폭넓은 의견일치가 있었는데, 그것은 아래와 같다. 첫째 NPT에 따른 평화적 목적을 위해 개발도상국이 핵물질·장비 또는 기술에 접근하고, 용이하게 하고, 보장하기 위한 수출통제정책의 투명성과 포괄성이 장려되고 있다는 것이다. 둘째 핵에너지의 평화적 사용의 촉진을 위한 지역적 협력약정이 지원을 제공하고 기술이전을 용이하게 하고 IAEA의 기술적 협력활동을 보충하는데 효과적 수단이 될 수 있다는 것이다. 셋째 동 실무보고서는 개별 국가의 핵시설 등의 안전과 안보의 유지를 위해 각국의 주요 책임을 인식하였다는 것이다. 넷째 평화적 목적에만 사용되는 핵시설에 대한 공격 또는 그 위협이 핵안전을 위험하게 만들며, 위험한 정치적·경제적·환경적 함의를 가지며, 국제법과 관련한 심각한 이슈를 야기한다는 것에 주목하고 있다는 것이다.

Ⅲ 핵무기비확산조약(NPT)의 과제와 전망

NPT는 지난 50년 동안, 핵무기의 확산방지의 방파제로서의 역할을 수행해 왔으며, 동시에 그 시행과정에서 나타나는 흠결도 9차례에 걸친 동 조약에 대한 재검토회의 등을 통해 보완해 왔다고 평가할 수 있다. 그럼에도 불구하고 동 조약은 여러 측면에서 한계를 보이고 있다.

첫째 동 조약은 핵무기를 실질적으로 감축 내지 폐기하는 문서가 아니라 단지 더 이상의 확산을 막는 즉 기존 핵무기에 대한 현상유지용의 문서에 지나지 않는다는 점이다. 둘째 동 조약이 인도·파키스탄·이스라엘·북한의 핵개발을 막지 못하였다는 사실에서, 그 한계를 극명하게 잘 보여주고 있다. 이들 국가들은 동 조약에 가입하지 않은 채또는 탈퇴한 채 핵무기를 개발한 국가들로서, 이들로 인해 추가적 핵무기보유의 금지원칙이 크게 훼손되었다는 점이다. 셋째 미국과 러시아를 제외한 핵무기보유국, 그리고 사실상의 핵무기보유국을 핵무기군축에 참여시킬 방안이 마땅하지 않다는 점이다. 넷째 동 조약은 그 자체 상설 사무국이나 관리기구를 두지 않고 있다는 점에서, 동 조약의 효과적인 이행에 큰 장애가 되고 있다는 점이다. 다섯째 동 조약은 위반국에 대한 마땅한 제재수단을 가지고 있지 못하다는 점이다. 예컨대 군사적 제재의 경우, 그 정당성과 적법성 및 제재의 근거가 될 증거의 확보가 용이하지 않으며, 또한 경제적 제재의 경우에도 주요 경제선진국들 사이의 이견으로 인해 그 실효성을 확보하지 못하고 있다는 점이다.

이상과 같은 과제에도 불구하고, 효과적이고 실효적인 핵확산의 방지를 위해 향후 동 조약의 나아갈 방향에 대해 약간의 측면을 제안하면 아래와 같다.

첫째 동 조약은 핵무기비보유국에 불리한 차별적인 내용을 다수 규정하고 있는데, 이러한 차별적인 내용을 현재의 상황에 맞춰 전면적으로 재검토하는 것이 요구된다고 하겠다. 특히 그러한 차별적 내용을 보완하기 위한 하나의 수단으로서 동 조약 제6조에서 핵무기보유국에 부과하고 있는 '핵군축의 성실한 이행의무'는 새로운 해석이 요구되는 시점이라고 하겠다. 사실 동 조약의 내용상의 불평등성은 그 협상 당시부터 핵무기비보유국들의 불만 요인이었는데, 핵확산의 방지라는 목표를 효과적으로 실현하기 위해서는 핵무기보유국은 물론이고 사실상 핵무기보유국[북한 · 이스라엘 · 인도 · 파키스탄]들의 다자간 핵군축협상을 통한 '핵무기 없는 세상'의 실현이 요망된다고 하겠다. 다만 동 조약의 불평등성과 관련하여, 핵무기보유국과 핵무기비보유국 그리고 동 조약의 미가입국 등의 입장이 절대적으로 상이하다는 점을 감안하여, 그러한 불평등성을 제거할 단계적 노력이 우선되어야 할 것이다.

둘째 오늘날 NPT의 당사국의 수가 192개국인데, 이렇듯 대부분의 국가가 동 조약에 가입하고 있다. 그러나 앞서 언급한 바와 같이 사실상 핵무기를 보유한 상기 4개국이 아직 미가입 상태[북한의 경우 가입 후 탈퇴]에 있다는 점은 동 조약의 보편성을 크게 훼손하는 요인이라고 할 수 있다. 따라서 상기 4개국의 동 조약에의 조속한 가입이 요망된다고 하겠다. 이들 미가입국들은 동 조약에 법적으로 구속되지 않음으로 인하여, 핵확산방지와 관련하여 사실상 무법지대에 놓여 있다고 할 수 있다. 따라서 이들 국가들의 핵확산을 법적으로 방지할 수단이 없게 되는 것이다. 특히 이러한 미가입국의 존재는 NPT의 법적 공약을 희석시키고 있으며, 나아가 동 조약상의 법적 구속력으로부터 벗어날 수 있는 빌미를 제공하는 결과가 되고 있다. 따라서 모든 국가에 동 조약상의 법적 의무를 부과함으로써, 핵확산의 방지라는 인류 공동의 과제를 해결하여야 할 것이다.

셋째 동 조약에서는 그 실효성을 확보하기 위한 방안으로 IAEA가 실시하는 안전조치시스템을 도입하고 있으며, 나아가 추가의정서의 채택을 통해 문제점을 보완하고 있는 실정이다. 그럼에도 불구하고 상기 안전조치제도는 문제점을 안고 있다는 점이다. 따라서 동 조약의 실효성을 효과적으로 보장하기 위해서, 먼저 IAEA 안전조치제도의 미비점이 보완되어야 함은 물론 그 밖의 효과적인 검증제도가 추가적으로 도입되어 이중적 검증이 가능하도록 개선해야 할 것이다.

결국 상기와 같은 취약점을 보완하는 것이 우선적으로 요구되겠지만, 기본적으로는 핵확산의 방지가 자국의 이익뿐만 아니라 국제사회 전체의 이익이 된다는 점을 인식하고, 각국이 그것을 준수하려는 노력이 요망된다고 할 것이다. 다시 말해 핵확산방지가 인류의 생존을 보장하는 매우 중요한 사안임을 전세계에 다시 한번 상기시키고, 나아가 상기 9개 핵무기보유국들이 스스로 핵군축협상에 나아가는 등 '핵무기 없는 세상'의 실현을 위한 노력에 국제사회의 총의를 집중시켜야 할 것이다.

제5장

비핵지대의 설치

I 비핵지대의 개념 및 전개

1950년대를 거치면서 광범위하게 보급된 핵기술은 현실적으로 핵무기의 확산을 수반하였고, 이에 대응하여 국제사회는 그 확산을 방지하고자 하는 데 많은 노력을 경주하였다. 그러한 노력은 크게 2가지 접근방법으로 행하여지게 되었는데, 하나는 전술한 제4장에서 언급하고 있는 핵무기비확산조약NPT의 체결이고, 다른 하나는 비핵지대의 설치이다.

일반적으로 비핵지대란 특정의 지리적 범위 내에서 핵무기가 배제되는 상태를 창설하는 국제법상의 제도이다. 비핵지대를 설정하기 위해서는 아래의 몇 가지 요건이 전제되어야 한다. 첫째 경계가 엄격하게 확정된 비핵지대 내에 핵무기의 완전한 부존재가 확보되어야 한다. 둘째 비핵지대의 구상으로부터 발생하는 의무의 준수를 보증하기 위한 검증체제가 갖추어져야 한다. 셋째 핵무기보유국이 해당 비핵지대에서의 의무를 수용하여야 하는데, 그러한 의무로는 핵무기의 부존재의 존중, 조약에 대한 위반행위의 금지 및 비핵지대 내의 국가에 대한 핵무기의 사용과 그 위협의 금지 등이 포함된다. 이처럼 비핵지대의 기본적 바탕은 동 지대 내의 국가의 자주적 의사와 핵무기보유국의 동의라는 2가지 요소라고 하겠다.

이러한 비핵지대를 구상한 목적은 특정 지역에서 핵무기의 확산을 통제하는 데 있었는데, 구체적으로는 관련 국가들의 합의에 의해 특정 지역 내에서 핵무기의 제조 · 개발 · 취득 · 실험 · 보유 · 배치 및 사용 등을 금지하는 것이다.

조약에서 비핵지대를 나타내는 영어식 표현을 보면, 'nuclear weapons free zone', 'prohibition of emplacement of nuclear weapons', 또는 'prohibition of nuclear weapons' 등이 있고, 그 가운데 'nuclear weapons free zone'이라는 표현을 좀 더 많은 곳에서 사용하고 있다. 반면 국내적으로 '한반도비핵화공동선언'Joint Declaration for Denuclearization of Korean Pennisala에서, 'denuclearization'을 사용하면서 '비핵화'라는 표현을 쓰고 있다. 국제적으로 어느 조약에서도 'denuclearization'이라는 용어를 사용하지 않고 있다는 점에서, 여기서는 비핵지대라는 용어로 통일해서 사용하고자 한다.

비핵지대의 구상에 관한 최초의 공식적 제안은 1957년 폴란드가 제안한 라파츠키Rapacki 안이라고 할 수 있는데, 그것을 달리 폴란드 안이라고도 한다. 1957년 10월 2일, 제12차 유엔 총회에서 폴란드의 대표인 라파츠키가 일반연설을 통해 "핵확산을 억제하기 위한 방안으로서 먼저 폴란드를 위시한 체코슬로바키아·동독·서독 등 일부 지역을 비핵지대로 설치할 것"을 제안한 것으로부터 유래한다. 그 후 비핵지대의 구상에 관한 다양한 제안이 있었는데, 그것은 유엔 총회와 그 밖의 각종 국제기구에서 논의되었다. 예컨대 아프리카, 중앙유럽, 중동, 지중해, 북유럽, 아시아 등을 대상으로 비핵지대를 구상하려는 제안이 있었던 것이다. 특히 그 가운데 일부는 조약으로 체결되었는데, 남극조약, 우주조약, 해저조약, 달과 기타 천체에서 국가의 활동을 규율하는 협약, 라틴아메리카핵무기금지조약, 남태평양비핵지대조약, 동남아시아비핵지대조약, 중앙아시아비핵지대조약, 아프리카비핵지대조약 등이 특정 지역을 비핵지대로 설치하는 조약들이다.

상기 조약 가운데 전자의 4개 조약은 비거주지역을 대상으로 하고 있음에 반해, 후자의 5개 조약은 거주지역을 대상으로 하고 있다는 점에서, 또한 남극조약은 비핵지대를 설치한 최초의 조약이라는 점에서, 그리고 라틴아메리카핵무기금지조약은 인구밀집지역을 비핵지대로 설치한 최초의 조약이라는 점에서 의의가 크다고 평가된다.

오늘날 우주, 해저 및 남반구의 대부분이 비핵지대로 설치되었고, 북반구에도 일정 지역을 비핵지대로 설치하고 있는데, 이것들은 특정 조약 또는 유엔 총회의 결의 형태로 실현되고 있다.

Ⅱ 비핵지대에 관한 여러 조약들

1. 남극조약

동 조약은 전문과 14개 조항으로 구성되어 있는데, 남극이 평화적 목적으로만 사용되어져야 함을 천명하고 있으며, 동시에 국제분쟁의 무대가 되어서는 아니 됨을 특별히 명기하고 있다[동 조약 전문]. 또한 동 조약은 남극지역에서의 군사기지·요새의 설치, 군사연습의 수행, 모든 형태의 무기실험 등 군사적 성격의 모든 조치를 금지하고 있으며, 남극지역에서의 방사성폐기물의 처분 및 모든 핵폭발의 금지를 규정하고 있다. 또한 동 조약의 목적을 촉진하고 의무이행의 준수를 확인하기 위하여 사찰을 수행할 수 있도록 하고 있다.

특히 동 조약은 남극을 비핵지대로 규정하고 있는데, 이는 비핵지대라는 개념을 최초로 실행한 조약으로서, 후에 부분적 핵실험금지조약·핵무기비확산조약·라틴아메리카핵무기금지조약·해저비핵지대조약·우주조약 및 남태평양비핵지대조약 등의 체결에 상당한 영향을 미쳤다.

동 조약 제6조에서는 남극의 지리적 범위를 남위 60도 이남 지역으로 설정하고 있는데, 남극의 지리적 범위를 둘러싸고는 여러 학설이 존재한다. 즉 남위 40도를 중심으로 형성되어 있는 아열대수렴선[Subtropical Convergence: 남극에서 올라오는 한류와 남쪽으로 내려오는 난류가 만나는 지역]의 이남 지역이 남극지역이라든지 또는 남위 50~62도[일부는 남위 47~63도라고 설명함]에 걸쳐 있는 남극수렴선[Antarctic Convergence: 아열대수렴선과 유사하게 수온과 염도 같은 물리·화학조건과 대기의 습도와 기온에 있어 차이를 보이는 수역으로 아열대수렴선에 비하여 유동적인 지역]의 이남 지역이 남극지역이라는 견해가 바로 그것이다. 이러한 여러 견해들 가운데 동 조약 제6조에서 정하고 있는 지리적 범위는 법적으로는 적합한 기준일지는 모르나, 동 기준에 의할 경우 해양자원 및 하층토의 자원을 양분하고 있다는 점에서 부적합하다는 비판이 있다. 한편 1980년 5월에 체결된 '남극해양생물자원보존협약'[Convention on the Conservation of Antarctic Marine Living Resources]에서는 동 조약의 적용범위를 남극수렴선을 기준으로 정하고 있다[동 조약 제1조].

아무튼 남극대륙의 면적은 약 1,420만㎢로 지구의 육지 면적 가운데 약 1/10을 차지하고 있으며, 남극대륙의 약 98%는 평균두께 약 1.6km의 얼음으로 덮여져 있다. 또한 남극대륙에 가장 가까이 위치하고 있는 남미의 케이프 혼[Cape Horn]에서의 거리가 약 950km로 타 대륙과는 대양에 의하여 격리된 대륙이라고 하겠다.

남극조약은 남극에 대한 사실상의 국제화를 시도하였다고 해석되는데,66 즉 남극에 대한 평화적 이용이 전 인류의 공동이익임을 선언한 것전문, 남극의 비군사화제1조 및 제5조, 영유권주장의 동결제4조, 관할권문제에 있어서 영토적 관할권 대신 국적국의 인적 관할권의 인정제8조 및 동 조약 제7조 5항에서 규정하고 있는 각종 통지의무 등이 바로 그것이다.

그러나 이러한 남극조약상의 '남극의 국제화'는 완전한 국제화라기보다는 과학조사의 자유보장 및 평화적 이용이라는 목적에만 한정된 부분적·제한적 국제화라고 보는 것이 타당할 것이다. 물론 동 조약의 체결 당시에는 남극의 완전한 국제화를 이룬 것으로 평가되기도 하였지만, 오늘날 남극이 각국의 과학기술과 경제상황의 상이로 인해 오히려 일부 선진국의 지역화로 변모되어 왔다는 비판도 있다.

아무튼 남극조약은 과학조사·환경보호·무기통제 또는 군축 영역에서는 성공적이라고 평가되고 있다. 그러나 남극체제가 갖는 자문회의의 비밀성과 배타성, 독자적 기구를 두지 않은 점, 관할 내용의 협소성 등에서는 약간의 문제를 내포하고 있다.

또한 남극에서의 환경보호와 관련하여, 1991년에 채택된 환경보호의정서일명 마드리드의정서가 1998년 1월 14일에 효력이 발생하였다.

동 조약은 1959년 12월 1일 워싱턴에서 서명되었으며, 1961년 6월 23일에 효력이 발생하였다. 현재 동 조약의 당사국의 수는 53개국이다.

2. 우주조약

달과 기타 천체를 포함하는 우주공간의 탐사와 이용에 있어서 국가활동을 규제하는 원칙에 관한 조약Treaty on Principles governing the Activities of States in the Exploration and Use of Outer Space, including the Moon and other Celestial Bodies, 일명 우주조약Outer Space Treaty은 우주를 탐사하고 사용하는데 있어서 인류의 평화적 이익을 보호하려는 데 목적을 두고 있다. 동 조약은 17개 조항으로 구성되어 있는데, 1957년 10월 4일 인류 역사상

66 반면 듀퓨(Réné-Jean Dupuy)는 남극에 대한 최대 규모의 과학탐사활동이 행하여졌던 1957~58년의 국제지구관측년(International Geophysical Year) 기간 중에 이미 남극의 국제화가 이루어졌다고 주장한다.

최초로 구소련이 스푸트니크[Sputnik] I 호를 지구궤도에 발사한 이래, 미국과 구소련 간에 펼쳐졌던 우주경쟁시대의 폐해를 중단시키고 인류공존의 새로운 시대를 열기 위해 유엔이 보여준 노력의 산물이라고 할 수 있다. 유엔은 1950년대 후반 우주시대의 개막과 동시에 우주를 둘러싼 문제를 검토하기 시작하였는데, 1957년 유엔 군축위원회는 우주를 과학적·평화적으로만 사용하도록 보장하기 위하여 사찰제도의 도입을 제안하였으며, 1958년 12월 12일 유엔 총회의 결의를 통해 우주공간의 평화적 이용을 위한 임시위원회를 설치할 것을 결정하였다. 그 후 우주에 관한 문제는 유엔 총회의 주요의제로 지속적으로 논의되었으며, 1961년 유엔 총회는 우주의 사용과 탐사에 있어서 국가의 지침원칙을 공식화하였다. 또한 1964년 유엔 총회는 우주의 탐사와 사용에 관한 법적 문제를 중점적으로 논의하였고, 미국과 구소련은 우주조약의 기초가 되는 조약안을 1966년 유엔 총회에 공동으로 제출함으로써 그 이듬해인 1967년에 우주조약이 체결되었다.

동 조약에서는 '탐사 및 사용의 자유'와 '군사적 이용의 금지' 및 '그 의무이행의 확보방안'에 관해 규정하고 있다.

첫째 '탐사 및 사용의 자유'이다. 모든 국가·국제기구·법인 및 개인은 달과 천체를 포함하는 우주공간을 자유롭게 탐사할 수 있고 사용할 수 있다[동 조약 제1조, 제6조 1항과 2항]. 따라서 상기의 모든 주체는 어떠한 차별도 없이, 동시에 우주평화와 안전을 유지하고 국제협력과 이해를 증진하는 관점에서, 우주공간을 탐사하고 사용할 수 있다[동 조약 제3조]. 그러나 상기와 같은 우주공간의 탐사와 사용의 자유는 무제한적으로 허용되는 것이 아니라 국제법 원칙과 일치하여야 하며, 영유금지원칙[동 조약 제2조], 군사적 이용의 제한[동 조약 제4조], 유해오염의 회피[동 조약 제9조] 등에 의해 제한을 받고 있다.

둘째 '군사적 이용의 금지'이다. 동 조약 제4조에서는 지구궤도에의 핵무기와 기타 대량파괴무기의 배치금지, 천체의 군사적 사용금지, 천체에 핵무기의 배치와 우주에서의 무기배치를 금지하고 있다. 동조 전단에서는 각 당사국에게 핵무기 또는 기타 대량파괴무기를 운반하는 물체를 지구궤도에 올리거나 또는 그러한 무기를 우주공간에 배치하지 않을 의무를 부과하고 있고, 동조 후단에서는 각 당사국에게 달과 기타의 천체를 평화적 목적으로만 이용하여야 할 의무를 부과하고 있다. 따라서 천체에서의 군사기지, 군사시설과 요새의 설치, 모든 형태의 무기실험, 군사훈련의 실시는 금지된다. 그러나 과학탐사 또는 기타의 모든 평화적 목적의 군사요원의 이용은 금지되지 않으며, 또한 달과 천체에 대한 평화적 탐사를 위하여 필요한 모든 장비나 시설의 사용은 금지되지 않는다.

동 조약 제4조와 관련하여 2가지 관점에서 논란이 있는데, 동 조약에는 어떠한 해석상의 기준도 정하고 있지 않기 때문이다. 먼저 동 조약의 기타 부분에서 일관되게 '달과 천체'라는 표현을 사용하는 것과 달리 동조에서는 '천체'라고만 표현하고 '달'이라는 단어를 생략하고 있는 것과 관련해서이다. '달'이라는 단어의 생략이 우연한 실수인지 아니면 달에 대해서는 핵무기와 그 장치를 금지하지 않는다는 의미에서 의도적 누락인지의 여부가 분명하지 않다고 하겠다. 결국 달을 천체의 일부로 간주할 수 있고, 나아가 달을 제외한 천체에 핵무기 또는 기타 대량파괴무기를 금지하면서 달에 대해서만 그러한 무기의 배치를 허용한다는 것은 거의 의미가 없다. 따라서 동조는 달에 대해서도 동일하게 적용된다고 보는 것이 합당하다고 판단된다. 다음으로 동조에서 표현하고 있는 '평화적'이라는 용어의 의미를 어떻게 해석할 것인가와 관련해서이다. 즉 '비군사적'으로 볼 것인지 아니면 '비침략적'으로 볼 것인지에 따라 그 의미가 다르다는 것이다. 전자로 해석한다면, 달과 기타의 천체에서는 어떠한 군사활동도 행하여질 수 없다는 의미이며, 후자로 해석한다면 비침략적이기만 하면 그것이 군사활동이라고 하더라도 허용된다는 것이다.

셋째 '그 의무이행의 확보방안'이다. 동 조약 제10조와 제12조에서는 우주물체의 비행관찰과 상호주의에 입각한 현지사찰이라는 검증규정을 두고 있다.

먼저 동 조약 제10조에서는 각 당사국으로 하여금 달과 천체를 포함한 우주공간에 발사된 우주물체에 대하여 그 비행을 평등의 원칙하에서 관찰할 수 있도록 기회를 부여하고 있다. 동 규정은 달과 천체를 포함하는 우주공간에 대한 탐사와 사용에 있어서 국제적 협력을 증진하는 데 목적을 둔 것으로서, 결과적으로 우주물체에 대한 비행의 관찰을 통하여 동 조약상의 의무이행을 확인할 수 있다.

다음으로 동 조약 제12조에서는 "달과 기타 천체 상의 모든 기지·시설·장비 및 우주선은 상호주의에 입각하여 본 조약 당사국의 대표자에게 개방된다. 또한 이러한 대표자는, 적절한 협의가 행하여질 수 있도록 할 목적으로 그리고 방문할 시설에 대한 안전을 확보하기 위한 또한 그 방문할 시설의 정상적인 운영에 대한 방해를 피하기 위한 최대한의 예방조치를 취할 수 있도록 할 목적으로, 계획된 방문에 대하여 합리적인 사전예고를 행하도록 한다."라고 규정하고 있다.

동 제12조와 관련하여 다음의 몇 가지 측면을 검토하고자 한다. ① 사찰의 주체이다. 사찰의 주체는 동 조약의 모든 당사국이며, 직접적으로는 그 당사국의 대표자에 의해 상호주의에 입각해서 사찰이 이루어진다. 여기서 상호주의라고 함은 피사찰당사국이 사찰당사국의 시설에로의 방문을 위법하게 방해하는 경우, 사찰당사국도 그 피사찰당사국에 대해서 자국 시설로의 방문을 거부할 수 있다는 것에 불과하다. 따라서 상호주의라는 의미에 일반적 사찰거부권을 포함하고 있는 것은 아니라는 점이다. ② 사찰의 대상은 달과 기타 천체상의 모든 기지, 시설, 장비 및 우주선이다. 아울러 동 조약 제1조에서 "천체상의 모든 지역에의 출입은 자유이다."라고 규정되어 있음으로써, 사실상 사찰의 대상은 무제한이며, 완전한 현지사찰이 이루어진다고 할 수 있다. 끝으로 동 조약 제11조에서는 사찰을 용이하게 하고 신뢰관계를 강화하기 위한 조치로서, 각 당사국은 달과 기타 천체를 포함하는 우주공간에서 행하여지는 활동의 성질 · 실시상황 · 장소 및 결과에 대하여 유엔 사무총장과 국제적 과학단체 등에 정보를 제공할 것을 천명하고 있다. 여기서 정보제공의 의무는 모든 정보에 대한 것이 아니라 '실행 가능한 최대한도까지'의 정보를 의미한다.

동 조약은 1967년 1월 27일 런던과 모스크바 및 워싱턴에서 서명을 위해 개방되었으며, 동년 10월 10일에 효력이 발생하였다. 현재 동 조약의 당사국의 수는 108개국이다.

3. 라틴아메리카핵무기금지조약

라틴아메리카핵무기금지조약Treaty for theProhibition of Nuclear Weapons in the Latin-America, 일명 틀라텔롤코 조약은 라틴아메리카와 카리브 해의 국가들로 하여금 핵무기의 부존재를 보장하고, 핵비확산에 기여하고, 일반적이고 완전한 군축을 촉진하고, 평화적 목적으로만 핵물질과 시설을 사용하고, 모든 핵무기의 실험 · 사용 · 제작 · 생산 · 취득을 금지하며, 모든 핵무기의 수령 · 보관 · 설치 · 배치 · 소유를 금지하며, 모든 핵무기의 실험 · 사용 · 제작 · 생산 · 소유를 수행 · 촉진하지 못하도록 규정하고 있다. 즉 어떠한 경우에도 각 당사국의 영역 내에 핵무기의 반입을 금지하고 방지하여야 한다는 의무 및 핵무기의 실험 · 사용 · 제조 · 생산 · 소유 또는 통제에 직 · 간접적으로 관여 · 조장 · 위탁 또는 참여하여서는 아니 될 의무를 부과하고 있는 것이다.

또한 동 조약의 당사국은 자신들의 핵활동에 대해 안전조치를 적용받기 위해 IAEA와 안전조치협정을 개별적으로 체결해야 할 의무를 지고 있다. 동 조약에 대한 제1추가의정서에서는 상기 지역 내에 영역을 가진 국가네덜란드 · 미국 · 영국 · 프랑스로 하여금 그 영역 내에서 비핵지대를 실현할 의무를 지며, 제2추가의정서에서는 5대 핵무기보유국으로 하여금 상기 지역에 대한 비핵지대를 존중하고, 동 조약 당사국에 대한 핵무기의 사용 또는 그 위협을 행하지 않을 의무를 지도록 하고 있다. 그 결과 라틴아메리카에 영역을 가지고 있는 네덜란드 · 미국 · 영국 · 프랑스는 비핵지대에 대한 지위를 보장하는 데 동의하였으며, 또한 핵무기보유국들도 '동 조약 당사국에 대한 핵무기의 사용 및 그 위협의 금지'를 전적으로 보장하기로 약속하고 있다.

또한 동 조약 제12~16조에서는 IAEA의 안전조치를 통한 검증과 '라틴아메리카 핵무기금지기구'Agency for the Prohibition of Nuclear Weapons in Latin America에 의한 특별사찰을 통한 검증을 규정하고 있다. 전자는 IAEA를 통하여 달성되는 국제적 검증인데, 이를 위하여 각 당사국은 자국의 핵활동에 대한 IAEA의 안전조치를 적용하기 위하여 동 기구와 양자 간 내지 다자간 안전조치협정을 체결하여야 한다. 후자는 상기 '라틴아메리카 핵무기금지기구'를 통한 검증인데, 동 기구는 모든 당사국으로 구성되는 총회, 총회에서 선출되는 5개 당사국으로 구성되는 이사회 및 사무국 등을 두고 있다. 총회는 매 2년마다 개최되는 동 기구의 최고기관으로서 검증 절차를 정한다. 이사회의 주요임무는 통제제도의 효과적인 시행을 보장하는 것인데, 사무총장을 통하여 검증의 적정한 운용을 확보한다. 사무국은 임기 4년의 사무총장과 그 직원으로 구성되는데, 각종 실무적 작업을 담당한다. 이처럼 동 조약에서는 2가지 형태의 검증을 동시에 규정하고 있다.

동 조약은 인구밀도가 높은 주거지역을 대상으로 비핵지대를 최초로 설치하였다는 점 및 국제적 통제제도와 '라틴아메리카 핵무기금지기구'라는 영구적 감독기관을 설치한 최초의 조약이라는 점에서 의의를 가진다.

동 조약은 1967년 2월 14일 멕시코시티에서 서명을 위해 개방되었으며, 1968년 4월 22일에 효력이 발생하였다. 그 후 1990년, 1991년 및 1992년에 각각 동 조약의 특정 조항이 개정되었고, 그 개정 조약에 대한 비준국의 수는 각각 상이하다. 현재 동 조약1967년의 당사국의 수는 33개국이며, 제1추가의정서는 4개국, 제2추가의정서는 5개국이 가입하고 있다.

4. 해저비핵지대조약

해저 등에서의 핵무기 및 기타 대량파괴무기의 배치금지조약Treaty on the Prohibition of the Emplacement of Nuclear Weapons and other Weapons of Mass Destruction on the Sea-Bed and Ocean Floor and in the Subsoil thereof, 해저비핵지대조약은 해양과학의 발달로 인해 1960년대에 관심을 불러일으킨 해저를 둘러싼 평화적 이용제도의 확립과 군사적 이용의 배제를 근간으로 하고 있다. 특히 해저에 대한 비군사화 내지 비핵지대의 설치라는 관점에서, 당시의 18개국 군축위원회에서는 관련 사안에 대한 많은 논의가 있었다. 1969년 3월과 7월에 미국과 구소련 양국은 해저비핵지대에 관한 조약안을 18개국 군축위원회에 각각 제출하였으며, 동년 10월에는 양국의 공동조약안이 제출되기도 하였다. 동 공동조약안은 많은 논의를 거친 후, 1970년 12월 7일 유엔 총회의 결의로 승인되었는데, 그것이 바로 해저비핵지대조약이다.

동 조약은 전문과 11개 조항의 본문으로 구성되어 있는데, 해저에서의 핵무기경쟁을 방지하려는 데 그 목적이 있다. 동 조약은 영해측정 기선으로부터 12해리 이원의 해저와 그 지하에 핵무기와 기타 대량파괴무기의 설치를 금지하며, 그러한 무기를 내포하는 시설의 설치도 금지하고 있다. 또한 각 당사국으로 하여금 상기와 같은 금지된 활동을 원조하거나, 조장하거나 또는 참여하는 것을 금지하고 있다.

또한 동 조약에서는 조약의무의 이행을 확보하기 위하여 검증규정을 두고 있는데, 각 당사국으로 하여금 NTM을 사용하거나, 기타 당사국의 원조를 얻거나 또는 유엔체제하에서의 적절한 국제적 절차를 활용하도록 하고 있다.

해저에서의 군사적 이용가능성이 날로 높아지고 있다는 점에서, 사전에 그러한 행위에 대한 억지정책을 둔 점은 매우 적절한 조치였다고 판단된다. 그러나 상술한 것처럼 동 조약은 배치금지의 대상을 핵무기 및 기타 대량파괴무기에 한정하고 있다는 점에서, 해저의 군사적 이용을 전면적으로 규제하는 것이 아니고 부분적 규제만을 수행한다는 한계를 보이고 있다.

동 조약은 1971년 2월 11일 런던과 모스크바 및 워싱턴에서 서명을 위해 개방되었으며, 1972년 5월 18일에 효력이 발생하였다. 현재 동 조약의 당사국의 수는 95개국이다.

5. 달조약

달과 기타 천체에서의 국가활동의 규제에 관한 협약Agreement Governing the Activities of States on the Moon and Other Celestial Bodies, 일명 달조약은 달과 기타 천체에서의 국가 활동을 규제하는 데 목적을 두고 있으며, 전문과 21개 조항의 본문으로 구성되어 있다. 동 조약은 전술한 우주조약의 내용과 유사한데, 주요내용은 다음과 같다.

먼저 달을 평화적 목적으로만 사용할 것을 확인하고 있으며, 달에서 또는 달로부터의 무력사용 및 그 위협 또는 기타 적대행위를 금지하고 있다. 또한 동 조약에서는 당사국으로 하여금 달 또는 달의 궤도 주위에 대량파괴무기를 배치하는 것을 금지하고 있다.

다음으로 달에서의 활동은 유엔 헌장을 포함한 국제법에 따라 국제평화와 안전을 유지하고 국제협력과 이해를 촉진하기 위하여 수행되어져야 하며, 달은 전 인류의 활동무대로서 달에 대한 탐사 및 이용은 모든 국가의 이익을 위해서 경제적·과학적 발달의 정도와 무관하게 행하여져야 하며, 달의 탐사와 사용에 관한 상호원조·달에서의 자유로운 이동·달에서의 활동에 관한 국가책임 등을 천명하고 있다. 또한 동 조약 제15조에서 달과 기타 천체에 대하여 NTM, 기타 당사국의 원조 및 국제적 절차에 입각한 현지사찰 등을 통한 검증을 규정하고 있는데, 이러한 검증제도도 우주조약과 유사하다고 평가된다.

한편 동 조약 제3조 2항에서는 "달에서는 모든 무력의 사용 또는 그 위협, 기타 모든 적대행위를 금지하고, 그러한 행위 또는 그 위협을 행사하기 위하여 달을 사용하는 것도 금지한다."라고 규정하고 있는데, 이는 전술한 우주조약과 비교할 때 더 포괄적인 무력금지를 규정하고 있다.

동 협약은 1979년 12월 18일에 뉴욕에서 서명을 위해 개방되었고, 1984년 7월 11일에 효력이 발생하였다. 현재 동 협약의 당사국의 수는 18개국이다.

6. 남태평양비핵지대조약

남태평양비핵지대조약the South Pacific Nuclear Free Zone Treaty, 일명 라로통가 조약은 각 당사국으로 하여금 남태평양 지역 안팎에서 모든 핵폭발장치의 제조·취득·소유 또는 통제를 금지하고 있으며, 또한 핵폭발장치를 제조 또는 취득하는 데 필요한 원조를 수령하거나 또는 양도할 수 없도록 규정하고 있다. 또한 각 당사국은 평화적 사용을 보장하기 위하여 엄격한 비확산조치에 따라 기타 국가와의 협력하에서 모든 핵활동을 수행하여야 할 의무를 지며, NPT과 IAEA의 안전조치제도에 기초하는 국제적 비확산체제의 효율성을 제고하여야 할 의무를 진다. 그 밖에도 핵물질과 장비의 공급 · 핵폭발장치의 실험 및 그에 대한 지원 또는 핵폭발장치의 배치 · 방사선폐기물의 투기 등에 관한 금지규정을 두고 있다. 또한 동 조약에서는 보고와 정보교환, 자문위원회의 활동, 평화적 핵활동에 대한 IAEA의 안전조치 및 자문위원회의 특별사찰 등을 골자로 하는 검증체제를 채택하고 있다.

제1의정서에서는 프랑스 · 영국 · 미국으로 하여금 상기 지역 내에 있는 자국 영토에서 핵폭발장치의 제조 · 배치 · 실험을 금지하도록 하고 있으며, 제2의정서에서는 5대 핵무기보유국으로 하여금 동 조약의 체약국에 대해 핵폭발장치의 사용 또는 그 위협을 하지 못하도록 하고 있으며, 제3의정서에서는 5대 핵무기보유국으로 하여금 상기 지역 내에서 핵폭발장치의 실험을 하지 못하도록 의무 지우고 있다.

동 조약은 동 · 서로는 오스트레일리아의 서쪽 경계로부터 동쪽의 라틴아메리카핵무기금지조약의 경계까지로 하고 있으며, 남쪽으로는 에콰도르의 북쪽 경계로부터 남쪽으로는 남극조약의 경계까지 미치는 지구의 1/6을 커버하는 광대한 지역에 비핵지대를 설치하고 있는 조약이라는 점 및 주거지역을 대상으로 비핵지대를 설치하였다는 점에서 의의가 있다.

동 조약은 1985년 8월 6일 쿡아일랜드Cook Islands의 라로통가Rarotonga에서 서명을 위해 개방되었으며, 1986년 12월 11일에 효력이 발생하였다. 현재 동 조약의 당사국의 수는 13개국이며, 제1의정서는 2개국, 제2의정서는 4개국, 제3의정서는 4개국이 가입하고 있다.

7. 동남아시아비핵지대조약

동남아시아비핵지대조약일명 방콕조약은 동남아시아에서의 비핵지대의 창설을 목적으로 하고 있다. 동 조약은 당사국으로 하여금 핵무기를 개발 · 생산 · 실험 · 획득 · 보유 또는 통제하는 것을 금지하고 있으며, 동시에 제3국으로 하여금 전기 목적을 위하여 동 조약의 당사국의 영토를 이용할 수 없도록 규정하고 있다.

동 조약은 1995년 12월 15일 방콕에서 서명되었으며, 1997년 3월 27일에 효력이 발생하였다. 현재 동 조약의 당사국의 수는 10개국이다.

8. 중앙아시아비핵지대조약

중앙아시아비핵지대조약[일명 세미팔라틴스크조약]은 중앙아시아[우즈베키스탄 · 카자흐스탄 · 키르기스탄 · 타지키스탄 · 투르크메니스탄]에서의 비핵지대를 설치하고 있다.

동 조약은 2006년 9월 8일 세미팔라틴스크에서 서명되었으며, 2009년 3월 21일에 효력이 발생하였다. 현재 동 조약의 당사국의 수는 5개국이다. 아울러 부속서에 대한 당사국의 수는 4개국이다.

9. 아프리카비핵지대조약

아프리카비핵지대조약[일명 펠린다바조약]은 아프리카에서의 비핵지대의 창설을 목적으로 하고 있다. 동 조약은, 당사국의 영토에서 핵무기를 제조 · 비축 · 획득 · 보유 · 통제 · 배치하는 것을 금지하고 있다.

동 조약은 1996년 4월 11일에 카이로에서 서명되었으며, 2009년 7월 15일에 효력이 발생하였다. 현재 동 조약의 당사국의 수는 40개국이다. 아울러 동 조약에 대한 제1부속서와 제2부속서의 당사국의 수는 각각 4개국이고, 제3부속서의 당사국의 수는 1개국이다.

Ⅲ 한계

다수 지역을 대상으로 비핵지대를 설치하고는 있지만, 실질적으로 핵개발 내지 핵배치의 의혹이 큰 지역을 대상으로 한 특정의 비핵지대가 설치되지는 못하고 있다는 점은 아쉬운 부분이다. 그나마 비핵지대로 설치된 지역에서도, 그 조약들의 준수여부는 대체로 핵무기보유국들의 의사 즉 핵무기보유국이 해당 조약의 준수를 보장할 때 그 의미를 갖는다는 점이다. 따라서 핵무기보유국의 의도에 의해 상기 조약들의 이행이 결정된다는 점에서, 핵무기보유국의 이해관계에 따라 그 운명이 결정되는 한계를 보이고 있다.

또한 상기의 조약들은 남극 · 우주 · 해저 등 조약의 대상지역의 광활성이라는 특수성으로 인해, 조약의 이행을 확인하는 검증체제에 크게 의존하고 있다. 광활한 지역을 대상으로 검증을 실시하기 위해서는 고도의 기술이 필요한데, 현실적으로 그러한 기술을 가진 국가는 군사선진국 정도에 그치고 있다. 따라서 효과적인 검증을 위해서는 국제적 절차의 마련이나 검증기술을 공동으로 사용하는 등의 후속조치가 마련되어야 하는데, 현실적으로 그렇지 못하다는 점에서 한계를 보이고 있다.

제6장
핵실험의 규제

I 핵실험 규제의 전개

핵실험이 새로운 핵무기를 개발할 때 거치는 한 과정이라는 점은 잘 알려진 사실이다. 이에 덧붙여서 그것은 기존 핵무기의 성능을 시험하는 즉 기존 핵무기의 신뢰성을 입증하는데 필수적인 과정이기 때문에, 그 의의는 매우 크다고 하겠다.

따라서 지구상에서 약 2,058회탄두 수로는 2,087개의 핵실험이 행하여져 왔다고 보고되고 있다.[67] 특히 핵무기경쟁시대의 초기 약 20년 동안 핵실험의 대부분이 지상에서 실시되었던 관계로 엄청난 양의 방사능물질이 대기에 분출되었다고 알려지고 있다.

이처럼 핵실험이 방사선, 엄청난 열, 후폭풍 및 방사능낙진일명 죽음의 재 등의 효과로 인적·자연적 환경에 대한 치명적 훼손을 야기하고 있다는 점에서, 핵실험

67 추가적으로 1979년 이스라엘이 남아프리카공화국과 공동으로 남인도양에서 핵실험을 실시하였다는 견해가 있으나, 양국은 이를 전면적으로 부인한 바 있다. 또한 핵실험의 횟수와 관련해서는 각 기관마다 조금씩 상이한 통계를 제시하고 있는데, 예컨대 포괄적 핵실험금지기구(CTBTO)에서는 미국의 핵실험 횟수를 1,030회로 기록하고 있다. 여기서는 스톡홀름 국제평화연구소(Stockholm International Peace Research Institute)의 통계를 근거로 하고 있다. SIPRI에 의하면 오늘날까지 2,058회(탄두 수는 2,087개)의 핵실험이 수행되었다고 하는데, 국가별로는 미국이 1,032회(탄두 수는 1,054개), 구소련(러시아는 핵무기실험을 행한 적이 없음)이 715회, 프랑스가 210회, 영국이 45회, 중국이 45회, 인도가 3회(탄두 수는 6개), 파키스탄이 2회(탄두 수는 6개) 그리고 북한이 6회 수행하였다는 것이다. 또한 시기별로는 1945~1985년 약 1,570회, 1986~1996년 478회, 1997~2017년 12월 약 17회의 핵실험이 행하여졌다는 것이다. 이처럼 대부분의 핵실험이 1996년 이전에 수행되었다는 사실에 비추어, 1945년부터 1996년까지는 약 9일마다 한 번씩 핵실험이 있었다는 매우 놀라운 수치를 제기할 수 있다. 동시에 평화목적핵폭발도 수행되어 왔는데, 미국이 27회(1961~1973년), 구소련이 116회(1965~1988년) 실시한 것으로 보고되고 있다.

의 효과적 통제는 오늘날의 국제사회가 안고 있는 중요한 과제 중의 하나이다.

1. 부분적 핵실험금지조약

핵무기의 등장과 그 전략적 가치의 급속한 확신은 세계 각국을 '핵무기경쟁시대'로 돌입하게 만들었던 바, 이것은 일면 '핵실험의 시대'가 열렸음을 의미하기도 한다. 이 시기에는 실로 수많은 핵실험이 자행되었는데, 1960년대에는 그 정점에 이르게 된다.

대략 1950년대 초부터 국제사회는 방사능낙진의 위험성과 그것이 인체에 미치는 유해성을 인식하게 되었는데, 이때부터 핵실험의 통제문제가 국제사회의 주목을 받기 시작하였다. 이러한 분위기 속에서, 1954년에 '핵실험을 금지할 조약의 체결'을 요구하는 많은 제안들이 나타났는데, 그 대표적인 것이 바로 1954년 4월 8일 인도가 유엔 사무총장에게 보낸 '핵실험의 중단을 촉구하는 서한' 이었다. 그 후 1957년 구소련이 핵실험을 검증하기 위해 '미 · 영 · 소 3국의 영역과 태평양에 상호주의에 입각한 통제소의 설치'를 제안하였는데, 이것을 기초로 미국과 구소련 간에 '핵실험의 탐지가능성을 검토하기 위한 전문가회의'Conference of Experts on Detection of Nuclear Tests가 1958년 7월부터 8월까지 개최되었다. 동 · 서 각각 4개국의 대표들은 "그 당시의 가능한 핵실험폭발의 탐지방법에 비추어, 핵실험금지조약의 위반사항을 효과적으로 탐지하는 것이 기술적으로 가능하다."라는 최종보고서의 채택에 합의함으로써, 그간 논란이 되었던 검증문제에 있어서의 이견을 다소 완화시키는 성과를 얻었다.

또한 미 · 영 · 소 3국은 상기 전문가회의의 권고를 받아들여 '1958년 10월 31일부터 핵실험금지조약의 체결을 위하여 제네바에서 협상을 개시하기로' 합의하였다. 이에 따라 제네바협상이 시작되었고, 동시에 상기 3개국은 각각 핵실험을 더 이상 실시하지 않겠다는 자발적인 결정을 하게 되는데, 이러한 자발적인 조치는 1961년 9월까지 계속되었다.

이러한 분위기에 편승하여 상기 제네바협상에서는 핵실험금지에 관한 많은 논의가 이루어졌다. 그러나 여전히 검증문제를 둘러싼 이견 때문에 핵실험이 재개되는 상황에 이르렀고, 결국 상기 제네바협상은 더 이상 지속될 수 없었다.

그러나 핵실험금지조약의 체결을 희망하는 국제적 여론에 직면하여, 상기

3국은 새로운 돌파구가 필요하였고, 결국 1962년 3월 18개국 군축위원회에 소위원회를 설치하여 핵실험금지에 관한 협상을 계속하도록 주도하였다.

1962년 8월 27일 미국과 영국은 상호 대안적인 2개의 조약안을 18개국 군축위원회에 제출하였다. 하나는 핵실험의 포괄적 금지에 관한 조약안으로서 의심스러운 지하핵실험에 대하여 일정횟수의 현지사찰을 실시하도록 하는 규정을 포함하고 있는 것이었으며, 다른 하나는 대기권 내·우주공간 및 수중에서의 핵실험만을 금지하는 부분적 금지에 관한 조약안으로서 여기에는 어떠한 검증규정도 포함되지 않고 있었다. 이러한 2개의 조약안에 대해 구소련은 모두 반대하는 입장을 취하였는데, 즉 전자에 대해서는 강제적 현지사찰이 필요하지 않다는 이유에서, 후자에 대해서는 그 조약안이 지하핵실험을 합법화시키는 결과를 초래한다는 이유에서였다. 뿐만 아니라 상기 3국은 지하핵실험에서의 검증문제를 둘러싸고 다시 첨예하게 대립하였던 바, 예컨대 사찰대상지역의 규모, 사찰단의 국적과 구성 및 사찰이 요구되는 지하핵실험의 범위 등의 문제에서 불일치가 있었다. 따라서 핵실험의 금지를 둘러싼 협상은 또다시 난관에 봉착하였다.

이러한 난관을 타개하기 위하여, 1962년 12월 구소련은 지하핵실험의 검증과 관련하여 기존의 유인의 지진탐지수단 이외에 새롭게 자동지진관측소automatic seismic station: 일명 block boxes의 사용을 제안하는 등 검증문제에 있어서의 이견을 좁히려는 노력을 하였고, 1963년에 들어서면서 18개국 군축위원회는 적어도 내부적으로는 검증과 관련한 아래의 몇 가지 원칙에 합의하였다. 첫째 모든 지진의 탐지와 확인을 위하여 국내요원의 통제와 국내적 통제를 받는 지진관측소의 이용, 둘째 핵무기보유국과 인접국의 영역 내에 자동지진관측소의 설치, 셋째 의심스러운 지진현상에 대한 확인을 위해 현지사찰의 최소한의 활용연간 배당 등이었다.

이러한 합의는 1962년 12월부터 1963년 1월에 걸쳐서 케네디John F. Kennedy 대통령과 흐루쇼프Nikita S. Khrushchev 서기장 간의 서신교환 및 양국 간의 비공식회담을 통하여 이루어졌지만, 여전히 연간 현지사찰의 횟수 및 자동지진관측소의 수와 관련하여 의견의 일치를 보지 못하였다. 즉 구소련이 연간 2~3회의 현지사찰을 제안한데 반해, 미국은 연간 8~10회의 현지사찰을 주장하였고, 추후에 미국이 연간 7회로 자신의 주장을 완화하였지만, 구소련의 입장에서는 여전히 수용하기 어려웠다. 그리고 자동지진관측소의 수와 관련해서도, 구소련이 3개소를 주장한데 반해, 미국은 7개소의 자동지진관측소의 설치를 주장하였던 것이다.

이러한 상황에서 1963년 6월 10일 상기 3국은 모스크바에서 핵실험 중단에 관한 협상을 재개하기로 합의하였으며, 동 협상은 동년 7월 15일부터 모스크바에서 개최되었다. 동 협상을 통해 상기 3국은 지하핵실험에서의 현지사찰문제가 여전히 논란이 되고 있음을 확인한 후, 우선 논란의 여지가 없는 대기권내·우주공간 및 수중에서의 핵실험을 금지하는 데에 합의하였다. 따라서 1963년 8월 5일 상기 3국의 외무장관은 기탁자인 유엔 사무총장을 초청한 가운데 부분적 핵실험금지조약에 서명하였고, 그로부터 3일 후인 1963년 8월 8일 동 조약은 기타 국가에 서명을 위해 개방되었다.

2. 포괄적 핵실험금지조약

1) 미국과 구소련 간의 지하핵실험제한조약 및 평화목적핵폭발조약

부분적 핵실험금지조약의 체결 후, 포괄적 핵실험금지조약의 체결을 위한 노력이 답보상태에 머물고 있던 와중인 1964년 10월 중국이 핵실험에 성공하였다. 이 사건을 계기로 국제사회는 핵실험에 대한 우려와 함께 포괄적 핵실험금지조약의 체결이 조속히 필요함을 다시 인식하였다. 그러나 검증문제, 특히 현지사찰을 둘러싼 미국과 구소련 양국 간의 이견으로 인해, 포괄적 핵실험금지조약의 체결을 위한 협상은 긴 침묵에 빠져들고 있었다.

그러나 1970년대에 들어서면서, 그간 장애요인이었던 검증문제와 관련하여 새로운 조짐이 나타났다. 즉 새로운 검증기술의 발달로 인해 포괄적 핵실험금지조약의 체결이 적어도 기술적 측면에서는 문제가 없다는 인식이 팽배하였던 것이다. 이러한 측면은 "검증분야에 있어서의 기술적·과학적 발달로 인하여 포괄적 핵실험금지조약의 체결 여부는 핵강대국의 정치적 결단에 달려있다."라는 1972년의 유엔 사무총장의 주장에 잘 내포되어 있었다. 이처럼 국제사회는 지하핵실험의 탐지 및 식별 기술이 더 이상 포괄적 핵실험금지조약의 체결에 장애가 될 수 없음을 인식하게 되었다. 그럼에도 불구하고 미국과 구소련 양국만은 검증문제에 있어서 기존의 입장을 되풀이하고 있는 형국이 지속되었다.

1974년 7월 3일 양국은 모스크바에서 "1976년 3월 31일부터 폭발력 150kt 이상의 지하에서의 핵무기실험을 수행하지 않겠다."라는 내용의 지하핵실험제한조약Treaty on Limitation of Underground Nuclear Weapon Tests, TTBT에 갑자기 서명하게 되는데, 이는 전략무기제한회담[SALT]에서의 합의를 용이하게 하기 위하여 양국 간에 긴장완화의 분위기를 조성할 필요성이 있었기 때문이었다.

또한 지하핵실험제한조약만으로는 평화목적을 위한 지하핵폭발을 규제할 수 없었기 때문에, 상기 양국은 1976년 5월 28일 워싱턴에서 폭발력 150kt 이상의 평화목적의 지하핵폭발도 수행하지 않겠다는 내용의 평화목적핵폭발조약[Treaty on Underground Nuclear Explosions for Peaceful Proposes, PNET]에도 서명하였던 바, 동 조약은 지하핵실험제한조약과 불가분의 관계를 맺고 있다.

이들 양 조약은 모두 1990년 12월 11일에 와서야 비로소 효력이 발생하였다. 그러나 양국은 그 발효 전에도 동 조약상의 의무의 준수를 이행하였음을 주장해 왔다.

2) 단계적 핵실험금지조약안

1960년대에 일시 주장된 바 있었던 핵실험을 단계적으로 금지하고자 하는 방안이[68] 1980년대에 들어서면서 다시 등장하여 활발히 논의되었는데,[69] 이는 포괄적 핵실험금지조약의 체결이 난관에 봉착하였기 때문에 나온 대안 가운데 하나였다.

그러나 이러한 단계적 접근방법은 결국 실현되지는 못하였는데, 그 대표적인 제안으로는 1980년 7월 제네바 '군축위원회'[Committee on Disarmament]에 제출된 미국과 영국 및 구소련 3국의 합의안이라고 하겠는데, 그 주된 내용은 아래와 같다.

즉 "핵실험금지의 최초의 상한기준을 폭발력 16kt으로 설정하며, 이를 감시하기 위하여 미국과 구소련에 각각 10개의 지진감시관측소를 설치한다. 그 후 5년 동안의 이행에 대한 조약의 검토를 통하여, 그 상한기준을 폭발력 4kt으로 감축

---

68 1960년 아이젠하워 행정부는 지하핵실험을 단계적으로 규율하는 데 필요한 감시기술을 개선하기 위해서 미국과 구소련 간의 지진연구공동프로그램을 제안하였으며, 케네디 행정부도 1961년 4월에 유사한 제안을 한 바 있다. 1960년대 상기 양 행정부의 핵실험에 관한 기본적 정책방향은 단계적 접근방법을 통하여 핵실험을 규율하는 것이었다.

69 핵실험을 규제하는데 있어서의 단계적 접근방법에 대한 관심은 1980년대에 들면서 다양한 형태, 즉 의회에서의 증언과 각종 신문의 사설 및 학자의 견해 등으로 재등장하였다. 예컨대 1987년 9월 17일 발표된 미국과 구소련 간의 공동성명에서 핵실험에 대한 단계적 접근방법을 명백히 수용하고 있음은 물론이고 미국의 국방장관이었던 브라운(Harold Brown)은 의회의 청문회에서 "미국은 핵실험과 관련하여 검증이 가능한 한도 내에서 금지의 상한기준을 낮추어 나아가야 한다." 라고 증언한 바 있으며, 뉴욕타임스에 게재한 사설을 통해 핵실험의 점진적 금지를 주장하였다.

한다. 여기서 미국과 영국 및 구소련은 폭발력 4kt으로의 감축에 반대할 수 있으며, 동시에 지진감시관측소의 증가여부와 변경여부는 상기 3국의 요구에 따른다. 다시 5년 동안의 조약이행의 검토 후에 그 상한기준을 폭발력 1kt으로 감축한다. 여기서도 지진감시관측소와 관련한 권리를 상기 3국에 부여하고 있다."는 것이다. 이처럼 단계적 핵실험금지조약안은 사실상의 최종 상한기준을 폭발력 1kt으로 하고 있으나, 종국적으로 포괄적인 핵실험금지로 나아가겠다는 것이다.

이러한 단계적 핵실험금지조약안을 둘러싸고 몇 가지 측면에서 검토가 요구되는데, 그것은 아래와 같다. 먼저 동 조약안의 장점이다. 동 조약안에서 설정하고 있는 최초의 폭발력기준이 16kt인데, 이것은 그 당시의 검증능력에 비추어 검증문제를 둘러싼 논란을 잠재울 수 있는 상한설정이었다는 점이다. 아울러 검증능력에 의문이 있는 경우에는 그 다음 단계로 나아갈 수 없기 때문에, 각 단계마다 검증능력을 증명할 수 있다는 점이다. 또한 포괄적 핵실험금지조약의 채택에 따라 갑작스럽게 전면적 핵실험금지의무를 부과할 경우와 비교할 때, 단계적 핵실험금지조약안에 따라 점진적으로 핵실험금지의무를 부과하고 동시에 각국에게 각 단계마다 폭발력 상한기준에 반대할 권리까지 부여함으로써 자국의 핵억지력을 침해함이 없이 핵실험을 억제할 수 있다는 것이다. 다음으로 동 조약안의 단점이다. 동 조약안은 타협의 산물로서 중도주의자의 지지를 바탕으로 하고 있는바, 모든 핵실험을 금지하고자 하는 사람과 반대로 아무런 규제도 원하지 않는 사람으로부터 그 협상과 비준과정에서 강력한 반대에 직면할 것이라는 점이다. 또한 동 조약안은 기술적 측면에서 그 과정이 매우 복잡하다는 점이다.

3) 포괄적 핵실험금지조약

부분적 핵실험금지조약이 체결된 이후 핵실험의 포괄적 금지를 위한 노력이 유엔과 18개국 군축위원회를 중심으로 전개되었는데, 특히 1976년 평화목적핵폭발조약의 체결 이후 그러한 노력은 더욱 본격화되었다고 할 수 있다.

1977년 7월 미국과 영국 및 구소련 3국은 포괄적 핵실험금지조약의 체결을 위한 협상을 시작하여 1980년 10월까지 진행하였다. 이 협상을 통해 상기 3국은 1980년 7월에 '제네바 군축위원회'에 공동보고서를 제출하였는데, 동 보고서에서는 '모든 핵무기실험의 금지, 모든 평화적 핵폭발의 일시적 중단, 검증의 국내기술수단^{NTM}의 사용 및 그에 대한 방해중단, 지진데이터의 상호교환 및 이를 위한 전문가위원회의 설치, 협력조치' 등에 관한 합의 사항을 포함하고 있었다.

그 후, 포괄적 핵실험금지조약의 체결을 위한 협상은 제네바 '군축위원회'1984년부터는 제네바군축회의로 이관되어 진행되었는데, 여기에서는 별다른 성과를 거두지 못하였다. 또한 유엔 총회도 핵실험의 포괄적 금지문제를 주요의제로 다루어 왔는데, 1978년의 군축에 관한 총회의 제1차 특별회기First Special Session of the General Assembly devoted to Disarmament에서 모든 핵실험의 중단을 촉구한 바 있었으며, 또한 1982년의 제2차 동 특별회기와 1988년의 제3차 동 특별회기에서도 모든 핵실험의 중단에 관한 문제가 논의되었다. 또한 유엔 총회는 1980년부터 매년 핵실험의 중단에 관한 결의를 채택하여 왔는데, 이것은 핵실험금지문제가 그만큼 중요한 사안이었음을 반영한 것이라고 하겠다.

이상과 같은 제네바군축회의와 유엔 총회의 핵실험금지에 관한 노력에도 불구하고, 포괄적 핵실험금지를 둘러싼 논의는 검증 특히 현지사찰을 둘러싼 이견으로 인해 큰 진전을 보지 못하였는데, 그 바탕에는 검증능력을 둘러싼 논란이 있었다. 1980년 당시 미국 의회의 보고서Congressional Research Service Report를 포함한 여러 기관의 보고서를 분석해 보면, 최소한 폭발력 10kt 이상의 지하핵실험인 경우에는 아무리 은밀히 실시되고 회피수단을 동원하더라도 탐지가 가능하다는 것이었다. 그리고 만약 정교한 탐지방해수단을 사용하지 않는다면 폭발력 1kt 이하의 지하핵실험도 탐지할 수 있다는 것이다. 물론 이와 반대로 폭발력 1~10kt 사이의 은밀한 지하핵실험의 경우 탐지되지 않을 가능성이 존재한다는 일부 지진학자의 주장도 있었다.

아무튼 아주 낮은 수준의 핵실험으로 인한 폭발을 탐지하고 확인하는 데는 약간의 기본적 문제가 있다고 하겠다. 첫째 낮은 수준의 지하핵실험으로 인한 폭발은 탐지가 어렵다는 것인데, 지진신호가 지진계에 잘 표시되지 않으며 지진관측소에서만 탐지가 가능하다는 점이다. 둘째 지하핵실험으로 인한 폭발을 확인하는데 있어서 핵심은 자연적 지진신호와 지하핵실험 폭발로 인한 지진신호를 구별하는 것인데, 그것이 어렵다는 것이다. 이를 위해서는 자연지진을 지속적으로 분석하기 위한 지진데이터베이스의 운영이 필요하다는 점이다. 셋째 폭발력 1kt 이하의 산업적 폭발 또는 재래식무기의 폭발이 현실적으로 빈번히 일어나고 있다는 점에서, 그러한 폭발과 지하핵실험으로 인한 폭발을 어떻게 구별할 것인가 하는 문제이다. 이를 위해서는 특별한 노력이 요구된다고 하겠다. 넷째 소규모의 지하핵실험의 폭발인 경우, 실험국 스스로가 그 폭발로부터 나오는 통상적인 지진신호를 은폐하기 위한 시설을 갖추고 있기 때문에, 그 탐지와 확인이 그만큼 더 어렵다는 점이다.

이처럼 아주 낮은 수준의 지하핵실험 폭발을 탐지하고 확인하는 데 문제가 있기 때문에, 현실적으로 가능한 접근방법으로서 전술한 단계적 핵실험금지안이 일시적으로 논의되는 과정을 거쳤던 것이다.

1990년대에 들어서면서 핵실험의 규제에서 나타난 특징 중의 하나는 핵무기 보유국에 의한 자발적 실험중단이라는 일방적 조치가 많이 취하여졌다는 점이다. 1991년 10월 러시아의 핵실험중단선언을 기점으로 미국·영국·프랑스 및 중국도 그러한 조치를 취하였던 것이다. 이는 구소련의 붕괴로 인한 긴장완화와 미국과 러시아 간 화해시대의 형성 등에서 나온 결실이라고 할 것이다.

그러나 상기와 같은 핵강대국들의 핵실험중단선언에도 불구하고, 중국이 1993년 10월부터 1996년까지 7회의 지하핵실험을 감행하였고, 이에 프랑스도 1995년과 1996년 사이에 6회의 지하핵실험을 감행함으로써, 핵실험의 규제는 매우 어려운 상황에 직면하였다.

그러나 1995년 4월에 개최된 '핵무기비확산조약[NPT]의 재검토 및 효력연장회의'를 통해 포괄적 핵실험금지조약의 체결이 다시 촉구되고, 1996년 1월 프랑스가 자국의 핵실험 종말을 공식적으로 선언하였고, 또한 중국이 동년 7월에 자국의 핵실험 중단을 천명함으로써, 핵실험의 포괄적 금지문제는 새로운 국면에 들어섰던 것이다.

이러한 분위기를 바탕으로, 1996년 9월 10일 유엔 총회는 포괄적 핵실험금지조약[Comprehensive Test Ban Treaty, CTBT]을 찬성 158개국, 기권 3개국[리비아 · 부탄 · 인도] 및 반대 5개국[레바논 · 모리셔스 · 시리아 · 쿠바 · 탄자니아]이라는 압도적 지지로 채택[유엔 총회결의 50/254]하였다. 동 조약은 1996년 9월 24일 뉴욕의 유엔 본부에서 서명을 위해 개방된 이래, 현재 166개국이 비준하였으나, 아직 미발효 상태이다.

Ⅱ 핵실험 규제의 주요내용

1. 주요내용

1) 특정의 비핵지대조약

특정 지역을 비핵지대로 설치할 것을 의도하고 있는 비핵지대조약들은 해당 지역 내에서 핵무기의 배치 · 실험 및 사용 등을 금지하고 있다. 따라서 이러한 비핵지대조약들에 의해 해당 지역에서의 핵실험이 통제되는 것이다.

이러한 비핵지대조약으로는 남극조약, 우주조약, 라틴아메리카핵무기금지조약, 해저비핵지대조약, 달조약, 남태평양비핵지대조약, 동남아시아비핵지대조약, 중앙아시아비핵지대조약, 아프리카비핵지대조약 등이 대표적인 바, 이에 관해서는 이미 전술한 바와 같다.

여기서는 상기 조약에서 규정하고 있는 핵실험규제 조항에 대해 간략히 소개하고자 한다.

첫째 남극조약에서는 '남극지역에서의 모든 무기실험의 금지'[동 조약 제1조]와 '남극지역에서의 모든 핵폭발의 금지'[동 조약 제5조]를 규정하고 있다. 둘째 우주조약에서는 '천체에서의 모든 형태의 무기실험의 금지'[동 조약 제4조]를 규정하고 있다. 셋째 라틴아메리카핵무기금지조약에서는 '각 당사국의 영역 내에서 모든 핵실험의 금지 및 그러한 실험에 직 · 간접적인 관여의 금지'에 관해 규정하고 있다[동 조약 제1조]. 넷째 해저조약에서는 '모든 해저구역에서 핵무기를 포함한 기타 대량파괴무기의 실험금지'를 규정하고 있다[동 조약 제1조]. 다섯째 남태평양비핵지대조약에서는 '각 당사국의 영역 내에서 모든 핵폭발장치의 실험금지 및 그러한 실험에 대한 지원의 금지'를 규정하고 있다[동 조약 제6조].

이처럼 비핵지대조약들에 의해 특정 지역에서의 핵실험의 규제가 이루어지고는 있으나, 이러한 비핵지대조약들에 내포되어 있는 핵실험의 규제조항은 기존의 핵실험의 규제조약에 포함되어 있는 내용들이다. 따라서 비핵지대조약에 포함된 핵실험의 규제는, 포괄적 핵실험금지조약이 발효될 때까지에 한해, 당해 비핵지대의 지역에서의 지하핵실험만을 금지할 수 있는 정도의 의미를 가진다고 평가할 수 있다. 왜냐하면 부분적 핵실험금지조약만이 발효 중인 현실에 비추어, 지하핵실험의 금지는 비핵지대조약에 의존할 수밖에 없기 때문이다.

2) 부분적 핵실험금지조약

동 조약의 전문에서는 “군비경쟁을 종료하며, 일반적이고 완전한 군축을 달성하기 위하여 모든 핵실험을 영원히 중단할 것과 방사능 물질에 의한 환경훼손을 중단하기 위한 협상을 계속한다.”는 원칙을 천명하고 있다. 이러한 원칙 하에서 아래와 같은 의무를 부과하고 있다.

동 조약에서는 대기권 내, 우주공간을 포함하는 대기권 이원 및 영수·공해를 포함하는 수중에서 행하여지는 모든 핵무기의 실험폭발 및 기타 모든 핵폭발을 절대적으로 금지하고 있다[동 조약 제1조 1항]. 또한 핵폭발로 인하여 폭발국의 영역 이원으로 방사능 낙진을 야기하는 기타 모든 상황에서, 각 당사국은 모든 핵무기의 실험폭발 및 기타 모든 핵폭발을 금지할 의무를 진다[동 조약 제1조 1항].

여기서 ‘대기권 내, 우주공간을 포함하는 대기권 이원’이라는 용어를 사용한 것은 대기권과 우주공간에 포함되지 않은 공간이 있을 수 있다는 생각을 사전에 방지함으로써 모든 공간 전체를 의미하는 것으로 협상국 사이에 양해되었으며, ‘영수·공해를 포함하는 수중’이라는 용어는 영수와 공해에 한정되지 않고 내수와 하천 및 호수를 포함하는 것으로 양해되었다.

또한 ‘기타 모든 상황’이란 바로 지하에서의 핵실험을 의미하는데, 지하핵실험에 의한 방사능낙진이 폭발국의 영역 이원으로 표출된다면, 그 지하핵실험은 금지되어야 한다는 것이다. 이것은 지하핵실험 자체를 금지하는 것이 아니고 실험의 방법에 대한 기술 또는 실험결과와 관련하여 폭발국 이원으로 방사능 낙진을 야기하는 경우에, 그 지하핵실험이 금지된다는 의미이다. 이러한 의무위반이 확인된 경우가 있었지만, 기술적인 위반이라는 점에서 중요시되지는 않았다.

그리고 ‘기타 모든 핵폭발’의 의미와 관련해서도 몇 가지 해석상 논란이 있다. 먼저 ‘기타 모든 핵폭발’의 범주에 전시 핵무기사용에 의한 핵폭발을 포함하는가의 여부이다. 이와 관련해서는 동 조약의 명칭과 전문으로부터 추론하건대 핵무기의 사용의 경우는 여기에 포함되지 않는다고 하겠다. 그 근거로는 미국과 구소련의 해석도 핵무기사용을 포함하지 않는다는 점, 1963년 11월 23일 유엔 총회결의 1909(18)에서 부분적 핵실험금지조약과 별개로 핵무기의 사용금지에 관한 조약을 논의할 회의를 개최하도록 요청하고 있다는 점 등이다. 다음으로 ‘기타 모든 핵폭발’의 의미가 무엇인가 하는 점이다. 당초 1962년의 미국과 영국의 부분적 핵실험금지조약안에 의하면, 평화목적을 위한 핵폭발은 허용된다고 하는 예외규정을 두고 있었으나, 구소련의 거부로 인해 그 내용이 삭제되었던 것이다. 따라서 이러한 협상과정으로부터 추론할 경우, '기타 모든 핵폭발'이란 평화목적의 핵폭발을 의미하는 것으로 볼 수 있다. 결국 동 조약에 의하면, 대기권 내, 대기권 이원 및 수중에서는 평화목적의 핵폭발도 금지된다는 것이다. 따라서 동 조약에서 평화목적의 핵폭발이 허용되는 경우는 지하에서의 핵폭발뿐이며, 장래 평화목적 핵폭발과 핵무기용의 핵폭발이 기술적으로 구분 가능하게 될 경우에는 동 조약의 개정이 필요하다고 할 것이다.

그 밖에도 각 당사국은 핵무기의 실험폭발 또는 기타 모든 핵폭발에 참여하거나 촉진하는 것을 삼가야 할 의무를 진다[동 조약 제1조 2항].

이상과 같은 조약의무를 부과하고 있음에도 불구하고, 동 조약에서는 검증에 관한 규정을 전혀 두고 있지 않는데, 국제법의 원칙들에 입각한 NTM에 의한 검증으로 사전에 묵시적인 합의가 있었다고 하겠다.

동 조약은 핵무기통제분야에서 최초로 채택된 일반조약이라는 점에서 의의를 가지며, 특히 방사능 오염을 감축하였고 국제적 긴장을 완화시키는 데 기여하였다. 아울러 NPT의 체결에도 크게 기여하였다고 평가된다.

동 조약은 1963년 8월 5일 모스크바 · 런던 및 워싱턴에서 서명을 위해 개방되었으며, 동년 10월 10일에 효력이 발생하였다. 현재 동 조약의 당사국의 수는 126개국이다.

3) 지하핵실험제한조약과 평화목적핵폭발조약

지하에서의 핵실험을 허용하고 있는 부분적 핵실험금지조약을 보완하기 위하여, 1974년 미국과 구소련 양국은 지하핵실험제한조약을 체결하였다. 동 조약은 양국의 이해관계에 따른 타협으로서, 핵군비경쟁의 중단이라는 관점에서 보면 큰 의미가 없다고 평가된다.

동 조약에서는 양국으로 하여금 "1976년 3월 31일 이후 각각의 관할과 통제하에 있는 어떠한 장소에서도 폭발력 150kt을 초과하는 모든 지하핵무기실험을 금지하도록 하고, 지하핵실험의 횟수를 최소한으로 제한하며, 지하핵실험의 전면적 중단을 위하여 영속적으로 협상할 것을" 규정하고 있다[동 조약 제1조]. 이러한 의무와 관련하여, 다음과 같은 추가적 설명이 필요하다.

첫째 동 조약에서 지하핵실험의 금지의 상한을 폭발력 150kt으로 정하고 있는데, 이러한 상한이 실제로 양국의 핵개발에는 거의 영향을 미치지 않는다는 점이다. 1969년부터 1973년까지 양국의 핵전략이 질적 발달 즉 폭발력의 확장보다는 소규모의 폭발력을 지니면서도 명중도의 향상에 보다 박차를 가하던 시기였던 바, 그 당시 양국이 행하던 핵실험의 폭발력은 대부분이 150kt 미만의 소규모로 행하여지고 있었다. 따라서 상기와 같은 상한기준으로는 그 당시 실제로 양국이 수행하던 핵실험을 적절히 규제할 수 없었다는 점이다. 결국 동 조약은 폭발력 150kt 이상의 대규모 지하핵실험만을 규제할 수 있게 되었다는 점에서만 의미를 갖는다.

둘째 상기 상한기준과 검증능력 사이의 관계에서 살펴보면, 그 당시의 검증능력이 상당히 진전된 상태라는 점을 고려할 때 그 상한기준은 검증의 가능성과는 무관하게 양국의 핵무기개발의 필요성이라는 측면에서 설정된 것으로 보인다.

셋째 동 조약의 서명일자[1974년 7월 3일]와 비준동의요청일자[1976년 7월 29일] 간에 약 2년이라는 공백이 존재하는 이유와 관련하여, 공식적으로는 검증문제의 합의를 위한 시간의 필요와 평화목적핵폭발조약의 체결을 위한 시간의 필요라고 천명하고 있으나, 실제로는 그 기간 동안 양국의 대규모의 핵실험을 통한 데이터의 축적기간으로 보는 것이 타당하다고 판단된다. 왜냐하면 동 기간 동안 양국은 폭발력 150kt 이상의 대규모 핵실험을 다수 수행하였기 때문이다.

마지막으로 동 조약에서는 지하핵실험의 횟수를 최소한으로 제한할 것을 규정하고 있으나, 그 구체적 수치를 명시하지 않고 있다는 점에서 그러한 제한의무는 형식적인 것에 불과하다는 것이다.

또한 동 조약 제2조에서는 검증에 관해 규정하고 있는데, 검증방법으로는 NTM을 인정하고 있다.

이상과 같은 지하핵실험제한조약으로는 평화목적의 지하핵폭발을 규제할 수 없었기 때문에, 평화목적의 핵폭발이 핵무기의 실험을 위하여 사용되는 것을 방지하기 위하여 1976년 5월 28일 평화목적핵폭발조약이 체결되었다. 동 조약은 지하핵실험제한조약을 보완하는 것으로서, 평화목적이라는 명분하에 허용되지 않는 지하핵실험이 행하여지는 것을 방지하는 데 그 목적이 있다.

동 조약에서는 양국으로 하여금 "부분적 핵실험금지조약에서 특정하고 있는 실험금지지역 이외의 지역으로서, 자국의 관할 또는 통제하에 있는 모든 장소에서 행하여지는 어떠한 폭발도 수행하지 못하며, 그리고 제3국의 영역에서 폭발을 수행하거나 또는 그러한 폭발을 수행하는 데 참여하거나 원조하는 형태의 어떠한 폭발도 수행할 수 없도록 하고 있다[동 조약 제3조 1항]. 또한 동 조약 제3조 2항에서는 앞에서 기술하고 있는 금지되는 폭발의 형태를 정하고 있는데, 즉 폭발력이 150kt을 초과하는 단일폭발, 총 폭발력이 1.5메가톤을 초과하는 집단폭발, 평화적 응용으로 수행되지 않는 모든 폭발 및 부분적 핵실험금지조약·NPT·기타 국제협정과 양립하지 않는 모든 폭발 등을 금지하고 있다. 결국 동 조약에서는 폭발력 150kt[집단폭발의 경우 1.5메가톤]을 초과하는 평화목적의 지하핵폭발을 금지하고 있는 것이다.

그 밖에 동 조약에서는 검증에 관해 규정하고 있는데, NTM에 의한 검증을 규정하고 있음은 물론 나아가 공동자문위원회[Joint Consultative Commission]의 설치와 상대국 영역으로의 출입에 의한 검증을 인정하고 있다는 점에서, 검증분야에 있어서 진전이 있었다고 평가된다.

결국 상기 양 조약은 미국과 구소련 간의 양자조약이라는 점과 각각 금지하고 있는 폭발력의 상한이 150kt이라는 너무 높은 기준을 정하고 있다는 점 등에서, 그 의의가 줄어들었다고 하겠다.

4) 포괄적 핵실험금지조약

전술한 바와 같이 핵실험금지에 관한 여러 조약이 체결되었음에도 불구하고 여전히 지하에서의 핵실험이 전면적으로 규제되지 않고 있는 등 핵실험의 규제는 많은 어려움을 내재하고 있었다. 이에 지하핵실험을 포함한 모든 핵실험을 전면적으로 금지하기 위하여 체결된 것이 포괄적 핵실험금지조약이다. 동 조약은 전문을 비롯하여 16개의 조항으로 구성되어 있는데, 그 주요내용은 아래와 같다.

동 조약 제1조에서는 기본의무를 규정하고 있는데, 각 당사국으로 하여금 "모든 핵무기실험 폭발 또는 기타 핵폭발을 수행하는 것을 금지하고, 자국의 관할 또는 통제 하의 어떠한 장소에서도 그러한 핵폭발을 방지할 의무를 부과하고, 모든 핵무기실험 폭발 또는 기타 핵폭발을 수행하는 것을 야기하거나 조장하거나 어떠한 형태로든 참여하는 것을 삼가도록" 규정하고 있다.

상기의 기본의무 이외에도 아래와 같은 다양한 규정을 두고 있다.

동 조약 제2조에서는 조직에 관해 규정하고 있는데, 세부적으로는 일반규정, 당사국 회의The Conference of the States Parties, 집행이사회The Executive Council, 기술국The Technical Secretariat, 특권과 면제 등에 관한 규정을 포함하고 있다. 제3조는 국내이행조치에 관해 규정하고 있다. 제4조에서는 검증에 관해 규정하고 있는데, 세부적으로는 일반규정, 국제감시시스템International Monitoring System, 자문과 해명, 현지사찰, 신뢰구축조치, 제재조치 등에 관한 규정을 포함하고 있다. 제5조에서는 제재를 포함한 준수확보조치, 제6조에서는 분쟁의 해결, 제7조에서는 개정, 제8조에서는 조약의 재검토, 제9조에서는 기간과 탈퇴, 제10조에서는 의정서와 부속서의 지위, 제11조에서는 서명, 제12조에서는 비준, 제13조에서는 가입, 제14조에서는 발효, 제15조에서는 유보 그리고 제16조에서는 기탁에 관해 각각 규정하고 있다.

동 조약은 핵실험의 전면적 금지를 위한 첫발을 내디뎠다는 점에서 큰 상징적 의미가 있다고 하겠다.

동 조약은 1996년 9월 24일 뉴욕에서 서명을 위해 개방되었으며, 현재 미발효 상태에 있다. 현재 동 조약에 비준서를 기탁한 국가의 수는 166개국이다.

Ⅲ 핵실험 규제의 한계

전술한 바와 같이 부분적 핵실험금지조약이 안고 있는 한계를 극복하기 위하여 국제사회는 포괄적 핵실험금지조약의 체결을 위해 노력해 왔고, 그 결과 1996년 포괄적 핵실험금지조약이 체결되었다. 그럼에도 불구하고 북한·인도·파키스탄 등에 의한 핵실험이 계속되어 왔던 바, 동 조약조차도 많은 한계를 가지고 있다.

1. 발효문제

핵실험을 전면적으로 금지하는 핵실험규제의 완결판이라고 할 수 있는 포괄적 핵실험금지조약이 아직까지 발효하지 못하고 있다는 점이다. 동 조약의 발효요건은 “동 조약의 부속서(Ⅱ)에 열거된 제네바군축회의의 44개 회원국이 서명·비준한 이후 180일이 경과할 것”을 요구하고 있다동 조약 제14조. 그런데 아직 이러한 44개국 가운데 북한·미국·이란·이스라엘·이집트·인도·중국·파키스탄 등 8개국이 비준을 하지 않고 있으며, 특히 북한·파키스탄·인도 등은 아직 서명조차 하지 않고 있는 실정이다.

특히 세계의 핵질서유지의 선봉에 서 있었던 미국이, 1999년 10월 13일 상원의 비준거부투표로 인해[70] 동 조약의 비준을 얻는 데 실패하였다. 이것은 동 조약에 최초로 서명하였고 그 발효를 최우선적 군축의 과제로 인식하였던 클린턴 행정부의 행적에 비추어 보면 아이러니하다. 아무튼 이 결정으로 인해 미국은 자국 핵정책의 대외적 권위에 큰 상처를 남겼으며, 특히 기타 국가의 핵실험을 억지할 명분을 잃었다고 평가된다.

이처럼 미국이 동 조약의 비준을 거부한 이유에 관해서는 민주당과 공화당이라는 양지도부 간의 정치적 대립이라는 이유이외에, 검증문제와 핵전력에 대한 불신문제를 추가해 볼 수 있다. 예컨대 동 조약에서 전면적 핵실험을 금지하고 있는데 과연 모든 핵실험예컨대 거의 폭발력이 0kt에 가까운 저폭발력의 경우을 검증할 수 있는가의 여부에 대한 회의적 시각을 들 수 있다. 이러한 시각은 미국 중앙정보국이 밝힌 보고서에 기초한 것이었는데, 동 보고서에서는 “미국의 NTM으로는 러시아가 수행하는 매우 저폭발력의 핵실험을 모두 탐지할 수 없다.”라고 결론짓고 있다. 또한 미국이 핵실험을 영구적으로 중단한다면 장기적 관점에서 자국의 핵전력에 부정적 영향을 미칠 것이라는 점도 작용한 것으로 보인다. 즉 핵무기의 안전성과 신뢰성을 유지하기 위해서는 핵실험이 필요하다는 것이다.

반면 러시아는 2000년 4월 21일 두마에서의 동의와 동년 5월 17일 상원Federation Council에서의 승인을 통해 포괄적 핵실험금지조약의 조속한 비준을 마쳤다는 점이다.

또한 인도도 동 조약의 서명과 관련해서, 핵실험에 관한 자발적 유예선언을 지속적으로 유지하겠다는 선언을 함으로써, 사실상 동 조약을 수용하고 있음을 비공식적으로 밝혔다. 이러한 입장은 2000년 9월 인도의 수상인 바지파이Atal Bihari Vajpayee가 “자국은 동 조약에로의 서명을 위한 컨센서스를 모으는 동안 어떠한 추가적 핵실험도 하지 않겠다.”라고 공언한데서 잘 나타나고 있다.

---

70 이 결정투표는 찬성 51 대 반대 48로 이루어졌는데, 이러한 비준거부는 영구적인 것이 아니라 비준할 수 있는 더 좋은 상황이 조성되면 새로이 비준절차를 밟을 수 있다는 의미로 이해된다.

또한 파키스탄도 동 조약의 서명문제를 '미국의 경제 및 무역 제재'와 연계하여 판단하고 있지만, 특히 인도가 추가적 핵실험을 행하지 않는 한 동 조약을 지지한다고 밝힌 바 있다.

이상과 같은 동 조약의 발효를 둘러싼 어려움에도 불구하고, 국제사회는 동 조약의 발효를 위한 노력을 해왔다는 점인데, 대표적인 것으로는 '동 조약의 발효를 촉구하는 회의'Conference on Facilitating the Entry into Force of the CTBT를 개최하였다는 점이다. 1999년 10월 6일부터 8일까지 동 촉구회의가 92개국이 참석한 가운데 비엔나에서 소집되었다. 동 회의의 주요의제는 '어떻게 하면 동 조약에 대한 조속한 비준을 완료할 수 있는가' 하는 것이었는데, 일부 참가국에 의해 '부속서(Ⅱ)에서 열거하고 있는 44개국이 비준을 하여야만 발효할 수 있도록 규정한 조항'을 철회하자는 비공식적인 제안도 있었다. 그러나 동 회의의 최종선언Final Declaration에서는 "핵군축과 핵비확산을 위해서는 동 조약에 대한 보편적 지지가 중요함을 재확인하였고, 상기 44개국에게 조속한 비준을 재차 촉구"하고 있다.

이러한 회의는 2001년에도 개최되었는데, 동년 11월 11일부터 13일까지 109개국이 참석한 가운데 뉴욕의 유엔 본부에서 열렸다. 미국의 불참에도 불구하고 동 회의의 최종선언에서는 "핵군축과 핵비확산을 위해서는 동 조약에 대한 보편적 지지가 중요함을 재확인하였고, 동시에 모든 국가에 핵무기실험 또는 기타 핵폭발에 관한 유예선언의 유지를 요청"하고 있다.

2. 추가적 핵실험문제

동 조약의 체결 이후에 행하여진 인도·파키스탄 및 북한의 지하핵실험 등은 동 조약의 발효를 포함한 핵비확산체제의 유지에 부정적 요인으로 작용하고 있다. 1998년 5월 인도와 파키스탄이 수행한 핵실험은, 1996년 7월 중국의 지하핵실험 이래 묵시적으로 형성되어 온 핵실험금지에 관한 무드를 일시에 파괴시켰으며, 동시에 남아시아에서 전쟁과 핵위협을 고조시키는 원인이 되었다.[71] 또한 2006년 10월 9일부터 6차례에 걸쳐 감행된 북한의 핵실험도 동북아시아의 평화

---

71 1998년 5월 11일 인도는 3차례의 핵폭발을 감행하였으며, 이어서 5월 13일 2번의 추가적 핵폭발을 실시하였다. 이에 파키스탄도 5월 28일 5회의 핵폭발을 그리고 5월 30일 1회의 추가적 핵폭발을 실시하였다. 이러한 핵실험을 한 이유와 관련하여, 인도가 주로 과학적 실험에 초점을 맞추고 있다면, 파키스탄은 군사적 이유인 것으로 보인다.

를 위협함은 물론 주변지역에서 핵도미노를 야기할지도 모르는 매우 심각한 사건이었다. 결국 이러한 핵실험들은 동 조약을 전면적으로 부정하는 것으로서 동 조약의 장래를 어둡게 하는 결정적 요인이 되었던 것이다.

3. 컴퓨터시뮬레이션에 의한 핵실험문제

동 조약이 컴퓨터시뮬레이션에 의한 핵실험을 규제대상에서 제외함으로써, 동 조약하에서도 새로운 핵무기의 개발이 가능하다. 사실 그동안의 핵실험의 규제과정을 거시적 관점에서 보면, 대체로 핵강대국의 전략적 요구에 따라 더 이상의 핵실험이 필요하지 않는 경계에서 핵실험규제의 합의가 있어 왔음을 알 수 있다. 즉 지하핵실험에 대한 기술이 확보되면서 부분적 핵실험금지조약이, 그리고 대규모의 폭발력을 갖는 전략핵무기가 불필요할 때쯤 지하핵실험제한조약이 체결되었다는 점에서 잘 나타나고 있다. 이러한 관점에서 보면, 모든 핵실험을 금지하는 포괄적 핵실험금지조약의 체결은 결국 핵강대국들이 새로운 핵실험방법을 확보하였다는 의미로 받아들일 수 있다.

이러한 측면은 미국의 클린턴 대통령이 구상한 비축관리프로그램Stockpile Stewardship Program, SSP에서 잘 나타나고 있는데, SSP란 핵실험을 대체하면서도 핵무기의 안전성과 신뢰성을 최고수준으로 유지시키는 클린턴 행정부의 핵무기의 관리계획의 핵심을 말한다. 이것은 집중적 감시와 비핵실험 및 핵탄두의 비핵재생산 프로그램의 일부로서 컴퓨터시뮬레이션과 실험시뮬레이션을 혼합한 방식을 사용하여 핵무기의 안전성과 신뢰성을 유지하는 것을 골자로 하고 있다. 결국 SSP란 컴퓨터시뮬레이션과 실험시뮬레이션을 혼합한 방식을 사용하여 핵무기의 안전성과 신뢰성을 유지할 수 있는 시스템을 의미한다. 반면 다른 일부에서는 SSP의 효용에 관해서 의문을 제기하기도 하였다.

아무튼 핵실험금지의 궁극적 목표를 핵전력의 동결 내지 감축에 두고 판단하건데, 포괄적 핵실험금지조약의 체결에도 불구하고 여전히 컴퓨터시뮬레이션을 통한 핵실험이 가능함으로써 새로운 핵무기의 개발은 계속될 수 있다는 것이다.

4. 검증문제

포괄적 핵실험금지조약에서 규정하고 있는 검증체제는 몇 가지 문제점이 있다. 동 조약에서는 모든 핵실험을 금지하면서, 동시에 그러한 의무의 이행을 확인하기 위하여 매우 상세한 검증규정을 두고 있다. 이러한 검증체제는 기본적으로 각 당사국이 국제감시시스템의 지원을 받으면서 현지사찰과 NTM을 사용하여 조약의무의 이행을 감시하도록 하고 있는 것인데동 조약 제4조 1항, 그 문제점은 아래와 같다.

① 동 조약이 모든 핵실험을 금지하고 있기 때문에, 가장 기본적인 문제는 특정 국가가 매우 낮은 폭발력의 지하핵실험을 감행할 경우, 그것을 탐지·확인할 수 있는가 하는 검증능력과 관련한 의문이다. 사실 지하핵실험제한조약에서 금지하는 폭발력 150kt을 초과하는 지하핵폭발에 대한 탐지는 정확하게 이루어질 수 있다는 점에서는 이론이 없다. 나아가 그보다 약 1/15 수준의 지하핵실험이 탐지·확인될 수 있다는 점에 대해서도 마찬가지이다. 그러나 동 조약에서 요구하는 것처럼 매우 낮은 수준의 핵폭발, 예컨대 폭발력이 거의 0kt에 가까운 경우를 탐지하고, 그 지점을 정확히 확인하는 데는 문제가 있을 수 있다는 것이다. 즉 동 조약이 핵폭발을 탐지하기 위해 채택하고 있는 국제감시시스템으로는 '핵실험국이 교묘한 회피수단을 병행하면서 거의 0kt에 가까운 폭발력의 핵실험을 감행할 경우, 그것을 정확하게 탐지하는 것이 용이하지 않다는 점이다.

② 효과적인 검증이 가능하기 위해서는 많은 국제감시시스템을 건설해야 하는데, 그 비용문제가 또한 매우 어려운 과제라는 것이다. 동 조약의 체결 이후 포괄적 핵실험금지조약기구CTBT Organization 산하의 임시기술국Provisional Technical Secretariat은 동 조약의 준수여부를 감시하기 위한 '전지구적 검증체제'Global Verification Regime의 구축에 박차를 가하고 있는 바, 특히 전세계적으로 90개국에 존재하는 312개의 감시소와 16개의 실험실로 구성될 국제감시시스템의 건설과 보증에 주력하고 있다. 또한 그러한 국제감시시스템의 감시소를 오스트리아의 비엔나에 위치하고 있는 국제데이터센터International Data Centre와 위성통신망을 통해 연결하는 작업을 계속해 오고 있다. 다만 이러한 작업과 관련해서는 많은 예산이 필요하기 때문에, 그 비용문제가 걸림돌이 되고 있다.

③ 그 밖에도 이러한 검증체제는 동 조약에서 요구하고 있는 '각 당사국의 완전한 주권의 존중'동 조약 제4조 2항 및 '각 당사국의 민감한 시설의 보호'동 조약 제4조 7항라는 요구에 의해 자체 한계를 가지고 있다. 또한 개발도상국인 당사국은 NTM의 수준이 아주 낮은 수준에 머물고 있기 때문에, 일부 핵강대국들이 제공하는 탐지정보에 의존할 수밖에 없다는 점이다. 따라서 핵강대국이나 핵개발을 추구하는 일부

국가의 핵실험에 대해서는 그것을 적절히 탐지할 수 없다는 것이다. 또한 동 조약상의 현지사찰의 실시와 관련해서 시간적 제약을 규정하고 있기 때문에[동 조약 제4조], 그 자체 절차와 관련한 한계를 갖는다.

5. 핵강대국 중심의 핵실험통제체제

전술한 핵실험의 규제과정에서 잘 나타나는 바와 같이 1950년대 이후 지금까지의 핵실험통제의 과정이 주로 핵강대국들 간의 이해의 합치에 따라 좌우되어 왔음을 알 수 있다. 따라서 핵강대국들은 항상 자국에는 '빠져나갈 구멍을 열어 둔 채' 통제에 합의해 온 반면, 기타 핵무기비보유국들은 핵강대국 위주로 체결된 불평등한 내용의 법적 통제를 받고 있다는 점이다.

제7장
핵무기사용의 규제

1945년 8월 일본의 히로시마와 나가사키에 각각 투하된 소형 원자탄은 그 대량파괴적 효과로 말미암아 국제사회를 핵군비경쟁시대로 몰고 가는 신호탄이 되었다. 이렇게 시작된 핵군비경쟁은 1986년 정점에 이르게 되는데, 그 당시 약 69.368개의 핵탄두가 지구상에 존재한 것으로 보고되고 있다. 물론 그 이후 미국과 구소련[또는 러시아] 간의 전략핵무기를 둘러싼 군축 노력의 결과, 오늘날 약 16,300개의 핵탄두가 지구상에 존재하고 있는 것으로 추정되고 있다. 그러나 이것만으로도 인류는 여전히 핵의 공포 속에서 살아가고 있는 것이다.

나아가 핵무기보유국의 수가 9개국으로 확대되었고, 네덜란드 · 독일 · 벨기에 · 이탈리아 · 터키 등 유럽 5개국에 미국의 핵무기가 배치되어 있다는 점을 감안하면, 핵무기의 사용을 둘러싼 위험도 그만큼 커졌다고 할 수 있다.

그럼에도 불구하고 핵무기규제에 있어서 가장 궁극적인 문제인 핵무기의 사용과 관련해서는, 각국의 이해관계가 상이함으로 인해, 그에 대한 법적 통제는 별다른 성과를 얻지 못하여 왔다. 즉 핵무기의 사용에 대한 직접적 통제는 특정지역을 비핵지대로 설정하고 있는 개개 비핵지대조약, 예컨대 라틴아메리카핵무기금지조약 제1조 1항, 남태평양비핵지대조약에 대한 제3의정서 등에서 찾아볼 수 있는 정도이다.

그 외에는 법적 효력을 갖지 않는 유엔을 비롯한 각종 국제기구의 결의들에서 찾아볼 수 있으며, 또한 사법적 판단을 구한 국제사법재판소[ICJ]의 권고적 의견이 있다.

사실 제2차 세계대전 이후 핵무기사용을 불법시하려는 노력이 국제적십자위원회[ICRC]와 유엔 총회를 중심으로 지속적으로 있어 왔다. 먼저 ICRC는, 일본에 원자탄이 투하된 직후인 1945년 9월 5일에 각국 국내적십자사를 통해 원자탄의 사용에 대한 세계적 관심을 촉구한 이래, 핵무기의 사용을 비난하고 그의 명시적 금지를 요구하는 입장을 원칙적으로 견지하여 왔다.[72] 그러나 1949년의 제네바 4개 협약 및 1977년의 추가의정서의 채택과정에서, ICRC는 핵무기의 사용문제에 관한 상술한 자신의 입장에 대한 고집이 현실적으로 국제인도법을 발전시키는 데 장애가 될 수 있다는 점을 인식하게 되었다. 따라서 ICRC는, 이러한 현실적 상황을 직시하여, 1977년의 추가의정서의 체결 당시에는 핵무기문제를 논의의 대상에서 배제하기로 결정하는 등 다소 자신의 기본적 입장으로부터 한걸음 물러서는 듯한 인상을 보이고 있다. 다음으로 유엔 총회는, 헌장 제2조 4항[무력행사 등의 금지]의 기본적 정신에 입각하여, 핵무기의 사용문제에 관하여 많은 노력을 경주하여 왔는데, 대표적인 것으로는 핵무기의 사용을 금지하는 최초의 총회결의인 1961년 11월 24일의 결의 1653(XVI)과[73] 최초로 ICJ에 사법적 판단을 구하고 있는 1994년 12월 15일의 결의 49/75 K를 비롯하여 결의 33/71 B[1978.12.14], 결의 34/83 G[1979.12.11], 결의 35/152 D[1980.12.12], 결의 36/92 I[1981.12.9], 결의 45/59 B[1990.12.4], 결의 46/37 D[1991.12.6] 등이 있다.

이러한 노력에도 불구하고 핵무기사용의 허용여부를 둘러싼 논쟁이 지금까지 지속적으로 전개되고 있는데, 그 핵심은 핵무기의 사용을 명백히 금지하는 보편적 조약이나 판결이 존재하지 않는다는 점에서 출발하고 있다. 즉 핵무기보유국들은 핵무기의 사용을 포괄적으로 금지하는 일반국제법이 존재하지 않기 때문에, 불가피한 경우 그 사용이 허용될 수 있다는 주장을 펴 오고 있다. 반면 핵무기비보유국들은 핵무기의 사용이 국제법과 관습국제법의 특정 규칙에 의해 나아가 그 특정 규칙을 유추적용함에 의해 전면적으로 금지된다는 주장을 펴 왔다. 그러면서 전자는 핵무기사용을 금지하는 명문규정의 결여, 핵무기의 사용을 전

72 ICRC가 자신의 기본적 입장을 명백히 천명한 대표적인 인도적 법안으로는 1955년의 무차별전쟁의 위기에 있어서의 일반주민보호에 관한 규칙안 제10조, 1956년의 전시 일반주민이 입는 위험의 제한에 관한 규칙안 제14조, 1965년의 국제적십자회의 결의28, 1969년의 국제적십자회의에 제출된 보고서, 1971년의 군축과 평화에 대한 결의안 및 1973년의 ICRC의 의정서 원안 제85조의 유보조항 등을 들 수 있다. 이들 법안에서는 핵무기의 사용을 직·간접적으로 금지하고 있으나, 추후의 논의과정에서 수정되어 채택되거나 또는 폐기되기도 하였다.

73 1961년 유엔 총회는 55 대 20 대 60의 투표로 핵무기의 사용금지에 관한 첫 번째 결의를 채택하였는데, 동 결의에서는 핵무기의 사용이 유엔의 정신에 반하며, 인류와 문명화에 범죄를 범하는 행위라고 천명하고 있다.

제로 하는 핵억지정책에 대한 국제공동체의 승인, 핵공격에 대한 자위 차원에서의 국가권리론 등을 그 논거로 제시하고 있으며, 후자는 국제법에 대한 위반, 국제인도법상의 일반원칙에 대한 위반, 중립에 관한 규칙의 위반 등을 그 논거로 제시하고 있다.

이상과 같이 핵무기사용을 둘러싼 법적 통제가 성과 없이 이어져 오고 있지만, 1996년 7월 8일자의 ICJ의 '핵무기의 사용 또는 그 위협의 합법성'에 관한 권고적 의견은 핵무기사용의 위법성 여부를 판단하는 하나의 기준이 될 수 있다. 동 권고적 의견에 대한 평가는 학자에 따라 다르지만, 핵무기의 사용에 대한 최초의 사법적 판단이라는 점과 ICJ의 가장 의미 있는 결정 중의 하나라는 점에서는 의미가 있다. 사실 동 권고적 의견에서 핵무기사용을 불법시하지 못하였다는 점은 불만스럽다고 하겠지만, 재판관들이 현실을 무시할 수 없는 상황에서 그간의 논쟁을 정리하여 나름대로의 결론을 이끌어 냈다는 점은 의미 있는 작업이었다고 생각한다.

I 권고적 의견의 수락배경

1990년대에 들어서면서, 국제사회에는 핵무기사용을 불법시하려는 경향이 두드러지게 나타났던 바, 특히 반핵국제법률가협회International Association of Lawyers Against Nuclear Arms와 핵전방지국제의사회International Physicians for the Prevention of Nuclear War 및 국제평화국International Peace Bureau 등 반핵비정부간기구antinuclear nongovernmental organization들의 활동은 매우 고무적이었다. 이러한 분위기를 반영하여, 1993년 세계보건기구WHO는 "보건 및 환경적 영향과 관련하여, 전쟁과 기타 무력충돌에 있어서 특정 국가에 의한 핵무기의 사용이 세계보건기구 헌장을 포함한 국제법상의 의무를 위반하는가?"에 대한 권고적 의견을 ICJ에 요청하였으며, 또한 1994년 유엔 총회는, 상기 세계보건기구 총회의 결의를 환영하면서, "모든 상황하에서 핵무기의 사용은 국제법상 허용되어지는가?"에 대한 권고적 의견을 ICJ에 요청하였다.

여기서 유엔 총회와 세계보건기구가 ICJ에 권고적 의견을 요청한 근거는 유엔 헌장 제96조 및 ICJ규정 제 65조 1항에 있다. 즉 유엔 헌장 제96조에서는 총회와 안전보장이사회로 하여금 모든 법률문제에 관해 ICJ의 권고적 의견을 요청할 수 있도록 하고 있으며, 나아가 유엔의 전문기관과 기타 기관에 대해서도 자신의 활동범위 내에서 동등한 권리를 부여하고 있다. 또한 ICJ규정 제65조 1항에서는 상기 기관의 요청에 근거하여 모든 법률문제에 관해 동 재판소가 권고적 의견을 표명할 수 있음을 규정하고 있다.

이에 ICJ는 유엔 총회로부터 권고적 의견의 요청이 있었음을 각국에 통지하는 작업을 시작으로, 관련 국가가 제출한 서면진술서의 접수, 공개법정의 개정, 관련 국가로부터의 구두진술의 청취 등 일련의 절차를 진행하였다. 이 과정에서 41개 국가[중국을 제외한 나머지 5대 핵무기보유국 포함]가 구두진술에 참여하였거나 또는 서면진술서를 제출하였으며, 특히 ICJ는 공개법정에서의 구두변론의 과정[1995.10.30~11.15]에서 상기 세계보건기구가 요청한 권고적 의견에 대한 진술도 함께 다룰 수 있다는 입장을 취하였다.

이상과 같은 일련의 절차를 거친 후, 1996년 7월 8일 ICJ는 핵무기의 사용문제에 관한 2개의 권고적 의견을 표명하였다.

먼저 세계보건기구가 요청한 권고적 의견에 대해서는 그 질문의 내용이 세계보건기구의 권능과 활동범위를 일탈하고 있기 때문에, 그 요청에 응할 수 없다는 결정을 내렸다. 다음으로 유엔 총회가 요청한 권고적 의견에 대해서는 그 요청에 응하기로 결정하였다. 즉 ICJ는 핵무기사용문제를 유엔 총회의 권능에 속한다고 인정하였던 것이다. 반면 세계보건기구의 권능에는 속하지 않는다고 결정하였다. 왜냐하면 "세계보건기구를 포함한 유엔의 전문기관의 권능은 포괄적이 아니며 그들 기관의 목적 및 헌장에 의해 전문적·기술적 분야에 한정된다고 보았다. 따라서 핵무기의 사용으로 인한 공공보건적 영향 또는 그러한 영향을 감소시키기 위한 대처방안 등의 문제는 세계보건기구의 권능에 포함되지만, 핵무기를 포함한 기타 무기의 사용의 합법성 여부에 관한 문제는 자신의 권능을 일탈한 것이다."라고 보았다.

이러한 ICJ의 결정에 대해 약간의 논란이 있었다. 유엔 총회가 요청한 권고적 의견은, 전적으로 가설적 질문이라는 점과 국제법 일반에 대한 매우 추상적이고 애매한 질문이라는 점 및 관련 국가 또는 비정부간기구가 핵무기의 폐기라는 정치적 목적을 달성하기 위한 질문이라는 점 등에서, 과거 ICJ에 요청된 권고적 의견과는 성질을 달리한다는 것이었다. 사실 그 이전까지 유엔 총회는, 야기된 특정 상황과 관련한 구체적 법률문제와 특정 조약 또는 규정에 대한 구체적 해석문제 및 국가 또는 국제기구가 자신의 활동수행의 과정에서 야기된 법률문제 등에 관하여, ICJ에 권고적 의견을 구해 왔던 것이다. 따라서 이번의 경우처럼 정치적 목적을 달성하기 위해 법의 추상적 영역에 대한 권고적 의견을 요청한 데 대해서는, 그 요청에 대해 재량권을 갖는 ICJ가 그 요청을 거부하였어야 했다는 주장이 일부 국가에 의해 제기된 바 있었다. 즉 1995년 6월 네덜란드·독일·미국·영국·핀란드 등은 자신이 제출한 서면진술서에서, ICJ가 총회의 요청을 거부하여야 했음을 주장하였던 것이다. 또한 ICJ의 재판관인 오다[Oda]도 유사한 이유로[74] 총회의 요청을 거부하는 의견을 낸 유일한 재판관이었다.

이러한 논란에도 불구하고 ICJ는, 이론적으로는 자신이 총회의 권고적 의견의 요청에 거부할 수 있는 재량권을 갖지만 강제제척사유에 해당하지 않는 한 권고적 의견의 요청에 응한다는 자신의 전통적 입장을 견지하면서, 그 요청에 응하기로 결정하였다. 나아가 ICJ는 추상적 문제인지의 여부를 떠나 모든 법률문제에 권고적 의견을 낼 수 있으며 또한 특정 분쟁이 발생된 경우가 아니라고 하더라도 권고적 의견을 낼 수 있다고 결론 내렸다.

동 권고적 의견에서, ICJ의 14명의 재판관들이[75] 열띤 격론을 벌인 후, '핵무기의 사용은 불법이나, 국가의 존립이 위태로운 상황하에서 자위의 수단으로서 사용하는 경우에는 그 사용을 유보하는 것'을 골자로 하는 자신의 입장을 표명하였다. 즉 ICJ는 핵무기의 사용 또는 그 위협에 대해서 추상적 금지만을 표명하였고, 나아가 특히 극단적 자위 또는 전시복구 등 민감한 사안에 대해서는 자신의 입장을 유보하기까지 하였던 것이다. 물론 ICJ의 이러한 결정이 현실을 무시할 수 없는 상황하에서의 고육지책이었다고는 하겠으나, 인류가 ICJ에 거는 높은 가치에 비추어, 핵무기 사용의 불법성을 명확히 하지 못한 점은 큰 아쉬움으로 남는다고 할 것이다.

---

74 재판관 오다는 "유엔 총회의 권고적 의견의 요청은 단지 정해진 수순대로 나아가도록 예정되어 있는 '법적 원리'(legal axiom)를 승인받기 위한 요청에 지나지 않으며, 불명확한 것이며, 총회의 컨센서스를 상징하는 것도 아니며, 실질적 해결을 필요로 하는 구체적 분쟁이나 또는 문제와 무관한 것이다."라고 주장하고 있다. 특히 그는, '사법적 예의'(judicial propriety) 및 '사법경제'(judicial economy)를 이유로, ICJ가 총회의 권고적 의견요청을 거부했어야 했다고 주장하기도 하였다.

75 ICJ는 15명의 재판관으로 구성되어 있다(ICJ규정 제3조 1항). 그러나 이 당시에는 결원이 채워지지 않은 상태였기 때문에, 14명의 재판관이 본 결정에 참여하였다.

Ⅱ 권고적 의견의 주요내용

동 권고적 의견의 주요내용은 다음과 같다.

첫째 세계보건기구가 요청한 권고적 의견에 대해서는, 그 질의의 내용이 세계보건기구의 활동범위를 일탈하고 있기 때문에, 그 요청에 응할 수 없는 반면, 유엔 총회의 요청에 대해서는 응하기로 결정한다.[76]

둘째 국제법조약 및 관습국제법은 핵무기의 사용 또는 그 위협에 대해 특별히 허용하고 있지도 않으며[77] 또한 특별히 금지하지도 않고 있다.[78]

셋째 핵무기의 사용과 그 위협은 무력의 사용에 관한 규정인 유엔 헌장 제2조 4항 및 제51조, 무력충돌에 적용되는 국제법의 일반적 조건(특히 국제인도법의 원칙과 규칙) 및 특별히 핵무기를 규제하는 조약상의 특정의무에 따라야 한다.[79]

넷째 핵무기의 사용 또는 그 위협은 무력충돌에 적용되는 국제법의 여러 규칙(특히 국제인도법의 여러 규칙과 원칙)에 일반적으로 반한다. 그러나 국제법의 현 상황 및 본 재판소가 다룰 수 있는 사실적 요소에 비추어, 국가존립 자체가 위태로운 상황하에서 자위의 수단으로서 행사되는 핵무기의 사용 또는 그 위협이 위법인지 또는 합법인지에 관해서는 결론을 내릴 수 없다. 이러한 핵무기의 사용 또는 그 위협이 무력충돌에 적용되는 국제법과 사실상 일치될 것이냐 하는 중요한 문제에 있어서, ICJ는 7 대 7 투표라는 첨예한 대립을 보였으며 결국 베자위(Mohammed Bedjaoui) 재판장의 결정투표에 의해 본 결정이 채택되었다.

다섯째 엄격하고 효과적인 국제통제하에서 신의로써 핵군축을 추구하여 최종협상으로 이끌어 나갈 의무가 있다.[80]

---

76 이 결정은 13 대 1(재판관 오다)의 투표로 채택되었다.

77 이 결정은 만장일치로 채택되었다.

78 이 결정은 11 대 3(재판관 사하부딘(Mohamed Shahabuddeen), 위어라만트리(Christopher Weeramantry) 및 코로마(Abdul Koroma))의 투표로 채택되었다.

79 이 결정은 만장일치로 채택되었다.

80 이 결정은 만장일치로 채택되었다.

Ⅲ 권고적 의견의 검토

유엔 총회의 요청에 대해 ICJ는 관할권적 사안과 본안으로 구분하여 권고적 의견을 표명하고 있다. 이미 관할권적 사안에 관해서는 앞서 살펴보았기 때문에, 본안에 나타난 6가지 사안을 분석하면 아래와 같다.

1. '(2) A · B'에 대한 검토

상기 권고적 의견 '(2) A · B'의 주요 논점은 핵무기의 사용이 국제법조약 및 관습국제법에 의해 특별히 허용 내지 금지되는가 하는 것이다. 이에 대해, ICJ는 국제법상 '어떠한 특정된 허용'도 또한 '어떠한 포괄적이고 보편적인 금지'도 존재하지 않는다는 입장을 보이고 있다. 따라서 이하에서는 관련 규범을 중심으로 이러한 ICJ의 입장을 검토하고자 한다.

1) 조약

(1) 평시국제법의 특정 규정

핵무기의 사용이 평시국제법의 특정 규정에 의해 금지되어지는가의 여부에 관해서 ICJ는 아래의 몇몇 규정을 검토하였다.

① 시민적 · 정치적 권리에 관한 국제규약

핵무기의 사용이 '생명권'을 보장하고 있는 시민적 · 정치적 권리에 관한 국제규약 제6조를 위반하는가의 여부에 관한 논쟁이 있었다. 말레이시아 · 사모아 · 솔로몬제도 · 이집트 등은 "핵무기의 사용은 시민적 · 정치적 권리에 관한 국제규약 제6조생명권를 위반할 것이다."라고 주장한 반면, 네덜란드 · 러시아 · 미국 · 영국 · 프랑스 등은 생명의 자의적 박탈에 대한 보호가 특히 무력충돌의 상황에서 절대적이 아님을 주장하였다.

이러한 논란에 대해, ICJ는 상기 규약 제6조를 평시는 물론이고 적대행위에도 적용할 수 있음을 인정하면서도, 무엇이 생명의 자의적 박탈인가 하는 문제에 관해서는 적대행위를 규율하는 무력충돌법에 그 판단을 맡기고 있다. 따라서 ICJ는 "전시 특정 무기의 사용을 통한 생명의 손실이 동 규약 제6조를 위반하는 생명의 자의적 박탈인지의 여부에 대해서는 동 규약 제6조에 의해서가 아니라 무력충돌법의 관련 규정에 의해 결정된다."라고 결론짓고 있다.

② 국제군사재판소헌장 및 제노사이드협약

인종·종교·국적 등을 이유로 한 인간에 대한 집단적 파괴가 국제법상 범죄를 구성한다는 관념은 1945년 8월 8일의 국제군사재판소헌장 제6조일명 뉘른베르크원칙에서 구체화되었고, 그 후 1948년 12월 9일의 제노사이드협약의 기초가 되었다.

먼저 국제군사재판소헌장 제6조에서는 평화에 대한 범죄, 전쟁에 대한 범죄 및 인도에 대한 범죄 등에 관해 상세한 규정을 두고 있는데, 핵무기의 사용은 동 헌장 제6조를 위반하는 것이기 때문에 전쟁범죄를 구성한다는 주장이 있었다. 예컨대 살해 또는 비인도적 행위가 핵무기의 사용을 통하여 민간주민에게 가하여진다면, 이 경우 인도에 대한 범죄가 성립된다는 것이다.

다음으로 제노사이드협약 제2조에서는 "국민적·인종적·민족적 또는 종교적 집단의 전부 또는 일부를 파멸케 할 의도로써 행하여지는 집단구성원의 살해와 육체적·정신적 가해 등을 제노사이드라고 정의하고 있으며, 동 협약 제3조에서는 이를 처벌하도록 하고 있다. 따라서 무차별적 살해, 엄청난 물리적 파괴 및 추후의 방사능 낙진 등을 야기하는 핵무기의 사용은 동 협약을 위반하고 있다는 것이다. 예컨대 미국과 구소련 간에 전면적 핵전이 발발하였다면, 약 3억 명 이상의 사망자가 발생하였을 것으로 예측한 견해가 있었다.

이처럼 핵무기의 사용이 국제군사재판소헌장과 제노사이드협약을 위반하는 것이라는 주장에 대해, ICJ는 후자에 대해서만 언급하고 있다. 즉 "핵무기가 상술한 제집단의 전부 또는 일부를 '파멸케 할 의도'로써 사용되는 경우에 한하여, 제노사이드협약을 위반하게 된다."라고 결론짓고 있다.

이러한 국제사법재판소의 결론과 관련하여, 그리프Nicholas Grief의 제노사이드의 정의에 대한 주석은 참고가 될 수 있다. 즉 그는 "집단살해범죄가 성립되기 위해서는 집단의 전부 또는 일부를 '파멸케 할 의도'가 명백히 증명되어야 한다. 그 증명은 당해 정부에 의한 명백한 인정이 없는 한, 성립되기가 매우 어렵다. 그러나 만약 어떠한 행위가 집단살해를 야기할지도 모른다는 결과에 대한 인식을 가지고 행하여졌다면, 상기의 '의도'는 그 행위 속에 존재하는 것이다. 나아가 그 행위로 야기되는 희생자의 수는 집단살해 여부의 의도의 증거가 될 수 있다."라고 설명하고 있다.

③ 환경의 보호에 관한 규정

핵무기의 사용이 환경의 보호에 관한 현행 국제법 규정을 위반할 것인가에 관해 논란이 있어 왔다. 먼저 솔로몬제도 · 이란 · 이집트 등은, 1977년의 제1추가의정서 제35조 3항 및 제55조 · 1977년의 환경변경기술규제협약 · 1972년의 인적 환경의 보호에 관한 스톡홀름선언 원칙21 · 1992년의 개발과 환경에 관한 리오[Rio] 선언 원칙 2 등에 비추어, 핵무기의 사용이 환경법상의 제원칙을 위반할 것이라고 주장하였다. 나아가 핵무기의 사용에 대한 과학자들의 환경적 평가에 따르면, 아무리 소규모의 핵무기의 사용이라고 하더라도 그 사용은 환경법상의 규정을 위반할 것이라는 판단이 있었다. 반면에 미국 · 영국 · 프랑스 등은 "환경적 침해를 야기하는 무기에 대한 절대적 금지는 존재하지 않으며, 비례성의 원칙 및 환경적 침해에 적용 가능한 특정 조약규정 등에 의해 전투수단[환경적 침해를 야기하는]의 합법성 여부를 개별적으로 평가하여야 한다."라고 주장하였다. 나아가 이들 국가들은 자신들이 1977년의 제1추가의정서에 서명할 때 '핵무기의 적용배제'라는 유보를 붙였음을 강조하기도 하였다.

이러한 상반된 주장에 대해, ICJ는 "환경의 보호에 관한 현행 국제법은 핵무기의 사용을 특별히 금지하지 않는다. 그러나 환경의 존중이라는 일반적 국가의무에 비추어, 환경의 존중문제는 환경의 보호에 관한 무력충돌법의 원칙 및 규칙에 합치되도록 고려되어져야 한다."라고 결정함으로써, 후자적 접근방법에 동의한 것으로 보인다.

④ 평시국제법의 적용 가능성

핵무기의 사용이 평시국제법의 특정 규정에 의해 금지되어질 것인가의 여부에 관해 살펴보았다. 그런데 여기서 논란이 되었던 점은 평시국제법의 특정 규정으로써 핵무기의 사용문제[전통적으로 특정 무기의 사용문제는 전쟁법의 규율대상으로 인식하여 왔음]를 규제할 수 있는가 하는 것이다. 일부 국가는 평시국제법에 의한 핵무기 사용의 규제가 가능한 것으로 보고 있었다.

그러나 ICJ는 "핵무기의 사용문제를 규율함에 있어서 가장 직접적으로 적용 가능한 규범은 유엔 헌장, 무력충돌에 적용 가능한 법 및 핵무기 관련 특정 조약 등에 내포되어 있는 무력의 사용에 관한 법이다."라고 결론짓고 있다. 따라서 평시 상황을 전제로 발달되어 온 평시국제법이 무력충돌의 상황에서 일어나는 행위에 무제한적으로 적용될 수 없다는 것이 ICJ의 기본입장이라고 하겠다. 이러한

ICJ의 견해는, 평시국제법의 무력충돌의 상황에의 무제한적 적용을 허용함으로써 나타날 수 있는 모순을 예방할 수 있다는 점에서, 타당한 결론이라고 평가된다. 예컨대 만약 평시국제법의 무력충돌의 상황에의 무제한적 적용을 허용한다면, 자국의 독립과 영토적 완전성 및 기타 중대한 이익을 위해 군사력에 의존하려는 국가는 평시 인권·환경·문화재 등의 보호를 위한 어떠한 규칙에도 동의하지 않을 것이다. 따라서 인권·환경·문화재 등의 보호에 관한 평시국제법의 발달을 위해서 평시국제법의 무제한적 적용은 재고할 필요가 있는 것이다.

(2) 제네바가스의정서 등

핵무기의 사용이 독성무기의 사용을 금지하고 있는 일련의 조약에 의해 금지될 것인가에 관한 논쟁이 있었다. 먼저 솔로몬제도와 스웨덴 등은 독성무기의 사용을 금지하고 있는 일련의 조약[1899년 7월 29일의 헤이그독가스금지선언, 1907년 10월 18일의 헤이그 육전규칙 제23조 (a) 및 1925년 6월 17일의 제네바가스의정서]에 의한 핵무기사용의 위법성을 주장할 수 있다는 것이다. 즉 그들은, 핵무기의 사용으로부터 독성이 강한 방사능 낙진이 야기되기 때문에, 핵무기의 사용이 상기의 조약들에 의해 금지된다고 주장하였다. 반면 네덜란드·미국·영국 등은 "상기의 일련의 조약은 독성 효과에 의한 살상을 주된 목적으로 하는 무기의 사용을 금지하고 있는데 반해, 핵무기는 그 주된 목적이 폭발·파편·열효과에 의해 살상되도록 고안되어졌을 뿐 독성 효과를 갖는 방사능 낙진의 배출은 단지 부수적 효과에 지나지 않는다."라고 주장하면서, 상기의 조약들에 의한 핵무기의 사용금지에 반대하였다. 이러한 후자적 입장에 동의하는 학자들이 있는데, 먼저 슈바르첸베르거[Georg Schwarzenberger]는 "현대전투의 관례에서 볼 때, 화염방사기·네이팜탄·소이탄 등 고도의 열을 이용하는 무기가 제네바가스의정서에 의하여 금지되지 않아 왔다는 사실로부터, 핵무기의 열효과는 독성무기의 사용효과라고 보기 어렵다."라는 견해를 제시하고 있으며, 아그허스트[Michael Akehurst]는 "방사능 낙진은 핵무기 사용의 단지 부수적 효과에 지나지 않는 반면, 독성 효과는 독가스 사용의 주된[비록 유일하지는 않지만] 효과이기 때문에, 핵무기의 사용과 독성가스의 사용이 유사한 효과를 가진다는 주장은 절대적으로 강제될 수 없다."라는 견해를 보이고 있다.

이러한 논란에 대해, ICJ는 "국가관례에서 볼 때, 상기 여러 조약상의 금지는 독 또는 질식성 효과에 의한 살상을 주된[심지어는 배타적인] 목적으로 하는 무기에 한정된다. 나아가 이러한 국가관례는 명확하며, 동시에 상기 조약들의 각 당사국들은 핵무기문제를 당연히 배제하는 것으로 인식하여 왔다."라고 결론짓고 있다.

그러나 이러한 ICJ의 결론에 대해 약간의 측면은 추가적으로 검토할 가치가 있다고 판단된다. 첫째 실제로 핵의 폭발로 인한 방사능 낙진은 일반적으로 예측되는 것보다 훨씬 더 심각한 결과를 야기한다는 점이다. 둘째 핵무기는 독성이 매우 강한 화학물질을 기본요소로 하고 있기 때문에, 핵폭발 시 화학물질을 방출하는 핵무기는 독성무기라는 가정을 성립시킨다는 점이다. 셋째 핵폭발 시 분출되는 방사선은 다양한 형태의 질병을 유발하며 나아가 생물체의 조직에 해악을 야기하므로, 이는 독성효과보다도 더 심각한 징후를 보이고 있다. 따라서 독성무기를 금지하면서 방사능 낙진을 야기하는 핵무기의 사용을 그 금지로부터 배제하는 것은 논리적으로 모순된다는 점이다.

(3) 핵무기에 관한 여러 조약들

권고적 의견이 표명될 당시 핵무기의 사용을 전면적으로 금지하는 조약은 체결되어 있지 않았지만, 핵실험의 규제, 핵무기의 확산방지, 핵무기의 실질적 감축 등 핵무기를 통제하는 다양한 조약이 체결되어져 있었기 때문에, 이들 조약들을 종합적으로 고려하면 결국 핵무기의 사용을 전면적으로 금지하는 것과 같은 결과를 추론할 수 있다는 주장이 있었다.

이러한 주장에 대해, ICJ는 "그러한 조약들은 장차 핵무기의 사용을 일반적으로 금지할 전조를 제공하는 데 지나지 않으며, 그 자체에 그러한 금지를 내포하고 있는 것은 아니다."라고 결론짓고 있다.

그러나 오늘날 핵무기사용의 전면적 금지를 규정하고 있는 핵무기금지조약이 2017년 체결되었다는 점에서, 상기의 논리는 재해석이 필요하다고 하겠다.

(4) 기타 대량파괴무기의 규제에 관한 여러 협약들

핵무기를 제외한 기타의 대량파괴무기를 통제하는 조약으로는 1972년 4월 10일의 생물무기협약과 1993년 1월 13일의 화학무기협약 등이 있다. 양 협약의 각각 제1조에서는 그러한 무기의 사용을 통제하고 있다. 그럼에도 불구하고, 이들 양 협약으로부터는 핵무기에 관한 어떠한 특정의 금지도 찾을 수 없다는 것이 ICJ의 입장이다.

(5) 유엔 총회의 여러 결의들

유엔 총회는 "핵무기의 사용은 국제법에 반한다."라는 내용의 결의들를 지속적으로 채택하여 왔다. 그 당시 솔로몬제도 등은, 이러한 총회의 결의를 근거로, 핵무기의 사용이 위법하다고 주장하였다. 그러나 네덜란드·러시아·미국·영국·이탈리아 등은 "유엔 총회의 결의는 국제법을 창설할 수 없으며, 단지 국가들에 의해 일반적으로 수락되는 경우에 한해서 관습법의 증거를 구성함에 지나지 않는다."라고 반박하였다.

이와 관련하여 ICJ는 유엔 총회결의의 규범적 가치를 인정하면서도, 핵무기 사용의 위법성에 관한 법적 확신이 존재하지 않는다고 결론짓고 있다. 이러한 ICJ의 결론은 타당하다고 하겠다. 사실 핵무기문제를 다루었던 유엔 총회의 결의들은, 컨센서스에 의한 것이 아니라 투표에 의해 채택되어져 왔다는 사실에서, 관습국제법을 형성하였다고 평가하는 데는 이견이 있을 수 있다고 하겠다.

2) 관습국제법

핵무기의 사용이 관습국제법에 의해 금지되는가? 다시 말해 핵무기의 사용을 금지하는 관습국제법이 존재하는가에 관해 논란이 있었다.

미국과 러시아 등은 "관습국제법은 법에 의하여 강제되어진다는 확신에 기초한 관련 국가의 일반적 관행에 의해서만 창설될 수 있다."라고 지적하면서, "제2차 세계대전 이래 핵무기가 실질적으로 사용되어져 오지 않았기 때문에, 아직 법적 확신은 존재하지 않는다."라고 주장하였다.

ICJ는 "관습국제법의 실체는 기본적으로 '국가의 실질적 관행과 법적 확신'에서 찾아져야 한다."라는 관습국제법에 대한 자신의 전통적 접근방법을 확인하면서, 새로운 관습국제법의 창설에 필수적 요소인 '법적 확신의 존재 또는 출현'의 여부를 핵억지정책policy of deterrence과 유엔 총회의 여러 결의에 대한 검토로부터 구하였다. 먼저 핵억지정책에 대한 검토이다. 일부 국가는, "1945년 이래 어떠한 무력충돌에서도 핵무기가 사용되지 않았다는 사실로부터, 핵무기의 사용은 불법이다."라는 법적 확신이 존재한다고 주장하였고, 반면에 핵억지정책을 지지하는 국가들은, "핵무기의 사용을 정당화할 수 있는 특정 상황이 일어나지 않았기 때문에, 1945년 이래 어떠한 무력충돌에서도 핵무기가 사용되지 않았다."라고 주장하면서, "핵억지정책에는 핵무기의 사용이 이미 전제되어 있기 때문에, 그것이 바로 '핵무기사용은 위법이 아니다.' 라는 법적 확신의 증거가 된다."라고 주장하였다.

이러한 논쟁에 대해, ICJ는 "핵무기사용의 위법성에 대한 찬·반양론이 국제공동체 내에서 심각하게 나누어져 있기 때문에, 이러한 상황하에서는 어떠한 법적 확신이 존재한다고 결정할 수 없다."라고 결론짓고 있다.

다음으로 핵무기의 위법성을 확인하고 있는 유엔 총회의 여러 결의들에 대한 검토이다. 일부 국가는 핵무기의 위법성을 확인하고 있는 일련의 총회결의가 바로 핵무기 사용의 위법성을 인정하는 법적 확신이라고 주장하였다. 반면 특정 상황에서의 핵무기 사용의 합법성을 주장하는 국가들은 "그러한 총회의 결의는 관습국제법을 창설하는 데 필요한 충분한 요소가 되지 못한다."라고 주장하면서, "핵무기는, 핵억지의 일환으로서, 1945년 이래 매일 사용되어져 왔다."라고 주장하였다.

이러한 논란에 대해, ICJ는 "핵무기의 위법성을 확인하고 있는 유엔 총회의 여러 결의들은 핵무기 문제에 관한 '깊은 관심'의 증거이기는 하나, 핵무기사용이 위법이다 라는 법적 확신의 존재를 명확히 하기에는 부족하다."라고 보고 있다. 따라서 국제사법재판소는 "핵무기의 사용을 특별히 금지하는 관습국제법의 창설은 '법적 확신의 태동'과 '핵억지관례의 강한 지지'라는 계속되는 긴장관계에 의해 방해받고 있다."라고 설명한다.

이상과 같이 ICJ는 "핵무기의 사용을 금지하는 어떠한 법적 확신도 없으며, 따라서 관습국제법상 그에 대한 금지는 존재하지 않는다."라고 결론짓고 있는바, 이러한 ICJ의 결정은 타당하다고 생각된다. 왜냐하면 일반적으로 새로운 관습국제법이 창설될 경우에는 그 법 내용과 밀접한 관련을 가지는 국가들의 입장이 큰 영향력을 끼쳐 왔다는 사실에 비추어 볼 때, 핵무기의 사용과 관련한 관습국제법의 형성에는 핵무기보유국의 의사를 무시할 수 없기 때문이다. 따라서 핵무기보유국의 입장을 감안할 때, 핵무기의 사용을 위법시하는 관습국제법의 창설을 주장하기에는 설득력이 부족하다고 평가된다.

2. '(2) C'에 대한 검토

권고적 의견 '(2) C'는 "핵무기의 사용과 그 위협은 무력의 사용에 관한 규정인 유엔 헌장 제2조 4항 및 제51조에 따라야 한다."는 것이었다.

사실 유엔 헌장에서는 무력의 사용 및 그 위협과 관련해서 다양한 조항을 두고 있다. 동 헌장 제2조 4항에서는 무력행사 일반을 금지하고 있으며, 동 헌장 제51조와 제42조에서는 합법적 무력행사의 예외적 경우를 규정하고 있다. 이러한 규정들로부터 아래와 같은 결론을 이끌어 낼 수 있는데, 첫째 이러한 규정들은 특정 무기에만 한정되어 적용되는 것이 아니라 사용된 무기와는 무관하게 모든 무력의 사용에 적용된다는 점, 둘째 유엔 헌장에서는 핵무기를 포함한 어떠한 특정 무기의 사용을 특별히 금지하거나 또는 허용하지 않는다는 점, 셋째 특정 조약이나 관습국제법에 의해 이미 위법인 무기는, 설령 헌장의 관련 규정과 합치되어 사용되었더라도, 합법적으로 되지 않는다는 점 등이다.

따라서 핵무기의 사용과 관련하여 특별히 문제가 되는 것은, 합법적 무력사용으로서 자위의 경우, 동 헌장상의 요건을 갖추면 핵무기의 사용이 허용되어질 수 있는가 하는 점이다. 멕시코 · 스웨덴 · 이집트 등 일부 국가들은 "핵무기의 사용은 자위권의 행사에 관한 국제관습법의 요건과 필연적으로 일치하지 않는다." 라는 견해를 피력하면서, 특히 "핵무기의 효과가 광활하고 심각하며 나아가 그 사용이 전면적 핵전으로 확대될 위험성을 가지기 때문에, 어떠한 핵무기의 사용도 비례성의 요건과 일치할 수 없다."라고 주장하였다.

이러한 주장에 대해, ICJ는 "핵무기의 사용으로부터 야기되는 위험을 정량화할 필요성이나 또는 전술핵무기에 대한 검토는 결여하면서, 자위의 수단으로서 비례성의 요건을 갖춘 핵반격을 가할 수 있다고 믿는 국가는 핵무기의 본질과 그 사용에 따른 위험을 더 깊이 고려하여야 한다."라는 결론으로 대신하고 있다.

오늘날 고도의 정확성을 갖춘 저폭발력의 전술핵무기가 다양하게 개발되어져 있다는 사실에 비추어, 전술핵무기에 대한 검토를 결여한 ICJ의 결정은 다소 부적절하다고 생각된다. 상술한 바와 같이, 전술핵무기를 포함한 핵무기는 심각한 위험을 가질 수 있으며 또한 해당 분쟁에서 통제불능의 상승작용을 야기할 위험성을 내포하고 있다. 따라서 자위의 수단으로서 전술핵무기 자체의 위법성 여부의 판단은 차치하고서라도, 이들 무기가 갖는 위험성에 대한 경고는 필요하다고 생각된다.

3. '(2) D · E'에 대한 검토

권고적 의견 '(2) D · E'의 주요 논점은, 핵무기의 사용 또는 그 위협이 국제인도법의 관련 규칙과 원칙에 의해 위법시되는가 하는 점과 국가의 존립 자체가 위태로운 상황하에서 자위의 수단으로써 핵무기의 사용 또는 그 위협이 허용되는가 하는 점이었다. 이에 대해 ICJ는 "핵무기의 사용 또는 그 위협은 무력충돌에 적용되는 국제법의 일반적 조건특히 국제인도법의 관련 규칙과 원칙에 따라야 하며, 나아가 그러한 조건에 일반적으로 반한다. 그러나 국가의 존립 자체가 위태로운 상황하에서 자위의 수단으로서 행사되는 핵무기의 사용 또는 그 위협이 위법인지의 여부에 관해서는 결론을 낼 수 없다."라는 입장을 보였다.

1) 국제인도법의 관련 규칙과 원칙

제2차 세계대전 이래, 국제인도법 분야가 주목할 만한 발전을 가져 왔음에도 불구하고, 국제인도법의 어떠한 영역에서도 핵무기를 특별히 규제하지 않고 있다. 따라서 국제인도법의 여러 규칙과 원칙이 재래식무기의 경우와 마찬가지로 핵무기에도 적용되는가에 관해 논쟁이 있어 왔다. 사실 ICJ의 권고적 의견이 표명되었던 당시, 핵무기의 사용이 무력충돌에 적용되는 일반규칙으로부터 면제된다고 주장한 국가는 없었으며, 특히 핵무기보유국들조차도 핵무기의 사용이 국제인도법의 일반규칙에 합치되어야 함을 명백히 강조하였다. 이러한 강조는 핵무기의 사용문제에 있어서 하나의 유용한 확신임에는 틀림없으나, 이러한 주관적이고 일반적인 확신만으로는 어떻게 핵무기의 사용이라는 미래의 가설적 상황에 국제인도법을 적용할 것인가 하는 어려운 문제의 해결책이 될 수 없다.

동 권고적 의견에서 ICJ는 '불필요한 고통의 금지원칙', '무차별효과의 금지원칙', '중립의 원칙' 및 '마르텐스 조항' 등 국제인도법의 기본규칙과 원칙을 중심으로 핵무기 사용의 위법성 여부를 분석하였다. 그러나 ICJ는 이들 규칙에 대한 상세한 분석이나 또는 이들 규칙이 어떻게 핵무기에 적용될 것인가에 관한 숙고 없이, 단지 이들 규칙들이 기타 전투의 수단 및 방법과 마찬가지로 핵무기에도 적용됨을 재확인하는 데 그치고 있다. 즉 "자신이 그 규칙의 유효성을 결정하는 데 충분한 기초를 가지지 않고 있다."라고만 결론짓고 있다.

(1) '구별의 원칙'(principle of distinction)과 '불필요한 고통의 금지원칙'

민간인과 전투원 그리고 민간물자와 군사목표를 구분하여 전자를 최대한 보호함을 목적으로 하는 '구별의 원칙'과 전투에서 불필요한 고통이나 또는 과다한 상해를 유발하는 성질의 무기 내지 방법을 금지하는 '불필요한 고통의 금지원칙'은 국제인도법의 가장 중요한 원칙이다.

이러한 원칙과 관련하여, 멕시코·솔로몬제도·스웨덴·이집트·인도 등 일부 국가는 핵무기의 사용이 전투원뿐만 아니라 민간인에게 불가피한 상해를 가져온다는 점 및 극심한 열효과와 방사선 효과로 인해 불필요한 고통을 야기한다는 점 등을 들어, 그것의 사용이 앞의 양 원칙에 반한다고 주장하였다. 반면에 미국·영국·러시아 등 핵무기보유국들은 다음과 같은 이유에서 앞의 국가들과 상이한 입장을 보이고 있었는데, 즉 먼저 구별의 원칙이 요구하는 본질적 측면은 비군사목표에 대한 공격(무기의 무차별적 사용) 또는 특정의 군사목표만을 겨냥할 수 없는 무기(맹목적 효과를 가지는 무기) 등의 사용을 금지하는 데 있기 때문에, 특정의 군사목표만을 정확하게 겨냥할 수 있는 핵무기는 구별의 원칙에 반하지 않는다는 것이었고, 다음으로 불필요한 고통의 금지원칙이 요구하는 본질적 측면은 모든 합법적 군사활동을 수행하는 데 필연적으로 수반되는 고통을 초과하는 무기를 배제하는 데 있기 때문에, 심지어 매우 극심한 상해가 유발되는 경우라고 하더라도, 합법적 군사활동의 범위 내에서의 핵무기 사용은 금지되지 않는다는 입장을 보였던 것이다.

이러한 주장에 대해, ICJ는 "핵무기의 고유한 특성에 비추어 볼 때, 사실 핵무기의 사용은 상기 원칙들과는 거의 양립할 수 없는 것 같다. 그럼에도 불구하고 자신은 모든 상황에서 핵무기의 사용이 무력충돌법의 여러 규칙과 원칙에 필연적으로 반할 것이라는 확신을 이끌 수 있는 충분한 요소를 가지지 않고 있다."라고 표명함으로써, 모든 핵무기의 사용이 상기 양 원칙에 의해 금지되는지의 여부를 결론짓지 못하고 있다. 그 결과 ICJ는 "핵무기의 사용은 무력충돌에 적용될 수 있는 국제법 규칙에 일반적으로 반한다."라고 하는 추상적 입장만을 표명하고 있는 바, 여기서 '일반적'이라는 용어의 사용은 모든 핵무기의 사용을 위법시하면서도 상기 여러 규칙과 원칙에 일치한 핵무기 사용의 경우를 예외적 경우로 만들려는 의도가 있었던 것 같다.

사실 상기 양 원칙에 의한 핵무기 사용의 금지여부를 둘러싼 논쟁은 오래전부터 있어 왔다. 그러나 이러한 논쟁에 대한 선결문제로서, 무엇이 '무차별', '과도한 공격', '과다한 상해와 불필요한 고통'의 내용이 되는가 하는 점에서는 상대적이고 불명확한 입장을 보여 왔기 때문에, "핵무기의 사용이 상기 양 원칙에 일반적으로 반한다."라는 ICJ의 입장은 선결문제의 해결이라는 어려움에 항상 직면할 것으로 보인다.

(2) 중립의 원칙

핵무기의 사용이 중립의 원칙을 위반할 것인가에 관한 논쟁이 있었다. 먼저 이란과 스웨덴 등 일부 국가는 "중립의 원칙은 전투원으로 하여금 중립영역에서 손해 또는 상해를 야기하는 모든 행위를 삼가도록 하는 절대적 의무를 부과하고 있다. 따라서 핵무기의 사용이 그러한 손해 또는 상해를 불가피하게 야기하기 때문에 그의 사용은 중립의 원칙을 위반할 것이다."라고 주장하였다. 반면에 미국과 영국 등은 "중립의 원칙은 중립영역에 대한 침략 또는 폭격을 금지하는 것으로서, 중립국이 모든 부수적 손해로부터 면제되어질 것을 보장하고 있는 것은 아니다. 특히 핵무기의 사용이 반드시 중립영역에 중요한 손해 또는 상해를 야기하는 것은 아니다"라고 주장하였다.

이러한 주장에 대해, ICJ는 중립영역에서 야기될 손해 또는 상해와 관련한 중립의 원칙의 적용여부에 관해 명확한 입장을 표명하지 않고 있다. 다만 "중립의 원칙은 유엔 헌장과 관련 규정에 따라 모든 국제적 무력충돌에 적용될 수 있다."라고만 결론짓고 있다.

(3) 마르텐스(Martens) 조항

1899년의 육전의 법규·관례에 관한 협약1907년 개정 전문에서 천명하고 있는 마르텐스 조항은, 전투수행에 관한 조약규정이 아직 존재하지 않는 경우에도 충돌당사국이 확립된 관행·인도의 법칙 및 공중양심에 입각한 국제법의 여러 원칙에 의하여 여전히 규제받는다는 내용으로서, 이 조항의 목적은 법규의 부존재를 이유로 하는 비인도적 행위를 방지하려는데 있다. 그 후, 이 조항이 1949년의 제네바 4개 협약과 1977년의 제1추가의정서 등에서 재확인되는 등 오늘날 관습국제법의 일부가 되었음은 명백하다.

따라서 이러한 마르텐스 조항에 비추어, 현실적으로 핵무기를 규제하는 특정 조항이 부존재하더라도 핵무기의 사용은 국제인도법의 여러 원칙과 규정에 의해 금지되는가 하는 문제가 있었다. 이에 ICJ는 마르텐스 조항을 국제인도법의 일반 원칙으로 인식하고 있으며, 특히 "모든 국가는 마르텐스 조항을 포함하는 제1추가의정서에 구속된다."라고 결론짓고 있다.

2) 극단적 자위

ICJ는 "국가의 존립 자체가 위태로운 상황하에서 자위의 수단으로서 행사되는 핵무기의 사용 또는 그 위협이 위법인지의 여부에 관해서는 결론을 낼 수 없다."라고 천명하였다.

동 결정은 외형적으로 7 대 7 투표라는 첨예한 대립을 보인 끝에 베자위 재판장의 결정 투표에 의해 채택되었다. 그러나 실질적으로 단지 3명의 재판관[사하부딘, 위어라만트리, 코로마]만이 핵무기의 모든 사용은 위법이라는 견해를 보였다. 따라서 사실상 극단적 자위를 포함한 모든 핵무기의 사용이 금지되는가의 여부에 대해서는 불명확하고 상이한 입장이 존재하였음을 알 수 있다. 아무튼 극단적 자위와 관련한 ICJ의 입장은 다음과 같은 약간의 검토가 필요하다.

첫째, '국가의 존립 자체가 위태로운 자위로서의 극단적 상황'이 무엇을 의미하는지에 관해 ICJ는 명확히 밝히지 않고 있다는 점이다. 이처럼 ICJ가 '국가의 존립'에 관해 명확히 언급하지 않고 있으나, 권고적 의견 '(2) E 후단'으로부터 '국가존립이 위태로운 자위의 극단적 상황'이 분명히 존재함을 추론할 수 있다. 결국 동 권고적 의견으로부터 '국가의 존립'이 국가의 정치적 존립을 의미하는지 또는 독립한 실체로서의 국가존립을 의미하는지 또는 국민의 외형적 존립을 의미하는지 등은 알 수 없지만, 적어도 제2차 세계대전이나 한국전쟁 및 걸프[Gulf]전 등 각종 분쟁상황이 국가의 존립을 심각하게 위협하는 경우라는 데는 이론이 없다.

둘째 국가의 존립이 위태로운 극단적 상황에서 자위로서 행사되는 핵무기의 사용은 권고적 의견 '105(2) E 전단'["핵무기의 사용은 국제인도법의 여러 원칙과 규칙에 일반적으로 반한다."]의 '일반적으로'라는 의미의 예외인가 하는 점과 관련해서, 약간의 문제가 있다. 1977년의 제1추가의정서 전문에서는 "1949년 8월 12일자 제네바 4개 협약 및 본 의정서의 규정은 무력충돌의 성격이나 또는 원인에 기인한 어떠한 불리한 차별도 없이 모든 상황에서 완전히 적용됨을 재확인하고 있다." 따라서 동 전문에 의할 경우, 국제인도법은 모든 범주의 국제적 무력충돌에 적용되어져야 하며, 그러므로 역시 침략행위에 대한 반격으로서의 자위[심지어 극단적 자위]의 경우에도 적용되어져야 한다는 결론에 이르게 된다. 그러나 권고적 의견 105(2)E 후단으로부터, 자위의 극단적 상황하에서의 핵무기 사용이 국제인도법의 일반적 적용으로부터 제외될 수 있음을 추론할 수 있다. 즉 자위라는 극단적 상황에서의 핵무기의 사용은 국제인도법의 완전한 적용에 대한 예외가 될 수 있다는 것이다. 그렇다면 왜 그러한 상황에서의 핵무기사용은 권고적 의견 '105(2) E 전단'에 구속되지 않는가?

이에 대해 ICJ는 명백한 입장을 밝히지 않은 채, 특정 상황에서의 핵무기사용의 합법성을 핵억지 정책에 근거하여 주장하는 일부 국가의 입장을 소개하는 것으로 대신하고 있다. 즉 "…국가들은 항상 자국의 중대한 안보이익을 위협하는 무력공격에 대해 자위권의 행사로서 핵무기를 사용할 권리를 유보하여 왔다…." 그러나 이러한 입장은 매우 위험한 발상이라 생각된다. 왜냐하면 핵억지정책에 근거하여 핵무기를 자위의 수단으로 사용하는 것이 허용된다면, 모든 국가는 자위의 극단적 상황에서 존립하기 위해 핵무기를 보유하려고 전력투구할 가능성이 있기 때문이다.

4. '(2) F'에 대한 검토

권고적 의견 '(2) F'에서는 핵군축을 달성할 의무를 천명하고 있는바, 이는 국제군축법의 견지에서 매우 중요한 내용이라고 하겠다. 사실 이러한 '선의로서 핵군축을 달성할 의무'는 전후의 각종 핵군축조약에서 천명하고 있는 내용으로서, 특히 핵무기보유국에 부과된 의무라고 하겠다. 그러나 지금까지 국가 간 이해관계의 상이로 인해 일반적이고 완전한 핵군축을 달성하지 못하고 있는 시점에서, 핵군축의무를 재확인하고 있다는 점은 나름대로의 의의를 갖는다고 평가된다. 나아가 권고적 의견 '105(2) F'에서 새롭게 '최종협상으로 이끌어 나갈 의무'를 추가하고 있음은 장차 활발한 핵군축 노력을 기대하게 한다고 볼 수 있다.

Ⅳ 한계와 과제

국제사회는 전투의 수단과 방법을 제한하는 전통적 전쟁법규를 유추하여 적용하기도 하고, 조약을 체결하거나, 유엔 총회의 결의 내지 ICJ의 권고적 의견에 입각하여 핵무기의 사용을 금지하려고 노력하여 왔다. 그러나 핵무기사용을 둘러싼 통제는 핵무기보유국과 핵무기비보유국 간 의견의 불일치로 인해, 큰 진전이 없는 실정이다.

특히 1996년의 ICJ의 권고적 의견에서조차도 핵무기의 사용 또는 그 위협에 대한 추상적 금지만을 밝히고 있음에 지나지 않고, 극단적 자위 내지 전시복구 등 민감한 사안에 대해서는 입장자체를 유보하였다.

그렇지만 핵무기사용을 둘러싼 규제는 2017년 새로운 전기를 맞았다. 2017년 9월 20일 핵무기 또는 기타 핵폭발장치를 전면적으로 금지하는 핵무기금지조약이 서명을 위해 개방되었기 때문이다. 동 조약에서는 핵무기 또는 기타 핵폭발장치의 개발·실험·생산·제조·취득·소유 또는 비축뿐 아니라 핵무기의 사용 또는 그 위협을 금지하고 있다는 점에서, 큰 진전이라고 평가된다.

그러나 핵무기금지조약이 미발효 상태에 있다는 점에서, 동 조약상의 공약은 말 그대로 빈공약이 될 가능성이 크다고 하겠다. 특히 동 조약에 57개국이 서명을 마치기는 하였지만, 핵무기보유국이 모두 불참하고 있다는 점과 당사국의 수가 5개국에 머물고 있다는 점에서, 동 조약의 미래 또한 밝지 않은 실정이다.

아무튼 핵무기금지조약의 발효를 위한 다양한 노력이 절실히 요청됨과 아울러 다음과 같은 총체적인 노력이 뒤따라야 할 것이다. 첫째 핵무기가 갖는 대량파괴적 효과를 전 인류에게 알림으로써, 핵무기를 사용해서는 안 된다고 하는 여론을 조성하는 것이 필요할 것이다. 둘째 국가 간의 핵무기의 배치상황 및 핵무기에 대한 사용전략 등 관련 정보를 공개함으로써, 모든 핵무기문제에 관한 투명성을 높이는 노력이 뒤따라야 할 것이다. 이러한 투명성의 증가는 그만큼 국가 간 신뢰의 증가를 가져오기 때문이다. 셋째 핵무기문제에 대한 심도 있는 연구가 지속적으로 추진되어야 할 것이다. 이는 결국 핵무기의 사용문제를 포함한 모든 핵문제에 관한 해결방안을 한 차원 발전시키는 기회가 될 것이다.

제8장

핵물질의 규제

핵에너지의 발명과 이에 뒤이은 핵기술의 광범위한 보급의 결과로서, 핵에너지는 인간과 매우 밀접한 관계를 형성하게 되었다. 이에 국제사회는 핵무기의 제조 등 군사적 측면에서의 핵에너지의 사용을 엄격히 억제한 반면, 의학용·발전용 등 평화적 측면에서의 그 사용을 가능한 한 폭넓게 장려하는 이분법적 정책을 펼쳐 왔다.

이처럼 핵에너지의 군사적 이용에 대한 억제정책에도 불구하고, 미국[1945년]·구소련[1949년]·영국[1952년]·프랑스[1960년]·중국[1964년] 등으로 핵무기의 확산이 계속되었다.

이에 국제사회는 한편으로는 비핵지대를 설정하는 조약을 체결하였고, 다른 한편으로는 핵무기비확산조약[NPT]을 체결함으로써 핵에너지의 군사적 사용을 억제하기 위한 노력을 계속하였다.

그럼에도 불구하고, 1974년 인도가 핵실험에 성공하는 등 핵무기의 확산이 사실상 계속되어졌는데, 이는 NPT만으로는 핵무기의 확산을 효과적으로 방지할 수 없음을 잘 보여주는 것이었다. 따라서 그 당시 추가적 핵보유국으로 유력시되었던 파키스탄을 비롯한 일부 국가가 핵무기 관련 능력을 취득하는 것을 막기 위해서 핵에너지의 군사적 사용을 막기 위한 추가적인 조치가 요청되었는데, 그것이 바로 쟁거위원회[Zangger Committee]와 핵공급국그룹[Nuclear Suppliers Group]이다.

이들은 핵공급국을 중심으로 핵기술과 핵물질 등 핵을 둘러싼 국제적 수출통제체제로서 비공식적으로 설립되었다. 이러한 핵물질 등에 대한 국제적 수출통제체제의 등장은 NPT나 또는 비핵지대를 설정하고 있는 각종 조약 등을 통한 공식적인 핵무기 확산방지노력에 덧붙여서, 핵공급국을 중심으로 한 자발적이고 비공식적인 핵무기 확산방지노력이 가동된다는 의미이다.

그 밖에도 핵물질을 규제하는 것으로서는 핵물질의 실질적 보호에 관한 협약Convention on the Physical Protection of Nuclear Material 및 핵분열성물질의 생산금지조약Fissile Material Cut-Off Treaty이 있는데, 후자는 현재 조약화가 진행 중인 상태에 있다.

I 쟁거위원회(Zangger Committee)

1. 성립배경

1971년부터 1974년까지 15개 국가가 스위스 국적의 쟁거Claude Zangger 교수를 의장으로 하여 비엔나에서 일련의 비공식적 회합을 가졌다. 그 15개국은 모두 핵시설과 물질의 공급국 내지 잠재적 공급국으로서, 그들의 목표는 다음과 같은 2가지 사항에 관한 공통의 양해사항에 합의하는 것이었다. 하나는 '특수핵분열성물질의 처리·사용·생산을 위하여 특별히 설계·준비된 시설과 물질'을 어떻게 정의할 것인가 하는 것이고, 둘째는 NPT 제3조 2항의 의무와 양립하는 범위 내에서 상기 시설과 물질의 수출을 통제할 조건과 절차를 정하는 것이었다. 그 과정에서 동 위원회가 비공식적 지위를 가지며. 자신의 결정사항이 구성국을 법적으로 구속하지 않는다는 점을 결정하였다. 그 후 그 15개국 모임은, 초대 의장의 이름을 따서, 쟁거위원회로 명명되었다.

1974년 8월 14일 쟁거위원회는 2개의 '각서'를[81] 체결하기로 합의하였으며, 동시에 NPT의 비당사국인 핵무기비보유국에 핵물질 등의 실질적 수출 또는 핵물질 등의 수출허가문제에 관한 정보를 '연보'를[82] 통하여 상호 교환하는 데 동의하였다.

이러한 동의 사항들은, 추후에 동 위원회의 개개 구성국 간에 '교환공문' 을 통해 공식적으로 수락되었으며, 나아가 쟁거위원회의 양해각서의 골격이 되었다. 이러한 동의 사항을 주된 내용으로 하여 만들어진 쟁거위원회의 양해각서를 개

81 '각서 A'(Memorandum A)에서는 '원료물질 및 특수핵분열성물질'이 무엇인가를 정의하고 그 수출문제를 다루고 있으며, '각서 B'(Memorandum B)에서는 '시설과 비핵물질'이 무엇인가를 정의하고 그 수출문제를 다루고 있다.

82 연보란 매년 4월에 동 위원회의 구성국 간에만 핵물질 등의 수출에 관한 정보를 비공개로 배포하는 제도를 말한다.

개 구성국들은 일방적으로 선언하게 되었던 것이다.

한편 상기와 같은 진행과정과 병행하여, 1974년 8월 22일 국제원자력기구IAEA의 사무총장은 각 구성국의 동 기구 주재 대표로부터 4가지 형태의 서한을[83] 접수하였는데,[84] 그 서한에는 '상기 2개의 각서에서 규정하고 있는 조건에 따라 행동하며 동시에 그렇게 행동하겠다는 의지를 IAEA의 모든 회원국에게 통보하여 줄 것'을 동 기구의 사무총장에게 요청하고 있었다.[85]

이러한 과정을 거쳐, 1974년 쟁거위원회는[86] 핵물질에 관한 수출통제를 조정한다는 목표 하에 설립되었다. 달리 핵수출국위원회Nuclear Exporters' Committee라고도 불리는 동 위원회는 NPT 제3조 2항의 의무를 이행하기 위하여 설립된 핵공급국들 간의 비공식적 결합체인 것이다.[87] 따라서 쟁거위원회의 양해각서 및 IAEA 문서 INFCIRC/209시리즈는 특정한 국제법상 지위를 가지는 것이 아니라, 단지 회원국에 의해 일방적으로 효력을 발생한 약정들에 지나지 않는다.

---

83 상기 4가지 형태의 서한은 아래와 같다. '서한 Ⅰ'에서는 '……당해 정부는 부속된 각서의 내용에 따라 행동할 것을 결정하였으며……IAEA의 모든 회원국에게 상기와 같은 정보를 통보해 줄 것을 동 기구 사무총장에게 요청'하고 있다. '서한 Ⅱ'에서는 '……유럽공동체(European Community) 내에서의 거래에 관한 한, 당해 정부는 각서 제5항을 이행할 것임을 IAEA 사무총장에게 통보'하고 있다. '서한 Ⅲ'에서는 '……미국으로부터 수출된 설비와 물질에 관해서는 각서 B의 제2항에서 특정하고 있는 것에 추가해서 안전조치가 요구됨을 통보'하고 있다. '서한 Ⅳ'에서는 '……당해 정부는 부속된 각서의 내용에 따라 행동할 것을 결정하였다. 유럽공동체(European Community) 내에서의 거래에 관한 한, 당해 정부는 각서 제5항을 이행할 것이다……IAEA의 모든 회원국에게 상기와 같은 정보를 통보해 줄 것을 동 기구 사무총장에게 요청'하고 있다.

84 1974년 8월 22일 구소련 · 노르웨이 · 덴마크 · 북아일랜드 · 미국 · 오스트레일리아 · 영국 · 캐나다 · 핀란드는 '서한 Ⅰ'을 IAEA 사무총장에게 보냈으며, 동일자로 덴마크와 영국은 보충서한으로서 '서한 Ⅱ'를 추가로 보냈으며, 미국도 보충서한으로서 '서한 Ⅲ'을 추가로 보냈다. 동시에 동일자로 독일과 네덜란드는 상기의 '서한 Ⅰ'과 '서한 Ⅱ'와 유사한 '서한 Ⅳ'를 보냈다. 그러나 예외적으로 회원국 가운데 벨기에 · 스위스 · 이탈리아는 동일자로 서한을 보내지 않았으며, 추후에 핵공급국그룹의 설립에 동의한다는 자국의 결정을 IAEA의 사무총장에게 통고하는 서한을 보냈다.

85 상기의 서한과 2개의 각서는 1974년 9월 3일자 IAEA 문서 INFCIRC/209로서 출간되었다.

86 동 위원회의 구성국은 현재 39개국이다.

87 동 위원회는 NPT 제3조 2항 상의 의무규정을 어떻게 해석할 것인가의 여부를 결정하기 위해, 핵공급국들 간에 약 4년간의 논의 끝에 설립되었다. 그럼에도 불구하고 동 위원회는 NPT의 일부를 구성하는 것이 아니라 핵공급국 간의 비공식적 모임에 지나지 않는다.

2. 주요내용

쟁거위원회의 기본문서는 2개의 '각서'로서, 동 위원회의 행동지침이기도 하다.

1) '각서 A'의 주요내용

첫째 원료물질 및 특수핵분열성물질이 IAEA와의 안전조치협정에 따라 안전조치를 받지 않는 한, 그러한 물질이 평화적 목적을 위한 것이라고 하더라도 모든 핵무기비보유국에 제공되어서는 안 된다는 공약에 비추어, 각 정부는 핵물질의 수출과 관련한 절차들을 고려한다[동 각서 A 제1항].

둘째 각 정부의 원료물질 및 특수핵분열성물질에 대한 정의는 IAEA 규정 제20조를 준용한다[동 제2항]. IAEA 규정 제20조에서는 원료물질 및 특수핵분열성물질을 다음과 같이 정의하고 있다. 먼저 특수핵분열성물질이란 플루토늄239, 동위원소 235 또는 233에서 농축된 우라늄, 전술한 것 중 하나 또는 그 이상을 포함하고 있는 모든 물질, 기타 분열성물질 등을 의미한다. 그러나 원료물질은 포함되지 않는다[동 제20조 1항]. 다음으로 원료물질이란 동위원소의 혼합물을 포함하고 있는 우라늄, 동위원소 235를 감손우라늄, 토륨, 금속·합금·화학적 혼합물·농축물의 형태로 있는 앞의 모든 것, 농축상태의 앞의 모든 것 가운데 하나 또는 그 이상을 포함하고 있는 기타 물질 등이다[동 20조 3항].

셋째 각 정부는, 안전조치를 받은 핵물질이 평화적 목적으로부터 핵무기나 또는 기타 핵폭발장치로 전용되는 것을 방지한다는 관점에서, NPT의 비당사국인 핵무기비보유국에 대한 안전조치의 적용을 보장하는 데 전적으로 관여한다. 만약 각 정부가 평화적 목적을 위해 동 조약의 비당사국인 핵무기비보유국에 원료물질 또는 특수핵분열성물질을 공급하고자 한다면, ① 그 원료물질 또는 특수핵분열성물질, 또는 그것을 사용함으로써 생산된 특수핵분열성물질이 핵무기나 또는 핵폭발장치로 전환되어져서는 안 됨을 공급의 조건으로서 수령국에게 지정하여야 하고, ② IAEA와의 안전조치협정과 IAEA의 안전조치시스템에 따라 안전조치가 관련 원료물질 또는 특수핵분열성물질에 적용되어질 것을 확인하여야 한다[동 제3조].

넷째 NPT의 비당사국인 핵무기비보유국에게 원료물질 또는 특수핵분열성물질을 직접 수출하는 경우에, 각 정부는, 당해 물질의 수출을 허가하기 전에, 그 물질이 수령국에게 인수됨과 동시에 그 물질을 둘러싼 통제가 IAEA와의 안전조치 협정에 귀속됨을 확인하여야 한다[동 제4항].

다섯째 IAEA의 비당사국인 핵무기비보유국에게 원료물질과 특수핵분열성물질을 수출하는 경우, 각 정부는 그 물질이 NPT의 비당사국인 핵무기비보유국에 재수출되어지지 않을 것을 보장받아야 한다. 단 그러한 재수출의 수령국이 안전조치를 수락하는 경우에는 예외이다[동 제5항].

여섯째 아래 ①에 특정된 항목의 수출과, 아래 ②에서 특정된 범주 내에서[단 12개월 내에서] 수령국에게 주어진 원료물질 또는 특수핵분열성물질의 수출은 상술한 바와 같은 절차에 따르지 않아도 무방하다. ① 플루토늄 농축동위원소를 보유한 플루토늄, 그램 단위로 사용되는 경우의 특수핵분열성물질, 각 정부가 비핵활동으로만 사용되어짐을 확인하는 원료물질 ② 특수핵분열성물질[50 유효 g], 천연우라늄[500kg], 감손우라늄[1,000kg], 토륨[1,000kg].

2) '각서 B'의 주요내용

첫째 시설과 물질에 생산·처리·사용된 원료물질 및 특수핵분열성물질이 IAEA와의 안전조치협정에 따라 안전조치를 받지 않는 한, 원료물질 또는 특수핵분열성물질의 생산·처리·사용을 위해 특별히 고안되고 준비된 설비와 물질을 평화적 목적이라고 하더라도 모든 핵무기비보유국에 제공되어서는 안 된다는 공약에 비추어, 각 정부는 특정 범주의 설비와 물질의 수출과 관련한 절차들을 고려한다['각서 B' 제1항].

둘째 각 정부에 의해 채택된 특수핵분열성물질의 처리·사용, 또는 생산을 위해 특별히 준비되고 고안된 시설과 물질의 항목은 아래와 같다[동 제2항]. ① 원자로와 시설,[88] ② 원자로를 위한 비핵물질,[89] ③ 조사된 연료요소의 재처리 공장과 특별히 고안되고 준비된 물질, ④ 연료원소의 조립공장, ⑤ 우라늄 동위원소의 분리를 위하여 특별히 준비되고 고안된 장비.

셋째 각 정부는, 안전조치를 받은 핵물질이 평화적 목적으로부터 핵무기나

---

88 여기에는 zero energy reactors를 제외한 nuclear reactor, Reactor pressure vessels, Reactor fuel charging and discharging machines, Reactor control rods, Reactor pressure tubes, Zirconium tubes, Primary coolant pumps 등을 포함한다.

89 여기에는 heavy hydrogen, heavy water, nuclear grade graphite 등을 포함한다.

또는 기타 핵폭발장치로 전용되는 것을 방지한다는 관점에서, NPT의 당사국인 핵무기비보유국에 대한 안전조치의 적용을 보장하는 데 전적으로 관여한다. 만약 각 정부가 평화적 목적을 위해 NPT의 비당사국인 핵무기비보유국에게 트리거리스트Trigger List, '각서 B'상의 항목을 공급하고자 한다면, ① 그 원료물질 또는 상기 리스트상의 항목이 공급되어진 시설에서 사용·처리·생산된 특수핵분열성물질이 핵무기나 또는 핵폭발장치로 전환되어서는 안 됨을 공급의 조건으로서 수령국에 지정하여야 하고, ② IAEA와의 안전조치협정과 IAEA의 안전조치시스템에 따라 안전조치가 관련된 원료물질 또는 특수핵분열성물질에 적용되어질 것을 확인하여야 한다동 제3항.

넷째 NPT의 비당사국인 핵무기비보유국에 직접 수출하는 경우에, 각 정부는, 당해 장비와 물질의 수출을 허가하기 전에, 그러한 설비와 물질이 IAEA와의 안전조치협정에 따르게 됨을 확인하여야 한다동 제4항.

다섯째 트리거리스트상의 항목을 수출하는 경우, 각 정부는 그러한 항목이 NPT의 비당사국인 핵무기비보유국에 재수출되어지지 않을 것을 보장받아야 한다. 단 그러한 재수출의 수령국이 안전조치를 수락하는 경우에는 예외이다동 제5항.

여섯째 각 정부는 앞의 제1항에 언급된 공약의 이행과 해석에 관한 자신의 판단을 유보한다. 그리고 상기 제2항에 특정된 항목에 추가하여 수출과 관련한 항목에 관해서 안전조치를 요구한다동 제6항.

3. 발달과정

시설과 비핵물질을 다루는 각서는 '트리거리스트'로[90] 알려지게 되었던 바, 동 리스트의 항목은 '각서 B'의 제2항에 열거되어 있다. 트리거리스트는 쟁거위원회에 의해 승인되어지는 바, 최초의 '트리거리스트'를 더 명료하게 또는 상세하게 정의하는 작업이 여러 차례 있었다. 첫째 1977년 11월, '트리거리스트'에 대한 명료화 작업이 IAEA 문서 INFCIRC/254와 부합되는 내용으로 수정되었다.[91] 둘

90 '각서 B'의 제2항에 열거된 항목의 수출은 IAEA의 안전조치를 받게 되는데, 즉 그러한 항목은 관련 시설과 물질을 생산·처리·사용한 원료물질과 특수핵분열성물질이 IAEA와의 안전조치협정을 통해 안전조치를 받는 경우에만 수출되어질 수 있다는 의미이다.

91 그러나 벨기에·스위스·이탈리아 등 3국은 '트리거리스트'에 새롭게 삽입된 '중수의 생산을 위한 공장·중수소 및 중수소화합물 그리고 그것을 위해 특별히 고안되고 준비된 시설'이라는 새로운 항목(즉 '각서 B'상의 문서번호 2.6.1)이 NPT 제3조 2항 (b)에 의한 규제대상이 아니기 때문에,

째 가스원심분리절차에 의한 동위원소의 분리 영역에서의 지난 기간의 기술적 발달상황을 고려하기 위하여, 동위원소 분리공장의 설비에 관한 '트리거리스트'의 명료화 작업이 행하여졌다.[92] 셋째 연료재처리공장에 관한 '트리거리스트'의 명료화 작업이 행하여졌다.[93] 넷째 동위원소 분리공장 설비에 관한 '트리거리스트'의 명료화 작업이 행하여졌다.[94]

그 밖에도 1998년 5월, 쟁거위원회는 파키스탄의 핵실험 문제를 논의한 바 있으며, 또한 동년 10월에는 인도와 파키스탄의 핵실험을 비난하는 만장일치의 성명서를 채택하였다. 또한 1999년 11월, 쟁거위원회의 32개국이 '트리거리스트'를 변경한다는 정보를 담은 통지문을 국제원자력위원회 사무총장에게 보냈는데, 그 통지문은 핵물질과 특정 범주의 시설과 기타 물질의 수출과 관련한 사항을 담고 있었다.

Ⅱ 핵공급국그룹(Nuclear Suppliers Group)

1. 성립배경

런던모임London Group이라고도 불리는 핵공급국그룹은, 구서독 · 구소련 · 미국 · 영국 · 일본 · 캐나다 · 프랑스 등 7개의 핵공급국들이 핵물질의 수출을 통제하기 위해 1978년 1월에 설립한 비공식적 모임이다. 동 모임의 목적은 NPT상의 핵무기비보유국이 핵무기를 취득하는 것을 방지하는 데 있다. 즉 '수출된 핵 및 핵 관련 이중용도품목이 핵폭발 또는 안전조치를 받지 않은 핵활동에 제공되지 않도록 보장하는 데 있다. 동 모임은, 1974년 인도의 핵실험 이후, 상기 쟁거위원회만으로는 핵물질 등에 대한 통제가 미흡하다고 판단되어, 보다 더 강력한 핵물질에 대한 통제체제의 필요성에 따라 설립되었다.

그것에 대한 개정이 수반되어야 한다는 유보를 붙였다. 이러한 수정된 내용은 1978년 12월 1일자의 IAEA 문서 INFCIRC/209/Mod. 1로 발간되었다.

92 그 새로운 명료화 작업의 내용은 1984년 2월 2일자의 IAEA문서 INFCIRC/209/Mod.2로 발간되었다.

93 그 새로운 명료화 작업의 내용은 1985년 8월 3일자의 IAEA문서 INFCIRC/209/Mod.3으로 발간되었다.

94 이 새로운 명료화 작업의 내용은 1990년 2월 4일자의 IAEA문서 INFCIRC/209/Mod.4로 발간되었다.

2. 주요내용

핵공급국그룹에 관한 주요내용은 핵 관련 이중용도의 장비 · 물질 및 관련 기술의 이전을 위한 '지침'에서 잘 나타나고 있는 바, 이러한 지침은 핵 관련 기술의 발달 정도에 따라 시대별로 개정되어 왔다. 따라서 여기서는 2000년 3월 9일자 국제원자력기구의 문서 INFCIRC/254/Rev.4/Part 2[핵 관련 이중용도 물질 · 설비 · 소프트웨어 및 관련 기술의 수출을 위한 지침]을 중심으로 살펴보고자 한다.

1) 핵 관련 이중용도 설비 · 물질 및 관련 기술의 이전을 위한 지침

각 회원국은 아래의 지침에 따라 행동할 것을 IAEA 사무총장에게 표명하였다.

첫째 목표이다. 핵무기의 확산을 방지하기 위하여, 공급국들은 '핵폭발활동' 또는 '안전조치를 받지 않은 핵연료주기활동'에 큰 기여를 할 수 있는 특정의 설비 · 물질 · 소프트웨어 및 관련 기술의 이전과 관련한 절차를 고려하여야 한다. 이와 관련하여, 공급국들은 아래의 원칙, 공통의 정의, 설비 · 물질 · 소프트웨어 · 관련 기술의 수출통제리스트에 동의하였다. 본 지침은, 특정의 국제적 협력이 핵폭발활동 또는 안전조치를 받지 않은 핵연료주기활동에 기여하지 않는 한, 그러한 협력을 방해하려고 고안되지는 않았다. 공급국들은 본 지침을 국내입법 및 관련 국제적 약정에 따라 이행하여야 한다[동 지침 제1항].

둘째 기본원칙이다. 공급국들은 아래에 해당하는 경우에, 본 부속서에서 특정하고 있는 설비 · 물질 · 소프트웨어 또는 관련 기술의 이전을 허가하지 않는다. 즉 ① 핵무기비보유국의 핵폭발활동이나 또는 안전조치를 받지 않은 핵연료주기활동을 위한 사용, ② 일반적으로 그러한 활동에 대한 받아들일 수 없는 전용의 위험이 있을 때 또는 그 이전이 핵무기의 확산을 방지하려는 목적에 반할 때 등이다[동 제2항].

셋째 용어의 설명으로서, 다음의 용어를 설명하고 있다. 즉 ① '핵폭발활동', ② '안전조치를 받지 않은 핵연료주기활동' 등이다[동 제3항].

넷째 수출허가절차이다. 공급국들은 본 부속서에서 특정하고 있는 설비 · 물질 · 소프트웨어 및 관련 기술의 이전을 위한 수출허가절차를 설정하여야 한다. 이러한 절차들은 위반에 대한 강제조치를 포함하여야 한다. 그러한 이전을 허가할 것인가의 여부를 고려함에 있어서, 공급국들은 기본원칙을 이행하여야 하며 그리고 다음을 포함한 관련 요소들을 고려하여야 한다. 즉 ① 수령국이 NPT, 라틴아메리카핵무기금지조약 또는 기타 국제적으로 법적 구속력이 있는 비확산협정의 당사국인가의 여부와 수령국이 자신의 모든 평화적 핵활동에 적용될 수 있는 IAEA와의 안전조치협정을 체결하였는가의 여부, ② NPT, 라틴아메리카핵무기금지조약 또는 기타 국제적으로 법적 구속력이 있는 비확산협정의 비당사국인 모든 수령국이 전술한 제3항 ②에서 열거하고 있는 모든 장치 또는 시설작동중이거나 또는 IAEA의 안전조치에 따르지 않거나 또는 않으려고 고안되어졌거나 또는 건설되어진을 보유하고 있는가의 여부, ③ 이전된 설비 · 물질 · 소프트웨어 및 관련 기술이 특정된 최종용도로만 전적으로 사용되었는가의 여부 및 그 특정된 최종용도가 최종 사용자에 의해 전적으로 사용되었는가의 여부, ④ 이전된 설비 · 물질 · 소프트웨어 및 관련 기술이 재처리나 또는 농축시설의 연구 · 개발 · 디자인 · 제조 · 건설 · 작동 또는 유지를 목적으로 사용되어졌는가의 여부, ⑤ 수령국의 정부행동 · 성명 · 정책들이 비확산을 지지하는가 그리고 수령국이 비확산분야에서의 국제의무와 일치하고 있는가의 여부, ⑥ 수령자가 비밀 또는 불법적인 조달활동에 종사해 왔는지의 여부, ⑦ 최종사용자에게 이전이 허가되어지지 않았는지 또는 최종 사용자가 지침과 일치되게 앞서 허가된 모든 이전을 전환하였는지의 여부이다동 제4항.

다섯째 이전의 조건이다. 이전 과정에서의 전용위험성을 결정하는 과정은 기본원칙에 따르면서 지침의 목표와 일치되게 이루어져야 하며, 공급국들은 이전을 허가하기 전에 그리고 국내법과 국내관행과 일치된 상태에서 다음을 획득하여야 한다. 즉 ① 제안된 이전의 최종사용지점과 용도를 특정한 최종사용자로부터의 성명, ② 제안된 이전 또는 복제가 모든 핵폭발활동이나 또는 안전조치를 받지 않은 핵주기활동에 사용되어서는 안 된다는 명백한 보장이다동 제5항.

여섯째 재이전의 동의권이다. 본 지침에 동의하지 않은 국가에 대해서 본 부속서에서 특정하고 있는 설비 · 물질 · 소프트웨어 · 관련 기술의 이전을 허가하기 전에, 공급국은 다음의 보장을 얻어야 한다. 즉 그러한 설비 · 물질 · 소프트웨어 또는 관련 기술 또는 모든 그것들의 복제품들의 제3국으로의 재이전에 앞서서, 자국의 국내법 또는 국내관행과 일치되면서, 그들의 동의를 확보할 것을 보장하여야 한다동 제6항.

일곱째 기타 규정이다. 기타 규정으로는 공급국들의 본 지침의 적용에 대한 유보의 규정동 제7항, 공급국들의 정보교환의 규정동 제8항 등이 있다.

2) 핵 관련 이중용도 설비, 물질 및 관련 기술의 리스트

2000년 3월 9일자 IAEA 문서 INFCIRC/254/Rev. 4/Part 2로 발간된 '핵 관련 이중용도 설비, 물질 및 관련 기술의 리스트'에서는 '일반적 주목사항', '기술의 통제', '소프트웨어에 관한 일반적 주목사항', '정의' 등에 관해 규정하고 있고, 동시에 본 리스트의 항목을 부속서에서 열거하고 있다. 본 리스트의 항목은 산업설비 · 물질 · 우라늄동위원소의 분리설비 및 혼합물 · 중수생산공장과 관련된 설비 · 핵폭발장치의 개발을 위한 실험과 측정설비 · 핵폭발장치를 위한 혼합물 등으로 나누어 열거되어 있는데, 그 항목은 아래와 같다.

첫째 산업장비이다. 즉 ① 장비 · 부품 및 구성물[95] ② 실험 및 생산장비[96] ③ 물질 ④ 소프트웨어 ⑤ 기술이다.

둘째 기술이다. 즉 ① 장비 · 부품 및 구성물[97] ② 기술 및 생산장비[98] ③ 물질[99] ④ 소프트웨어 ⑤ 기술이다.

셋째 우라늄동위원소분리장비 및 구성물이다. 즉 ① 장비 · 부품 및 구성물[100] ② 실험 및 생산장비[101] ③ 물질 ④ 소프트웨어 및 기술이다.

---

95 여기에는 High−density radiation shielding windows을 비롯하여, Radiation−hardened TV cameras, or lenses therefor, Robots, end−effectors' and control units, Remote manipulators 등이 포함된다.

96 여기에는 Flow−forming machines, spin−forming machines capable of flow−forming functions, and mandrels, Machine tools, Dimensional inspection machines, instruments, or systems, Controlled atmosphere induction furnaces, and power supplies therefor, Isostatic presses, and related equipment, Vibration test systems, equipment, and components, Vacuum or other controlled atmosphere metallurgical melting and casting furnaces and related equipment 등이 포함된다.

97 여기에는 Crucibles made of materials resistant to liquid actinide metals, Platinized catalysts, Composite structures in the forms of tubes 등이 포함된다.

98 여기에는 Tritium facilities or plants, and equipment therefor, Lithium isotope separation facilities or plants, and equipment therefor 등이 포함된다.

99 여기에는 Aluminium, Beryllium, Bismuth, Boron, Calcium, Chlorine trifluoride, Fibrous or filamentary materials, and prep, Hafnium, Lithium, Magnesium, Maraging steel, Radium−226, Titanium, Tungsten, Zirconium, Nickel powder and porous nickel metal, Tritium, Helium−3, Alpha−emitting radionuclides 등이 포함된다.

100 여기에는 Frequency changers or generators, Lasers, laser amplifiers and oscillators, Valves, Superconducting solenoidal electromagnets, High−power direct current power supplies, High−voltage direct current power supplies, Pressure transducers, Vacuum pumps 등이 포함된다.

101 여기에는 Electrolytic cells for fluorine production, Rotor fabrication or assembly equipment,

넷째 중수생산공장과 관련된 장비이다. 즉 ① 장비 · 부품 및 구성물[102] ② 실험 및 생산장비[103] ③ 물질 ④ 소프트웨어 ⑤ 기술이다.

다섯째 핵폭발장치의 개발을 위한 실험 및 측정장비이다. 즉 ① 장비 · 부품 및 구성물[104] ② 실험 및 생산장비[105] ③ 물질 ④ 소프트웨어 및 기술이다.

여섯째 핵폭발장치를 위한 구성물이다. 즉 ① 장비 · 부품 및 구성물[106] ② 실험 및 생산장비 ③ 물질[107] ④ 소프트웨어 및 기술이다.

3. 발전 과정

핵공급국그룹은, 어떤 형태의 핵 관련 기술 등의 수출이 허용될 것인가의 여부에 대한 각 회원국의 국내적 판단을 위해, 핵 관련 이중용도의 장비 · 물질 및 관련 기술의 이전을 위한 '지침'을 전개해 왔으며, 나아가 이러한 지침들이 적용되는 항목들의 리스트^lists^을 작성하여 왔다. 이러한 지침과 리스트는 1977년 핵 이전을 위한 지침^일명 런던 지침^을 채택한 이래, 1992년 핵 관련 이중용도설비와 물질 및 관련 기술의 이전을 위한 지침^일명 바르샤바 지침^, 1996년 3월 19일자 IAEA 문서 INFCIRC/254/Rev.2/Part 2/Mod.1^핵물질 · 설비 및 기술의 수출을 위한 지침^, 1997년 9월 16일자 IAEA 문서 INFCIRC/254/Rev.3/Part 1^핵물질 · 설비 및 기술의 수출을 위한 지침^ 및 2000년 3월 9일자 IAEA 문서 INFCIRC/254/Rev.4/Part 2^핵 관련 이중용도 물질 · 설비 · 소프트웨어 및 관련 기술의 수출을

---

rotor straightening equipment, bellows-forming mandrels and dies, Centrifugal multiplane balancing machines, Filament winding machines and related equipment, Electromagnetic isotope separator, Mass spectrometers 등이 포함된다.

102 여기에는 Specialized packings, Pumps, Turbo expanders or turbo expander-compressor sets 등이 포함된다.

103 여기에는 Water-hydrogen sulfide exchange tray columns and internal contractors, Hydrogen-cryogenic distillation columns, Ammonia synthesis converters or synthesis units 등이 포함된다.

104 여기에는 Photomultiplier tubes 등이 포함된다.

105 여기에는 Flash X-ray generators or pulsed electron accelerators, Multistage light gas guns or other high-velocity gun systems, Mechanical rotating mirror cameras, Electronic streak cameras, electronic Rattling cameras, tubes and devices, Specialized instrumentation for hydrodynamic experiments, High-speed pulse generators 등이 포함된다.

106 여기에는 Detonators and multipoint initiation systems, Firing sets and equivalent high-current pulse generators, Switching devices, Pulse discharge capacitors, Neutron generator systems 등이 포함된다.

107 여기에는 High explosive substances or mixtures 등이 포함된다.

위한 지침 등으로 발전하여 왔다.

특히 1995년 핵공급국그룹은 핵물질과 핵기술 등의 이전과 관련하여, 전면적 안전조치의 실시를 조건으로 한 새로운 공급약정의 체결, 안전조치협정의 준수와 그에 관한 검증의 실시에 있어서 IAEA의 역할의 강화 및 안전조치협정의 비준수에 있어서의 IAEA의 역할의 강화 등에 관한 원칙을 채택하였다. 또한 1998년 3월 30일부터 4월 2일까지 스코틀랜드의 에든버러에서 개최된 핵공급국그룹 정기총회에서는 회원국 상호 간의 정보교환을 위한 절차, 핵공급국그룹 활동의 투명성과 공개성을 증진시키기 위한 방안의 강구 및 새로운 회원국의 확대문제를 깊이 있게 논의하였다. 이러한 논의의 일부는 1999년 5월 핵공급국그룹의 당사국회의를 통해 재확인되었는 바, 동 회의에서는 핵비확산체제에 있어서의 핵공급국그룹 활동의 투명성 증진의 방안의 강구와 자신의 역할의 강화 및 핵물질과 핵기술에 대한 적절한 통제의 확보 등에 합의하였다.

이 가운데 먼저 투명성을 증진하고 자신의 역할을 강화하려는 결정은 이미 1999년 4월에 개최된 '핵비확산체제에 있어서 핵물질 등의 수출통제에 대한 핵공급국그룹의 역할'이라는 국제적 세미나에서 예견되었던 일이었다. 동 세미나는 1995년 'NPT의 효력연장 및 재검토회의'에서 확립된 '대화와 협력의 틀' 안에서의 핵물질 등의 수출통제의 투명성 확보라는 대원칙을 반영한 것이었다. 동 세미나는 보다 광범위하고 공개된 토론을 위해 핵공급국그룹의 회원국은 물론 비회원국, 그리고 비정부간기구에 이르기까지 다양한 주체가 참석함으로써, 모든 참가자로 하여금 심지어 핵공급국그룹의 부정적 측면까지를 포함한 다양한 측면에서의 일반적 상호 교류를 가능하게 하였다. 특히 상기와 같은 토론을 통해 대화에 기초한 핵비확산체제에 대한 협력의 가능성을 발견할 수 있었음은 매우 의의가 있는 것이었다.

또한 핵공급국그룹의 회원국의 확대문제인데, 1998년 라트비아가 핵공급국그룹의 회원국이 됨으로써 그 회원국의 수는 35개국으로 증가한 이래, 2018년 현재 48개국으로 확대되었다.

Ⅲ 핵물질의 실체적 보호에 관한 협약 및 핵분열성물질의 생산금지조약

1. 핵물질의 실체적 보호에 관한 협약(Convention on the Physical Protection of Nuclear Material)

동 협약은 IAEA의 정부 간 회의를 통해 1979년 10월 26일 비엔나에서 채택되었고, 1980년 3월 3일 뉴욕과 비엔나에서 서명을 위해 개방되었다. 1987년 2월 8일 효력이 발생하였으며, 2005년 7월 개정되었고, 현재 당사국의 수는 156개국이다.

동 협약은 국제적으로 핵물질의 실체적 보호에 관한 법적 구속력이 있는 최초의 문서로서, 핵물질과 관련한 범죄자의 억제·탐지·처벌과 관련한 조치를 규정하고 있었다. 2005년 동 협약의 강화를 위하여 개정되었는데, 주된 개정의 내용은 평화적이고 국내적인 수송·비축·사용에 있어서 핵물질과 핵시설을 보호하기 위하여 취해야 할 신속한 조치에 관한 국가 간 협력을 확대하는 것이었다. 여기서 신속한 조치에는 도난 또는 밀매된 핵물질을 정확하게 찾아내어 원상태로 회복시키는 일, 모든 방사선 피해를 완화하는 일, 관련 범죄행위를 방지하고 대응하는 일이 내포되어 있다.

2. 핵분열성물질의 생산금지조약(Fissile Material Cut-Off Treaty)

동 조약은 아직 체결되지 않은 상태에 있다. 제네바군축회의는 핵무기 또는 기타 핵폭발장치용도의 핵분열성물질의 생산을 금지하기 위한 조약의 체결을 위해 노력해 왔다. 1995년 제네바군축회의는 특별조정관인 캐나다의 샤논Shannon 대사의 보고서의 권고에 기초하여, 동 문제를 다룰 특별 위원회를 설치하였다. 또한 유엔 총회도 동 문제를 논의하기 위해 2012년 정부전문가그룹을 구성하였고, 2016년에도 동 조약을 위한 고위급 전문가준비그룹을 구성하였다. 특히 동 고위급 전문가준비그룹은 비차별적이고 다자적인 성격을 띠고 있으며, 동 조약의 체결을 위하여 2017년과 2018년 제네바에서 회합을 가졌다. 그 결과 2018년 9월 동 조약의 쟁점들을 정리한 최종보고서를 유엔 총회에 제출하였다.

핵분열성물질은 핵무기 또는 기타 핵폭발장치의 핵심적 요소인데, 이에는 고농축우라늄U-235과 플루토늄Pu-239이 있다. 분열성물질에 관한 국제패널International Panel on Fissile Material에 의하면 2017년 1월을 기준으로 지구상에 고농축우라늄 1,340톤 및 플루토늄 520톤이 가운데 민간용은 290톤이 비축되어 있다고 한다. 따라서 이러한 핵물질에 대한 규제를 위해 동 조약의 체결이 조속히 이루어져야 할 것이다.

Ⅳ 한계와 과제

핵무기의 확산을 방지할 일차적 방파제는 NPT와 각종 비핵지대조약의 체결이고, 이차적 방파제는 전술한 핵물질 등의 국제적 수출통제체제이다. 그리고 부수적으로 핵물질의 실질적 보호에 관한 협약이 보조적 기능을 수행하고 있으며, 향후 핵분열성물질의 생산금지조약의 체결이 기대된다.

그러나 지난 북한·이스라엘·인도·파키스탄 등의 핵무장화과정에서 잘 나타난 것처럼, 상기와 같은 핵무기의 확산에 대한 여러 가지 시스템이 효과적으로 작동하였다고 보기는 어려운 것 같다.

이처럼 핵무기확산을 둘러싼 효과적인 통제가 이루어지지 못하는 이유는 NPT 등 특정 조약에 대한 미가입국의 현존, IAEA의 안전조치상의 문제 등 매우 다양한 측면에서 찾을 수 있겠으나, 핵물질 등에 대한 국제적 수출통제체제 즉 쟁거위원회와 핵공급국그룹이 갖는 한계도 함께 지적할 수 있을 것이다. 사실 파키스탄의 핵무장화과정에서 잘 나타나는 것처럼, NPT의 핵무기비보유국의 핵무기보유의 방지와 동 조약의 비당사국의 핵능력취득의 방지를 목적으로 설립된 쟁거위원회와 핵공급국그룹의 본래의 기능이 효과적으로 작동되지 않은 것으로 보인다. 왜냐하면 파키스탄은 핵무기제조를 위한 우라늄농축공장을 건설하는데 필요한 모든 요소를 공개된 국제시장에서 구매하였다고 알려지고 있기 때문이다. 그렇다면 그 이유는 무엇일까?

실제로 쟁거위원회와 핵공급국그룹은 아직 법적 구속력을 갖는 조약의 형태를 띠고 있는 것이 아니라 하나의 비공식적 약정에 지나지 않으며, 회원국의 수가 아직 소수에 지나지 않으며, 그리고 상기 양 체제 내에 효과적 이행확보를 위한 수단이 존재하지 않는다는 점 등에서 한계를 보이고 있다.

따라서 보다 실효적이고 효과적인 핵물질 등의 효과적 통제를 위해서는 다음과 같은 약간의 조치가 수반되어야 할 것이다.

첫째 모든 핵 관련 활동을 수행하는 국가들이 상기 양 체제를 지지하고 동참하여야 할 것이다. 둘째 핵물질 등의 국제적 수출통제를 위한 상기 양 체제의 각종 '지침'을 법적 구속력이 있는 보편적 조약으로 강화하여야 할 것이다. 단 그러한 조약화의 이전 단계로서 '지침'을 보다 엄격하게 규정하고 나아가 그 이행을 촉구하여야 할 것이다. 끝으로 효과적 이행을 사전에 확보하기 위한 수단으로서 국제적 검증기구를 설립하여 동 체제의 준수를 확보하여야 할 것이다.

제9장
운반체(미사일)의 규제

오늘날 북한·이라크·이란·인도·파키스탄 등 제3세계 국가들의 미사일개발능력의 진전은, 특히 그들의 핵무기개발 프로그램과 연계됨으로써, 국제사회의 평화와 안보를 위협하는 핵심적 요인이 되고 있다.

그럼에도 불구하고 아직까지 미사일의 사용·취득·생산·거래 등을 규제하는 일반적 조약은 체결되지 않고 있으며, 기껏 유엔 안전보장이사회의 결의, 일부 핵군축조약에 포함된 특정 조항 내지 미사일기술통제체제Missile Technology Control Regime, MTCR 등에 의한 단편적·자발적 규제가 이루어지고 있는 데 지나지 않고 있다.

첫째 유엔 안전보장이사회는 자신의 결의 제1540호를 비롯하여 제1695호, 제1718호, 제1810호, 2270호 등을 통해 북한에 대한 대량파괴무기와 그 운반체의 수출금지, 탄도미사일 발사와 관련한 기술협력의 금지, 대량파괴무기와 그 운반체의 개발·이전 등의 금지를 유엔의 회원국에 요청하고 있다. 둘째 미국과 구소련또는 러시아 양국 간에 체결된 일부 핵군축조약에서 특정 미사일의 생산·취득·배치를 제한하고 있다. 셋째 MTCR을 통한 규제가 이루어지고 있다. 넷째 세계통제시스템Global Control System을 통한 규제이다. 세계통제시스템은 미국 주도의 MTCR에 대응하기 위한 것으로서, 2000년 NPT의 재검토회의에서 러시아에 의해 제안되었다. 이것은 유엔을 통해 미사일 및 미사일 관련 기술의 비확산우주발사능력과 기타 기술에 접근하는 것을 제한문제를 다루려고 시도되었으나, 유엔의 모든 회원국이 미사일 관련 기술을 갖지 않고 있다는 점에서, 그러한 통제가 구조적으로 불가능하다는 비판이 있었다.

세계통제시스템의 핵심 요소는 다음과 같다. 첫째 국제 미사일발사통제센터의 설치를 포함한 미사일발사의 투명성확보를 위한 국제체제, 둘째 세계통제시스템 참가국이 대량파괴무기를 운반하는 미사일시스템을 포기하고 세계통제시스템에 참가한 국가에 대한 적극적 안전보장, 셋째 대량파괴무기 관련 미사일시스템을 포기한 국가에 대한 우주개발프로그램의 지원 등 인센티브제도, 넷째 세계통제시스템의 기능과 분쟁해결을 개선하기 위한 자문제도의 도입 등이다.

이상과 같은 미사일의 규제 가운데 핵심은 지난 32년 동안 미사일통제의 최후의 방파제로서 소임을 수행해 온 MTCR이라고 하겠다. 그러나 동 체제는 자발적 규제에 지나지 않는다는 점에서, 효과적인 미사일의 규제는 현실적으로 많은 어려움을 지니고 있다.

I 미사일기술통제체제(MTCR)의 성립과 발전

1. MTCR의 성립

오늘날 가장 효율적인 운반체로 인식되는 미사일은 자체 추진력을 가진 비행체를 의미하는데, 탄도미사일과 크루즈미사일로 대별할 수 있다. 또한 유효사거리를 기준으로, 5,500km를 초과하는 것을 장거리미사일, 1,000~5,500km인 것을 중거리미사일 그리고 500~1,000km인 것을 단거리미사일이라고 부르고 있다. 특히 핵탄두를 탑재하여 특정 목표지점으로 정확하게 비행하는 핵미사일이 오늘날 인류를 위협하는 최고의 무기라는 점에 비추어, 미사일의 규제의 핵심 대상도 역시 핵미사일이다.

이러한 미사일규제는 제3세계 국가들이 핵개발에서 성과를 얻기 시작한 1980년대에 들어서면서 서서히 나타났는데, 운반체의 규제를 통해 핵무기의 확산을 억제하고자 하는 관념의 실현이 바로 MTCR이었다.

사실 제3세계 국가로의 미사일확산은 1960년대 군사선진국이 행한 미사일기술의 대외 수출에서 출발되었는데, 1970년대의 자체 개발단계를 거쳐, 1990년대에 와서는 평화목적의 우주발사체의 개발과 병행한 탄도미사일 개발단계까지 급속히 발전되었다. 이 와중에서 특히 1980년대에 들어서면서 제3세계 국가가 핵무기개발에 성과를 내기 시작하였는데, 이는 곧 미사일능력과 핵개발의 성과의 결합으로 나타났다. 결국 이러한 결합은 핵비확산체제에 대한 위협으로 간주되었고, 그 위협을 제거하기 위해서는 미사일에 대한 국제적 통제가 불가피하게 되었다.

이러한 시대적 요청에 부응하여, 무기 및 군사기술의 다자간 수출통제체제 중의 하나로서, 미사일 및 관련 기술의 확산을 방지하기 위하여 MTCR이 설립되었던 것이다. 이는 미국을 중심으로 수년간의 비밀협상을 거친 후인 1987년 4월 선진 7개국에 의해 결성되었는데, 제3세계 국가의 핵무기 운반체[탄도 · 크루즈미사일]의 개발을 통제하는 것이 주된 목적이었다.

2. MTCR의 발전

MTCR은 그 결성 이후부터 지속적으로 발전하여 왔던 바, 특히 적용대상의 확대, MTCR 지침의 강화, 국제행위규범의 채택, 회원국의 확대 등으로 발전해 왔다.

1) 적용대상의 확대

MTCR이 결성될 당시의 통제대상은 핵무기의 운반체만이었다. 1992년 6월 동 체제는 그 적용대상을 확대하였는데, 핵무기뿐 아니라 모든 대량파괴무기[생물 · 화학무기 추가]의 운반체의 통제를 포괄하게 되었다. 따라서 오늘날 동 체제는 모든 대량파괴무기를 통제하는 하나의 도구로 자리하고 있는데, 대량파괴무기의 운반체의 이동을 통제함으로써 결국 대량파괴무기의 확산위협을 억제하는 역할을 하고 있는 것이다.

2) MTCR 지침의 강화

1991년 미국은 자국의 수출뿐 아니라 타국에서의 수출활동에 대해서도 통제하는 법[National Defense Authorization Act]을 제정하였는데, 이것은 동 체제의 통제품목을 동 체제의 비회원국에 수출하는 외국인에게도 미국의 허가를 받도록 강제하고 있다. 또한 1993년 클린턴 대통령은 유엔 총회에서의 연설을 통해 "동 체제의 지침을 현재의 23개국의 동의[그 당시 23개국이 회원국이었음]를 너머 모든 국가의 보편적 지지를 갖는 일련의 규범으로 변화시키는 것이 필요하다."라고 역설한 바 있었는데, 이러한 일련의 조치들은 동 체제의 지침을 국제사회의 보편적 규범으로 발전시키는 계기가 되었다.

1995년 독일에서 개최된 동 체제의 총회를 통해 '동 체제의 지침에 대한 장비 및 기술부속서'가 개정되었으며, 또한 동 체제의 회원국 상호 간에 '노 언더컷no undercut 정책'을 이행하도록 함으로써 회원국 상호간에 발생할 수 있는 경쟁을 줄이는 수단을 마련하였다. 여기서 '노 언더컷 정책'이란 1994년 스톡홀름에서 개최된 MTCR의 총회에서 채택된 정책으로서, 다른 회원국에 의해 수출이 거부된 품목과 본질적으로 동일한 품목의 수출에 대해서는, 동 수출거부가 만료 또는 철회되지 않는 한, 최초로 수출을 거부한 회원국과의 협의 없이는 수출에 대한 허가를 하지 않도록 하는 정책을 말한다.

또한 미사일의 수출통제를 효과적으로 실현하기 위해서는 MTCR의 비회원국이면서 동시에 주요 탄도미사일 생산능력을 가진 국가의 협력이 절실히 필요한데, 1996년에는 중국을 비롯한 루마니아·우크라이나·이스라엘 등이 일방적으로 동 체제의 지침을 지지하는 선언을 한 바 있다. 특히 중국은 그 이후에도 기회가 있을 때마다 동 체제의 지침의 준수를 공언해 왔다.

2001년 4월 러시아는 자국의 수출통제시스템을 강화하였는데, 수출통제의 보고시스템의 다원화 및 무형기술의 이전에 대한 통제를 포함하였다.

2006년에는 기술 및 소프트웨어 등의 무형기술의 이전에 대한 통제까지 가능하게 되었으며, 2007년 MTCR은 동 체제의 활동과 관련한 모든 정보를 비회원국인 리비아·벨라루스·시리아·싱가포르·아랍에미리에이트·예멘·요르단·이스라엘·이집트·인도·중국·카자흐스탄·크로아티아·파나마 등에 제공할 것을 결정하였다. 또한 전자접촉데이터베이스동 체제의 회원국이 문서의 안전한 교환과 수출허가 거부 시의 통지를 이용할 수 있도록 함으로써 가장 최신의 정보를 온라인을 통해 각 회원국에게 통보할 수 있는 길을 마련하였다.

2008년에는 유엔 안전보장이사회 결의 제1810호가 채택되었는데, 동 결의는 '제1540호 위원회'의 명령을 강화하고 동 위원회의 활동을 3년 더 연장하도록 하는 것으로서, 각국으로 하여금 유엔 안전보장이사회결의 제1540호의 이행을 위한 계획과 우선사항을 제시하도록 요구하고 있다.

3) 국제행위규범의 채택

1990년대 후반에 있었던 러시아에 의한 세계통제시스템의 제안과 미국의 국가미사일방어계획의 공표 등 일련의 사건은 그 당시 큰 위협이 되고 있던 미사일

확산문제를 국제사회가 재인식하는 계기가 되었다. 따라서 미사일확산문제에 적극적으로 대처하기 위해서 MTCR의 회원국들은 국제사회에 보편적으로 적용될 수 있는 '탄도미사일의 확산방지를 위한 국제행위규범'the International Code of Conduct against Ballistic Missile Proliferation의 제정을 논의하게 되었다.

1999년부터 2001년까지 MTCR의 회원국들은 상기 행위규범의 제정을 위해 많은 노력을 하였고, 그 결과 2001년 9월 오타와에서 열렸던 동 체제의 총회에서 동 행위규범의 최종안이 채택되었으며, 2002년 2월 78개국이 파리에서 동 행위규범을 출범시켰다. 동 행위규범에는 탄도미사일의 확산을 억제하기 위한 일반원칙, 약간의 신뢰구축조치탄도미사일과 우주발사체 개발프로그램의 정보를 연보로 공표하는 형태로 신고 및 탄도미사일과 우주발사체의 시험발사의 사전통보제도를 포함하고 있는데, 탄도미사일의 확산을 제한하려는 데 초점이 맞추어진 것이었다.

동 규범은 자발적 행동규범이며 컨센서스에 의해서만 수정될 수 있으며, 또한 법적 구속력은 없고 정치적으로만 구속력을 갖는다. 2018년 현재 138개국이 참여하고 있는데 미사일비확산을 위한 일반적인 국제행위규범으로서 의의를 갖는다. 그러나 북한 · 이라크 · 이스라엘 · 중국 · 파키스탄 등 주요 미사일개발능력을 보유한 국가들이 불참하고 있다.

4) 회원국 수의 확대

1987년 결성 당시의 7개국구서독 · 미국 · 영국 · 일본 · 이탈리아 · 캐나다 · 프랑스에 불과하던 MTCR의 회원국이 1990년대에 들어서면서 급격히 증가하게 되는데, 1990년에 7개국네덜란드 · 노르웨이 · 덴마크 · 룩셈부르크 · 벨기에 · 스페인 · 오스트레일리아, 1991년에 4개국뉴질랜드 · 오스트리아 · 스웨덴 · 핀란드, 1992년에 4개국그리스 · 스위스 · 아일랜드 · 포르투갈, 1993년에 3개국아르헨티나 · 아이슬란드 · 헝가리이 각각 새 회원국이 되었다.

1994년 10월에 스톡홀름에서 열린 MTCR의 총회에서는 회원국의 추가적 확장 및 더 광범위한 지리적 대표성의 확보 문제가 강조되었는데, 그 결과 1995년에 러시아를 포함해 브라질과 남아프리카공화국이 추가로 회원국이 됨으로써 총 28개국으로 확대되었다. 그동안 이들 3개 국가는 동 체제의 참가를 유보해 온 국가로서, 이들의 참여는 큰 의미가 있었다.

1996년 동 체제는 우크라이나의 가입 요청을 거부하였으며, 또한 한국의 경우에도 그 결정을 유보하였다. 그러나 1997년에는 터키가, 1998년에 체코 ·

폴란드 및 우크라이나가 동 체제의 새로운 회원국이 됨으로써, 32개국으로 확대되었다.

2001년 미국과의 미사일협상을 타결한 한국이 동 체제에 참여하게 되었는데, 한국은 지난 1979년 사정거리 180km를 초과하는 미사일의 개발을 포기한다는 각서를 미국과 체결하였고, 이러한 상황 하에서 1996년 MTCR에 가입하겠다는 의사를 밝혔으나, 그 요청이 유보되었다. 2000년 10월 16일, 한국과 미국 양국은 미사일 회담을 개최하여 '사정거리 300km, 탄두중량 500kg까지의 미사일의 개발과 생산 및 배치를 할 수 있도록, 나아가 순수 연구용으로는 사정거리 300~500km의 미사일도 개발할 수 있도록 하는데' 합의하였다. 이에 따라 한국은 2001년 1월 17일 MTCR 수준의 새로운 미사일지침을 채택하였고, 동년 동 체제의 회원국이 되었다. 물론 한국은 미국과의 미사일지침의 개정을 통해 오늘날 사거리가 800km 이하이면 투사중량에는 제한 없는 미사일 개발이 가능한 상태이다.

2004년에는 불가리아가 가입하였다. 이상과 같이 과거 바르샤바조약기구의 구성국과 남아메리카의 일부 국가까지 동 체제의 회원국이 됨으로써 2009년 회원국이 총 34개국으로 확대되었다가, 현재 35개국에 이르고 있다.

Ⅱ 미사일기술통제체제(MTCR)의 주요내용

MTCR은 수출통제의 정도가 매우 엄격하다고 할 수 있으며, 그 의사결정은 총의^{컨센서스}에 의하며, 매년 정기적으로 개최되는 동 체제의 총회를 통해 회원국 상호 간에 정보를 교환하도록 하고 있다. 특히 미사일 관련 정보는 군사기밀인 경우가 많아 회의 또는 협상의 기록은 비밀로 부쳐지고 있다.

동 체제는 8개 조항으로 구성된 '민감한 미사일 관련물의 이전에 관한 지침'Guidelines for Sensitive Missile-Relevant Transfer 즉 일명 MTCR 지침 및 '장비, 소프트웨어 및 기술에 관한 부속서'Equipment, Software and Technology Annex에 의해 기능하고 있는 바, 그 주요내용을 간략히 살펴보면 다음과 같다.

1. MTCR 지침의 주요내용

1) 목적

동 지침의 목적은 대량파괴무기의 운반체의 이전을 통제함으로써, 대량파괴무기의 확산위협을 억제하는 것인데, 특히 그러한 통제품목과 기술이 테러집단이나 개인의 수중에 들어가는 것을 억제하는 데 있다[동 지침 제1항].

2) 통제품목

(1) 원칙

동 지침 및 부속서에서는 대량파괴무기를 운반할 수 있는 모든 운반체[유인항공기 제외], 탑재능력과 유효사거리가 각각 일정 기준[500kg/300km]을 초과하는 미사일 관련 장비 및 기술을 통제품목으로 정하고 있는데, 이러한 것들이 각 정부의 관할 또는 통제를 일탈하여 특정 목적지로 이동되는 것을 통제한다[동 지침 제1항]. 여기서 운반체란 탄도미사일을 포함하여 크루즈미사일, 우주발사체[space launch vehicle], 기상관측로켓, 무인항공기 및 원격조정운반체 등을 포괄하며, 탑재능력과 유효사거리에 관한 기준은 제1세대 핵무기를 운반하는 데 사용되어진 미사일의 성능과 일치한다.

결국 MTCR의 수출통제대상은 동 체제의 통제품목[무인항공운반체, 로켓장치, 추진 및 항법 장비, 고 · 액체 추진제, 구조용 복합재, 시험 및 생산 장비] 및 그와 직접 관련된 기술로서 회원국이 국내법에 의하여 허용되는 범위 내에서 통제하며, 통제품목의 수출승인은 그 품목의 설치 · 작동 · 유지 및 수리에 필요한 최소한의 기술에 대한 수출도 승인한 것으로 간주된다.

2) 예외

동 지침은 대량파괴무기의 운반체와 무관한 각국의 우주개발프로그램 또는 그러한 프로그램의 국제적 협력을 위한 경우에는 예외적으로 통제대상이 되지 않는다. 즉 동 체제는 장비와 기술이 미사일개발과 유사한 특징을 갖지만 기상과 관련한 제측면 또는 우주공간의 평화적 이용 등과 같은 민간활동을 방해하지 않는다는 것이다. 또한 수령국 정부로부터의 적절한 보증을 받은 경우에도 부속서에 포함된 항목의 이전이 허용된다[동 지침 제1항]. 즉 이전이 대량파괴무기의 운반체에 기여하는 경우라고 하더라도, 수출국의 정부는 수령국 정부로부터 다음에 관한 적절한 보증을 받는 경우에는 부속서에 포함된 항목의 이전을 허가한다. 여기서 다음이란 해당 항목이 신청된 목적만을 위해 사용되어지고, 수출국의 정부의 사전 동의 없이 그러한 사용목적이 변경되지 않으며, 해당 항목의 수정이나 또는 복제가 행하여지지 않을 경우, 그리고 해당 항목, 그 복제품 및 파생물이 수출국의 정부의 동의 없이 재이전될 수 없는 경우이다.

3) 이행방법

MTCR은 어떠한 공식적 이행규정도 두지 않고 있는데, 그럼에도 불구하고 그 이행은 전적으로 회원국의 자발적 참여에 의존하고 있다. 즉 동 체제의 지침은 국내입법의 제정을 통한 이행을 권장하고 있는데, 동 지침 제1항에서는 각 회원국이 제정한 국내법에 따라 이행을 진행하도록 규정하고 있다. 여기서 국내법이란 예컨대 미국의 무기수출통제법[Arms Export Control Act]과 수출행정법[Export Administration Act] 등을 의미한다. 결국 통제품목에 대한 이전 여부는 각 정부의 독자적이고 주권적인 판단에 따라 결정된다[동 지침 2항].

4) 이전의 평가요소

부속서에 포함된 품목에 대한 이전신청서를 평가함에 있어서는 다음의 여러 요소가 고려된다. 즉 대량파괴무기의 확산에 대한 중요도, 수령국의 미사일과 우주프로그램의 개발 능력과 목표, 대량파괴무기의 운반체[유인항공기 제외]의 개발가능성의 관점에서 본 이전의 중요성, 본 지침 5항 A와 B에 언급된 수령국의 관련 보증을 포함한 이전품목의 최종용도에 관한 평가, 관련한 다수국 간 협정의 적용가능성, 테러집단이나 개인의 수중으로 들어갈 경우 그 통제품목의 위험성[동 지침 3항] 등이다.

5) 정보의 교류

동 지침의 효과적 운용을 확보하기 위하여, 각 정부는 동일한 지침을 적용하고 있는 타국 정부와 관련 정보를 적절하게 교류하도록 하고 있다[동 지침 6항].

6) 기타

'범주 I'의 이전 및 이전 또는 판매를 거부하는 강력한 추정제도[동 지침 2항], 부속서에 포함된 각 항목과 직접적 관련성을 가지는 설계 및 생산 기술의 이전통제[동 지침 4항], 본 지침에 대한 보편적 지지의 요청[동 지침 8항] 등에 관해 규정하고 있다.

2. '장비, 소프트웨어 및 기술에 관한 부속서'의 주요내용

동 부속서는 미사일시스템, 무인항공운반체 및 관련 장비와 그 생산시설과 기술을 통제품목으로 정하고 있는데, '범주 Ⅰ'[Category Ⅰ]과 '범주Ⅱ'[Category Ⅱ]로 그 통제품목을 나누어 규정하고 있다. 동 부속서는 A4용지 약 72장에 이르는 상당히 많은 분량의 내용을 담고 있는데, '도입', '정의', '용어' 및 '범주 Ⅰ'[품목 1-2]과 '범주Ⅱ'[품목 3-20], '환산표', '단위 · 계수 · 약성어 · 약어', '양해성명' 등으로 구성되어 있다.

이러한 통제품목 즉 장비 및 기술 부속서에 의해 통제되는 기술 · 물질 및 장비의 리스트는 MTCR 산하의 기술위원회에서 정기적으로 업데이트되고 있다.

1) '범주Ⅰ'

'범주 Ⅰ'에서는 대량파괴무기를 운반할 수 있는 미사일을 직 · 간접적으로 개발하는데 사용되어질 수 있는 품목을 망라하고 있다. 유효사거리 300km 이상 또는 탑재능력 500kg 이상인 미사일시스템의 완성품, 그 보조시스템[특정 엔진, 재진입체 및 탄두를 포함하는], 무인항공운반체 및 그러한 시스템을 위해 특별히 고안된 전용생산시설 및 기술 등이 포함된다. 이러한 품목과 기술은 매우 중요한 핵심 기술과 장비이기 때문에, '범주 Ⅰ'의 품목은 보다 엄격히 통제된다.

2) '범주Ⅱ'

'범주Ⅱ'는 추진제, 시험장비, 특정의 구조물질을 포함하는 미사일시스템의 완성품에 사용되어질 수 있는 이중용도 구성요소와 기술을 망라하는 매우 광범위한 내용을 포함하고 있다.

Ⅲ 미사일기술통제체제(MTCR)의 한계와 과제

MTCR이 미사일의 확산방지에 소기의 공헌을 하여 왔음에도 불구하고 다방면에서 한계를 보이고 있다.

1. 크루즈미사일의 규제의 한계

MTCR은 외관상 탄도미사일은 물론 크루즈미사일에 대한 통제도 동시에 포함하고 있다. 그러나 지난 약 32년의 역사를 뒤돌아보면, 동 체제가 탄도미사일의 확산을 더디게 하는데 확실히 성공적이었다고 평가되지만,[108] 크루즈미사일의 확산억제와 관련해서는 상대적으로 미흡하였다고 평가된다. 왜냐하면 크루즈미사일 자체가 갖는 가변성, 크루즈미사일의 위협에 대한 국제사회의 과소평가 및 동 체제의 지침상의 흠결 등으로 인해, 크루즈미사일의 통제에는 많은 한계가 있었기 때문이다.

또한 역설적이긴 하지만, 동 체제가 탄도미사일의 확산을 효과적으로 억제하고 있다는 바로 그 평가로 인해, 미사일개발을 추구하던 제3세계 국가들로 하여금 탄도미사일의 개발 시에 직면하게 될 규제를 회피할 수 있는 크루즈미사일의 개발 쪽으로 방향을 돌리도록 하는 원인을 제공하였던 것이다. 다시 말해 MTCR에서 부과하는 통제를 회피하면서 탄도미사일을 취득하려면 고비용이 소요되지만, 상대적으로 그러한 통제가 거의 없는 크루즈미사일을 개발할 경우 그 비용이 저렴하다는 이유로 인해 보다 쉽게 크루즈미사일의 개발에 빠져들 수 있었다는 것이다.

따라서 오늘날 크루즈미사일이 국제평화와 안전을 전 방위로 위협하는 가장 중요한 무기 중의 하나로 자리매김하고 있다는 점에서, 나아가 크루즈미사일이 생물·화학무기나 또는 핵무기와 결합하고 있다는 점에서, 크루즈미사일의 효과적 통제가 절실히 요구된다.

---

108 예컨대 1991년 5월 아르헨티나는 자국의 '콘도르(Condor) Ⅱ 탄도미사일'의 개발프로그램을 포기하였는데, 이것은 MTCR이 장거리탄도미사일을 구축하는 데 필요한 기술과 품목의 취득에 제한을 가했기 때문이다.

1) 크루즈미사일의 가변성

(1) 크루즈미사일의 정의

크루즈미사일은 하나 또는 그 이상의 엔진에 의해 공기역학적 양력을 이용해 비행을 유지하면서, 탄두와 기타의 탑재물[유도시스템]을 목표물에 도달시키는 소모성의 무인비행체이다. 특히 크루즈미사일은 목표물에 도달할 때까지 제트엔진에 의한 동력이 지속적으로 공급되어야 하는 것으로서, 대부분은 내장된 컴퓨터유도시스템에 의해 조작되는 미사일을 의미한다. 그러나 일부의 단거리 크루즈미사일의 경우 원격통제장치에 의한 유도를 이용하기도 한다. 이처럼 크루즈미사일은 유인항공기처럼 공기를 흡입하여 전 비행궤도를 비행하는 자율적 무기체계이다. 이러한 크루즈미사일은 제트엔진에 의해 저고도로 비행하기 때문에 적에게 탐지되지 않으며, 상대적으로 가격이 싸고, 명중률이 높으며, 장거리를 비행할 수 있는 장점을 가진 반면, 속도가 느리다는 단점을 가지고 있다.

반면 탄도미사일은 소모성의 무인비행체로서 자체 추진력[로켓추진]으로 탄두를 운반하는 미사일로서, 공기역학적 양력에 의존하지 않고 포물선 궤도를 유지하면서 초음속으로 비행하는 지대지형태의 무기체계이다.

(2) 크루즈미사일의 발전

제2차 세계대전 직후부터 미국과 구소련 양대 강대국이 대량파괴무기의 운반체로서 탄도미사일의 개발에 열을 올렸기 때문에, 상대적으로 크루즈미사일의 개발에는 무관심하였다고 평가할 수 있다. 그러다가 1970년대 들어오면서, 미국과 구소련 및 그들의 동맹국들은 그간의 유도시스템에서의 기술적 장애를 극복함으로써 정밀한 크루즈미사일 유도시스템을 개발하게 되는데, 그 결과 목표물을 명중시키는 기술적 오차를 최소화할 수 있게 되었던 것이다.

이러한 획기적인 기술은 고공을 비행하는 초보적인 군함공격용 크루즈미사일[anti-ship cruise missiles, ASCMs]의 개발로 이어졌으며, 그것을 바탕으로 미국의 토마호크와 장거리 지상공격 크루즈미사일을 개발하게 되었다. 나아가 궁극적으로는 대륙 간을 공격할 수 있는 전략용 크루즈미사일로 발전하였다. 따라서 현재 미국과 러시아는 대륙 간을 공격할 수 있는 크루즈미사일을 실제 배치하고 있으며, 특히 미국의 경우 현재 빈번히 사용하고 있는 지상공격 크루즈미사일인 토마호크를 자국의 주요 외교정책의 결정수단으로 이용하고 있는 실정이다.

(3) 크루즈미사일의 가변성

크루즈미사일은 기술적으로 구조상의 가변성을 가지기 때문에 그 통제가 매우 어렵다고 할 수 있다. 다시 말해 크루즈미사일은 탑재중량과 유효사거리 간의 상호 교류가 용이하게 이루어질 수 있기 때문에, MTCR의 지침에서 정하고 있는 탑재중량과 유효사거리에 대한 규제기준[500kg/300km]은 적어도 크루즈미사일을 대상으로 적용하기에는 무의미하다고 하겠다. 예컨대 만약 탑재중량과 유효사거리가 정확히 각각 500kg/300km 기준 이내인 지상공격 크루즈미사일이라고 하더라도, 만약 그 미사일에 투사중량 250kg인 탄두를 탑재한다면 300km보다 훨씬 멀리 비행하는 것이 가능한 크루즈미사일로 개조될 수 있기 때문에, 동 체제의 규제를 피하면서 동시에 매우 위협적인 운반시스템이 될 수 있다는 것이다. 또한 유효사거리가 약 150km 이하로서, 주로 해안방어 포병부대에 배치되거나 또는 항공기나 선박 및 잠수함으로부터 발진하는 구형의 대함크루즈미사일[ASCM]의 경우 대부분이 짧은 유효사거리를 갖는다는 이유에서 MTCR의 규제를 받지 않았다. 그래서 그것의 이전 내지 거래에는 규제가 없었다. 그렇지만 앞서 지적한 것처럼, 이러한 크루즈미사일은 그 유효사거리를 탑재중량과의 관계에서 얼마든지 조정할 수 있다. 따라서 MTCR의 규제를 피하면서 위협적인 운반체가 될 수 있는 것이다.

그 밖에도 재래식무기 탑재 크루즈미사일과 핵무기 탑재 크루즈미사일이 동일한 외양을 가지고 있다는 점에서, 핵무기 탑재 크루즈미사일로의 전용 가능성에 따른 위험성은 매우 크며 동시에 핵무기 탑재 크루즈미사일에 대한 검증도 현실적으로 거의 불가능하다는 점이다.

2) MTCR의 형성과정과 크루즈미사일

1978년 미국의 나이키-허큘리스 지대공미사일[Nike-Hercules SAM]에 기초한 한국의 탄도미사일 시험, 1979년 이탈리아로부터 로켓을 구매하려는 이라크의 노력, 1980년 인도의 위성발사, 1981년 리비아의 로켓시험 등 제3세계 국가에 의한 일련의 탄도미사일의 개발노력들은 1980년대 초반의 국제적 안보위협이 바로 탄도미사일로부터 야기된다는 점을 일반적으로 인식시키는 계기가 되었다. 특히 미국과 서방국가들은 핵탄두의 운반체로서 탄도미사일을 평화에 대한 가장 심각한 위협으로 인식하고 있었는데, 이러한 점은 당시 레이건 대통령의 유엔 총회 연설에서 잘 나타나고 있다. 즉 그는 “탄도미사일이 인간의 역사에서 가장 두려우며,

위협적이고, 파괴적 무기이다."라고 역설하였다. 따라서 1980년대 초 미국을 중심으로 MTCR에 관한 논의가 시작되었을 때, 제3세계 국가로부터 야기되고 있던 탄도미사일의 위협을 억제하는 데 초점을 두고 논의를 진행했던 것은 자연스러운 결과였다.

물론 크루즈미사일도 MTCR의 규제대상이 되었던 것은 분명하지만, 그 당시 크루즈미사일의 확산이 위험하다는 경고는 거의 찾아볼 수 없었다.[109] 이처럼 MTCR의 구조와 그것의 특정 규범체계는 크루즈미사일이 아니라 탄도미사일에 초점을 두고 형성되었다고 하겠다.[110]

3) MTCR의 규범체계와 크루즈미사일

탄도미사일은 물론 크루즈미사일까지 규제한다는 MTCR의 공식적 입장에도 불구하고, 동 체제의 규범체계가 탄도미사일의 위협을 다루도록 고안되어졌음은 아래에서 잘 입증되고 있다.

첫째 동 체제의 탑재중량과 유효사거리[500kg/300km]의 제한은 크루즈미사일보다는 탄도미사일에 초점을 맞추고 있음이 명백한데, 이는 이 수치가 탄도미사일을 위한 중요한 기술적 임계점이라는 점에서 잘 입증된다. 왜냐하면 예컨대 300km를 초과해서 탄도미사일을 정확하게 목표지점에 유도한다는 것은 매우 어렵다. 반면에 크루즈미사일은 탑재중량과 유효사거리 간의 교류가 용이하기 때문에, 동 체제의 탑재중량과 유효사거리에 대한 기준[500kg/300km]은 적어도 크루즈미사일의 경우에는 가변적이라는 것이다. 둘째 동 체제는 동 체제에서 규제되는 미사일의 유효사거리를 계산하는 어떠한 명백한 공식 또는 계산규칙을 가지지 않고 있다는 점이다. 이러한 명백한 누락은 포물선 비행궤도상을 비행하는 탄도미사일과의 관계에서는 큰 의미를 갖지 않지만, 로켓의 엔진효율성이 중요시되는 크루즈미사일과의 관계에서는 매우 중요한 문제이다. 즉 크루즈미사일의 유효사거리는 고도에 따른 미사일엔진의 효율성이 다르기 때문에, 미사일이 비행하는 고도에 따라 매우 큰 폭의 편차를 가진다는 것이다. 결국 크루즈미사일의 유효사거리

109 동 체제의 장비 및 기술부속서의 '범주 I'에 탄도미사일과 크루즈미사일 양자를 망라할 수 있는 용어를 삽입하자는 제안이 미국 대표단의 일부에서 제기되기는 하였으나, 그러한 제안은 수용되지 않았다.

110 예컨대 '범주 I'과 '범주 II'에서 규제되는 품목과 기술은 크루즈미사일이 아니라 탄도미사일의 구축을 위해 요구되는 기술과 구성요소를 규제하는 데 강한 무게를 두고 있다.

를 결정하는 공식의 누락은 동 체제의 유효성을 침식하는 셈이 된다. 따라서 비록 크루즈미사일에 관한 약간의 규정이 부속서에 포함되어 있지만, 전반적으로 동 체제의 구조와 규범체계는 그 주된 목적이 탄도미사일의 확산을 통제하는데 있음을 보여주고 있다.

4) 미사일기술통제체제의 성립 이후의 국가관행과 크루즈미사일

동 체제의 주된 규제대상이 탄도미사일 및 관련 기술의 확산을 제한하는데 있음은 동 체제가 성립된 이후의 국가관행에서도 잘 입증되고 있다. 예컨대 미사일 및 관련 기술의 확산에 관한 동 체제 또는 회원국의 공식적 성명이나 견해를 종합해 보면, 탄도미사일의 확산억제가 그 주된 목적임을 알 수 있다. 즉 동 체제의 총회에서는 주로 탄도미사일의 확산문제가 주된 논의의 대상이 되었으며, 크루즈미사일의 확산문제는 대부분 무시되었다. 또한 미국의 각종 미사일정책에도 크루즈미사일에 대한 언급은 거의 없었다는 점에서도 알 수 있다.

2. 법적 구속력이 없는 자발적 협의체

MTCR은 자체에 의사결정권을 가지고 있는 것이 아니라 각 회원국이 자국의 국내법을 통해 자신들의 결정사항을 이행하고 있는, 다시 말해 회원국 간에 미사일 등의 이전에 관한 공통의 접근방법을 찾는 형태로 운영되고 있다. 이렇다 보니, 이행활동은 국가마다 매우 다양하며, 그 결과 상이한 기준에 따른 이행이 분쟁으로 이어지기도 하였다.

3. 회원국의 소수성

MTCR의 회원국의 수가 확대되어 왔음에도 불구하고, 아직 탄도미사일 개발능력을 가진 몇몇 국가는 동 체제에 참가하지 않고 있다. 동 체제가 효과적인 미사일통제를 수행하기 위해서는, 미사일능력을 가진 모든 국가의 참여가 매우 중요하다. 그럼에도 불구하고 오늘날 리비아·북한·시리아·이스라엘·이집트·이란·중국·파키스탄 등 다수의 미사일 생산국가가 동 체제에 미가입한 상태로 있다는 점이다. 다만 동 체제는 이러한 회원국의 소수성을 극복하기 위하여 특정조치를 취해 왔다. 즉 비회원국이 동 체제에 참가함이 없이 동 지침을 지지하는 입장을 취하는 경우, 그러한 형태의 지지를 모두 수용하는 개방적 태도를 견지해

왔던 것이다. 이러한 접근방법은 MTCR의 목적을 더 폭넓게 달성하기 위해 취한 방안이다.

4. 검증체제의 미비

MTCR의 지침의 효과적 준수를 위해서는, 그러한 준수여부를 사전에 확인하는 검증절차가 필요하다. 그러나 동 체제는 어떠한 검증규정도 두지 않고 있다는 점에서 한계를 드러내고 있다.

5. 도전과 위협

MTCR은 1990년대에 들어서면서 새로운 국면을 맞게 되었는데, 그것은 바로 동 체제의 비회원국 가운데 북한 · 이란 · 이라크 · 중국 · 파키스탄 등을 중심으로 미사일확산이 이어졌기 때문이다. 사실 1990년대의 미사일확산의 유형은 2가지로 전개되었는데, 하나는 이미 개발 중인 미사일의 유효사거리를 장거리화하는 방법이고, 다른 하나는 미사일의 개발 프로그램을 독자적으로 가동하는 방법이었다. 특히 장거리미사일을 독자적으로 개발하는 프로그램을 가진 국가는 대부분 핵무기의 개발프로그램도 동시에 가지고 있었다는 점에서 동 체제의 고민은 그만큼 더 컸던 것이다.

1996년에는 페르시아 만과 남아시아에서의 미사일 확산문제[이란 · 이라크 · 인도 및 파키스탄의 미사일의 개발프로그램]가 논란이 되었으며, 또한 1997년에는 중국과 북한이 각각 파키스탄과 중동 국가로 미사일을 이전한 문제가 주요 논점이었다. 특히 북한의 중동 국가로의 미사일 판매문제와 관련하여, 1992년과 1993년에 북한과 이스라엘 간의 미사일 판매협상이 있었고, 1997년 북한이 이란과 시리아에 스커드[Scud]－C 미사일 약 300기를 수출한 사건 및 북한이 사거리 1,100km인 파키스타니 가우리 미사일[Pakistani Ghauri Missile]의 개발기술을 파키스탄에 제공한 사건 등이 있었다. 그럼에도 불구하고 미국을 포함한 국제사회가 미사일의 수출금지에 관한 북한의 협력을 얻는 데는 실패하였다. 또한 1998년에는 북한 · 이란 · 이라크 · 인도 · 중국 · 파키스탄 등의 미사일의 개발프로그램과 러시아에 의한 이란에의 탄도미사일 개발프로그램의 지원문제와 중국에 의한 시리아 · 이란 · 파키스탄에의 미사일기술의 이전문제가 주된 논의의 대상이었다.

1999년에는 인도의 유효사거리 2000km인 아그니[Agni] II 미사일의 시험, 이란과 시리아가 북한과의 삼각의 협력관계를 통해 스커드미사일을 취득한 사건, 이란과 파키스탄이 북한의 지원하에서 장거리미사일을 개발한 사건 등이 논란이 되었다. 특히 이들 국가의 미사일개발이 독자적으로 이루어져 왔다는 점은, 국제사회의 미사일의 수출통제에 새로운 도전이 되었다.

2000년에는 러시아와 북한 그리고 중국의 미사일개발 프로그램의 수출문제가 논란이 되었는데, 특히 러시아가 이란과 인도에 탄도미사일 관련 품목과 기술을 공급한 것이 논란의 핵심이었다.

2001년은 9.11테러가 있은 해였다. 따라서 동년에는 동 체제에서 합의된 조치들의 준수문제와 러시아에 의한 이란과 북한에 대한 미사일의 개발프로그램의 지원문제가 논란이 되었다.

2002년과 2003년에는 무인항공운반체의 규제문제가 핵심적 논점이었는데, 특히 테러집단 내지 개인에 의한 미사일 또는 무인항공운반체의 위협문제와 그들에 의한 무인항공운반체의 개조에 따른 대량파괴무기의 운반문제가 논의되었고, 나아가 그러한 위협을 줄이기 위하여 어떻게 동 체제의 지침을 변경할 것인가 하는 문제가 논의되었다.

2004년과 2005년에는 동 체제 내에서의 정보의 실시간 공유문제와 동북아시아, 남아시아 및 중동에서 미사일확산문제가 주된 논의의 대상이 되었으며, 특히 리비아가 자국의 대량파괴무기와 탄도미사일프로그램을 포기한 모범적인 결정에 주목하였다.

2006년에는 주로 북한의 탄도미사일 활동이, 또한 2007년에는 북한 · 이라크 · 이란 · 파키스탄의 탄도미사일의 시험이 주된 논란거리였다. 또한 2008년에는 중동 · 동북아시아 · 남아시아에서의 미사일의 개발프로그램과 핵무기의 확산이 점진적으로 증가되었다는 점이 논란거리였다.

결국 전술한 일련의 도전과 위협은 동 체제에 바탕을 둔 현재의 군비통제체제로는 미사일과 미사일의 개발프로그램의 통제를 효과적으로 수행할 수 없음을 잘 보여주었다.

6. 과제

1980년대 이후, 제3세계 국가에 의해 자행되어 온 핵과 미사일의 개발프로그램은 현실적으로 국제평화와 안전을 위협하는 요인이 되었다. 이러한 현실에 직면하여, 미사일기술통제체제가 미사일통제의 기초로서 핵비확산체제의 한 축을 담당하여 왔음은 명백하다.

그럼에도 불구하고 동 체제는 다방면에서 도전과 위협을 받고 있는데, 보다 실효적이고 효과적인 미사일의 통제를 위해서는 다음과 같은 조치가 요청된다.

첫째 미사일의 제조·생산·이전·취득·사용을 효과적으로 통제할 수 있는 일반적 조약의 체결이 우선적으로 요청된다고 할 것이다. 사실 지금까지 MTCR의 지침은 각 회원국의 국내입법을 통한 자발적 참여에 기초하여 기능해 왔기 때문에, 동 지침의 해석상의 차이와 각국의 국익우선정책에 따른 여러 가지의 문제점을 야기해 왔다. 따라서 미사일을 효과적으로 통제할 수 있도록 법적 구속력을 갖춘 조약의 체결에 힘을 집중해야 할 것이다. 다만 그러한 조약화의 이전 단계로서, 전기한 국제행위규범의 준수 및 동 체제의 지침의 엄격한 이행을 각국에 촉구하여야 할 것이다.

둘째 차선의 방안으로서 모든 미사일개발국이 동 체제에 동참하도록 유도하여야 할 것이다. 특히 미사일의 개발능력을 보유한 북한·이라크·이란·파키스탄 등의 동참이 우선적으로 이루어져야 할 것이며, 나아가 국제사회의 보편적 기구로 나아갈 수 있도록 특히 제3세계 국가들을 지속적으로 설득해 나아가야 할 것이다.

셋째 오늘날 크루즈미사일의 위협이 날로 증가하고 있는 점과 관련하여, 크루즈미사일의 가변성에 대처할 수 있도록 동 체제의 지침의 수정 및 탄력적 적용이 요구된다. 특히 미사일 및 관련 기술의 이전에 관한 정보를 모든 국가가 신속히 공유함으로써, 미사일의 확산방지에 공동의 유대와 책임을 지도록 노력해야 할 것이다.

끝으로 효과적 이행을 사전에 확보하기 위한 수단으로서 검증체제를 도입하는 것도 하나의 방안이 될 것이다. 사실 검증이란 조약상의 의무를 효과적으로 이행하기 위한 사전적 조치로, 오늘날 대부분의 핵군축조약에서 채택하고 있는 제도이다. 따라서 동 체제의 준수를 확보하고 또한 모든 미사일 개발의 투명성을 확보하기 위해, 동 체제의 지침에 검증규정을 두어 그 이행을 사전에 담보할 필요가 있는 것이다.

Ⅳ 미사일기술통제체제(MTCR)와 미사일방어(Missile Defence)체제

21세기 미국의 새로운 군사전략과 국방개혁안의 골자는 미사일방어Missile Defence체제의 구축으로 요약할 수 있는데, 이것은 핵군비경쟁을 촉발할 가능성을 내포하고 있다는 점에서 기존 핵질서에 대한 새로운 위협이라고 할 수 있다. 사실 미사일방어체제는 1983년 3월에 시작된 전략방위구상Strategic Defence Initiative, 일명 별들의 전쟁(Star Wars)프로그램에 기초하고 있으며, 그 후 전개된 제한적 탄도미사일방위전략Global Protection Against Limited Strikes 및 국가미사일방어National Missile Defence체제를 계승한 것이다. 특히 국가미사일방어체제가 국제사회의 강력한 반발에 직면하였고, 이에 미국은 국가미사일방어체제에서 국가라는 단어를 뺀 미사일방어체제로 전환하였는데, 미사일방어체제란 기존의 국가미사일방어체제를 포함하는 광의의 개념으로서 미사일의 방어대상을 미국 본토뿐 아니라 해외에 주둔하고 있는 미군과 우방국들까지 확대하는 전략이다.

그럼에도 불구하고 미사일방어체제는 국내외적으로 강력한 반대에 직면하였다. 국내적으로는 의회를 필두로 한 언론과 일부 군수뇌부까지 기술적·재정적 문제점을 포함한 군비경쟁의 촉발 가능성, 외교적 갈등의 노출 등을 이유로 강력한 반대를 하였다. 동시에 대외적으로도 러시아와 중국을 비롯한 다수 국가의 반대에 직면하였으며, 나아가 그린피스와 글로벌 네트워커 등 비정부간기구들의 반대에 직면하였다.

그러나 중국의 군사대국화를 사전에 방지하고, 북한과 이라크 등 소위 불량국가의 미사일공격에 대비하겠다는 명분하에, 미사일방어체제는 추진되어 왔다.

1. 미사일방어체제의 개념

미사일방어체제란 미국이 우방국을 설득하기 위해 내어놓은 자국을 중심으로 한 다국적 미사일방어망으로서, 이것은 일본·이스라엘·북대서양조약기구 등과 공동으로 개발하는 전역미사일방어Theater Missile Defence체제와 미국 본토의 방위용인 국가미사일방어체제를 통합해서 전 지구적 미사일방어망을 구축하고자 하는 것이다. 여기서 국가미사일방어체제란 인공위성과 지상의 레이더로 가상 적이 발사한 미사일을 감지·추적한 후, 이에 대응한 요격미사일을 발사하여 미사일 자체에 장착된 감지장치와 지상 본부의 컴퓨터시스템을 통해 가상 적의 미사일을 우주공간에서 포착·충돌시켜 분쇄하는 방어체제를 의미한다. 또한 전역미사일방어체제란 해외 주둔 미군과 동맹국을 보호할 목적으로 추진된 지상·해상 및 상공 배치가 가능한 미사일방어체제이다. 전역미사일방어체제는 저층·상층 및 이륙단계의 방어 등으로 나누어진다. 저층방어는 약 600~1,500km의 유효사거리를 가진 가상 적의 단거리탄도미사일의 공격에 대응해서 지표면으로부터 20km 미만의 저고도대기권 내에서 요격하는 방어방식이다. 상층방어는 약 3,500km 이상의 유효사거리를 가진 탄도미사일 및 대륙간탄도미사일ICBM과 같은 장거리미사일을 대기권 밖이나 상층부에서 요격하는 방어방식이다. 이륙단계방어는 요격시스템을 가상 적의 미사일 발사지역에 최대한 근접시켜 발사초기단계에 요격하는 방어방식을 의미한다.

2. 미사일방어(MD)체제의 배경

미사일방어체제는 레이건 행정부에서 추진되었던 전략방위구상 프로그램에 기초하고 있으나, 실제로 미국이 미사일방어체제를 연구하기 시작한 시점은 그보다 훨씬 이전까지 거슬러 올라간다. 1945년 미 육군은 탄도탄요격미사일 개발을 건의한 바 있으며, 1957년 구소련이 최초의 인공위성인 스푸트니크 I 을 성공적으로 쏘아 올리자, 이에 위협을 느낀 미국이 미사일요격시스템의 구축에 박차를 가한 바 있다. 그 후 1962년 나이키제우스미사일을 개발하여 가상의 대륙간탄도미사일을 요격하는 데 성공하였으며, 1969년 닉슨 행정부는 세이프가드로 명명되는 광역미사일방어체제계획을 발표하기도 하였다. 그러나 1972년에 전략무기제한회담이 시작되면서 상기 광역미사일방어체제계획은 폐지되었다. 그 후 레이건 행정부의 전략방위구상 프로그램, 아버지 부시 행정부의 제한적 탄도미사일방위전략 프로그램, 클린턴 행정부의 국가미사일방어체제, 아들 부시 행정부의 미사일방어체제로 미국의 핵군사전략은 전개되어 왔다.

1) 전략방위구상(SDI) 프로그램

전략방위구상 프로그램은 미국 국방부에서 개발 중인 대륙간탄도미사일 방어장비 개발계획으로 가상 적의 탄도미사일을 발사의 초기 단계에서 탐지, 포착, 추적하여 탄도 초기·중기 또는 재진입 시에 이를 격파하려는 계획을 말한다. 동

프로그램은 1983년 3월 레이건 대통령에 의하여 비행 중인 핵무기를 공중에서 파괴함으로써 제3국에 의한 핵공격의 위협으로부터 자국의 안전을 보호하기 위한 시스템의 개발을 표방한 '별들의 전쟁'Star Wars라는 연설을 통하여 시작되었다.

동 프로그램은 국내외적인 반대가 있었으나, 역으로 구소련으로 하여금 핵군축을 촉진시키는 효과가 컸다고 평가받기도 하였다. 아무튼 1989년 4월 국방부는 동 프로그램이 순조롭게 진행되어 적의 대륙간탄도미사일을 궤도상에서 파괴하는 실험에 성공하는 등 레이저무기 '알파'의 고출력실험에 성공하였고 운동에너지로서 브리릴언트 페블스Brilliant Pebbles, 컴퓨터 조종의 열추적 미사일의 코드명의 실험에도 성공하였다고 발표한 바 있다. 그러나 개발에 소요되는 막대한 경비와 관련하여, 1990년 회계년도의 예산안에서 예산이 삭감되는 등 예산상의 문제를 안고 있던 와중에 구소련이 해체됨으로 인하여, 미국은 본 계획을 중단한다는 발표를 행하였다.

2) 제한적 탄도미사일방위전략

제한적 탄도미사일방위전략은 1990년에 시작되었으며 1991년에 더욱 발전되었다. 동 방위전략은 제한된 탄도미사일 공격에 대항하여 미국 영토를 방위하기 위하여 지상 및 우주의 기지에서 탄도요격미사일시스템을 실험하고 배치하는 프로그램이다.

3. 미사일방어(MD)체제의 적법성

미국이 추진하고 있는 미사일방어체제가 국제법상 적법한 행위라고 할 수 있는가? 결론부터 말한다면, 미사일방어체제의 구축은 우주조약 · 탄도탄요격미사일ABM조약 및 NPT의 의무와 충돌한다고 하겠다.

1) 우주조약

우주조약 제4조에서는 군사적 이용의 제한에 관해 규정하고 있는데, 전단에서는 동 조약의 당사국에 핵무기 또는 기타의 대량파괴무기를 운반하는 물체를 지구궤도에 올리거나 또는 그러한 무기를 어떠한 방법으로든 우주공간에 배치하지 않을 의무를 부과하고 있고, 또한 후단에서는 당사국에 달과 기타의 천체를 평화적 목적으로만 이용하여야 하는 의무를 부과하고 있다. 따라서 천체에서의 군사기지 · 군사시설 및 군사요새의 설치 · 모든 형태의 무기실험 · 군사연습의 실시는 금지된다.

결국 미사일방어체제가 우주공간에 군사위성 등 군사장비의 설치는 물론 가상 적의 탄도미사일을 우주공간에서 파괴하는 등 우주공간에서의 군사행동을 기초로 한다는 점에서, 동 체제는 우주공간을 평화적으로 이용하고 군사적 이용을 금지하고 있는 우주조약에 배치된다고 할 것이다.

2) 탄도탄요격미사일(ABM)조약

탄도탄요격미사일조약 및 동 조약에 대한 의정서에서는 탄도탄요격미사일시스템의 수와 장소를 제한하고 있는데, 탄도탄요격미사일시스템과 탄도탄요격미사일 및 그 발사장치를 미국과 구소련 각각에 100기까지 허용하며, 탄도탄요격미사일시스템의 배치장소를 각각 1곳으로 제한하고 있다.

결국 지상·공중·우주공간에 요격미사일시스템의 다양한 배치를 기초로 하는 미사일방어체제는, 탄도탄요격미사일조약과 충돌한다. 이러한 충돌문제를 회피하기 위하여, 미국은 동 조약의 개정을 요구하였으나, 러시아에 의해 줄곧 거부되어 왔다. 따라서 2001년 12월 13일 미국은 동 조약으로부터의 탈퇴를 선언하였다.

3) NPT

동 조약은 핵무기보유국만이 핵무기를 보유할 수 있도록 규정하고 있음은 물론이고, 핵무기비보유국에는 핵무기의 비보유는 물론 그것을 확인받기 위해 IAEA가 실시하는 안전조치의 수락의무까지 부담하고 있다. 특히 핵무기보유국에게 '엄격한 국제통제하에서의 완전하고 전면적인 군축을 달성하기 위해서 군축에 관한 협상을 행할 의무'를 부과함으로써 핵무기의 증가를 억제하고 있다.

결국 이러한 핵군축에 관한 협상의무에 비추어, 핵군비경쟁을 몰고 올 가능성이 높은 미사일방어체제의 추진은 동 조약 제6조와 충돌한다고 평가된다.

제10장

대량파괴무기확산방지안보구상(PSI)

오늘날 대량파괴무기의 확산방지를 둘러싼 국제적 규제는 핵무기비확산조약NPT · 생물무기협약 · 화학무기협약 등 법적이고 공식적인 접근방법과 함께 쟁거위원회 · 핵공급국그룹 · 오스트레일리아그룹Australia Group · 미사일기술통제체제MTCR · 대량파괴무기확산방지안보구상Proliferation Security Initiative, PSI 등 자발적이고 비공식적인 접근방법으로 대별할 수 있다.

사실 전자적 접근방법만으로는 북한 · 인도 · 파키스탄으로의 핵확산, 북한 · 이란 · 인도 · 이라크 · 파키스탄 등으로의 미사일 개발능력의 확산, 또한 시리아 · 이란 · 이집트 · 이스라엘 · 중국 등으로의 화학무기의 확산을 효과적으로 막을 수 없었다. 따라서 대량파괴무기와 그 운반체 및 관련 물자에 접근 · 취득하는 것을 막기 위한 추가적 조치가 요구되었던 바, 그것이 바로 후자의 확산방지 노력이었다.

이러한 양자적 노력에도 불구하고 국제사회는 대량파괴무기의 확산을 효과적으로 막지 못하였다. 2001년 미국은 '9.11테러'를 겪게 되는데, 그것은 대량파괴무기와 그 운반체 및 관련 물자의 확산이 가져 올 수도 있는 미래의 대재앙을 사전에 경고하는 것처럼 보였다. '9.11테러' 이후, 미국은 자국의 핵정책을 공격적으로 전환하였는데, 그것은 대량파괴무기 등의 위협에 적극적으로 대처하겠다는 의지의 신호였다.

2002년 12월 서산호 사건에서 잘 나타나는 바와 같이 대량파괴무기와 그 운반체 및 관련 물자에 대한 확산이 암암리에 계속되고 있었던 바, 특히 소위 '불량국가'[111] 내지 기타 비국가단체예컨대 국제테러조직 등으로의 확산은 국제사회의 평화와

---

111 국제평화와 안전에 심각한 위협이 되고 있는 소위 '불량국가'로는 리비아 · 북한 · 이라크 · 이란 등이 지목되고 있으나, 오늘날 리비아는 핵프로그램을 포기했고, 제2차 걸프전을 통해 이라크 내

안전을 위협하는 새로운 요인으로 주목 받게 되었다.

결국 대량파괴무기와 그 운반체 및 관련 물자의 확산을 방지할 보다 적극적인 대처방안이 절실히 요청되었는데,[112] 이를 위해 2003년 5월 31일 아들 부시 George W. Bush 대통령에 의해 제안된 것이 PSI이다.

그 후 PSI는 차단원칙의 채택, 참여국의 확대, 차단훈련의 실시, 양자 간 승선협정의 채택, 컨테이너화물검색체제 Container Security Initiative 와의 연계 등을 통해 점진적으로 발전해 왔는데, 특히 한국도 2009년 북한의 제2차 핵실험 이후 PSI에 참여해 오고 있다.

반면 PSI는 국제법적 근거의 미비, 유엔해양법협약과의 충돌, 대량파괴무기 등의 통제에 있어서 PSI의 기능, 차단대상의 불명확성, 유엔 안전보장이사회결의에 대한 상이한 입장 등 다방면에서 한계를 보이고 있다.

I 대량파괴무기확산방지안보구상(PSI)의 성립과 주요내용

1. 성립

대량파괴무기의 확산방지를 위해 법적이고 공식적인 접근방법과 자발적이고 비공식적인 접근방법이 가동되었음에도 불구하고, 소위 '불량국가' 또는 기타 비국가단체 등으로의 대량파괴무기의 확산을 효과적으로 규제할 수 없었기 때문에, 기존의 소극적 형태의 비확산 노력을 뛰어넘는 적극적 노력이 요청되었다.

이러한 와중인 2002년 12월 9일 캄보디아 선적의 북한의 선박 '서산호'가 북한산 단거리탄도미사일인 스커드미사일 재래식 탄두 장착 15기와 그 추진체를 싣고 아라비아 해의 공해상을 항행하던 중, 미국 정부의 요청에 따라 스페인 군함 나바라 Navarra 가 정지·검색한 사건이 있었다. 동 스페인 군함은 서산호에 선적된 스커드

에도 대량파괴무기개발프로그램이 존재하지 않음이 확인되었다.

112 선박 및 적재 물자에 대한 통제를 통한 대량파괴무기 등의 실효적 확산방지는 PSI를 비롯하여 항만국 통제(Port State Control), ISPS Code(International Ship and Port Facility Code), 항행안전에 대한 불법행위 억제협약(Convention for the Suppression of Unlawful Acts against the Safety of Maritime Navigation), 컨테이너화물검색체제(Container Security Initiative), MPI(Mega Port Initiative), WCO Framework(World Custom Organization Framework), 국제위협감축구상(Global Threat Reduction Initiative) 등을 통해 이루어지고 있다.

미사일과 그 추진체를 발견하고, 필요한 조사를 위하여 서산호를 인도양의 디에고가르시아Diego Garcia에 있는 미군기지로 압송하였다. 그 과정에서 구매자인 예멘으로부터의 항의가 있었고, 그 결과 그 스커드미사일의 제3국으로의 재이전불허를 약속받은 후 서산호를 석방하였다. 이러한 일련의 과정을 '서산호 사건'이라고 하는데, PSI의 출범의 중요한 직접적 계기가 되었다.

'서산호 사건'을 경험하면서, 국제사회는 대량파괴무기와 그 운반체 및 관련물자에 대한 효과적 확산방지에는 많은 장애가 있다는 점을 새롭게 인식하게 되었고, 결과적으로 확산의심이 드는 선박에 대한 정선·검색 및 그 적재물자에 대한 압수 등에 대한 정당성을 확보하기 위한 대책이 요구되었다. 그 당시 서산호에 적재된 스커드미사일 및 그 추진체의 예멘행이 가능하였던 이유는 '마땅히 적용될 수 있는 어떠한 국내법 및 국제법 규범이 존재하지 않았기' 때문이었는데, 결과적으로 적용규범의 부재로 미사일과 관련 물자의 예멘행을 막지 못하였다는 점에 대한 반성이 필요하였다. 다시 말해 당시 서산호가 국기를 게양하지 않은 상태에서 공해를 항행 중이었기 때문에 유엔해양법협약 제110조 1항 (d)에 근거하여 임검은 가능하지만, 대량파괴무기와 그 운반체 및 관련 물자에 대한 추가적 조치 즉 실질적 차단을 할 법적 근거가 현실적으로 없었기 때문에, 의심스러운 선박에 대한 정선·검색 및 적재물자에 대한 압수 등의 정당성을 추가적으로 확보할 필요가 있었던 것이다. 미국은 서산호의 석방결정에 대해, "북한으로부터 나온 미사일운반체의 예멘행을 막을 어떠한 국제법규정도 없다. 이 경우에 정선하여 수색할 근거는 있으나, 북한으로부터 예멘으로 향하는 스커드미사일을 압수할 명백한 근거가 없다. 따라서 상선은 석방된다."라고 설명하였다.

반면 상기의 '서산호 사건'과 관련하여, 2002년 12월 13일 북한의 외교부는 상반된 입장을 표명하였는데, 즉 미국과 스페인의 행위는 해적행위이자 어떠한 법적 근거도 없는 행위라고 비난하면서, 미국의 사과와 정신적 물질적 배상을 요구하였다.

아무튼 '서선호 사건'으로부터 약 6개월이 흐른 후인 2003년 5월 31일 아들 부시 대통령은 폴란드의 크라코프Kracow에서의 연설을 통해 PSI를 공식적으로 출범시켰던 바, 이는 9.11테러 이후 모든 가능한 수단과 방법을 동원해서라도 국제테러와 연계된 대량파괴무기의 확산을 방지하겠다는 미국의 단호한 의지를 반영한 것으로서, 현존하는 핵물질 등의 다자간 수출통제체제의 집행메커니즘을 한층 강화하겠다는 의도를 보여준 것이다.

2. 주요내용

PSI란 대량파괴무기와 그 운반체 및 관련 물자의 확산방지를 지지하는 국가들의 자발적 참여의사에 기초해서, 그것이 소위 '불량국가' 내지 비국가단체로 흘러 들어가는 것을 방지하기 위해, 육상·해상·공중 운송 중 그것을 차단 및 압수할 수 있는 다자간 법집행협력체라고 정의할 수 있다. 이처럼 PSI는 대량파괴무기 등의 확산방지에 대한 새로운 패러다임으로서, 운송 중인 불법적 대량파괴무기와 그 운반체 및 관련 물자를 검색·압수할 수단과 근거를 마련하는 데 그 목표를 두고 있다.

따라서 회원국은 PSI의 출범과 동시에 확산이 의심스러운 물자를 적재한 선박에 대해 보다 적극적 조치를 취하는 문제 즉 차단활동의 원칙을 정하는 문제에 역량을 집중하였다. 그 결과 2003년 9월 3일부터 4일까지 파리에서 개최된 PSI 제3차 회의에서 참여국은 차단과 관련한 행동원칙에 합의하였던 바, 그 차단원칙의 내용은 아래와 같다.

첫째 참여국은 단독 또는 타국과의 협조 아래 확산이 의심되는 국가 및 비국가단체에 의한 대량파괴무기와 그 운반체 및 관련 물자의 이전 또는 운송을 차단하기 위한 효과적인 조치를 시행한다[차단원칙 제1조]. 둘째 참여국 간에 확산이 의심되는 활동에 관한 정보를 공유하기 위한 절차를 신속하게 구축하고, 실제 차단을 위한 적절한 자원과 노력을 제공하고, 차단 노력을 위해 참여국 간의 협조를 극대화한다[동 제2조]. 셋째 이러한 목적을 달성하는 데 필요한 관련 국내법적 근거를 강화하고, 비확산공약을 지지하기 위한 적절한 방법으로서 관련 국제법과 국제법 체계를 강화하는 데 노력한다[동 제3조]. 넷째 참여국의 국내법적 근거의 범위 내에서 그리고 국제법과 국제법 체계상의 의무와 일치하게 대량파괴무기와 그 운반체 및 관련 물자의 차단을 위하여 구체적인 행동을 취한다[동 제4조].

이러한 원칙에 근거한 구체적 행동은 아래와 같다[동 제4조 a항-f항].

① 확산이 의심되는 국가 또는 비국가단체로 출입하는 모든 대량파괴무기와 그 운반체 및 관련 물자의 운송 및 운송지원 금지[a항] ② 자발적, 타국의 요청 또는 타국의 정당한 요구를 근거로, 자국의 내수·영해 또는 타국의 영해 이외의 수역에서, 모든 대량파괴무기와 그 운반체 및 관련 물자를 운송하는 것으로 의심되는

자국의 선박에 대해 승선·검색 및 관련 물자의 압수[b항] ③ 의심스러운 물자를 적재한 자국의 선박에 대하여 타국이 승선·검색 및 물자압수를 요청할 경우, 이의 승인을 진지하게 고려[c항] ④ 의심스러운 물자를 적재한 선박에 대해 자국 내해·영해 및 접속수역 내에서는 물론 항구로의 출입 시 정선·검색 및 물자압수가 가능하도록 적절한 조치의 시행과 조건의 충족[d항] ⑤ 모든 대량파괴무기와 그 운반체 및 관련 물자의 운송이 의심스러운 항공기가 자국 영공을 지나는 경우, 착륙을 요구하여 그러한 화물의 압수를 실시하거나, 의심스러운 항공기의 자국의 영공통과를 사전에 금지[e항] ⑥ 자국의 항구·공항 또는 기타 시설이 모든 대량파괴무기와 그 운반체 및 관련 물자의 환적지로 이용되는 경우 검색 및 압수 실시[f항] 등이다.

또한 PSI의 특성을 소개하면, 다음과 같다. 첫째 PSI의 핵심인 '차단원칙'은 법적 구속력이 있는 조약이 아니라 PSI의 기본정신을 담은 기본문서로서 정치적 합의에 지나지 않는다. 둘째 PSI는 대량파괴무기와 그 운반체 및 관련 물자의 확산을 방지하기 위한 참여국 간의 비공식적이고 자발적 성격의 국제협력체이다. 여기서 자발적 참여란 참여자체의 여부는 물론이고 참여한 이후에도 차단훈련 또는 이행전문가그룹회의에의 참여 여부, 차단훈련에 실질적으로 참여할 것인가의 여부 등이 자유재량이라는 의미이다. 셋째 PSI는 기존의 국제법과 참여국의 국내법에 따른 자발적 협력을 제1차적인 이행수단으로 삼고 있다. 넷째 PSI는 현재의 국제법과 국내법에 따른 협력이라는 점에서, 추가적인 법적·제도적 부담이 수반되지 않는다. 다섯째 PSI는 조직이 아니라 활동이다. 여섯째 PSI의 차단대상에는 의심스러운 물자를 적재한 항공기 및 선박을 포함하고 있으나 화물의 수송능력과 차단의 실제이행가능성 및 그동안의 훈련실적 등을 감안할 때, 그 주요목표는 선박에 의한 해상에서의 대량파괴무기의 거래와 이동을 방지하는 것이다. 일곱째 PSI는 컨테이너화물검색체제, 국제위협감축구상[Global Threat Reduction Initiative]과 함께 대량파괴무기의 확산을 방지하는 수단인 바, 이들을 통해 대량파괴무기의 불법거래를 통제함은 물론이고 애당초 핵개발의 시작 단계부터 적극적인 감시와 통제를 하겠다는 의지를 내포하고 있다. 여기서 컨테이너화물검색체제는 선박과 항만을 이용한 테러를 차단하기 위해 의심스러운 선박의 입항을 거부하거나 통관을 거부하는 등 운항을 규제하는 것이고, 국제위협감축구상은 각국의 핵물질 목록을 작성하고, 구소련으로부터 유출된 고농축 우라늄연료를 회수하는 것을 목표로 하는 것이다.

Ⅱ 대량파괴무기확산방지안보구상(PSI)의 발전

PSI가 출범한 이래, 참여국들은 대량파괴무기의 개발프로그램 관련 물자를 불법적으로 적재한 선박을 차단하기 위한 국제적 협력을 강화하고, 확산방지에 관한 국제공동체의 노력을 강화하는 데 주력해 왔다. 이를 위해 PSI는 고위정치 연례회의[Anniversary High Level Political Meeting], 이행전문가그룹회의[Operational Experts Group Meeting], 각종 차단훈련[Exercise], 워크숍 내지 세미나 및 'PSI 게임'[113] 등을 여러 차례 수행해 왔다.

특히 PSI의 출범초기에 큰 발전이 있었는데, 차단조치의 필요성에 대한 합의, 수출통제체제의 강화와 참여국 확대 필요성에 대한 정치적 의지 확인, 기본방향[정보의 교환·차단훈련의 실시·관련 국제법과 국내법의 강화 등]의 확정, 차단원칙의 채택, 정보교환 관련 일반지침의 합의, 편의치적국과 양자 간 승선협정의 체결개시 등이 그것이다.

1. 차단원칙의 채택

PSI의 핵심 활동은 참여국들이 의심스러운 물자를 적재한 선박에 대해 차단조치를 실질적으로 취하는 데 있다. 따라서 PSI의 첫 번째와 두 번째 회의를 통해 차단원칙의 대강이 합의되었다. 첫 번째 회의가 2003년 6월 12일 11개 핵심 참여국이 참여한 가운데 스페인의 마드리드에서 개최되었는데, 동 회의에서는 대량파괴무기와 그 운반체 및 관련 물자의 확산 의심 국가와 비국가단체로의 출입을 막을 더 적극적 조치를 취할 필요성을 만장일치로 확인하였다. 또한 2003년 7월 10일 오스트레일리아의 Brisbane에서 개최된 제2차 회의를 통해 '육상·해상·공중에서 적재화물에 대한 차단을 위해 필요한 행동을 확정하는 데' 초점을 모았다.

2003년 9월 3일부터 4일까지 파리에서 개최된 PSI의 제3차 회의에서 참여국은 차단과 관련한 행동원칙에 최종적 합의를 보았는데, 그 차단원칙에 관해서는 이미 전술한 바 있다.

그 후 2004년 3월 4일에서 5일까지 포르투갈의 리스본에서 개최되었던 제5차 회의에서는 대량파괴무기와 그 운반체 및 관련 물자를 적재한 '선박'에 대한 차단뿐 아니라 '개인이나 단체' 등을 포함한 이른바 확산 매개자에 대한 규제까지

---

113 War Game의 일종으로 PSI의 이행을 시뮬레이션으로 확인하는 과정을 의미한다.

도 포함하는 데 합의하여 오늘에 이르고 있다.

2. 참여국의 확대

PSI의 참여국은 2003년 출범 당시 11개국에서 2018년 현재 105개국으로 확대되어 왔다. 특히 연안국가 가운데 남아프리카공화국 · 브라질 · 이집트 · 인도 · 인도네시아 · 중국 · 파키스탄 등을 제외하고는 아래 현황 표와 같이 거의 대부분의 국가가 PSI에 참여하고 있다.

〈PSI 참여국 현황표〉

연도	수	국가명
2003	11	네덜란드, 독일, 미국, 스페인, 영국, 오스트레일리아, 이탈리아, 일본, 포르투갈, 폴란드, 프랑스
2004	17	네덜란드, 노르웨이, 덴마크, 독일, 러시아, 미국, 스페인, 싱가포르, 영국, 오스트레일리아, 이탈리아, 일본, 캐나다, 터키, 포르투갈, 폴란드, 프랑스
2005~2017 참가국의 지속적 확대		
2018 현재	105	그리스, 네덜란드, 노르웨이, 뉴질랜드, 덴마크, 도미니카, 독일, 라이베리아, 라트비아, 러시아, 루마니아, 룩셈부르크, 리비아, 리투아니아, 리히텐슈타인, 마샬제도, 마케도니아, 말레이시아, 모로코, 몬테네그로, 몰도바, 몰타, 몽골, 미국, 바누아투, 바레인, 바티칸, 바하마, 베트남, 벨기에, 벨라루스, 벨리즈, 보스니아-헤르체고비나, 불가리아, 브루나이, 사모아, 사우디아라비아, 산마리노, 세르비아, 세인트루시아, 세인트빈센트그레나딘, 스리랑카, 스웨덴, 스위스, 스페인, 슬로바키아, 슬로베니아, 싱가포르, 아랍에미레이트 연방, 아르메니아, 아르헨티나, 아이슬란드, 아일랜드, 아제르바이잔, 아프가니스탄, 안도라, 안티구아바부다, 알바니아, 앙골라, 에스토니아, 엘살바도르, 영국, 예멘, 오만, 오스트레일리아, 오스트리아, 온두라스, 요르단, 우즈베키스탄, 우크라이나, 이라크, 이스라엘, 이탈리아, 일본, 조지아, 지부티, 체코, 칠레, 카자흐스탄, 카타르, 캄보디아, 캐나다, 콜롬비아, 쿠웨이트, 크로아티아, 키르기스스탄, 키프로스, 타지키스탄, 태국, 터키, 투르크메니스탄, 튀니지, 트리니다드토바고, 파나마, 파라과이, 파푸아뉴기니, 포르투갈, 폴란드, 프랑스, 피지, 핀란드, 필리핀, 한국, 헝가리

3. 차단훈련의 실시

최초의 차단훈련은 '태평양수호자작전'Operation Pacific Protector이라는 이름으로 2003년 9월 12일부터 14일까지 오스트레일리아의 코럴Coral해에서 실시되었으며, 또한

'사하라익스프레스훈련'Exercise Saharan Express 2013이라는 이름으로 2013년 3월 7일부터 서아프리카의 8개국을 비롯한 유럽 5개국 및 미국이 참여한 가운데 지역적 해상차단훈련이 실시되었다. 특히 2006년 4월 시드니에서 개최된 공중차단훈련에서, 참여국들은 '기존의 국제법·국내법과 상반되는 사항을 회원국에 강요하지 않는다는 점'과 '공해상의 해상차단은 회원국 국적의 선박이거나 선박의 국적국의 동의가 있어야만 가능하다는 점'을 확인한 바 있다.

또한 한국에서도 차단훈련이 실시된 바 있는데, 동 훈련은 2010년 10월 14일부터 15일까지 불법적인 대량파괴무기의 확산을 방지하기 위해 실시되었다. 이는 한국이 2007년 9월 15일에서 19일까지 뉴질랜드의 마루Maru에서 실시된 차단훈련에 처음으로 옵서버로 참여한 이래, PSI에서의 한국의 역할이 강화된 결과였다. 또한 2010년 10월 28일부터 29일까지 12개국이 참가한 PSI 지역워크숍이 한국에서 열렸다.

한국은 북한의 두 번째 핵실험 직후인 2009년 5월 26일 'PSI의 차단원칙'에 대한 지지를 선언함과 동시에 PSI의 참여국이 되어 오늘에 이르고 있다.

4. 양자 간 승선협정의 체결

PSI의 핵심인 차단활동의 실시와 관련하여, 차단활동의 국제법적 근거가 무엇인가를 두고 논란이 있다. 이러한 논란을 보완하기 위하여 PSI 참여국 및 협력국 상호 간에 정선 및 검색을 인정하는 양자 간 승선협정을 체결하고 있는 바, 이것은 확산의심 선박에 대한 정선 및 검색의 적법성을 확보하려는 한 수단으로 활용되고 있다. 예컨대 미국이 체결한 양자 간 승선협정의 사례를 소개하면 아래와 같다. 미국은 앤티가바부다,[114] 바하마,[115] 벨리즈, 크로아티아, 키프로스, 라이베리아,[116] 몰타,[117] 마셜제도, 몽골,[118] 파나마, 세인트빈센트그레나딘 등 선박의 등

---

114 2010년 4월 26일 미국은 앤티가바부다와 양자 간 승선협정에 서명하였다.

115 2008년 8월 11일 미국과 바하마(선박등록이 3번째로 많은 국가)는 바하마의 수도인 나사우(Nassau)에서 양자 간 승선협정에 서명하였다. 이것은 미국이 체결한 9번째의 양자 간 승선협정이었다. 동 협정에서는 대량파괴무기와 그 운반체 또는 관련 물자를 불법적으로 선적하여 운송하는 것으로 의심되는 선박에 승선하여 검색하는 데 필요한 승인을 얻는 절차를 규정하고 있다.

116 2004년 2월 11일 미국과 라이베리아(약 1,500척 등록)는 확산 의심 선박에 대한 검색이 가능하도록 하는 양자 간 승선협정을 체결하였던 바, 동 협정은 2004년 12월 9일 발효하였다.

117 2007년 3월 15일 미국은 몰타와 양자 간 승선협정에 서명하였는데, 동 협정은 미국이 체결한

록 수가 많은 11개국과 유사한 승선협정을 체결하여 왔는데, 이들 승선협정의 주요내용은 대량파괴무기 등을 적재하였다는 의심이 드는 선박의 검색을 위해 선박의 국적국이 협정의 타방당사국인 미국의 승선요청을 사안별로 승인하며, 단 그 승선의 요청이 있은 후 2시간 이내에 회신이 없을 시 검색승인이 이루어진 것으로 간주한다는 규정을 내포하고 있다.

5. 컨테이너화물검색체제(Container Security Initiative)와의 협력

세계화물의 약 90%가 컨테이너를 통해 운송되고 있다는 점에서, 컨테이너를 이용한 대량파괴무기 등의 확산은 세계 각지를 하나로 연결할 수 있는 네트워크와 같다. 달리 컨테이너안전구상이라고 불리는 동 검색체제는 선박과 항만을 이용한 테러를 차단하기 위해 의심스러운 선박의 입항 내지 통관을 거부하는 등 운항을 규제하는 것으로서, 테러집단이 해상 컨테이너를 통해 대량파괴무기 등을 밀반출하거나 또는 수송 도중 폭파시킬 가능성에 대비하여, 수출국 항구에서 출항 전에 컨테이너의 내장물에 대해 검색하겠다는 것을 핵심내용으로 한다.[119] 동 검색체제가 PSI와 연계되는 경우, 대량파괴무기 등의 확산방지에 보다 효과적으로 대응할 수 있는 수단이 될 것으로 판단된다.

Ⅲ 대량파괴무기확산방지안보구상(PSI)의 한계와 과제

소위 불량국가 내지 비국가단체가 대량파괴무기 등을 획득하려는 시도에 대해서, 현재의 국제법질서로서는 효과적 대응이 불가능하였기 때문에 PSI가 출범하였음은 잘 알려진 바이다. 그러나 PSI의 출범 이후에도 여전히 대량파괴무기와 그 운반체 및 관련 물자의 확산이 논란거리이다.

7번째의 양자 간 승선협정이다.

118 2007년 10월 23일 미국은 몽골과 양자 간 승선협정에 서명하였는데, 이것은 미국의 8번째의 승선협정이다.

119 한국도 미국과 CSI를 체결하였으며, 2003년부터 부산항에서 미국으로 가는 컨테이너화물에 대한 검색이 이루어지고 있다.

1. 국제법적 근거의 미비

PSI의 핵심인 차단원칙은 조약이 아니라 PSI의 기본정신을 담은 정치적 합의에 불과하다는 점에서, 과연 동 차단원칙에 근거한 구체적 조치가 국제법적으로 허용되는지의 여부가 논란이 될 수 있다.

PSI의 참여국과 협력국들은 동 차단원칙의 국제법적 근거를 강화하기 위해 노력해 왔는데, 유엔 안전보장이사회의의 결의를 차용함으로써 국제법적 정당성을 확인해 왔다. 첫째 2004년 4월 28일의 유엔 안전보장이사회의 결의 제1540호이다. 동 결의 제10항에서는 "모든 유엔 회원국에게 자국의 법규에 따라 동시에 국제법과 부합되게 대량파괴무기와 그 운반체 및 관련 물자의 불법 거래를 방지하기 위한 협력조치를 취할 것을 요청하고 있다." 따라서 PSI의 차단원칙은 상기 결의가 요구하는 국제협력조치를 정하고 있기 때문에, 동 차단원칙은 상기 결의 제1540호에 의해 그 정당성을 부여 받고 있다는 것이다. 특히 결의 제1540호에서는 비국가단체에 대해서도 조치를 취할 수 있도록 한 점과 유엔회원국으로 하여금 국내법을 제정하도록 하고 있다는 점은 중요한 내용이다. 둘째 유엔 안전보장이사회의 결의 제1718호이다.[120] 동 결의는 북한의 제1차 핵실험이 있은 4일 후인 2006년 10월 14일에 채택되었는데, 북한에 대해 핵무기개발을 즉각적으로 중단할 것을 촉구하면서, 전차 등 지정 군수품과 핵 · 탄도미사일 · 대량파괴무기 및 관련 물자 또는 사치품의 수출 · 입 금지, 대량파괴무기 등의 개발 및 수송 · 저장 등에 사용될 수 있는 인적 및 물적 자원의 금지와 해외자산의 동결, 북한의 행동에 대한 지속적인 점검과 필요한 경우 추가적 제재조치의 마련 등을 담고 있다. 또한 동 결의 제8조 f항에서는 회원국에 필요한 경우 국내법과 국제법에 따른 대량파괴무기와 그 운반체 및 관련 물자의 확산을 방지하기 위해 검색을 포함한 협력조치를 취할 수 있다고 규정하고 있다. 셋째 유엔 안전보장이사회의 결의 제1874호(북한의 대량파괴무기 프로그램에 관한 결의) 및 결의 제1929호(이란의 대량파괴무기 프로그램에 관한 결의)이다.

---

120 동 결의는 북한의 제1차 핵실험이 있은 지 4일 후인 2006년 10월 14일에 채택되었는데, 북한에 대해 핵무기 개발을 즉각적으로 중단할 것을 촉구하면서, 전차 등 지정군수품과 핵, 탄도미사일, 대량파괴무기 및 관련 물자 또는 사치품의 수출 · 입 금지, 대량파괴무기 등의 개발 및 수송, 저장 등에 사용될 수 있는 인적 및 물적 자원의 금지와 해외자산의 동결, 북한의 행동에 대한 지속적인 점검과 필요한 경우 추가적 제재조치의 마련 등을 담고 있다. 또한 동 결의 제8조 f항에서는 회원국에 필요한 경우 국내법과 국제법에 따른 대량파괴무기와 그 운반체 및 관련 물자의 확산을 방지하기 위해 검색을 포함한 협력조치를 할 수 있음을 규정하고 있다.

동 결의들에서는 유엔회원국으로 하여금 동 차단원칙에 부합하게 대량파괴무기 관련 물자의 차단과 검색을 취하도록 명백히 요청하고 있다. 특히 동 결의들에서는 PSI의 차단활동과 관련한 내용을 많이 내포하고 있는데, 결의 제1874호에서는 북한 소유의 금수품을 수송하고 있는 것으로 의심되는 공해 상의 선박에 대해서는 기국의 동의하에 검색을 실시할 수 있으며, 만약 기국이 공해 상에서의 검색에 동의하지 않으면 기국은 문제의 선박에게 검색을 위해 적합한 항구로 항해하도록 지시할 것을 요구하고 있다. 넷째 유엔 안전보장이사회의 결의 2094호이다. 동 결의는 북한의 3차 핵실험 직후인 2013년 3월 7일에 채택되었는데, 의심스러운 물자를 적재한 선박과 항공기의 차단을 포함한 북한의 핵과 미사일 활동을 저지하고 관련 물자와 자금을 차단하기 위한 실효적이고 강력한 내용을 담고 있다.

2. 유엔해양법협약과의 충돌

PSI는 자신의 차단원칙에 입각하여, 대량파괴무기와 그 운반체 및 관련 물자의 육상·해상·공중에서의 차단을 기본활동으로 삼고 있다. 따라서 차단활동이 과연 기존의 국제법과 충돌하는지의 여부가 논란이 된다. 결론적으로 육상차단은 관할국가의 주권사항이라는 점에서 논란의 여지가 거의 없을 것이고, 공중차단도 국제법상 확립된 기준이 존재하지 않는 만큼 기본적으로 영공에서는 영토관할국이, 공공을 비행하는 경우에는 항공기의 국적국의 관할권이 미치는 것으로 이해된다. 아울러 해상에서의 차단활동은 영해에서의 무해통항권과 공해에서의 공해사용자유의 원칙과의 관계에서 논란을 야기하고 있다.

1) 무해통항권의 침해가능성

영해에서의 연안국의 국권행사는 평시에 외국선박에 인정되는 무해통항권에 의해 제약을 받는다. 다시 말해 외국선박은 연안국의 평화, 공공질서 및 안전을 해하지 않는 한 자유로이 통항할 수 있는 권리를 갖는다는 것이다. 이처럼 각국이 타국의 영해에서 갖는 무해통항권이, 영해에서의 PSI의 차단조치에 의해 침해되는지의 여부가 논란이 된다.

이에 대해 PSI의 참여국 내지 협력국은 영해에서의 동 차단조치가 무해통항권을 침해하지 않는다고 보는 반면, 중국·이란·북한 등 PSI에 비판적인 국가들은 유엔해양법협약 제23조의 규정 즉 "핵물질 또는 본질적으로 위험하거나 유독한 물질을 운반 중인 선박이 일정한 조건을 갖추어서 항행하는 경우 무해통항권을 갖는다."에 비추어, 대량파괴무기 등을 운송하는 외국선박이 영해를 단순히 통과만 할 경우 동 선박에 대한 동 차단조치는 무해통항권을 침해한다는 입장이다. 이러한 입장은 인도네시아의 외무장관인 위라유다Hassan Wirajuda를 비롯한 일부 비판가들에 의해서도 확인되는데, 그들은 일반적으로 영해에서의 동 차단조치가 유엔해양법협약 제19조무해통항권를 위반한다는 데 동의한 바 있다.

결국 유해행위를 열거하고 있는 유엔해양법협약 제19조를 '열거조항'으로 볼 것인가 아니면 '예시조항'으로 볼 것인가에 따라 결론은 상이하게 나타날 수 있다는 견해가 있다. 먼저 동 조항을 '열거조항'으로 본다면, 연안국에 위협을 구성하지 않으면서 대량파괴무기 등 관련 물자를 운송하면, 상기 제19조에 대량파괴무기 등의 운송이 유해하다고 규정되어 있지 않기 때문에 대량파괴무기 등 관련 물자의 운송은 무해행위로서 동 차단조치의 대상이 될 수 없다는 결론에 이르게 된다. 반면 동 조항을 '예시조항'으로 본다면, 대량파괴무기 등 관련 물자를 운송하는 행위를 추가로 유해행위로서 별도 입법이 가능하기 때문에, 대량파괴무기 등 관련 물자의 운송은 유해행위로서 동 차단조치의 대상이 될 수 있다는 입장이다.

결국 해양법협약 제19조를 열거조항으로 보아 대량파괴무기 등 관련 물자를 운송하는 선박에 대해서도 무해통항권을 보장해 주는 것이 타당하다고 판단된다. 또한 유엔해양법협약 제19조상의 유·무해의 판단기준을 통항자체적재된 화물에 두지 않고 통항방법선박이 종사하는 활동의 내용에 두고 있다는 점에서, 대량파괴무기 관련 물자를 운송하는 외국 선박이 영해를 단순히 통과만 할 때 즉 특별히 연안국의 평화와 공공질서 및 안전을 침해하지 않는 경우라면, 동 차단조치가 취하여지면 무해통항권을 침해한다고 보는 것이 합리적이라 판단된다.

2) 공해사용의 자유의 침해가능성

공해에서 대량파괴무기와 그 운반체 및 관련 물자를 적재한 선박에 대해서 차단조치를 실시하는 경우, 유엔해양법협약 제92조공해상의 기국주의와 제110조기국주의에 대한 예외의 법리에 비추어, 공해 상의 차단조치가 허용되는지의 여부가 논란이 된다.

이에 대해 PSI의 참가국 내지 협력국은 공해에서의 동 차단조치가 공해사용의 자유원칙을 침해하지 않는다고 보는 반면, 중국·이란·북한 등 PSI에 비판적인 국가들은 공해상에서 선박을 정선시키겠다는 동 안보구상 참가국의 의도는 해양의 자유를 보장하는 국제법의 위반이라고 주장한다. 인도네시아의 외무장관인 위라유다를 비롯한 일부 비판가는 공해상의 차단조치가 유엔해양법협약 제88조공해의 평화적 사용를 위반한다고 주장한 바 있다.

결국 유엔해양법협약 제110조상의 사유 즉 해적행위 · 노예거래 · 무허가방송 · 국기의 허위게양 등을 한 선박, 무국적선, 조약에 따라 간섭할 수 있는 권한을 부여한 경우에 해당되는 선박에 대해서만 예외적으로 군함의 임검이 가능하다는 것이다. 따라서 유엔해양법협약은 공해상에서 대량파괴무기와 그 운반체 및 관련 물자를 운송하는 것으로 의심되는 선박을 차단하는 것이 허용되지 않는다는 것이다.

이상의 결론에 비추어 볼 때, 동 차단조치의 적법성을 보완하기 위한 추가적 노력이 요청되는 바, 그것은 아래와 같다. 첫째 공해상에서의 확산 의심 선박에 대해 검색 및 압수를 실효적으로 행하기 위해 편의치적국과 양자 간 승선협정을 별도로 채택하는 방법이다. 둘째 항해안전에 대한 불법행위억제협약Convention for the Suppression of Unlawful Acts against the Safety of Maritime Navigation의 개정의정서 제4조를 들 수 있다.[121] 2005년 10월 채택된 개정의정서에서는 선박자체를 이용한 불법행위와 대량파괴무기 관련 물질의 운송을 새로운 범죄로 추가하고 있다. 이러한 범죄에 가담하고 있다는 합리적 의심이 있는 경우에는 공해상에서 승선이 가능하도록 하고 있다. 동 협약의 개정안에서는 대량파괴무기와 핵 관련 물자의 운송을 불법화함은 물론 영해 이원 수역에서 승선 및 검색이 가능하도록 규정하고 있다. 즉 동 협약의 개정안에서는 “당사국이 대량파괴무기 및 핵 관련 물자의 불법운송혐의로 승선 내지 검색을 요청하는 경우에는 해당 선박의 기국은 승선 또는 검색의 승인, 기국 스스로 승선 내지 검색의 실시, 요청국과 공동으로 승선 내지 검색, 승선 내지 검색의 거부 가운데 하나를 반드시 실시해야 할 의무를 부담한다.”라고 규정하고 있다동 협약 제8조 2항. 셋째 2010년 국제민간항공기구ICAO의 관련 문서를 들 수 있다. 민간항공의 안전에 대한 불법행위억제협약Convention on the Suppression of Unlawful Acts Relating to International Civil Avigation 및 항공기의 불법억류억제협약에 대한 추가의정서Protocol Supplementary to the Convention for the Suppression of Unlawful Seizure of Aircraft에서는 선박에 의한 대

121 동 협약은 해상에서의 국제테러행위를 억제하고 처벌하기 위해 1988년 3월 10일 로마에서 채택되었으며, 2005년 10월 개정안이 채택되었다.

량파괴무기 관련 물자의 불법적 이전을 금지하고 있다.

3. 대량파괴무기 등의 통제에 있어서 PSI의 기능

대량파괴무기 등의 통제에 있어서 PSI가 어느 정도의 기능을 수행하고 있는가에 대해서도 논란이 있다. 일부의 견해는 대량파괴무기 등의 확산이 수단과 방법을 가리지 않고 이루어지고 있는 현실에 비추어, 그 대응도 다양하게 이루어져야 한다는 점에서 PSI의 기능을 높이 평가한다. 반면 대량파괴무기 등의 확산이 은밀히 이루어진다는 점에서 그 어떤 제도도 제대로 기능할 수 없다고 주장하는 견해도 있다.

사실 대량파괴무기 등의 규제에 있어서 PSI의 기능은 일부에 지나지 않으며, 그 조차도 PSI의 차단원칙이 현행 국제법규와 충돌할 수도 있다는 점을 고려할 경우, PSI의 기능은 크지 않다고 할 수 있다. 그러나 1945년 8월 6일과 9일 히로시마와 나가사키에 각각 투하된 소형 원자탄으로 인해 34만 명이 사상하였고, 양 도시가 전폐되었음을 기억하고 있으며, 또한 체르노빌 원전사고와 후쿠시마 원전사고로 인한 희생과 손실도 생생히 기억되고 있다.

이처럼 핵무기와 관련 물질이 야기하는 폐해가 너무나 크기 때문에, 핵무기와 그 관련 물질을 규제하는 데 조금이라도 필요한 조치라면 마땅히 그 어떤 조치도 환영받아야 할 것이다. 이러한 측면에서 PSI가 대량파괴무기 등의 통제에 기여하고 있다고 판단된다.

4. 차단대상의 불명확성 등

PSI의 차단원칙 제1조에 비추어, 차단의 대상은 '확산 의심을 받는 국가 및 비국가단체에 의한 대량파괴무기와 그 운반체 및 관련 물자의 운송의 경우'이다. 따라서 확산의 의혹이 없는 국가 내지 비국가단체라면 PSI의 차단의 대상이 되지 않는가 하는 논란이 있다. 이것은 결국 PSI의 참가국들의 부인에도 불구하고 처음부터 특정 국가를 대상으로 PSI가 결성되지 않았나 하는 의심을 갖게 만들고 있다. 또한 상기와 같은 차단조치가 시행되었으나, 검색결과 해당 선박과 적재물자가 대량파괴무기 등과 관련이 없을 경우 즉 오판에 의한 차단조치의 경우, 그로부터 발생하는 배상과 책임문제는 어떻게 할 것인가 하는 문제도 있다. PSI에 비판적인 사람들은 PSI의 이행이 투명성을 결여하고 있다고 주장한다. 즉 PSI의 차단원칙을 둘러싼 비밀스러움이 그것의 유효성과 적법성을 높이는 데 장애가 된다는 것이다.

또한 대량파괴무기와 그 운반체 및 관련 물자를 적재한 선박에 대한 차단활동을 자위권을 근거로 정당화할 수 있는가 하는 문제가 있다. 미국·영국·이스라엘 등은 자위권의 개념을 확대함으로써 PSI의 차단조치를 정당화하려고 한다. 즉 예방적 자위권 개념의 인정을 통해 PSI의 차단조치의 합법성을 주장하는 것이다. 그러나 예방적 자위권에 의한 PSI의 합법성 확보는 용이하지 않다는 한계가 있다.

5. 유엔 안전보장이사회의 결의에 대한 상이한 입장

유엔 안전보장이사회의 결의 1718호 제8조 f항에서는 회원국에게 필요한 경우 국제법과 국내법에 따라 대량파괴무기와 그 운반체 및 관련 물자의 확산을 방지하기 위해 검색을 포함한 협력조치를 취할 수 있음을 규정하고 있다. 결국 이것은 북한을 출입하는 선박에 대해 유엔회원국이 특정 조치를 취할 수 있다는 의미로서 동 PSI의 시행 근거가 될 수 있는가 하는 논란이 있다.

동 결의에서는 북한의 선박이나 물자에 대한 검색 수단으로서 PSI를 직접적으로 언급하고 있지 않기 때문에, 국가마다 상기 결의에 대한 입장이 상이하게 나타나고 있다. 예컨대 의심스러운 선박에 대한 해상검색뿐 아니라 물자의 압류 및 차단까지 가능하다는 강경한 입장을 취하는 미국과 일본은 상기 결의로 PSI를 시행할 수 있다고 보는 반면, 중국은 물자의 검색 정도만 가능하다는 완화된 입장을 보이고 있다. 따라서 상기 유엔 안전보장이사회의 결의를 통해 북한에 대해 PSI의 이행이 가능한 것인지에 대해 상반된 입장을 보이고 있다는 점에 비추어, 그 이행은 한계를 갖는다고 하겠다.

6. 과제

대량파괴무기와 그 운반체 및 관련 물자의 통제는 법적 구속력이 있는 조약의 체결을 통한 방안과 법적 구속력이 없는 자발적 국제협의체의 결성을 통한 방안으로 대별할 수 있다. 이 가운데 PSI는 후자의 접근방법 가운데 하나로서, 운송의 차단조치라는 보다 적극적인 방법을 통해 대량파괴무기의 확산을 방지하고자 하는 국제사회의 자발적 노력이라고 할 수 있다. 사실 지금까지 PSI의 차단활동이 성공한 사례는 BBC차이나호 사건을 비롯하여 상당수에 이르고 있다. 동 사건은 2003년 10월 독일의 선박회사 소유인 앤티가바부다 선적인 BBC차이나호가 칸Khan밀매망을 통해 우라늄농축기술을 위해 필요한 원심분리기를 적재한 채 리비아로 항행하던 중 지중해 인근의 공해에서 미국·영국·이탈리아·독일의 협력조치를 통해 동 선박에 있던 원심분리기를 적발한 사건이다.

그동안 약 40건 이상의 차단조치의 성공사례에도 불구하고, 전술한 바와 같이 다방면에서 한계를 드러내고 있다. 여기서는 향후 대량파괴무기 등의 확산을 효과적으로 막기 위한 하나의 방안으로서 PSI의 나아갈 방향을 제시하면 아래와 같다. 첫째 PSI의 핵심인 차단원칙은 PSI의 기본정신을 담은 정치적 합의에 지나지 않는다는 점에서, 법적 구속력 있는 조약으로 발전시킬 것이 요청된다. 둘째 PSI의 참여국들은 유엔 안전보장이사회의의 결의를 차용함으로써 국제법적 정당성을 확인해 왔다는 점에서, PSI의 국제법적 근거를 강화하고 명확히 하는 노력이 요청된다. 특히 유엔 안전보장이사회의 결의의 탄력적 해석을 통해 동 안보구상의 최소한의 이행의 근거를 마련하여야 할 것이다. 셋째 해상에서의 PSI의 차단활동은 영해에서의 무해통항권과 공해에서의 공해사용자유의 원칙과의 관계에서 논쟁을 일으키고 있다는 점에서, 유엔해양법협약과 PSI의 차단원칙의 탄력적 해석을 통한 최소한의 차단활동의 보장이 요구된다. 넷째 PSI의 참여국은 2003년 출범 당시 11개국에서 2018년 현재 105개국으로 확대되는 성과를 얻었다. 향후 참여국의 수를 확대하여 보편적 국제협력체로 발전시켜 나가야 할 것이다. 다섯째 한국도 현재 PSI에 참여하고 있는데, 그 참여정도의 조절을 통해 국익우선의 원칙과 부합시켜야 할 것이다.

제11장

핵군축의 한계와 전망

1945년 8월 원자탄이 출현한 이래, 핵무기는 급속히 확산되어 왔으며, 동시에 그러한 무기의 규제문제가 국제사회의 주된 관심사항이었다. 그 결과 다수의 핵무기 관련 군축조약이 체결되는 등 핵무기의 규제영역은 나름대로 성과를 얻었다고 평가되고 있다. 그럼에도 불구하고 아직까지 지구상에 약 16,300~15,000개의 핵탄두가 존재하고 있고, 14개국에 핵무기가 배치되어 있다는 점 등을 감안하면, 핵무기를 둘러싼 규제는 아직 갈 길이 멀다고 평가된다.

또한 핵무기, 핵기술 또는 핵물질이 일부 핵개발국가나 비국가단체[테러리스트]로 흘러들어갈 개연성이 상존해 있다는 점 역시 우려스러운 일이다. 나아가 취득된 핵무기가 사이버시스템과 결합될 경우를 가정하면 그 위협은 가히 상상을 초월할 것이다.

또한 평시의 핵무기관리 내지 민수용 원자로의 이용과 관련해서도 다양한 도전이 일어나고 있다는 점 또한 심각한 위협이라고 아니할 수 없다. 평시의 핵무기의 관리와 관련해서, 지금까지 우발적 핵폭발은 일어나지 않았지만, 핵무기와 관련한 심각한 사고들이 주로 폭격기와 핵잠수함에서 발생하였다고 보고되고 있다. 따라서 핵무기관리에 있어서의 인적 과오, 기술적 결함 또는 그들 양자의 결합으로 인한 사고를 줄이기 위한 노력이 요구되는 것이다. 또한 민수용 원자로와 관련해서, 지난 체르노빌과 후쿠시마 원자로 용융사건에서 잘 나타난 바와 같이, 그 관리와 안전문제가 논란이 되고 있다. 나아가 오늘날 핵에너지의 평화적 이용이 날로 증가하고 있음에도 불구하고, 핵에너지의 관리에 취약점을 노출시키고 있다는 점과 테러리스트에 의한 핵발전소에 대한 공격 내지 핵분열성물질의 절취시도 등도 함께 지적되어야 할 사안이다. 물론 핵물질의 보호를 위해 핵물질의 실체적 보호에 관한 협약이 체결되어 있고, 핵분열성물질의 생산금지조약의 체결이 논의 중에 있다고는 하나, 핵물질의 보호문제는 전반적으로 미흡한 실정이라고 평가된다.

결국 핵에너지의 평화적 사용으로부터 도출되는 취약점은 기존 핵발전소와 신규의 핵발전소의 안전관리 문제, 평화적 이용의 결과로서 도출되는 핵기술과 지식을 무기화하지 못하도록 어떻게 차단할 것인가의 문제, 사용 후 핵연료와 핵폐기물을 어떻게 관리할 것인가 하는 문제 등인데, 이러한 문제들에 관한 전반적인 논의가 이루어져야 할 것이다.

이상과 같은 핵무기와 핵에너지를 둘러싼 다양한 한계에 덧붙여서, 핵무기를 둘러싼 규제에서 노출된 한계만을 소개하고자 한다.

첫째 핵무기의 실질적 통제와 관련한 한계이다.

핵무기의 실질적 통제분야에서의 한계는 크게 3가지로 대별할 수 있다. ① New START가 성실하게 이행되었음에도 불구하고, 여전히 많은 핵무기가 남겨져 있다는 점이다. 즉 New START에서는 기본의무를 발효 후 7년이 되는 2018년 2월 5일 이전까지 이행하도록 요구하고 있는데, 실제로 미국과 러시아 양국은 각국에 부과된 전략핵무기의 최대허용치 이하로 완전히 이행하였음을 천명하였다. 그럼에도 불구하고, 여전히 미국과 러시아는 각각 1,550기 이상의 핵탄두를 보유하고 있고, 그만큼 핵전의 위협도 그대로 잔존한다는 점이다. ② 미국과 구소련또는 러시아 간에 체결된 전략핵무기의 통제에 관한 각종 조약에서 채택하고 있는 검증체제가 한계를 갖는다는 점인데, 즉 검증방법 중의 하나로 채택하고 있는 현지사찰의 대상을 미리 합의된 시설만으로 제한하고 있기 때문에 효과적인 검증이 이루어지기 어렵다는 점이다. ③ 핵무기의 실질적 감축이 미국과 구소련또는 러시아 간에만 이루어지고 있다는 점이다. 주지하다시피, 핵무기를 보유한 국가는, 상기 양국 이외에도, 영국 · 프랑스 · 중국 · 인도 · 파키스탄 · 이스라엘 · 북한 등이 있는데, 이들 나머지 핵무기보유국들은 핵무기의 실질적 감축에 전혀 참여하지 않고 있다는 점이다.

둘째 핵실험의 통제와 관련한 한계이다.

핵실험의 통제 분야에 있어서의 한계는 아래의 4가지로 대별할 수 있다.

① 비록 1996년 포괄적 핵실험금지조약이 체결되었음에도 불구하고, 아직 동조약이 발효되지 않고 있다는 점이다. 이와 관련하여 아래의 2가지 이유에서 동

조약의 발효는 더 어려울 것으로 예상된다. 첫째 세계핵질서유지의 선봉장 역할을 해온 미국조차 상원의 비준을 얻지 못한 상태에 있다는 점이다. 둘째 동 조약 부속서(Ⅱ)에 열거하고 있는 44개국이 비준하여야만 발효된다고 규정하고 있는 '발효조항'에 비추어, 앞으로도 상기 리스트상의 일부 국가[북한 · 미국 · 이집트 · 인도 · 중국 · 파키스탄]가 비준을 하지 않을 것으로 예상되기 때문에 어쩌면 발효요건을 영원히 충족할 수 없을 것이라는 우려가 존재한다는 점이다.[122]

② 포괄적 핵실험금지조약에서는 실험실과 컴퓨터시뮬레이션에 의한 핵실험을 허용하고 있는데, 결국 이것은 '빠져나갈 구멍'을 열어 둔 상태에서 핵실험의 전면적 금지에 합의한 것에 불과하다는 것이다. 결국 모든 핵실험의 금지를 공언하고 있는 포괄적 핵실험금지조약이 체결되었지만, 여전히 핵무기의 실험은 가능하다는 점에서 그 자체에 내재적 한계를 두고 있다고 하겠다.

③ 동 조약의 검증체제와 관련해서도 아래의 2가지 측면에서 한계를 보이고 있다. 첫째 동 조약에서는 모든 핵실험을 금지하고 있는데, 그렇다면 저폭발력의 핵실험도 탐지해 낼 수 있겠는가 하는 의문이 있다는 점이다. 예컨대 핵실험국이 교묘한 회피수단을 병행하면서 저폭발력의 핵실험을 감행할 경우, 그것의 정확한 탐지가 용이하지 않다는 것이다. 둘째 효과적으로 핵실험을 탐지하기 위해서는 많은 곳에 지진관측소 등 감시시스템을 건설하여야 하는데, 그 막대한 건설비용 및 운용비용을 어떻게 조달할 것인가 하는 점이다.

④ 포괄적 핵실험금지조약이 체결된 이후에도 북한 · 인도 · 파키스탄 등이 지하핵실험을 자행해 왔기 때문에, 동 조약의 공약을 희석시키고 있다는 점이다.

셋째 핵무기확산의 통제와 관련한 한계이다.

핵무기확산의 통제에 있어서의 한계는 핵무기비확산조약[NPT]의 한계 및 비핵지대의 설치를 공언하고 있는 조약들의 한계로 나눌 수 있다.

먼저 NPT는 아래의 3가지로 대별할 수 있다. ① 아직까지 인도 · 파키스탄 · 북한[2003년 1월 10일 동 조약으로부터의 탈퇴를 또다시 선언하였지만, 그 절차적 하자를 이유로 아직 NPT의 당사국으로 열거되고 있음] 등 일부 국가가 NPT의 비당사국으로 남아 있다는 점이다. 따라서 핵무기의 확산을 금지하려는 동 조약의 공약이 희석되고 있는 것이다. ② NPT의 검증체제는 국제원자력기구[IAEA]에 의한 안전조치인 바, 이러한 안전조치 자체가 가진 한계로 인

122 포괄적 핵실험금지조약의 발효조건을 변경하기 위하여, 동 조약상의 발효조항을 개정하자는 논의가 있어 왔다.

해 효과적인 검증이 어렵다는 점이다. 즉 상기 안전조치는 당해 조약의 위반을 조기에 탐지하는 데 어려움이 있고, 안전조치의 대상이 신고된 시설에만 한정되고 있다는 점 등에서 효과적인 검증이 어렵다는 것이다. ③ NPT는 당사국을 핵무기보유국과 핵무기비보유국으로 양분하여 각각 상이한 의무를 부과하고 있는바, 이러한 불평등성으로 인해 핵무기보유국과 핵무기비보유국 간의 대립이 첨예하게 나타나기도 한다는 점이다.

다음으로 비핵지대와 관련해서는 비핵지대를 설치하고 있는 조약의 당사국의 수가 소수라는 점 및 조약에서 정하고 있는 비핵지대의 범위가 각 조약 별로 특정 지역에 제한되고 있다는 점 등을 들 수 있다.

넷째 핵무기 사용통제와 관련한 한계이다.

핵무기의 사용통제의 본질적 한계는 아직까지 법적 구속력이 있는 어떤 문서도 채택되지 않고 있다는 점이다. 나아가 핵무기의 사용분야에서의 최초의 사법적 판단인 국제사법재판소[ICJ]의 권고적 의견[1996년]이 표명되었지만, 극단적 자위·전시복구·핵억지정책 등 민감한 사안에 관해서는 자신의 입장을 유보함으로써, 결국 모든 핵무기의 사용을 명백히 금지하지 못하였다는 한계를 보이고 있다.

제12장
북한의 핵무기와 국제군축법

일반적으로 북한핵문제란 1993년 북한이 핵무기비확산조약[NPT]으로부터 탈퇴를 선언한 이후부터 2017년 11월 '핵무력의 완성' 선언을 거쳐 오늘에 이르기까지의 일련의 핵무기 관련 사안을 지칭하는데, 여기서 법적 쟁점이 되는 대표적 사례는 NPT의 탈퇴, 지하핵실험, 미사일의 시험발사, 남북정상회담 및 북미정상회담 등이다.

I 핵무기비확산조약(NPT)의 탈퇴

북한은 1985년 12월 12일 NPT에 가입하였고, 1992년 1월 30일 국제원자력기구[IAEA]와 포괄적 안전조치협정을 체결하였다. 동 안전조치협정에 근거해서, 1992년 5월 24일 북한은 자국의 핵시설에 대한 최초의 보고서를 IAEA에 제출하였다. 그 다음 날부터 1993년 2월 6일까지 IAEA는 북한 내의 핵시설에 대해 6회에 걸친 사찰을 실시하였고, 1993년 2월 9일에는 특별사찰을 요구하기에 이르렀고, 동년 2월 25일에는 IAEA 집행이사회가 특별사찰의 수용을 요구하는 결의를 채택함으로써 북한을 압박하는 상황으로 치닫게 되었다.

이에 1993년 3월 12일 북한은 '자국의 최고이익의 침해'를 이유로 NPT의 탈퇴를 선언하였고, 동년 6월 동 탈퇴선언의 유보를 결정하였다. 그 후 '북미 제네바기본합의'[Agreed Framework] 등을 통한 북한과 미국 간의 해결을 위한 노력이 있었지만, 2003년 북한은 또다시 NPT로부터의 탈퇴를 선언하였다. 2003년 1월 10일 북한은 공식성명을 통해 NPT로부터의 자동적이고 즉각적인 탈퇴를 선언하였으며,

동시에 IAEA와 체결한 안전조치협정의 효력이 완전히 무효화되었음을 천명하였다. 동일자로 북한의 외교부장 백남선도 유엔 안전보장이사회의 의장에게 "자국은 NPT로부터의 탈퇴를 보류한 1993년의 결정을 철회하기로 결정하였으며, 그 철회는 90일이 경과한 때에 유효할 것이다."라는 내용의 서한을 보냈다.[123]

이것은 1993년 3월 12일자의 동 조약에 대한 탈퇴선언에 이은 두 번째의 경우로서, 지난 1992년부터 논란이 되어 온 북한의 핵개발문제를 또다시 국제사회의 핫이슈로 부각시키는 계기가 되었다. 특히 2002년 10월 4일 북한이 핵무기개발프로그램의 존재를 자인한 점은 1994년의 '북미 제네바기본합의'를 준수하지 않아 왔음을 스스로 공언하는 것으로서 국가의 신뢰성에 큰 하자를 남기게 되었다. 나아가 동 탈퇴선언은 IAEA를 비롯한 국제사회로 하여금 북한의 핵개발문제를 더욱 압박하는 요인이 되었고, 이에 대응하여 북한도 강경책핵시설의 즉각적 재가동 및 미사일의 개발 · 시험의 지속 등을 유지함으로써, 북한의 핵개발문제는 어두운 터널로 빠져들었다.

사실 2000년대 초반까지, 북한의 핵개발문제의 타결은 시기적으로 매우 어려웠다. 먼저 미국은 1994년의 '북미 제네바기본합의'에 대해 부정적 이미지를 가지고 있었다. 즉 미국은 그것이 근원적으로 잘못된 합의로서, 핵의 동결은커녕 제대로 검증도 못한 채 오히려 대북지원을 통해 숨이 넘어가는 북한 체제의 자생력만 강화시켜 주었다고 보았던 것이다. 둘째 북한과 미국은 각각 적어도 '북미 제네바기본합의'를 넘어서는 양보를 할 수 없다는 기본적 관념을 가지고 있었다. 따라서 그만큼 타협의 여지가 적었던 것이다. 셋째 북한과 미국의 국내의 정치적 상황이 협상의 타결을 어렵게 하였다. 양국의 주요정책의 결정권을 장악하고 있던 보수강경파가 핵문제의 조기타결을 원하지 않았다는 것인데, 즉 테러와의 전쟁의 지속적 수행과 미사일방어체제의 구축을 정당화하기 위한 전제로서 의회로부터 가급적 많은 군사예산을 확보하여야 하는 미국으로서는 북한을 '악의 축'으로 계속 남겨 둘 필요가 있었다는 것이고, 북한으로서도 자신들의 위상을 유지하고 기득권을 상실하지 않기 위해서는 이러한 상태가 지속될 필요가 있었다.

이러한 와중에서 2003년 8월 27일부터 29일까지 개최된 '제1차 6자회담'the

123 그 당시 북한은 NPT로부터의 탈퇴가 'IAEA의 편파성' 및 '미국의 다양한 압박 움직임'에 대항한 것으로서, 자국의 최고이익을 지키기 위한 불가피한 조치였음을 강조하였다. 특히 동 조약으로부터의 탈퇴를 선언하면서, '핵무기를 제조할 어떠한 의도도 없다는 점'과 '현재의 핵활동이 전력생산이라는 평화적 목적에 한정될 것'을 강조한 부분은 아이러니한 부분이다.

Six-Party Talks on North Korea's nuclear programme을 시작으로 '제2차 6자회담'2004.2.25~28, '제3차 6자회담'2004.6.23~26이 각각 개최되었고, 우여곡절 끝에 마침내 제2단계 '제4차 6자회담'에서 6개항의 합의 사항을 담은 공동성명을 발표하기에 이르렀다. 그럼에도 불구하고 북한과 미국은 그 후속적 조치에 관한 세부적 합의점을 찾지 못한 상태로 표류하게 되었고, 결국 2006년 10월 9일 북한은 지하핵실험을 감행하였다. 그 후 5차례의 추가적 지하핵실험과 미사일의 시험발사가 있었고, 마침내 2017년 11월 29일 북한은 '핵무력의 완성'을 선언하기에 이르렀다.

결국 오늘날 국제사회에서 초미의 관심을 끌고 있는 북한핵문제는, 북한의 '핵무력의 완성' 선언으로 인해 새로운 국면으로 접어들었다고 평가된다. 특히 2018년 2월 평창올림픽을 계기로 3차례의 남북정상회담과 2차례의 북미정상회담이 개최되었지만, 아직까지 그 해법을 찾지 못하고 있다. 따라서 향후 남·북한과 미국의 이해관계가 어떻게 조정될 것인가 하는 점과 러시아·일본·중국 등 주변 강대국의 입김이 어떻게 작용할 것인가 하는 점이 북한핵문제의 해결에 변수가 될 것이다.

이러한 상황에서, 여기서는 북한핵문제의 해결과 관련한 하나의 기준으로서 북한의 NPT 탈퇴행위에 대한 국제법적 몇몇 측면을 분석하고자 한다.

1. NPT 탈퇴의 법적 평가

북한의 NPT 탈퇴와 관련한 주요 법적 쟁점으로는 북한 핵무기문제의 원인이 되었던 'IAEA에 의한 특별사찰의 근거', '북한의 사찰거부행위의 위법성 여부' 및 '북한의 NPT 탈퇴행위의 위법성 여부' 등이 있다.

1) 북한의 사찰거부행위의 위법성

북한이 NPT에 가입하였고, 또한 동 조약 제3조에 따라 1992년 1월 30일에 IAEA와 포괄적 안전조치협정comprehensive safeguards agreement을 체결하였다. 이 안전조치협정이 1992년 4월 9일 북한 의회의 비준을 거쳐 동년 4월 10일에 효력이 발생하였기 때문에, 북한에 안전조치를 적용할 구체적인 절차가 마련되었다고 할 수 있다.

따라서 북한은 IAEA와 체결한 안전조치협정의 의무를 진다고 하겠는데, 그것의 주요내용은 아래와 같다. 첫째 IAEA에 핵시설의 설계내용을 제공하여야 한다. 여기에는 기존의 핵시설에 대한 설계정보와 새로운 핵시설에 대한 설계정보를 포함한다[모델협정 제42항]. 둘째 핵물질의 국내계량관리제도를 설치하여, 핵물질의 계량기록 및 핵시설의 조작기록을 유지하여야 한다[모델협정 제51항 · 제54항]. 셋째 안전조치의 대상이 되는 모든 핵물질에 대한 주기적인 계량보고를 IAEA에 제출하여야 한다. 또한 만약 예외적인 사건이 발생한 경우, 그 관리자는 특별보고를 IAEA에 제출하여야 한다[모델협정 제62항 · 제63항 · 제65항 · 제68항]. 넷째 IAEA가 실시하는 사찰을 수용하여야 한다[모델협정 제70항]. 사찰은 핵물질이 보고되어진 지점에 있는지를 확인하기 위하여 동 기구의 사찰요원에 의하여 핵시설과 핵물질을 대상으로 실시되며, 여기에는 수시[ad hoc]사찰, 일반사찰, 특별사찰이라는 3가지 형태가 있다.

상술한 바와 같이 북한은 IAEA와 안전조치협정을 체결한 후, IAEA가 실시하는 사찰을 6회 받은 바 있다. 그 가운데 제3회 사찰이 실시되었던 1992년 8월에 IAEA는 북한 내의 미신고지점[구체적으로 영변] 2곳에 대한 사찰을 요구하였고, 1993년 초 그러한 미신고 지점에서 핵개발의 의혹이 있다는 정보를 입수하였다. 이러한 정보들은 IAEA가 상기 2곳에 대한 특별사찰을 요구하는 계기가 되었고, 이에 대해 북한은 즉각적으로 거부하였다. 1993년 2월 25일 IAEA 집행이사회는 북한으로 하여금 특별사찰을 수용하라는 결의를 통과시켰다. 1993년 3월 12일 북한의 외교부장 김영남은 "자국에 만연해 있는 비정상적인 상황이 자국의 최고이익을 위태롭게 한다."라고 주장하면서, 자국이 NPT로부터 탈퇴할 것임을 선언하였다.

북한과 IAEA 간에 체결된 안전조치협정[모델협정 제73항]에 의하면 "특별사찰은 특별보고서에 포함된 정보를 검증하기 위하여 실시할 수 있으며, 또한 일반사찰만으로는 IAEA의 사찰업무에 관한 책임을 수행하기가 어렵다고 판단하는 경우에 IAEA 스스로의 결정에 의하여 실시할 수 있다."라고 규정하고 있다.

결국 1993년 IAEA가 요구한 북한에 대한 특별사찰의 실시는 바로 상기와 같은 법적 근거에 기인한다고 하겠다. 따라서 IAEA가 NPT의 당사국인 북한에 특별사찰을 수용하라고 촉구한 것은 적어도 외형상으로는 적법한 조치인 것으로 생각되며, 결국 북한의 특별사찰 거부는 북한이 체결한 안전조치협정의 위반인 것이다. 이러한 이유에서, 북한은 특별사찰을 지속적으로 거부할 수 없다고 판단하여 특별사찰의 근거가 되는 NPT로부터의 탈퇴라는 초강수를 선택한 것이 아닌가 생각된다. 아무튼 이러한 법적 근거하에서 요구된 특별사찰을 거부한 북한의 사찰거부행위는 위법하다고 판단된다.

2) NPT 탈퇴의 법적 평가

북한은 1993년 3월 12일 제1차 탈퇴선언 및 2003년 1월 10일 제2차 탈퇴선언을 행하였는데, 여기서는 그 탈퇴선언을 중심으로 탈퇴의 위법성 여부를 검토하고자 한다.

(1) 탈퇴의 적법성

북한은 NPT로부터의 탈퇴행위를 NPT 제10조 1항에서 각 당사국에 부과하고 있는 탈퇴권의 정당한 행사라고 주장하고 있는데, 탈퇴의 적법성을 주장하는 근거는 아래와 같다.

첫째 NPT 제10조 1항이다.

동 조항에서는 모든 당사국에게 '자국의 최고이익이 위태롭다고 판단하는 경우' 동 조약으로부터 탈퇴할 수 있는 권리를 부여하고 있다. 이러한 탈퇴권은 모든 당사국에게 부여된 일반적 권리로서, 1993년 3월 12일 및 2003년 1월 10일의 북한의 탈퇴선언은 최소한 외형적으로는 동 조약에서 부여하고 있는 법적 권리의 유효한 행사라는 것이다.

그러나 북한의 탈퇴행위의 실질적인 적법성을 판단하기 위해서는 다음과 같은 추가적 검토가 요구된다. 즉 그 당시에 과연 북한의 최고이익이 위태로웠나 하는 실질적인 판단이 수반되어야 한다는 것이다.

이러한 판단과 관련하여, 동 조약 제10조에서는 탈퇴국으로 하여금 자국의 최고이익이 위태롭다는 판단을 한 이유를 탈퇴국 스스로가 설명하도록 하고 있다. 다시 말해 최고이익의 침해여부는 당해 탈퇴국 스스로가 결정하여 3개월 이내에 탈퇴의 사실을 동 조약의 모든 당사국과 유엔 안전보장이사회에 통고하도록 하고 있는 것이다. 따라서 핵사찰을 거부하기 위해서 동 조약을 탈퇴하였을 것이라는 일반적 견해와는 달리, 만약 북한이 그 당시의 상황을 자국의 최고이익이 침해되는 경우로 판단하였다면, 그 탈퇴행위는 최소한 외형적으로는 하자가 없다고 판단된다. 또한 한국도 1975년 이후, 최고이익의 침해를 이유로 NPT로부터 탈퇴하려고 한 적이 있었다. 그 당시 최고이익의 침해로 북한의 남침위협, 주변강대국에 의한 핵공격의 가능성 및 미군의 철수 등을 들었다. 반면 북한의 입장에서 보면, 1994년 미국의 클린턴 행정부와의 약속이 아들 부시 행정부에 의해 거부되었고, 나아가 악의 축으로 지칭되어 핵선제공격의 대상에 포함되었다는 점에서 자국의 최고이익이 침해되었다고 주장할 여지가 있음을 인정하는 견해도 있다.

그러나 1992년부터 오늘에 이르기까지의 북한의 핵개발과정으로부터 판단할 경우, 북한의 NPT 탈퇴행위는 그 당시 IAEA의 특별사찰을 거부하기 위한 의도에서의 탈퇴로 보는 것이 타당하다고 판단된다.

둘째 NPT의 불평등성이다.

동 조약은 당사국을 핵무기보유국과 핵무기비보유국으로 나누어 각각 상이한 의무를 규정하고 있는데, 특히 핵무기비보유국에 대해서는 '핵무기의 보유금지'라는 내용적 불평등에 추가하여, 그 보유금지를 확인하기 위한 '안전조치의 수용'이라는 이중적 부담을 지우고 있다. 실제로 NPT는 차별적 안전조치제도를 이중적으로 가지고 있었는데, 하나는 안전조치의 실시를 핵무기비보유 당사국에만 부과함으로써 핵무기보유국과 핵무기비보유국 간에 차별적인 안전조치제도를 가지게 된 것이고, 다른 하나는 핵무기비보유 당사국도 개개 국가의 핵 투명도와 능력 등을 고려하여 상호 간 차별적인 안전조치제도를 적용하였다는 것이다. 예컨대 유럽원자력기구[EURATOM]의 회원국과 IAEA 간에 체결된 안전조치협정과, 일본과 IAEA 간에 체결된 안전조치협정에서는 약간의 특별대우를 인정하고 있다. 즉 EURATOM 측에는 기능적 측면에서, 그리고 일본 측에는 최혜국대우조항을 삽입하는 등의 방식으로 특별대우를 규정하고 있다.

결국 이러한 불평등성이 동 조약의 보편성과 형평성을 저해하는 요인으로 작용할 수 있고, 나아가 탈퇴행위를 위법시할 수 없는 근거가 될 수 있다는 주장이 있다. 물론 이러한 불평등성에 대한 비난을 완화하기 위하여, 미국과 영국 그리고 구소련 등 핵무기보유국들은 IAEA의 안전조치를 자주적으로 수락하는 내용의 선언을 행하였고, 실제로 IAEA와 안전조치협정을 체결하였던 바 있었다. 그러나 이들 핵무기보유국의 안전조치 수락성명에는 '중요시설'에 대해서는 안전조치의 대상으로부터 제외하고 있음으로 인하여, 그러한 의사의 표명은 상징적인 의미밖에 없었다고 하겠다.

셋째 주권의 제한이다.

안전조치[특히 사찰]는 제3의 기관으로부터의 간섭을 허용하는 행위이다. 따라서 이러한 안전조치의 수락이 안전조치 대상국가의 주권을 침해하는 것이 아닌가 하는 문제가 제기되기도 하였다. 사실 사찰은 고도의 정밀도와 정확성을 요하고 있으며, 이러한 과정에서 사찰요원의 기술적 또는 심리적 불공정성이 가미될 수 있고 또한 사찰을 적용하는 과정에서 사찰요원의 지나친 간섭이 수반될 수도 있다. 따라서 안전조치[사찰]의 수락으로 인한 국가주권의 제한이라는 측면이 NPT의 보편성과 일반성을 저해하는 요인으로 작용하고 있고, 그 결과 탈퇴행위를 위법시할 수 없도록 하는 근거가 될 수도 있다는 주장이 있다.

(2) **탈퇴의 위법성설**

북한의 탈퇴행위가 위법하다고 보는 입장에서 제시하는 근거로는 핵확산의 방지가 절대적 의무라는 것을 들 수 있다. 즉 핵확산을 방지하고자 하는 것은 국제사회의 평화와 안정을 위해 반드시 필요한 것으로서, 바꿀 수 없는 원칙이라고 주장한다.

대부분의 핵군축조약에서는 탈퇴권을 일반적으로 포함하고 있는데, NPT도 예외는 아니다. 따라서 이러한 탈퇴권에 따른 탈퇴행위가 반복된다면, 동 조약의 주요목표인 핵확산의 방지라는 측면이 위협 받게 됨은 자명한 일이다. 즉 북한의 탈퇴선언을 평가하기 위해서는 그러한 핵확산방지의무가 어떠한 경우에도 침해되어서는 안 되는 즉 절대적 의무인가 하는 측면에서의 검토가 필요하다는 것이다.

일반적으로 절대적 의무란 '조약상의 의무가 없는 경우라도 모든 국가에 대해 구속력을 가지는 것으로 문명제국에 의하여 인정된 원칙' 또는 '의무의 성질상 모든 국가의 관심사항이며 당해 권리의 중요성에 비추어 모든 국가가 그 보호로부터 법적 이익을 가지는 것' 등으로 이해되고 있다.

결국 동 조약으로부터의 탈퇴는 상술한 절대적 의무에 대한 위반이 될 수 있다는 것이다. 아울러 적어도 핵확산을 방지하고자 하는 동 조약의 입법취지나 또는 동 조약으로부터의 탈퇴행위가 가져올 국제평화의 위협 및 파괴라는 결과에 비추어 볼 때, 동 조약으로부터의 탈퇴행위는 가능한 한 최소화되어야 한다는 것이다.

(3) **소결**

NPT가 추구하고 있는 핵확산의 방지의무를 절대적 의무로 볼 수 있을 것인가 하는 부분에 있어서는, 오늘날 동 조약에 미가입한 채 핵개발을 완성한 국가가 일부 존재하고 있는 현실에 비추어, 절대적 의무로 수용하기에는 어려움이 있다.

동시에 탈퇴권을 인정하고 있는 NPT 제10조 1항이라는 실정법규정의 존재와 탈퇴의 요건으로서 '최고 이익의 침해'가 존재한다면 즉 동 조약에서 정하고 있는 탈퇴의 요건을 객관적으로 충족하는 경우라면, 탈퇴행위는 적법하다고 판단된다.

그러나 북한의 경우, 아래의 2가지 측면에서 문제가 된다.

첫째는 탈퇴행위의 형식적 요건을 갖추고 있는가 하는 측면이다. NPT에서는 탈퇴의 형식적 요건으로서 '3개월 이내에 탈퇴의 사실을 동 조약의 모든 당사국과 유엔 안전보장이사회에 통고'하도록 하고 있다. 실제로 북한이 2003년 탈퇴 시 이러한 요건을 충족하였는가 여부가 논란이 된다. 현재 많은 문서에서 북한이 상기 형식적 요건을 결여하였다는 이유로 북한을 여전히 동 조약의 당사국으로 소개하는 경우를 보고 있다. 그러나 이러한 해석은 당사국의 진의를 왜곡한 측면이 있다고 판단된다. 따라서 북한의 의도에 비추어, 최소한 이러한 탈퇴의 형식적 요건은 갖추어져 있다고 판단하는 것이 타당하다.

둘째는 탈퇴선언 시 '자국의 최고 이익이 침해되었는가' 하는 실질적 측면이다. 북한은 탈퇴선언 시 "자국에 만연해 있는 비정상적인 상황 그것이 자국의 최고이익을 위태롭게 한다."라고 주장하였다. 이처럼 NPT로부터의 탈퇴가 'IAEA의 편파성' 및 '미국의 다양한 압박 움직임'에 대항한 것으로서, 자국의 최고이익을 지키기 위한 불가피한 조치였음을 강조하였다.

그러면서 동시에 북한은 동 조약으로부터의 탈퇴를 선언하면서, '핵무기를 제조할 어떠한 의도도 없다는 점'과 '현재의 핵활동이 전력생산이라는 평화적 목적에 한정될 것'을 강조해 왔다. 북한의 지하핵실험과 핵무장의 완성이라는 현재의 상황을 직시한다면, 북한은 명백히 핵개발을 목표로 해 왔음을 알 수 있다. 따라서 이러한 측면은 북한의 탈퇴선언의 진정성에 대한 의문을 갖게 만들며, 적어도 실질적 요건의 충족여부를 둘러싼 논란을 일으킨다.

Ⅱ 지하핵실험

북한은 2006년 10월 9일부터 2017년 9월 3일까지 6차례의 지하핵실험을 감행하였다. 물론 2018년 4월 북한이 자국의 지하핵실험장을 폐쇄하는 등 유화적인 태도를 보이고 있지만, 향후 북한이 지하핵실험을 계속할 것인지의 여부는 불분명하다.

여기서는 지난 북한의 지하핵실험을 국제법적 관점에서 평가해 보고자 한다.

1. 북한의 지하핵실험능력

1) 북한의 핵무장능력

일반적으로 특정 국가의 핵무장능력을 판단할 때 사용되어지는 기준은 핵물질의 확보, 고폭실험 및 핵실험의 성공, 운반체 능력 등에 대한 평가이다. 이를 기준으로 북한의 핵무장능력을 평가하면 아래와 같다.

먼저 핵물질이다. 핵물질은 플루토늄과 농축우라늄으로 대별할 수 있는 바, 북한의 핵물질의 확보상황은 아래와 같이 보고되고 있다. 북한의 플루토늄 보유량과 관련해서는 다양한 견해가 제시되고 있으나, 일반적으로 플루토늄 40~50kg을 보유하고 있다고 추정된다. 즉 북한이 1965년 구소련의 기술지원을 받아 '제1원자로'IMT-2000라는 실험용 원자로를 건설한 이래, 1992년 IAEA의 사찰을 받기 이전까지의 플루토늄 추출량약 10~14kg과 2003년 NPT로부터의 탈퇴 후 영변원자로를 재가동하면서 추출한 플루토늄약 30kg을 합하면 약 40~50kg의 플루토늄을 보유하고 있다는 것이다. 또한 고농축우라늄과 관련해서는 1990년대 후반에 파키스탄의 칸 박사의 협조로 고농축우라늄 프로그램을 운용하였고, 이를 통해 고농축우라늄을 확보하였다는 것이다. 실제로 고농축우라늄의 확보가 플루토늄의 확보보다 상대적으로 용이하다는 점과 북한 스스로 고농축우라늄의 추출에 성공하였다고 공언한 점에 비추어, 이미 고농축우라늄의 정제기술을 확보한 것으로 판단된다. 다만 고농축우라늄의 보유량과 관련해서는 다양한 주장이 있으나, 영변 이외의 지역에서만 최소한 연간 80kg 이상을 생산하는 것으로 추정되고 있다.

다음으로 고폭실험 및 핵실험이다. 고폭실험은 핵실험의 이전 단계로서 분열성 핵물질을 주입하지 않은 상태에서 격발장치, 고폭화약 및 구성체계 등에 대한 종합적인 움직임을 관찰하기 위한 예비 핵실험을 말한다. 이러한 고폭실험에는 폭발의 염려는 없는 반면 물리적 성질이 비슷한 천연 또는 감손 우라늄을[124] 사

124 달리 열화우라늄이라고도 명명되는데, 농축우라늄(U235)이 0.72% 미만인 우라늄으로서 천연우라늄에서 U235를 분리하고 남은 것 또는 핵연료로서 U235만을 핵분열시킨 다음 사용 후 핵연료를 재처리할 때 생기는 것을 말한다.

용한다. 핵무기개발은 핵실험 없이도 가능하지만 고폭실험 없이는 불가능하다. 북한은 수십 차례의 고폭실험을 거쳐 2006년부터 지금까지 6차례의 지하핵실험을 감행하였다.[125]

끝으로 운반체[미사일] 능력이다. 운반체능력은 유·무인 항공기에 의한 투발에서부터 미사일에 의한 운반에 이르기까지 매우 다양하지만, 오늘날 운반체라고 하면 일반적으로 미사일을 의미한다. 북한은 스커드미사일과 노동미사일 및 대포동미사일을 보유하고 있음은 물론, 이동식 발사대를 보유하고 있다. 특히 2015년 5월에는 잠수함에서 탄도미사일을 발사하는 데 성공하였으며, 2017년 7월에는 ICBM급인 '화성 14형'의 시험발사에 성공한 바 있다.

결국 북한의 미사일능력 가운데 탄두의 경량화와 소형화에는 이미 성공한 것으로 보이며, 전략무기화를 추진 중인 것으로 알려지고 있다. 또한 현실적으로 'IL-28폭격기'에 의한 핵탄두의 운반이 가능하다는 점도 유념할 필요가 있다.

2) 북한 지하핵실험의 평가

2006년 10월 9일 북한의 조선중앙통신이 자국의 성공적인 지하핵실험의 실시를 발표하였고, 2009년 5월 25일, 2013년 2월 12일, 2016년 1월 6일, 2016년 9월 9일, 2017년 9월 3일 추가적 지하핵실험을 수행하여 왔다

2. 북한 지하핵실험의 국제법적 평가

전술한 바와 같이 북한의 지하핵실험을 둘러싸고, 북한은 '자위적 전쟁억제력을 강화'하기 위한 불가피한 조치였다고 주장하는 반면, 국제사회는 유엔 안전보장이사회의 '대북제재결의'를 채택하는 등 북한의 지하핵실험행위가 위법하다고 보고 있다.

이처럼 북한의 지하핵실험을 둘러싼 논쟁의 전개에서, 국제법적 판단의 주요 쟁점은 지하핵실험을 직접적으로 금지하는 보편적 조약이나 판결이 존재하지 않는다는 점에서 출발하고 있다. 즉 북한은 지하핵실험을 포괄적으로 금지하는 일반국제법이 존재하지 않기 때문에 불가피한 경우 지하핵실험이 허용될 수 있다는 주장을 펴는 것이고, 반면 국제사회는 지하핵실험과 그 결과가 기존 국제법의

125 미국의 경우 최초의 원자탄을 개발하는 과정에서 약 2,500회의 고폭실험을 한 것으로 알려지고 있다.

특정 규칙에 의해, 나아가 그러한 규칙을 유추 적용함으로써 금지된다는 입장이다.

1) 지하핵실험의 위법성설

다수의 학자들은 북한의 지하핵실험이 위법하다고 판단하고 있다.

(1) 포괄적 핵실험금지조약에 의한 실질적 금지

비록 미발효 상태에 머물고 있기는 하지만, 포괄적 핵실험금지조약의 체결을 통해 모든 핵실험을 금지하겠다는 국제사회의 총의가 모여졌기 때문에, 지하핵실험은 사실상 금지된다는 것이다. 현실적으로 2018년 현재 동 조약에 서명한 국가가 183개국에 이르고 있다는 점에서, 핵실험을 전면적으로 금지하겠다는 명령은 보편성을 갖는 규범으로 이미 성립되었다고 볼 수 있다는 입장이다. 또한 동 조약이 체결된 후 23년 이상이 지나면서 그러한 지하핵실험금지가 이미 관습국제법으로 규범화되었기 때문에, 따라서 지하핵실험은 그러한 관습법에 의해서도 금지된다는 것이다.

(2) 한반도비핵화공동선언 및 제네바기본합의문에 의한 금지

남북은 1991년 12월 31일 한반도비핵화공동선언을 채택[1992년 2월 19일 발효]하였던 바, 동 선언에서는 핵무기의 실험을 비롯한 제조 · 생산 · 접수 · 보유 · 저장 · 배치 · 사용의 금지[제1항], 핵에너지의 평화적 이용[제2항], 핵재처리시설과 우라늄농축시설의 보유금지[제3항], 상대방이 선정하고 쌍방이 합의하는 대상들에 대하여 남북핵통제공동위원회가 규정하는 절차와 방법에 의한 사찰의 실시[제4 · 5항] 등에 관해 규정하고 있다. 또한 1994년 10월 21일 제네바에서 채택된 북미 제네바기본합의문의 제3항 2호에서 상기 공동선언의 이행을 요구하고 있다. 따라서 북한의 지하핵실험은 동 공동선언과 기본합의문을 위반한 것이라는 견해이다.

(3) NPT에 의한 지하핵실험의 금지

북한의 지하핵실험은 NPT의 탈퇴와 미사일의 시험발사에 이은 행위로서 그 지향점이 핵무기보유에 있는 것이 분명하기 때문에, 핵무기의 확산을 금지하고 있는 동 조약에 의해 금지된다는 견해이다.

(4) 부분적 핵실험금지조약에 의한 금지

부분적 핵실험금지조약에서는 지하핵실험에 관해 '기술적 문제로 방사능낙진이 폭발국의 영역 이원으로 표출되는 경우'에 한해서, 그 지하핵실험을 금지하고 있다. 따라서 북한의 영역 이원에서 북한의 지하핵실험으로부터 야기된 방사능낙진이 채집되었기 때문에, 그 지하핵실험은 동 조약을 위반하고 있다는 견해이다.

(5) 유엔 안전보장이사회의 의장성명 또는 결의들에 의한 금지

북한의 지하핵실험 계획에 대해, 유엔 안전보장이사회는 이를 포기할 것을 촉구하는 의장성명을 채택하여, 이를 2006년 10월 6일에 공식적으로 발표한 바 있다. 동 성명에서는 "북한에 대해 지하핵실험을 실시하지 말 것과 비확산문제의 해결을 위해 노력할 것을 촉구"하고 있다. 또한 북한의 지하핵실험 이후에는, 유엔 안전보장이사회는 즉각적으로 '대북제재결의'들을 채택하여 왔는데, 이러한 결의들에서는 '북한의 지하핵실험이 NPT와 세계적인 핵무기비확산체제를 강화하기 위한 국제적인 노력에 대한 도전임을 우려하면서, 그 핵실험행위를 비난하며, 동시에 추가적인 핵실험을 실시하지 말 것을 요청하고' 있다. 따라서 북한의 지하핵실험은 상기와 같은 유엔 안전보장이사회의 일련의 결의에 의해 금지된다는 견해이다.

(6) 6자회담, 남북장관급회담 등의 합의문에 의한 금지

북한의 핵실험은 그간 북한핵무기문제의 해결을 위해 열렸던 6자회담 및 남북장관급회담의 목적과 정신에 반한다는 견해가 있다.

2) 위법성에 대한 재검토

전술한 바와 같이 다수의 학자들이 북한의 지하핵실험을 위법하다고 판단하는 것 같다. 그러나 다음과 같은 법리에 의해 추가적 검토가 요청된다.

(1) 직접적 금지규정의 미비

북한의 지하핵실험이 위법하다는 주장에 대한 반론으로서 가장 중요한 것은 지하핵실험을 금지하는 일반국제법이 존재하지 않는다는 점이다. 핵실험을 둘러싼 규제로는 부분적 핵실험금지조약과 포괄적 핵실험금지조약이 있다. 그러나 전자는 지하핵실험을 금지대상에서 제외하고 있으며, 또한 모든 핵실험을 금지하고 있는 후자는 아직 미발효 상태에 있다. 나아가 북한은 동 조약에 서명조차 하지 않고 있는 실정이다. 따라서 현실적으로 북한의 지하핵실험을 규제할 수 있

는 법적 근거가 없다는 것이다. 즉 북한의 지하핵실험을 위법하다고 볼 수 없는 입법적 미비가 엄연히 존재한다는 것이다. 또한 후자가 이미 관습국제법이 되었다는 주장과 관련해서도, 핵실험에 대한 찬반 양론이 국제공동체 내에 엄연히 존재하고 있다는 점에서, 핵실험을 위법시하는 관습국제법의 창설을 주장하기에는 설득력이 부족하다는 견해도 있다.

(2) 2,058회의 핵실험 중의 하나

지금까지 핵강대국을 비롯한 일부 국가가 약 2,058회의 핵실험을 수행해 왔는데, 왜 하필 북한의 지하핵실험만을 문제시하는가 하는 점도 북한 지하핵실험의 위법성을 희석시키는 한 근거가 되고 있다.

사실 핵강대국들은 1945년 7월 16일 이래 수많은 핵실험을 감행해 왔다. 핵실험의 횟수와 관련한 스톡홀름 국제평화연구소의 통계에 의하면, 오늘날까지 약 2,058회의 핵실험이 수행되어져 왔다고 보고되고 있는데, 그중 미국이 1,032회, 구소련(러시아는 핵무기실험을 행한 적이 없음)이 715회, 프랑스가 210회, 영국이 45회, 중국이 45회, 인도가 3회, 파키스탄이 2회 그리고 북한이 6회의 핵실험을 각각 수행하였다는 것이다. 따라서 북한의 핵실험은 2,058회의 핵실험 가운데 하나에 지나지 않는 것으로서, 북한의 핵실험만을 비난하는 것은 형평에 맞지 않다는 견해이다.

(3) 컴퓨터시뮬레이션 등에 의한 핵실험의 가능성

포괄적 핵실험금지조약이 발효되면, 외관상 모든 핵실험이 금지되는 것으로 보인다. 그러나 지난 핵실험통제의 역사에서 본 바와 같이, 핵강대국들은 자국의 전략적 이해에 따라 핵실험통제에 합의해 왔음을 알 수 있다.

이러한 측면은 동 조약에서도 마찬가지라고 하겠는데, 핵강대국들은 모든 핵실험을 금지하는 동 조약에 합의하면서, 이미 자국의 핵전력을 유지시킬 수 있는 방안 즉 실제적 핵폭발을 필요로 하지 않는 채 실험실이나 컴퓨터시뮬레이션 등으로 핵실험을 수행할 수 있는 핵실험능력을 갖추었다는 것이다. 이것은 결국 핵강대국들이 '빠져나갈 구멍'을 열어 둔 채 핵실험의 전면적 금지에 합의한 것이라고 하겠는데, 이러한 점은 전면적 핵실험금지를 천명한 동 조약의 공약을 희석하는 것이다.

결국 핵실험을 금지하는 궁극적 목표가 핵전력의 동결 내지 감축을 가져오는데 둔다면, 동 조약이 체결되더라도 여전히 컴퓨터시뮬레이션을 통한 핵실험은 가능하게 될 것이고, 따라서 새로운 핵무기의 개발은 계속될 수 있다는 것이다. 따라서 설령 이러한 한계를 갖는 동 조약의 효력이 발생한다고 하더라도, 동 조약의 유효성을 둘러싼 논쟁은 계속될 수밖에 없다는 것이다.

(4) 기타

첫째 한반도비핵화공동선언과 북미 제네바기본합의문에서는 남북 양측으로 하여금 핵무기의 실험을 금지하도록 요구하고는 있지만, 동 선언이 '법적 구속력 없는 문서'라는 점에서 한계를 갖고 있다.

둘째 NPT에 의해 북한의 지하핵실험을 위법시하려는 견해는 논리적 비약이라는 한계와 아울러 이러한 견해에 대해서는 현재 북한이 동 조약으로부터 탈퇴한 상태라는 점에서 추가적 논란에 빠지게 되는 어려움이 있다.

셋째 '부분적 핵실험금지조약에 의해 북한의 지하핵실험이 금지된다."라는 견해에 대해서도, 동 조약의 특정 조항이 "지하핵실험 자체를 금지하는 것이 아니고 핵실험의 방법에 대한 기술 또는 핵실험의 결과와 관련하여 폭발국 이원으로 방사능낙진을 야기하는 경우에, 그 지하핵실험이 금지된다는 의미이며', 동시에 그간 이러한 의무의 위반이 확인된 적도 있지만, 기술적인 위반이라는 점에서 중요시 되지는 않았다는 지난 경험에 비추어 북한의 지하핵실험을 위법시할 근거가 될 수 있는지에 관해 논란이 있다.

넷째 상기 유엔 안전보장이사회의 의장성명은 법적 구속력을 갖지 않는 것이며, 대북제재결의들도 향후의 핵실험을 금지하는 데 한정된다는 한계를 갖는다.

결국 유엔 안전보장이사회의 결의들은 북한의 지하핵실험을 부당한 행위로 간주하고, 북한으로 하여금 추가적인 지하핵실험을 실시하지 말 것을 요구하고 있을 뿐이다. 따라서 여기서 논란이 되는 것은, 현실적으로 지하핵실험을 금지하는 실정 규범이 존재하지 않음에도 불구하고, 상기와 같은 안전보장이사회의의 결의들에 의해 향후의 추가적 지하핵실험이 법적으로 금지될 수 있는가 하는 문제이다. 즉 결의들에서는 북한으로 하여금 추가적 핵실험을 실시하지 말 것을 촉구하는 있는 바, 유엔 헌장 제25조에 따라 동 결의는 법적 구속력을 갖기 때문에 향후 북한의 추가적 핵실험은 법적으로 금지된다는 논리가 성립하는가 하는 문제이다.

이 문제는 결국 기존의 핵실험규제조약들에 대한 검토와 함께 판단되어져야 할 것으로서, 추가적 지하핵실험의 금지를 포함하는 안전보장이사회의 결의들은 북한으로 하여금 단지 미래에 추가적 핵실험을 하지 말 것을 명령하는 데 지나지 않는 것으로서, 그것만으로써는 일반적인 지하핵실험금지의 규범이 창설되는 것은 아니라고 보아야 할 것이다. 아무튼 북한의 지하핵실험이 바로 실정법상 위법행위라고 볼 수는 없다고 하더라도, 그러한 행위가 국제평화와 안정의 유지에 심각한 영향을 끼칠 수 있다는 점에서, 국제사회가 안전보장이사회의 결의들을 통해 대북제재를 가하는 것은 별개의 적법한 행위라고 볼 수 있을 것이다.

3) 소결

이상과 같이 오늘날 핵실험을 통제하는 조약들의 주요내용을 살펴보았고, 나아가 이러한 법적 공약에 기초할 경우 북한의 지하핵실험이 위법한지의 여부도 따져 보았다.

일반적으로 다수의 학자들이 북한의 지하핵실험을 위법하다고 보는 것 같다. 그러나 특정 행위를 직접적으로 금지할 수 있는 일반국제법이 존재하지 않는 경우 그러한 특정 행위에 대한 유추적 내지 추론적 금지는 현실적으로 수용하기 어려운 점이 많으며, 적어도 법학자의 입장에서는 엄격한 법해석이 기초가 되어야 한다는 개인적 견해에서 판단하건대,[126] 북한의 지하핵실험을 위법하다고 단정짓기 위해서는 아래와 같은 핵실험과 관련한 국제판례도 함께 고려해야 할 것이다.

특히 1955년 第五福龍丸호 사건에 관한 미 · 일 간의 청구권처리, 1957년 크리스마스군도 근해의 핵실험에 관한 영국의 대일 회답 및 1974년의 '핵실험사건' 등에서의 여러 결정에 비추어 볼 때, 북한의 지하핵실험을 위법하다고 획일적으로 단정하는 데는 어려움이 있다.

상기 미 · 일 간의 청구권처리[127] 및 대일 회답에서는, 핵실험의 위법성에 관한 판단을 회피하면서, 동시에 "공해에 영향을 미치는 핵무기실험의 경우, 특정 조약의 규제를 받지 않는 한, 타국의 공해이용에 있어서 '합리적인 고려'라는 것을 조건으로 적법한 것으로 인정된다."라는 결정을 하고 있으며, 그리고 1974년

126 법해석을 엄격하게 행하지 않는다면, 비강대국들에게 '약소국의 최후의 보루로서의 국제법'이라는 의미는 크게 희석될 것이다.

127 동 사건은 미국이 마셜제도의 미키니 섬에서 행한 수소탄실험의 결과로 일본의 참치잡이어선 第五福龍丸호의 피해(승무원 1명의 원자병으로 인한 사망 및 막대한 물적 피해)에 대하여, 미국이 200만 달러의 보상금을 지불하는 선에서 미 · 일 양국이 합의한 사건이다.

의 ‘핵실험사건’에서도[128] 핵실험의 위법성에 관한 판단을 회피하고 있다.[129]

Ⅲ 미사일의 시험발사

1. 북한의 미사일능력

1960년대에 미사일의 3세계 국가로의 확산이 광범위하게 전개되었다. 이즈음부터 북한은 미사일개발을 시작하였는데, 1970년대 자체 개발단계를 거쳐 1980년대에 이르러서는 핵기술과 결합하는 단계로 나아갔다. 1998년 8월 31일 최초로 장거리미사일의 시험발사가 있었고, 1998년 9월 4일 광명성 1호[대포동 1호], 2006년 7월 5일 광명성 2호[대포동 2호], 2012년 4월 13일 광명성 3호[은하 3호], 2012년 12월 12일 광명성 3호의 2호기[은하 3호의 2호기], 2015년 5월 8일 잠수함발사 탄도미사일 사출시험, 2017년 7월 4일과 28일 대륙간탄도미사일[ICBM] 수준인 화성 14형의 시험발사에 성공하였다.

이러한 미사일능력이 2006년 이후 핵무기와 결합됨으로써, 이제 북한의 핵무장능력은 한반도는 물론 미국을 포함한 전세계에 위협이 되고 있는 실정이다. 왜냐하면 통상적으로 최초의 핵실험으로부터 2~7년이 경과하면 핵탄두의 소형화 및 경량화에 성공한다는 선례에 비추어 보면, 북한의 경우 최초 핵실험으로부터 13년이 경과했기 때문에 핵탄두의 소형화 및 경량화에 성공했을 것으로 추정된다.

2. 북한의 미사일의 시험발사의 국제법적 평가

북한의 미사일의 시험발사문제를 국제법적으로 평가하기 위해서, 우선 미사

---

128 동 사건이란 프랑스가 남태평양에서 핵실험을 감행하려고 하자, 이를 저지하기 위하여 오스트레일리아와 뉴질랜드가 국제사법재판소(ICJ)에 제소한 사건이다.

129 1974년 12월 ICJ는 “프랑스가 핵실험을 종료 후, 그 이상의 대기권 내의 핵실험을 행하지 않겠다고 약속하였기 때문에, 양국(오스트레일리아와 뉴질랜드)의 청구가 목적을 잃었으므로 분쟁은 소멸되었다.”라고 판시하였다. 그러나 제소국인 오스트레일리아와 뉴질랜드는 프랑스의 핵실험이 국제법에 위반한다는 취지의 청구를 ICJ에 요청하였고, 이에 대해 ICJ도 ‘청구국의 영역 내에 방사능 낙진을 가져오는 핵실험을 피하도록’ 프랑스에 지시하는 가보전조치명령을 내렸다는 점은 주목할 만하다.

일의 국제법적 규제에 관해 검토할 필요가 있다.

잘 알려진 바와 같이 아직까지 미사일의 사용·취득·생산·거래 등을 규제하는 일반적인 조약은 체결되지 않은 실정이며, 미사일기술통제체제[MTCR]에 의한 자발적 규제가 이루어지는 데 불과하다. MTCR 및 그 부속서에서는 대량파괴무기를 운반할 수 있는 모든 운반체[유인항공기 제외], 탑재능력과 유효사거리가 각각 일정 기준[500kg/300km]를 초과하는 미사일 관련 장비 및 기술을 통제품목으로 정하고 있다. 따라서 상기의 북한의 미사일 시험발사는 모두 MTCR의 지침을 위반한 것이라고 하겠다. 그러나 MTCR은 법적 구속력이 없는 자발적 규제에 지나지 않으며, 특히 북한이 MTCR에 참여하지 않고 있다는 점에서, MTCR의 지침을 근거로 북한의 미사일시험발사를 위법하다고 평가할 수는 없다고 하겠다.

다만 지금까지 북한의 미사일 시험발사와 관련하여 유엔 안전보장이사회가 채택한 결의 제1540호, 제1695호, 제1718호, 제1810호, 제2356호, 제2371호 및 2397호 등이 있는데, 상기 결의에서는 북한에 대한 대량파괴무기와 그 운반체의 수출금지, 대량파괴무기와 그 운반체의 개발·이전 등의 금지를 유엔회원국에게 요청하고 있다. 따라서 북한의 미사일 시험발사는 상기 유엔 안전보장이사회의 결의들에 의해 구속된다고 하겠다.

Ⅳ 핵무기의 해결방안

1. 평화적 해결원칙

국제분쟁의 해결방법은 크게 무력적 방법과 평화적 방법으로 나눌 수 있다. 여기서 논하고자 하는 북한 핵무기의 해결방법은 반드시 평화적 해결이어야 함은 재언을 요하지 않는다. 다행스럽게 2018년 4월 27일의 남북한정상회담을 통해 '판문점선언'이 채택되었고, 이어서 북미정상회담을 통한 합의문이 채택됨으로써 평화적 해결의 분위기가 마련되었음은 다행스러운 일이다.

사실 2017년 11월 북한이 '핵무장의 완성'을 선언하기 이전까지만 하더라도, 북한의 핵무기문제란 북한이 충분한 량의 핵물질[플루토늄 내지 고농축우라늄]을 확보하고 있는지, 핵탄두의 경량화 내지 소형화에 성공하였는지, 장거리 운반체[ICBM 급]의 개발에 성공하였는지 그리고 북한의 NPT의 탈퇴 · 지하핵실험 및 각종 운반체의 시험발사 등과 관련하여 그러한 행위가 국제법을 위반하였는지의 여부를 따지는 데 주된 초점이 맞추어져 있었다.

그러나 북한의 '핵무장완성의 선언' 이후의 북한 핵무기문제는 새로운 국면으로 들어갔다고 평가할 수 있다. 이제 그 핵심 쟁점은 "북한이 보유한 핵무기를 어떻게 해결할 것인가?" 내지 "핵무기 없는 한반도를 어떻게 만들 것인가?"로 바뀌게 되었다.

결국 북한의 핵문제는 아래의 4가지 방법을 기초로 그 해결방안을 도출해 볼 수 있다.

첫째 지금까지 국제사회가 핵무기문제를 해결한 기존의 다양한 선례를 제시하고, 그것으로부터 북한의 핵문제의 해결방안을 도출하고자 하는데, 그 선례는 다음과 같다. ① 보유한 핵무기를 폐기한 사례이다. 여기에는 남아프리카공화국의 해결사례1993년 자국이 보유한 6개의 핵탄두를 폐기하고, 핵무기의 제조시설을 폐기를 비롯하여 우크라이나 · 카자흐스탄 · 벨라루스의 해결사례가 있다. ② 핵무기의 개발단계에서 외부의 힘에 의해 핵개발프로그램을 포기한 사례이다. 여기에는 리비아 · 이란 · 이라크의 해결사례가 있다. ③ 핵무기의 개발단계에서 스스로 핵개발프로그램을 포기한 사례이다. 여기에는 대만 · 브라질 · 스웨덴 · 스위스 · 아르헨티나 · 알제리 · 한국 등의 사례가 있다. ④ 그 밖에 핵무기의 제조를 고민했던 사례인데, 여기에는 시리아 · 미얀마 등의 사례가 있다.

둘째 새로운 해결모델의 제시를 통해 북한의 핵무기문제의 새로운 해법을 찾고자 하는데, 그것의 대강은 아래와 같다. 즉 북한의 핵무기보유의 의도를 정확하게 판단함으로써 북한의 핵무기문제의 해법을 제시하는 방식이다. 먼저 북한의 핵무기보유의 목적을 세분자국 안보의 보장, 체제의 보장, 적화통일한다. 다음으로 한국 · 일본 · 미국 · 중국 등 각국에 대한 북한의 핵무기사용의 위협을 세분선제 사용을 포함한 실제 사용, 선제 사용을 제외한 실제 사용, 위협용한다. 마지막으로 각각의 경우의 수를 따져서 북한의 핵무기문제의 해법을 도출한다.

셋째 북미 제네바합의, 페리 보고서, 아미티지 보고서, 6자회담 등 기존의 북한의 핵무기문제의 해결방안과 리비아방식 및 혼합방식 등을 재검토한다. 리비아 방식이란 2003년 12월 미국이 리비아에 대해 사용한 방식으로서, 리비아가 먼저 핵개발계획을 포기하고 사찰에 응하면, 미국과 서방국가가 리비아의 체제보장과 경제적 원조를 반대급부로 제공하는 방식을 말한다.

넷째 북한의 핵무기개발과정에서 나타났던 사안들을 국제군축법의 관점에서 평가함으로써, 북한 핵무기문제의 해결을 위한 하나의 기준 즉 법적 기준을 제시하고자 한다. 여기에는 북한의 NPT 탈퇴 · 지하핵실험 및 각종 운반체의 시험 등에 대한 국제군축법적 관점NPT, 부분적 핵실험금지조약, 포괄적 핵실험금지조약, 핵무기금지조약, MTCR 등에서 그 위법성 여부를 검토하는 것으로서, 이미 앞서 기술한 바 있다.

이상과 같은 4가지 방식 가운데 전자의 2가지 방식은 많은 연구를 요하는 문제이다. 그리고 후자의 2가지 방식은 이미 검토된 방식으로서 북한의 핵문제의 해결에 하나의 기준이 될 수 있다. 따라서 여기서는 전자의 2가지 방식은 추후의 숙제로 맡기기로 하고, 후자의 2가지 방식 가운데 북한의 핵문제의 해결과 관련한 기존의 해결방안을 소개하고자 한다.

끝으로 북한의 핵문제는 매우 중요한 사안이다. 따라서 그에 대한 새로운 해결모델이 제시되기 이전 단계라고 하더라도, 북한의 핵무기로부터 국가와 국민을 보호할 수 있는 다양한 선행조치에 관해 고민하는 것은 필요하다고 판단된다. 첫째 핵탄두를 그 운반체와 분리시키는 등 핵무기의 위험성을 완화시킬 조치가 있어야 한다는 점이다. 둘째 '억지이론' 내지 '상호확증파괴이론' 등과 같은 기존의 핵무기정책에 관한 중요성을 단계적으로 축소시키는 조치가 있어야 한다는 점이다. 셋째 핵무기의 사용이 고의적이든 또는 부주의에 의하든 그 가능성을 줄이기 위해 관련 당사국 간에 신뢰구축조치에 대한 합의점을 찾아야 한다는 것이다. 넷째 탄도요격미사일시스템 구축, 민방위의 강화 등 핵무기 공격에 대응한 대비가 있어야 한다는 점이다. 다섯째 지난 74년의 핵무기비사용의 역사를 근거로 현재의 핵위협상황을 간과하거나 안주해서는 안 된다는 점을 강조하고자 한다.

2. 기존의 해결방안

북한의 핵문제를 해결하기 위한 기존의 방안으로서 대표적인 것이 바로 '북미 제네바기본합의', '페리 보고서', '아미티지 보고서' 및 '6자 회담' 등이다.

1) '북미 제네바기본합의'

1994년 10월 21일 북한과 미국은 제네바에서 북미 기본합의서에 서명하였는데, 동 합의서에서는 북한과 미국 양측으로 하여금 다음의 조치를 취하도록 하고 있다. ① 북한의 흑연감속원자로 및 관련 시설을 경수로로 대체하기 위해 협력한다.[130] ② 정치적 · 경제적 관계의 완전한 정상화를 추구한다.[131] ③ 핵이 없는 한반도의 평화와 안전을 위해 함께 노력한다.[132] ④ 국제적 핵비확산체제의 강화를 위해 함께 노력한다. 즉 북한은 NPT의 당사국으로 잔존하며, 동 조약상의 안전조치협정을 이행한다는 것이다.

본 합의는 의혹을 받고 있는 북한의 핵무기개발능력의 동결 및 제거라는 채찍의 측면과 동시에 북미 관계의 정상화와 남북대화의 재개라는 당근의 측면을 함께 규정한 것으로서, 궁극적으로는 북한의 핵문제를 해결하고 나아가 한반도의 평화와 안정을 달성하기 위한 것이었다.

따라서 동 합의서상의 미국의 의무위반여부를 동시에 살펴보아야 하겠지만, 미국의 중유공급중단조치 이전부터 북한이 핵개발을 계속하여 왔다는 점에서, 그러한 행위는 동 합의서 상의 약속을 북한이 먼저 위반한 것이다.

---

130 본 합의서에서는 미국으로 하여금 북한에 제공할 경수로의 재원조달 및 공급을 담당할 컨소시엄을 구성하게 하여, 2003년까지 총 발전용량 약 2,000메가와트의 경수로를 북한에 제공하며, 또한 1994년 10월 20일자의 '대체에너지의 제공과 관련한 미국 대통령의 보장서한'에 입각하여, 북한의 흑연감속원자로의 동결로 인해 상실될 에너지를 첫 번째 경수로의 완공 시까지 연간 50만 톤의 난방과 전력생산용의 중유를 공급하는 조치에 관해 그 시간표와 지침을 기술적으로 규정하고 있다. 반면 동 합의서에서는 북한으로 하여금 상기와 같은 경수로 및 대체 에너지의 제공에 상응하여, 동 보장서한의 접수 즉시 흑연감속원자로 및 관련 시설을 동결하고 궁극적으로 이를 해체하기 위한 조치에 관해 그 시간표와 지침을 기술적으로 규정하도록 하고 있다. 상기와 같은 합의내용에 따라 1995년 3월에 한반도에너지개발기구(KEDO)가 설립되었다. 동 기구는 1995년 6월 말레이시아에서 한국표준형 경수로를 북한에 제공하는 데 합의하였으며, 동년 12월 15일에 동 기구와 북한 간에 경수로공급협정이 체결되었다. 따라서 1997년 8월 함경남도 신포시 근처의 금호에서 부지조성기공식이 거행되었다. 또한 1995년 1월에 최초로 중유 5만 톤이 공급된 것을 시작으로 첫해에 15만 톤의 중유가 공급되었고, 그 후 매년 50만 톤의 중유가 상호 합의된 일정에 따라 공급되었다. 그러나 2002년 12월부터 중유공급이 불투명한 상황에 놓이게 되었다.

131 본 합의서에서는 통신 및 금융거래에 대한 제한을 포함한 무역 및 투자제한을 완화시킴은 물론 쌍방의 수도에 연락사무소를 개설하며 나아가 양국관계를 대사급으로 격상시켜 나간다고 규정하고 있다.

132 구체적으로는 "미국이 북한에 대한 핵무기의 불사용 및 불위협에 관한 공식적 보장을 제공하며, 이에 상응하여 북한도 한반도비핵화공동선언을 이행하고, 남북 간의 대화를 추진한다."라는 내용을 포함하고 있다.

2) '페리(Perry) 보고서' 및 '아미티지(Armitage) 보고서'

'페리[Perry] 보고서'[Review of United States Policy Toward North Korea : Findings and Recommendations]는 윌리엄 페리[William J. Perry] 대북정책조정관이 작성한 대북정책 보고서로서, 북한의 핵과 미사일·생화학무기 등 대량파괴무기의 개발중단을 통해 한반도의 평화와 안정을 확보하고 남북 간의 평화공존체제를 확고히 한다는 것을 목표로 하고 있다. 또한 북한 핵문제의 해결을 위해서는 기존의 '북미 제네바기본합의'를 준수할 것과 향후 미사일문제 등 현안의 해결을 위해 북미 간에 포괄적 협상을 진행하라는 것으로 요약할 수 있다.133

'아미티지 보고서'[Armitage Report : A Comprehensive Approach to North Korea]는 상기 페리 보고서에 대항하기 위하여 미국의 공화당이 1999년 3월에 작성한 것으로서, 아미티지 전임 국무부 부장관과 월포비치 국방부 부장관이 주도적 역할을 하였다. 페리 보고서처럼 대북정책에서 포괄적이고 통합적인 접근을 하고 있다는 점에서 공통되나, 대북문제에 대한 인식 및 그 내용에 있어서는 상당한 차이가 존재한다. ① 한반도의 군사안보상황과 관련한 상이이다. 페리 보고서는 한반도의 군사적 안정을 파괴하는 요소가 북한의 핵과 미사일이라고 평가한 반면, 아미티지 보고서는 핵과 미사일뿐 아니라 재래식무기와 생물·화학무기까지도 포함시키고 있다. ② 대북협상전략과 관련한 상이이다. 2개의 보고서 모두가 '당근과 채찍'이라는 이중적 전략을 사용한다는 점에서 동일하다. 그러나 페리 보고서가 응징보다는 외교적 수단을 중시하면서 협상 실패 시 군사적 행동의 가능성을 사실상 배제하고 있는데 반해, 아미티지 보고서는 군사적 억지력을 강조하면서 외교적 노력의 실패시 공해상의 봉쇄와 선제공격까지도 배제하지 않고 있다. ③ 북미관계의 정상화와 대북경제제재의 해제와 관련한 상이이다. 페리 보고서는 북한의 핵과

---

133 동 보고서는 1999년 10월 12일 미국 국무부에 의해 공개되었는데, 중·장기적 목표와 5개항의 정책 권고사항을 제시하고 있는 그 주요내용은 아래와 같다. ① 단기적으로는 북한의 미사일발사의 자제와 미국의 일부 대북경제제재의 해제, 중·장기적으로는 북한의 핵 및 미사일 개발계획의 중단확보와 아울러 한반도의 냉전종식이라는 3단계의 목표를 제시하고 있다. ② 북미관계의 정상화 노력을 권고하고 있다. 즉 북한의 핵과 미사일의 위협을 종식시키는 과정에서 북한의 협력을 확보할 수 있다면 미국은 대북수교를 포함한 관계정상화를 추진할 수 있다는 것이다. ③ 북한의 도발 등 긴급상황에 대비한 억지력의 확보가 필요하다고 강조하고, 이런 연장선상에서 주한미군의 계속적 주둔이 필요함을 강력히 권고하고 있다. ④ 1994년의 '북미 제네바기본합의'가 북한의 핵물질보유를 억제하는 유용한 수단이 되고 있다고 규정하고, 동 합의의 유지를 강조하고 있다.

장거리미사일의 위협이 제거된다면 대북경제제재를 해제하고 북미관계를 정상화할 수 있다는 입장인 반면, 아미티지 보고서는 북미관계의 정상화 조건으로 매우 애매하고 포괄적인 개념인 '미국의 북한에 대한 안보관심의 충족'을 제시하고 있다. ④ 대북정책의 방법과 관련한 상이이다. 페리 보고서가 한·미·일 3국의 정부고위관리로 구성되는 '3자 대북조정감시그룹'을 통한 정책협의에 초점을 맞춘 반면, 아미티지 보고서는 상기 '3국 외무장관급 자문회의'를 통한 정책조율뿐 아니라 '3국 국방장관 자문회의'의 구성을 추가적으로 제안하고 있다.

결국 양 보고서는 북한과의 관계에 대해 상이한 입장을 취하고 있지만, 기본적으로는 북한의 핵과 미사일문제의 해결에 초점을 맞춘 북한 길들이기 정책에 지나지 않는다는 주장이 설득력 있다. 즉 미국은 북한이 핵과 미사일을 포기하면 관계정상화를 추진하고 그렇지 않으면 봉쇄의 길로 나아가야 한다는 것이다.

3) 6자회담을 통한 해결

1992년부터 지루하게 끌어온 북한의 핵문제가 다시 주목을 받게 된 것은 2003년 1월에 있었던 '제2차 북한의 NPT 탈퇴선언'에서 기인하고 있다. 그러나 우여곡절 끝에 2005년 9월 19일 남북한을 비롯하여 미국·일본·중국·러시아는, 2년 이상 끌어오던 북한의 핵문제에 관하여, '6자회담 공동성명'이라는 결실을 보게 되는데, 그 주된 내용과 한계점은 아래와 같다.

(1) 주요내용

상기 공동성명의 주요내용은 북한에게 부과되는 의무라는 측면과 그에 대한 보상이라는 측면으로 양분할 수 있는 바, 그것은 아래와 같다.

① 북한의 의무

북한은 크게 모든 핵무기와 현존하는 핵계획의 포기 및 NPT와 안전조치협정에로의 조속한 복귀라는 2가지의 의무를 부담한다[동 제1항].

② 보상

북한에게 상기와 같은 의무를 부담시키면서, 관련 국가는 북한에 대해서 안전보장, 핵에너지의 평화적 이용에 관한 권리의 존중, 적절한 시기에 경수로 제공문제의 논의, 미국 및 일본과의 관계정상화, 경제협력의 증진, 200만 kw의 전력공급을 포함한 에너지의 제공 등의 당근을 제시하고 있다.

③ 기타

그 밖에 동 공동성명에서는 한반도의 평화체제에 관한 논의, 단계적인 합의 이행조치의 강구 및 제5차 6자회담의 일정 등을 규정하고 있다.

(2) 한계

상기 '6자회담 공동성명'이 채택된 이후 지금까지 실질적인 후속조치가 거의 이루어지지 않고 있는 동 공동성명의 한계점은 아래와 같다.

첫째 동 공동성명에서는 북한에 모든 핵무기와 현존하는 핵계획의 포기 및 NPT와 안전조치협정에로의 조속한 복귀라는 2가지의 의무를 부담시키는 대가로 안전보장, 관계정상화, 경제협력의 증진 등 보상을 제시하고 있다. 그러나 의무에 대한 검증절차, '포기'라는 용어의 의미,[134] NPT와 안전조치협정에로의 복귀시점, 의무와 보상 간의 선후문제 등에 관한 정리가 제대로 되어 있지 않다는 점이다.

둘째 포괄적이고 선언적인 원칙만을 주로 담고 있을 뿐이고 구체적인 실현방법이나 일정은 계속 논의하기로 한 진행형의 합의문이며, 나아가 그것도 애매한 용어를 통해 양측의 입장을 조절하였기 때문에, 향후의 이행과정에서 논란이 예상되었다. 예컨대 핵에너지의 평화적 이용과 관련하여 그 권리를 '존중'하겠다는 표현이나, 경수로의 제공과 관련해서 적절한 시기에 경수로 제공문제를 논의하겠다는 표현은 각국의 입장에 따라 얼마든지 달리 이해되어질 수 있을 것으로 보인다.

셋째 정치적·도의적 구속력을 보장하는 형태의 합의문이기는 하지만, 법적 구속력이 없는 문서라는 점이다.

4) 기타 문서들

북한의 핵문제의 해결을 위한 관련 문서로는 NPT와 안전조치협정을 비롯하여, '한반도 비핵화 및 평화구축을 위한 선언',[135] '한반도비핵화에 관한 남북 공동

---

134 북한은 '모든 핵무기와 핵계획의 포기'라는 의무를 지고 있으나, 여기서 '포기'(abandon)라는 용어의 의미를 둘러싸고 논란이 일 수 있다. 즉 우리말로 포기란 폐기(dismantle)라기보다는 그대로 남겨 두는 것으로 해석될 수 있다는 것이다.

135 동 선언에서는 핵에너지의 평화적 이용 및 핵확산을 방지하는 국제협약의 준수 등을 천명하였음은 물론, 핵무기의 제조·보유·저장·배치·사용의 금지, 재처리 농축시설 미보유, 핵무기 등이 없는 평화적 세계지향, 생화학무기폐기의 국제적 노력과 합의 준수 등을 내포하고 있었다.

선언',[136] '남북 핵통제공동위원회 구성 · 운영에 관한 의정서',[137] '유엔 안전보장이사회의 결의들' 등을 들 수 있다. 이러한 문서들은 일정한 조건을 전제로 북한의 핵개발을 억제 내지 동결하는 것을 주된 내용으로 하고 있는데, 특히 NPT와 안전조치협정은 법적 구속력을 갖는 주요 문서이다.

그 밖에도 북한의 핵개발프로그램의 폐기를 요구하는 문서로서는 2002년 11월 14일의 KEDO집행이사회의 성명,[138] 2002년 11월 15일의 아들 부시 대통령의 대북성명,[139] 2002년 11월 19일의 IAEA의 결의,[140] 2002년 12월 2일 중국의 장쩌민주석과 러시아의 푸틴 대통령 간의 공동선언 등을 들 수 있다.[141]

3. 리비아방식

미국의 콘돌리자 라이스 국무장관은 북한과 이란의 핵개발문제와 관련한 성명에서, "리비아가 북한과 이란의 중요한 모델이 된다고 생각한다."라고 언급한 바 있었는데, 이것은 북한으로 하여금 대량파괴무기의 포기와 그 이행을 먼저 하도록 촉구한 것으로서, 핵포기가 전제되어야만 관계개선이 가능하다는 점을 천명한 것이라고 이해된다. 이는 2003년 12월 리비아가 핵개발계획을 먼저 포기하

136 동 공동선언에서는 핵무기의 실험 · 제조 · 생산 · 접수 · 보유 · 저장 · 배치 · 사용의 금지, 핵에너지의 평화적 이용, 핵재처리시설과 우라늄농축시설의 보유금지, 상대방이 선정하고 쌍방이 합의하는 대상들에 대하여 남북핵통제공동위원회가 규정하는 절차와 방법에 의한 사찰의 실시 등에 관해 규정하고 있다.

137 '한반도의 비핵화에 관한 공동선언'을 이행하기 위하여, 상기 의정서가 채택되었는데, 총 6개의 조항으로 구성되며, 핵통제공동위원회의 구성(제1조), 핵통제공동위원회의 협의 · 추진 사항(제2조), 핵통제공동위원회의 운영(제3조) 및 기타 발효 · 수정에 관해 규정하고 있다.

138 동 성명에서는, 북한의 핵무기개발프로그램이 불법적이며 국제사회에 대한 도전임을 선언하고, 그것의 폐기를 강력히 촉구하고 있다. 특히 북한이 가시적이고 검증 가능한 방법으로 핵무기프로그램을 제거하지 않을 경우 2002년 12월부터 중유제공의 중단과 함께 추가조치도 있을 수 있음을 천명하고 있다. 이러한 조치는 1994년의 '북미 제네바기본합의'를 위반한데 대한 첫 번째의 제재조치였다.

139 동 성명에서는 북한을 침공할 의사가 없음을 재확인함과 동시에 북한의 핵무기개발프로그램의 폐기를 요구하고 있다. 나아가 핵무기개발프로그램의 폐기를 조건으로 미국은 북한주민의 생활을 상당히 향상시키는 중요한 조치를 취할 준비가 되어 있음을 선언하고 있다.

140 IAEA는 북한의 농축우라늄을 이용한 핵무기개발에 대해 해명을 요구하고 동시에 핵무기개발계획을 즉각 포기할 것을 촉구하는 결의를 만장일치로 채택하였다. 또한 동 결의에서는 북한이 자국의 관련 시설에 대해 동 기구가 실시하는 사찰을 수용해야 함을 촉구하고 있다.

141 한반도의 비핵화를 지지함과 아울러 1994년의 '북미 제네바기본합의'의 철저한 준수를 촉구하고 있다.

고 사찰에 응함으로써, 미국 등 서구국가들이 리비아의 체제보장과 경제원조를 반대급부로 제공했던 리비아방식과[142] 유사한 것이다. 따라서 새삼 리비아방식이 북한의 핵개발문제의 해결방식으로 주목받게 되었던 것이다.

이러한 리비아방식과 유사한 것으로서, 남아프리카공화국방식 및 주고받기 방식 등을 생각해 볼 수 있는데, 전자는 1993년 3월 남아프리카공화국이 고농축 우라늄으로 만든 6개의 핵탄두를 자진해서 폐기한 데서 나온 것이고, 후자는 북미 간의 제네바기본합의의 경우[핵프로그램 동결의 대가로 경유지원 및 경수로 건설 지원]와 우크라이나의 경우[미국과의 합의하에 7억 달러의 경제원조에 대한 반대급부로 자국에 배치하고 있던 2,000여 개의 핵탄두를 폐기 또는 러시아로 이송함]에서 찾을 수 있다. 따라서 이들 방식도 북한의 핵무기문제의 해결방식으로 고려될 수 있다.

4. 각종 압박수단을 혼합한 방식

국제사회는 북한의 핵무기문제를 해결하기 위한 하나의 방안으로서 대북한 금융자산의 동결, 북한의 인권문제의 제기 및 대량파괴무기와 그 기술 등의 대북한 봉쇄조치 등을 혼합하여 압박하는 국면을 보였다. 특히 이러한 조치 가운데 대량파괴무기와 그 기술 등의 대북한 봉쇄조치는 PSI 및 항행안전에 대한 불법행위억제협약을 통해 이루어지고 있다. 이를 통해 불법적 대량파괴무기, 미사일 기술 및 관련 물질 등에 대한 대북한 봉쇄가 이루어진다면, 그만큼 북한에 제약이 됨은 명백하다.

5. 미국의 핵정책의 전개

미국의 핵정책은 국제정치와 국내적 상황의 변화에 따라 가변적으로 운용되어 왔지만, 그 기본에는 자국의 이익보호라는 요소가 항상 자리하고 있다. 그리고 그 목표도 냉전시기의 구소련에 대한 견제와 봉쇄라는 측면과 그 이후의 핵확산의 통제라는 측면으로 양분되어 진행되어 왔는데, 그 기본에는 핵무기에 의한

---

142 2006년 5월 15일 미국은 리비아를 테러지원국으로부터 제외시키는 조치를 취함으로써 리비아와의 외교관계를 전면적으로 복원시켰다. 여기서 다시 대량파괴무기의 해결에 관한 리비아방식이 다시 주목 받게 된 것이다. 리비아방식이란 리비아가 2003년 대량파괴무기에 대한 포기를 전격 선언하고 실제로 그 이행을 실천하자, 미국이 2004년 2월 리비아의 수도인 트리폴리에 이익대표부를 개설하였고 동년 6월 이를 연락사무소로 격상시켰으며, 마침내 2006년 4월에는 테러지원국의 지정으로부터 해제한 일련의 과정을 의미한다.

억지정책을 근간으로 하여 왔다.

미국의 핵정책이 구체적으로 수립된 것은 아이젠하워 행정부에 들어와서의 일인데, 그것은 핵무기의 우위를 바탕으로 한 대량보복과 기타 가능한 모든 수단을 동원하여 유럽에서의 구소련의 재래식무기의 우위를 상쇄하겠다는 것, 즉 소위 '대량보복Massive Retaliation전략'이었다.

그러나 양적 팽창주의에 바탕을 둔 대량보복전략은, 1960년대에 들어와서 구소련의 핵무기 능력이 팽창하면서, 더 이상 실효성을 가질 수 없었다. 따라서 케네디 행정부는 새로운 핵정책을 표방하게 되는데, 그것이 바로 '유연반응flexible response전략'이다. 이 전략은 구소련의 다양한 도전이나 팽창에 대하여 사안에 따라 적절한 수준으로 대응한다는 것을 핵심으로 하고 있었다. 동시에 케네디 행정부는 '상호확정파괴mutual assured destruction전략'에 보다 중요한 무게를 두었는데, 이 전략은 구소련으로 하여금 보복의 두려움 때문에 선제공격을 포기하도록 하는데 초점을 두고 있었다. 즉 구소련이 선제공격을 하는 경우, 그에 대하여 미국은 '받아들이기 어려운 수준의 피해를 입으면서' 반격을 가함으로써, 구소련으로 하여금 선제공격을 포기하도록 한다는 것이었다.

그러나 구소련의 핵전력이 점점 향상됨으로써 1960년대 말부터는 미국과 구소련의 핵전력이 평행을 유지하게 되었고, 나아가 1980년대 들면서부터는 구소련에 대해 더 이상 핵우위의 전략을 수행할 수 없게 되었다. 따라서 미국의 핵정책은 다시 변모하게 되는데, 그것이 바로 '선별억제Discriminate Deterrence전략'이다. 이 전략의 목표는 핵무기의 사용가능성을 한층 낮추고 핵무기의 전쟁억지력을 선별적으로 행사함으로써 핵전쟁의 발발 가능성을 최소화시킨다는 것이었다.

1990년대 들어서면서 그간의 주된 가상 적이었던 구소련이 붕괴하고, 대신 새로운 군사강대국으로서 중국이 부상하게 되는데, 미국도 새로운 핵정책을 마련하였다. 즉 미국은 '윈윈win-win전략'이라고 지칭하는 '2개주전역Major Theater Warfare전략'을 취해 왔던 것이다.

그러나 2001년 '9.11테러' 이후, 다양한 위협에 직면한 미국은 전지구적이며 비정규전적이고 저강렬도의 폭력을 사용하며 전·평시가 불분명한 국제적 테러를 격멸하려는 GWOTGlobal War on Terrorism를 주 안보전략으로 택하게 되었다. 동시에 미국은 2001년 이래 전략태세를 강화할 목적으로 '핵태세 검토보고서'Nuclear Posture Review를 마련하고 있는데, 특히 2002년에 발표된 동 보고서는 대량파괴무기의 위협에 효과적으로 대처하기 위하여 '3원체제'New Triad System를[143] 구축하도록 요구하는 등 미국의 핵정책 자체를 기본적으로 변화시키고 있다고 평가된다. 특히 동 보고서에서는 핵무기에 의한 선제공격을 적극적으로 활용할 것임을 명시하고 있는데, 이는 미국의 아프가니스탄과 이라크에 대한 선제공격에서 잘 입증되고 있다. 이러한 측면에 대해 일부에서는 지금까지의 소극적 억지전략에서 적극적 핵사용 전략으로 전환한 것이 아닌가 하는 평가도 있었다.

또한 미국은 2004년 2월 11일 대량파괴무기의 확산방지를 실효적으로 수행하기 위한 3가지 방안, 즉 PSI · 컨테이너화물검색체제 · 국제위협감축구상을 제시하고 있는데, 이는 결국 핵무기의 운송수단의 통제는 물론이고 아예 핵개발의 시작 단계부터 적극적인 감시와 통제를 하겠다는 의지를 보였던 것이다.

이러한 미국의 핵정책은 어떠한 특징을 갖는가? 크게 자국이익의 극대화정책과 일방주의 내지 패권주의 정책이라는 특징이 있다. 먼저 자국이익의 극대화 정책이란 미국은 자국의 이익을 위해서는 어떠한 원칙도 파기할 수 있다는 정책이다. 예컨대 인도에 대한 핵기술 등의 지원조치는, 국제적 핵확산방지체제의 근간을 흔드는 것으로서 북한과 이란 등에 대한 핵정책과의 형평성 문제를 야기할 중요한 사안이다. 그럼에도 불구하고 미국의 일련의 조치는 자국의 안보이익을 위해서는 핵확산방지체제도 무시할 수 있다는 의미로서, 자국 이익의 극대화 정책의 한 단면이라고 할 수 있다. 즉 미국은 새로운 안보전략으로서 동맹국 또는 우방국과 최대한 협조를 하되, 국가이익의 차이가 발견될 때에는 이것을 이해시키고, 그렇지 못할 경우에는 단독으로 행동하는 데 주저함이 없다는 것을 단적으로 보여 주는 부분이라고 할 것이다. 다음으로 일방주의 내지 패권주의 정책이다. 미국은 구소련이 붕괴된 이후 명실상부한 일등국가로 자리 잡았으며, 특히 9.11 테러 이후에는 일방주의를 추구하는 패권국가로 변모하고 있는데, 이러한 측면은 핵정책에도 그대로 나타나고 있다는 것이다.

6. 소결

상기와 같은 평화적 해결을 전제로 할 경우, 아주 흥미로운 점을 발견할 수

143 달리 '삼중점체제'라고 불리기도 하는데, 이것은 핵 및 비핵에 의한 공격적 타격체제를 구축하며, 적극적·소극적 방어체제를 발전시키며, 변화하는 안보상황에 신속히 대응할 수 있는 국방인프라를 구축하는 것을 의미한다.

있는데, 그것은 바로 상기의 여러 방식 간에는 결과적으로 차이가 없다는 점이다. 따라서 어느 당사자가 먼저 상대방을 신뢰하고 먼저 상대방의 주장을 수용하는 자세를 취하든가 하는 부분이 해결의 중요한 실마리가 된다는 사실이다. 따라서 관련 당사국 사이에 신뢰를 회복하는 일부터 하나하나씩 직접 실천하는 자세가 가장 중요하다고 할 것이다.

또한 북한은 어떠한 경우에도 핵무기를 포기하지 않을 것으로 보이는데, 이러한 측면은 북한의 생존전략이기도 하면서 동시에 검증체제가 갖는 한계에서 기인하고 있다. 따라서 한국도 북한의 핵문제의 해결과 관련해서, 유동적인 대응전략을 준비해야 할 것이다.

3편

생물 · 화학무기와 국제군축법

제1장

생물 · 화학무기의 개념

생물무기biological weapons란 세균 · 바이러스 · 미생물 또는 그러한 것으로부터 생기는 감염물질의 증식에 의해, 사람 · 동물 · 식물에 죽음 또는 질병을 일으키는 성질의 전투수단을 말하는 것으로서 달리 세균무기bacteriological weapons라고도 한다. 생물무기는 크게 2가지 요소로 구성되는데, 살아있는 유기체인 생물작용제와 이것을 목표물에 살포하는 운반체가 그것이다. 여기서 생물작용제biological agents란 인간 · 동물 또는 식물에 대하여 질병 또는 죽음을 초래케 할 목적의 살아 있는 유기체로서, 그 사용효과가 주로 생명체 내에서의 번식능력에 의존하는 것을 의미하며, 운반체란 미사일과 같은 투발수단을 포함한 살포장치를 의미한다.

일반적으로 화학무기chemical weapons란 화학작용에 의해 인간 · 동물 또는 식물을 살상하도록 고안된 전투수단으로서, 단지 사람에게만 직접적으로 사용되는 경우를 일반적으로 가스전gas warfare라고 한다. 화학무기는 유독효과를 갖는 화학작용제와 이를 목표물에 살포하는 운반체로 구성된다. 여기서 화학작용제chemical agents란 '그 상태의 기체 · 액체 또는 고체 여하를 불문하고, 그 직접적인 효과로서 인간 · 동물 또는 식물에 대하여 사용될 수 있는 화학물질'을 말하고, 그것은 그 사용대상에 따라 대인작용제 · 대동물작용제 · 대식물작용제로 구분되며, 대인작용제는 다시 비살상용 화학작용제와 살상용 화학작용제로 구분된다. 비살상용 화학작용제는 최루제 · 구토작용제와 같은 감각작용제, 경련 · 마비 · 실신 등의 증상을 일으키는 비자극성 생리화학제 및 상실 · 환각 · 광기 등의 증상을 보이는 정신신경화학제로 분류되며, 살상용 화학작용제는 폐작용제 · 혈액가스 · 발포제 · 신경가스 · 각종 치사성 독소제로 분류된다. 또한 운반체란 미사일과 같은 투발수단을 포함한 살포장치를 의미한다.

여기에서 화학무기의 정의와 관련하여, 화학무기협약상의 정의를 소개하면 아래와 같다. 화학무기란 다음의 각각이나 또는 그 결합체를 의미한다고 규정하고 있다. ① 동 협약에서 허용되는 독성화학제와 그 전구체를 제외한 모든 독성화학제와 그 전구체, ② 상기 ①의 독성화학제에 내포되어 있는 독소로 인하여 사망이나 또는 상해를 야기하도록 특별히 고안된 탄두와 장치물, 단 여기서 독소는 그 탄두와 장치물의 사용을 통하여 방출됨, ③ 탄두와 장치물의 직접적 사용을 위하여 특별히 고안된 모든 장비[동 협약 제2조 1항]. 여기서 독성화학제란 생물체에 대한 화학적 반응과정을 통하여 사람이나 또는 동물에게 사망 · 일시적 무능력 및 영구적 상해를 야기할 수 있는 모든 화학제를 의미하고 있다. 또한 전구체란 독성 화학제의 모든 생산방법의 각 단계에서 나타나는 모든 화학반응체를 의미한다[동 협약 제2조 2, 3항].

생물무기와 화학무기의 공통의 특징은 건조물의 파괴 등 물리적 손해를 수반하지 않고 모든 생물체의 생리학적 측면에서만 효과를 미친다는 점, 효과의 지속기간이 비교적 길다는 점, 공중살포로 광범위한 지역을 오염시킬 수 있다는 점, 다양한 무기를 제조할 수 있다는 점, 무기의 개발가능성이 무궁무진하다는 점, 생산비용이 저렴하다는 점 및 그러한 무기로부터의 민간주민의 방어가 곤란하다는 점 등을 들 수 있다.

동시에 이들 양 무기는 수송 또는 저장 과정에서 변질 가능성 등 성질상 불안정성을 갖는다는 점, 고도의 치사성 화학작용제의 경우 저장 또는 수송 과정에서 위험부담이 크기 때문에 실전에서의 사용이 어렵다는 점, 공중투하의 경우 증발 또는 무해화가 진행될 수 있다는 점, 기상의존성향이 크다는 점 및 적대국이 대화생무기 방호장비를 갖춘 경우의 효용성문제 등 유용성이 줄어드는 요소를 가지고 있다는 점 등의 특징이 있다. 그러나 오늘날 기술의 발달로 인해 상기의 문제점은 대부분 극복되었다고 보고되고 있다.

이러한 생물, 화학무기에 대한 규제는 1972년에 생물무기협약이 그리고 1993년에 화학무기협약이 각각 체결됨으로써 최소한 법적으로는 완전한 규제가 이루어졌다고 평가되는데, 이것은 군축사에 있어서 하나의 획기적인 결실이다.

제2장
생물 · 화학무기의 규제과정

제1차 세계대전 동안 화학무기는 광범위하게 사용되었으며, 그 결과 약 130만 명의 사상자약 10만 명은 사망자를 초래한 것으로 공식 보고되고 있다. 이처럼 화학무기의 해악을 경험한 바 있는 국제사회는 1925년 제네바가스의정서를[1] 체결함으로써, 생물·화학무기에 대한 규제를 시작하였다. 이러한 생물화학무기에 대한 규제는 1946년 1월 24일 유엔 총회의 첫 번째 결의에서 다시 천명됨으로써, 유엔체제하에서도 그대로 이어졌다고 할 수 있다.

그러나 가공할 만한 파괴력을 보인 원자탄의 등장 및 그에 뒤이은 핵군비경쟁은 핵무기의 급속한 확산을 가져 왔으며, 그 결과 핵무기에 대한 규제가 전후 국제사회의 가장 중요한 문제로 부각되었다. 따라서 1950~1960년대의 군축 노력은 주로 핵무기분야를 중심으로 전개되었고, 그 결과 생물·화학무기에 대한 통제는 상대적으로 미흡한 수준에 머물고 있었다.[2]

이러한 와중에 베트남전에서의 화학무기특히 고엽제의 광범위한 사용은 생물·화학무기의 규제에 대한 국제적 관심을 야기하였고, 또한 생물·화학무기의 전면적 금지를 요청한 국제적십자위원회ICRC의 노력이 반영되는 상황이 조성되었다. 특히 1968년 핵무기비확산조약NPT의 체결로 핵무기에 대한 통제가 일단락되면서, 그동안 핵무기에 가려 비교적 관심 밖의 사항이었던 생물·화학무기에 대한 규제

---

1 동 의정서에서는 질식성·독성 또는 기타 가스 및 유사한 모든 액체·고체 또는 장치물의 전시 사용뿐만 아니라 전투수단으로서 생물학적 방법까지 금지하고 있다.

2 이 기간 동안 생물·화학무기에 대한 논의로는 한국전쟁 당시 미군에 의한 생물무기의 사용여부와 관련된 논쟁 정도였다고 할 수 있다. 즉 공산군 측은 미군이 생물무기를 사용하였다고 비난하였고, 이에 미국이 반론을 제기하였는데, 이것이 미국과 구소련 간의 생물무기 논쟁으로 나아감으로써 생물무기에 관한 일반인의 관심이 높아졌던 것이다.

도 시급히 다루어야 할 사안임을 인식하게 되었다.

그 결과 1968년 유엔 사무총장은 연례보고서를 통해 생물 · 화학무기에 대한 규제의 필요성을 역설하였고, 1969년 7월 유엔 총회의 요청에 따른 생물 · 화학무기에 관한 보고서 즉 '생물 · 화학무기 및 그 사용효과'가 공개되었고,[3] 1969년 11월 이와 별개로 세계보건기구에서도 '생물 · 화학무기의 보건적 측면'이라는 보고서를 작성하였다. 이들 양 보고서는 생물 · 화학무기의 공포스러운 속성과 함께 그러한 무기를 위법화해야 할 긴박성을 국제사회에 각인시키는 기능을 하였다. 동시에 유엔 군축위원회Department Commission에서는 생물 · 화학무기를 자신의 주요의제로 채택하였다. 이러한 일련의 조치는 생물 · 화학무기를 둘러싼 군축을 실현하기 위한 국제적 노력의 직접적 출발점이 되었다.

1970년, 영국이 생물무기와 화학무기를 분리하여 개별적으로 다루자는 분리취급론을 제기하였다. 이는 비교적 합의의 도달이 용이하다고 인식되었던 생물무기의 전면적 금지부터 먼저 합의하겠다는 것이었다. 이국을 비롯한 서구국가들은 그 분리취급론에 동의하였다. 반면 구소련과 동구국가들 및 비동맹국가들은 분리취급론에 반대함으로써, 생물 · 화학무기의 규제를 둘러싼 접근방법에 논란이 있었다.

그런데 1971년, 구소련이 갑작스럽게 자국의 입장을 바꿨는데, 동년 8월 구소련 및 동구국가들은 분리취급론에 입각한 생물무기협약의 초안을 제출하였고, 이것이 '제네바군축위원회 회의'에서의 토의의 기초가 되었다. '제네바군축위원회 회의'에서의 논의를 거쳐, 1971년 9월 유엔 총회에 제출될 최종안이 작성되었고, 그 안은 1971년 유엔 총회결의로 승인되었다. 동 결의에 따라 1972년 4월 10일 '세균생물무기 및 독소무기의 개발 · 생산 및 비축의 금지와 그들의 폐기에 관한 협약'Convention on the prohibition of the Development, Production and Stockpiling of Bacteriological (Biological) and Toxin Weapons and on their Destruction이 체결되었다.

한편 1971년부터 화학무기에 대한 군축 노력이 생물무기에 대한 군축 노력과는 별개로 '군축위원회 회의'에서 시작되었다. 그 이후 화학무기의 전면적 금지

3 동 보고서는 1969년 7월 1일에 공개되었는데, 그 명칭은 '생물 · 화학무기와 그 사용의 효과'(Chemical and Biological Weapons and the Effect of their Possible Use)이다. 동 보고서에서는 "만약 생물 · 화학무기가 전시에 대규모로 사용된다면, 그 효과가 얼마나 지속성을 유지할 것인가의 여부 및 그것이 동식물의 생존환경의 구조에 어떻게 영향을 미칠지의 여부를 어느 누구도 예견할 수 없다."라고 결론을 맺고 있다.

를 위한 노력은 다음과 같은 다양한 측면에서 진행되었다.

첫째 미국과 구소련은 1974년부터 1980년까지 양자 간 협상을 통한 공동보고서를 1979년과 1980년 제네바 '군축에 관한 위원회'Committee on Disarmament에 각각 제출한 바 있으며, 그 이후 미국과 구소련은 독자적인 초안을 유엔 총회와 '제네바군축회의'에 각각 제출한 바 있다.

둘째 유엔 총회는 1978년, 1982년 및 1988년에 각각 개최된 '군축에 관한 특별회기'를 통하여 화학무기를 각종 군축협상에서 우선적으로 다루도록 권고하는 문서를 채택하기도 하였다.

셋째 1979년 제네바 '군축에 관한 위원회'는 동 위원회의 10개의 영속적 주요 의제를 채택하면서, 그 가운데 화학무기를 2번째 주요의제로 둠으로써, 화학무기의 규제에 대한 중요성을 인정한 바 있다. 또한 화학무기를 금지하기 위한 노력의 일환으로 1980년 제네바 '군축에 관한 위원회'는 특별실무그룹Ad Hoc Working Group을 설립하였고, 1984년 화학무기에 관한 특별위원회Ad Hoc Committee on Chemical Weapons를 설립하여, 화학무기를 규제하기 위한 노력을 계속하였다.

결국 이러한 다각적인 노력에도 불구하고, 1992년 초까지 검증문제 등 여러 측면에서 국가 간의 이견이 존재하였다. 그러나 1990년대 들어서면서 형성된 냉전의 종식과 국가 간 상호 신뢰의 증가, 미국 측이 보여준 협상태도의 변화, 구소련의 붕괴, 걸프전을 통하여 형성된 화학전에 대한 정치인들의 부정적 시각 및 화학무기를 전면적으로 금지하고자 하는 다수 국가의 명확한 정치적 견해 등에 기초하여, 1993년 1월 13일 '화학무기의 개발·생산·비축·사용의 금지 및 그것의 폐기에 관한 협약'Convention on the Prohibition of the Development, Production, Stockpiling and Use of Chemical Weapons and on their Destruction이 서명식을 가지게 되었다.

제3장 생물 · 화학무기의 규제내용

I 생물무기협약(BWC)의 주요내용

생물무기협약은 생물무기의 개발 · 생산 및 비축의 금지 및 폐기에 관해 규정하고 있는데, 개발 등의 금지 대상은 '미생물작용제 및 그 밖의 생물작용제'와 '독소' 및 '그 사용을 위해 고안된 무기 · 장치 또는 발사수단'까지 포함하며, 상기 물질과 무기 또는 발사수단을 동 협약의 발효 후 9개월 이내에 파괴하거나 또는 평화적 목적을 위하여 전환하도록 요구하고 있다. 따라서 동 협약에 의해, 생물무기의 사용가능성을 완전히 없애는 길이 열렸다고 할 수 있다.

이처럼 동 협약이 생물무기의 전면적이고 포괄적 금지를 명시하였다는 점에서, 그 의의는 매우 크다고 하겠다. 그럼에도 불구하고 동 협약은 객관적이고 효과적인 검증체제를 두고 있지 않다는 점과 동 협약의 위반에 대한 대응조치가 규정되지 않았다는 점 등에서 한계를 지니고 있다.

II 화학무기협약(CWC)의 주요내용과 의의

화학무기협약은 전문과 24개 조항으로 구성된 본문 및 3개의 부속서로 구성되어 있다. 여기에서 3개의 부속서란 화학제에 관한 부속서, 이행과 검증에 관한 부속서 및 비밀정보의 보호에 관한 부속서를 의미하는데, 이들 부속서는 동 협약의 필수적 부분이다[동 협약 제17조]. 또한 동 협약상의 어떠한 조항도 유보의 대상이 되지 않으며, 나아가 상기 부속서의 어떠한 조항도 동 협약의 목적과 양립되지 않는 한 유보의 대상이 되지 않는다[동 협약 제22조].

1. 화학무기협약과 그 부속서

화학무기협약에서는, 화학무기의 금지와 폐기에 관한 각 당사국의 일반적 의무[제1조], 각종 용어에 대한 정의와 기준[제2조], 각 당사국의 통제하에 있는 화학무기와 그 생산시설에 관한 각종 정보의 신고의무[제3조], 화학무기와 화학무기생산시설 및 동 협약하에서 금지되지 않는 활동 등에 관한 검증조치[제4~6조], 이행에 필요한 입법의무와 이행과 관련한 제반임무를 수행할 국내이행기관의 지정 및 기술국과 협력할 의무 등을 포함하는 국내이행조치[제7조], 화학무기금지기구[Organization for the Prohibition of Chemical Weapons]의 설치 · 회원국 · 본부 · 기관[당사국회의 · 집행이사회 · 기술국] · 기능 · 재정 및 특권과 면제[제8조], 해명을 요청하기 위한 절차와 강제사찰을 위한 절차 등을 포함하는 협의 · 협력 및 조사[제9조], 과학 및 기술적 협력과 원조 · 정보의 교환 · 화학무기의 사용과 그 위협에 대한 원조요구절차 등을 포함하는 화학무기에 대한 원조와 보호[제10조], 동 협약에서 금지되지 않는 화학제와 용도를 나타내고 있는 경제적 · 기술적 개발[제11조], 각 당사국의 권리와 특권의 제한과 중단 · 집단적 조치 · 유엔 총회와 안전보장이사회에의 제소 등 협약상의 제재와 이행의 보증[제12조], 동 협약상의 어떠한 조항도 1925년의 제네바가스의정서 및 1972년의 생물무기협약에서 부과하고 있는 의무를 제한하거나 줄이는 방법으로 해석될 수 없음을 규정한 다른 국제협정과의 관계[제13조], 분쟁의 해결[제14조], 개정[제15조], 기간과 탈퇴[제16조], 부속서의 지위[제17조], 서명[제18조], 비준[제19조], 가입[제20조], 65번째의 비준서가 기탁된 날로부터 180일 이후에 효력이 발생하도록 하고 있는 발효요건[제21조], 유보[제22조], 기탁[제23조] 및 원문[제24조] 등에 관하여 규정하고 있다.

화학제에 관한 부속서에서는 화학제표를 위한 지침 및 화학제표에 관하여 규정하고 있다.

이행 및 검증에 관한 부속서는 11개 부분으로 구성되어 있는데, PART 1에서는 각종 용어에 대한 정의를, PART 2에서는 검증에 대한 일반적 규칙을, PART 3에서는 화학무기협약 제4조 · 제5조 · 제6조 3항에 따른 검증조치를 위한 일반규정을, PART 4에서는 화학무기의 폐기와 동 협약 제4조에 따른 화학무기폐기의 검증 및 오래된 화학무기와 유기된 화학무기에 관한 일반론을, PART 5에서는 화학무기생산시설의 폐기와 동 협약 제5조에 따른 화학무기생산시설의 검증을, PART 6·7·8에서는 동 협약 제6조에 따른 동 협약에서 금지되지 않는 활동 및 그러한 화학제와 관련된 화학제표 1·2·3상의 화학제와 시설을 위한 체제를, PART 9에서는 동 협약 제6조에 따라 동 협약에서 금지되지 않는 활동 및 기타 화학제 생산시설을 위한 체제를, PART 10에서는 제4조에 따른 강제사찰을, PART 11에서는 화학무기의 사용이 의심스러운 경우에 있어서의 조사에 관하여 각각 규정하고 있다.

비밀정보의 보호에 관한 부속서에서는 비밀정보를 취급하는 일반원칙, 기술국요원의 행동준칙, 민감한 시설을 보호하기 위한 조치 및 현지검증활동을 통하여 얻어진 비밀자료의 누출방지조치, 비밀정보의 보호에 관한 사항을 위반한 경우에 그 절차에 관한 규정 등을 두고 있다.

2. 화학무기협약의 기본내용

1) 화학무기의 사용 · 생산 · 비축 등의 금지와 그 예외

화학무기협약에서는 각 당사국으로 하여금 어떠한 경우에도 화학무기를 사용하지 못하도록 하고 있을 뿐만 아니라, 나아가 그것을 개발·생산·취득·비축·보유 또는 이전할 수도 없도록 하고 있다[동 협약 제1조 1항 a].

그러나 이러한 일반적 의무규정에 대해서는 약간의 예외가 있다. 먼저 동 협약 제6조 1항에서는 화학무기의 본질적 요소인 독성화학제 및 그 전구체를 특정목적하에서 독성화학제 및 그 전구체의 종류에 따라 일정량씩 개발·생산·취득·보유·이전 및 사용할 수 있도록 하고 있다.[4] 여기서 말하는 특정목적이란 산업·농업·연구·의학·제약 또는 기타 평화적 목적, 독성 화학제 및 화학무기에 대한 방호와 직접적으로 관련되는 보호적 목적, 화학무기의 사용과 연계되지 않으며 그리고 전투방법으로서 화학제에 내포된 독소의 사용과 무관한 군사적 목적, 국내의 소요진압용을 포함하는 법집행을 위한 목적 등을 의미한다[동 협약 제2조 9항].

단 이러한 사용 등에 관한 예외는 다음과 같은 제한이 수반된다. 즉 각 당사국은 독성화학제와 그 전구체가 앞의 특정목적으로만 개발·생산·취득·보유·

4 화학제와 그 전구체의 종류에 관해서는 화학제표에서 열거하고 있으며, 그것의 양에 관해서는 이행 및 검증에 관한 부속서 PART 6·7·8·9에서 정하고 있다.

이전 또는 사용되어지고 있음을 보장하는 필요한 조치[즉 검증조치]를 수용하여야 하며, 화학제와 시설에 관하여 최초신고와 연간신고를 하여야 하며, 시설에 대한 사찰관의 접근을 허용하여야 한다[동 협약 제6조 2항~9항].

다음으로 제초제와 소요진압제에 관한 예외의 경우이다. 동 협약의 전문에서는 "… 국제법 원칙에 비추어 제초제가 전투의 수단으로서 금지됨을 인식하며 …"라고 규정하고 있고, 또한 동 협약 제1조 5항에서는 "각 당사국은 소요진압제를 전투의 수단으로서 사용하지 않아야 한다."라고 규정하고 있다. 이처럼 동 협약에서는 제초제와 소요진압제에 관하여 전면적 금지를 규정하고 있는 것이 아니라, 전시의 사용만을 금지하고 있다. 사실 제초제와 소요진압제 같은 화학제가 화학무기라고 할 수 있느냐의 여부에 관해서는 별론으로 하더라도, 현실적으로 제초제가 야기한 해악에 비추어 볼 때, 이들 화학제도 전면적으로 금지시켜야 할 것이다.

2) 화학무기와 그 생산시설의 신고

각 당사국은 동 협약의 발효 후 30일 이내에 다음의 사항을 화학무기금지기구에 신고하여야 한다.

① 화학무기이다. 화학무기에 대한 신고의무는 자국의 영역하에 있는 자국의 화학무기, 타국의 통제하에 있는 자국의 화학무기, 자국의 영역하에 있는 타국의 화학무기를 대상으로 하고 있다[동 협약 제3조 1항 a]. 그러나 이러한 신고의무는 1977년 1월 1일 이전에 자국 영역에 매장시킨 화학무기로서 현재까지 매장된 상태로 있는 화학무기 및 1985년 1월 1일 이전에 해양에 투기되어진 화학무기에는 적용되지 않는다[동 협약 제3조 2항].

② 구형 화학무기와 유기된 화학무기이다. 구형 화학무기란 화학무기로서 더 이상 사용되어질 수 없는 1925년 이전에 생산된 화학무기 또는 1925년에서 1945년까지의 기간 동안에 생산된 화학무기를 의미한다[동 협약 제2조 5항]. 또한 유기된 화학무기란 1925년 이후에 타국의 동의 없이 타국의 영역 내에 특정 국가에 의하여 버려진 화학무기를 의미한다[동 협약 제2조 6항]. 이들 화학무기에 대한 신고의무는 원칙적으로 상술한 바와 동일하나, 예외적으로 동 협약의 발효 후에 그러한 종류의 화학무기가 발견된 경우에는 발견 이후 180일 이내 기술국에 신고하도록 하고 있다[이행 및 검증에 관한 부속서 PART 4(B)4 · 9].

③ 화학무기생산시설 및 기타 시설이다. 1946년 1월 1일 이후에 고안 · 설치 · 사용된 화학무기생산시설과 기타 시설을 보유하고 있거나 또는 통제하고 있는 각 당사국은 이행 및 검증에 관한 부속서 PART 5에서 정하고 있는 항목에 관하여 신고하여야 한다[동 협약 제3조 1항 c, d].

3) 화학무기와 그 생산시설의 폐기

신고의무에 따라 신고된 화학무기는 이행 및 검증에 관한 부속서 PART 4에서 정하고 있는 폐기절차에 따라 동 협약 발효 후 2년 이내에 폐기가 개시되어 10년 이내에 완료되어야 한다[동 협약 제4조 6항]. 또한 신고된 화학무기생산시설은 이행 및 검증에 관한 부속서 PART 5에서 정하고 있는 폐기절차에 따라 동 협약 발효 후 1년 이내에 폐기가 개시되어 10년 이내에 완료되어야 한다[동 협약 제5조 8항].

단 이러한 생산시설은 화학무기의 폐기를 위한 시설로의 일시적 전환이 가능하다. 그러나 전환된 시설은 어떠한 경우에도 동 협약의 발효 후 10년 이내에 폐기되어야 하며, 화학무기의 폐기시설로의 용도가 소멸하는 경우에는 즉시 폐기되어야 한다[동 협약 제5조 12항]. 이러한 폐기와 관련한 비용은 폐기의무가 있는 각 당사국이 부담한다[동 협약 제4조 16항 및 제5조 19항].

4) 군사연습에의 종사 금지

각 당사국은 화학무기를 사용하는 군사연습에 종사하여서는 안 된다[동 협약 제1조 c].

5) 원조금지

각 당사약국은 동 협약에서 금지된 활동에 종사하도록 원조 · 조장 · 유인 행위를 하여서는 안 된다[동 협약 제1조 1항 d].

6) 검증

국내적 이행조치, 검증대상, 사찰 등 검증방법, 검증기구에 관해 상세히 규정하고 있다.

먼저 국내적 이행조치이다. 동 협약에서는 동 협약의 의무의 이행을 보장하기 위하여 다음과 같은 약간의 국내적 이행조치에 관한 의무를 각 당사국에 부과하고 있다. 즉 각 당사국의 국내헌법절차에 따른 이행의무에 필요한 조치를 취해야 할 의무(동 협약상 금지된 활동의 금지의무, 금지된 활동에 대한 형사법제정의무 및 제정된 형사법의 적용의무), 상기 의무의 이행을 용이하게 하기 위하여 기타 당사국과 협력의무 및 적절한 법률적 원조제공의무, 인적·환경적 보호를 보장하여야 하는 의무, 국내이행기관(National Authority)의 지정 또는 설립의무, 취하여진 입법 및 행정조치의 통고의무, 비밀정보의 취급에 관한 특별의무 및 화학무기금지기구와의 협력의무 등을 부과하고 있다(동 협약 제7조).

다음으로 검증과 관련해서이다. 동 협약에서는 광범위한 현지사찰방법에 기초한 검증체제를 수용하고 있다. 특히 강제불시사찰(challenge inspection)이라는 침투력이 강력한 검증방법을 규정하고 있음으로써, 기타 군축조약상의 검증체제와 비교하여 진전된 검증체제를 도입하고 있다. 또한 동 협약 제8조 1항 및 3항에서는 동 협약의 목적달성, 이행보장 및 각 당사국 간의 협력제공을 위하여 화학무기금지기구를 헤이그에 설치할 것을 규정하고 있다. 동 기구의 주요 활동 중의 하나는 이행보장, 즉 국제적 검증의 수행이며(동 협약 제8조 5항 및 6항), 이를 위해 필요한 특권과 면제를 향유하고 있다(동 협약 제8조 48~51항).

3. 의의

화학무기는, 제1차 세계대전 중에 대대적으로 사용된 이래, 그 효과에 대한 불확실성·화학무기의 사용에 대한 보복의 두려움·군사 및 정치 지도자들의 화학전(특히 가스전)에 대한 혐오 등과 같은 다양한 이유 때문에 제2차 세계대전이 끝날 때까지 그 사용이 자제되어 왔다고 알려지고 있다. 그러나 예외적으로 동 기간 동안 일본이 화학무기를 사용하였을 뿐만 아니라 중국과의 전쟁에서 생물무기에 관한 다양한 실험까지도 감행한 바 있었다.

아무튼 오늘날까지 화학무기가 각종 무력충돌에서 빈번히 사용되었다고 보고되고 있는데, 그 대표적 사용실태는 1930년대 중반 에티오피아에 대한 이탈리아의 사용, 1930년대와 40년대 중국에 대한 일본의 사용, 베트남 전쟁에서의 미국의 사용, 1979년부터 1980년대 중반까지의 아프가니스탄 전쟁에서 아프가니스탄 반군에 대한 구소련의 사용, 1983년부터 1988년까지의 이란 대 이라크 전쟁에서 양국 상호 간의 사용 등이다.

미국과 구소련은 1950년대와 1960년대에 걸쳐 다양한 형태의 화학무기를 개발하였으며, 특히 미국은 1970년대 초에 복합화학무기(binary chemical weapon)의 개발에 성공하여 다양한 형태의 복합화학무기를 생산하기도 하였다. 복합화학무기란 종전의 독가스[주로 신경가스]가 1액제로서 독성이 강하여 취급이 불편하고, 저장용기의 부식의 위험성이 있기 때문에 무해한 2액제로 나누어 저장하다가 사용 직전에 혼합시켜 독성을 발휘시키는 화학무기의 한 유형을 말한다. 이는 2액제를 사용한다고 해서 복합형이라고 부른다. 예를 들면 린산2불화메틸과 이소프로필 알콜로 구성되는 신경가스의 경우, 이 2가지 액제를 분리시켜 놓으면 각 액제는 무해한 것이다. 그러나 린산2불화메틸을 포탄이나 폭탄 내에 충전시켜 놓고 사용 직전에 알코올을 넣은 용기를 삽입한 후, 어떤 수단으로써 2액제를 혼합하면 독가스가 된다.

복합화학무기는 미국이 이미 1970년대 초에 그 개발을 완료하였으나, 의회가 기존 1액정 독가스의 폐기방법을 확립할 때까지 생산의 승인를 거부하였다. 결국 1987년 12월에 와서야 비로소 155mm 포탄용으로 생산을 개시하였다. 또한 폭탄형도 한정생산에 들어갔으나, 1990년 6월 미국과 구소련 간의 정상회담을 통하여 화학무기의 생산중단 및 폐기 방침이 결정되었다.

결국 상기와 같은 과정을 거치면서 한때 미국은 약 30,000톤 이상을 그리고 구소련은 최하 50,000톤에서 최고 300,000톤에 이르는 화학무기를 비축하고 있었던 것으로 평가되기도 하였다. 그 밖에 화학무기의 보유가 확인되었거나 또는 보유가 추측되는 국가로 북한·시리아·이라크·이란·이스라엘·이집트·중국 등을 비롯하여 18개국이 넘는 것으로 보고된 바 있다.

결국 화학무기의 전략적·전술적 가치, 즉 군사적 유용성은 상술한 화학무기의 사용실태와 보유현황에서 암시하는 바와 같이 매우 높다고 할 것이다. 그럼에도 불구하고 국제사회는 전술한 바와 같이 화학무기의 전면적 금지를 주요내용으로 하는 화학무기협약을 체결하였는 바, 동 협약은 군축사에 있어서 큰 성과로 그 의의는 매우 크다고 할 것이다.

첫째 각 당사국 간 비차별적 접근방법을 취하고 있다는 점이다. 따라서 모든 당사국은 화학무기 등의 전면적 금지라는 대등한 의무 위에 서게 되는 것이다.

둘째 검증과 국내안보이익의 보호 간에 균형을 취하고 있다는 점이다. 먼저 동 협약에서는 강력한 검증규정을 둠으로써, 그 규정 자체가 동 협약을 위반할 여지가 있는 모든 잠재적 위반자에 대하여 '충분한 억지'의 역할을 한다. 따라서 각 당사국은 상기 검증규정에 따라 각종 검증조치를 수용하여야 하는 반면에, 그것이 또한 각종 의무위반에 대한 충분한 억지의 역할을 수행하기 때문에 동 협약상의 의무위반을 방지함으로써 자국의 안보에 순기능적으로 작용한다. 특히 강제불시사찰은 의무위반이 의심되는 경우에 실시되는 바, 그러한 강제불시사찰은 동 협약과 관련되지 않는 국내안보이익민감한 시설의 보호 또는 비밀정보의 유출방지을 방해함이 없이 실시된다. 따라서 동 협약과 관련되지 않는 국내안보이익이라는 각 당사국의 권리와 강제불시사찰의 수용이라는 일반의무 간에는 균형이 형성되고 있는 것이다.

셋째 화학산업의 선진국과 후진국 간에 이익의 균형을 취하고 있다는 점이다. 화학산업의 선진국은 자국이 보유하고 있는 화학제 및 그 생산시설에 대하여 수출의 통제 및 검증의 수용이라는 규제적 조치를 부담함으로써, 동 협약상의 의무를 이행하고 있다. 또한 화학산업분야의 후진국은 선진국으로부터 화학산업분야에서의 기술과 정보를 원조 받음으로써, 동 협약상의 금지의무를 준수하고 있다.

넷째 집행이사회Executive Council의 구성에 관한 규정에 있어서의 균형이다. 즉 집행이사회의 구성문제를 지역적 의석배정 및 화학산업 선진국에 대한 의석배정소위 industrial seats이라는 양 접근방법을 통하여 해결함으로써, 화학산업분야의 선진국집행이사회의 총 의석 41석 가운데 16석 배정과 후진국 간에 균형을 유지하고 있다동 협약 제8조 23항.

다섯째 화학무기의 보유국과 비보유국 간의 균형이다. 화학무기의 보유국은 자국이 보유한 화학무기와 그 생산시설을 10년 이내에 폐기할 의무가 있다. 동시에 그 폐기와 그 폐기에 따른 검증비용을 부담할 의무를 진다. 단 예외적으로 폐기기한의 연장이 가능하나, 이 경우 연장요청국은 추가적 검증비용을 부담할 뿐만 아니라 공개성과 투명성을 보장하여야 한다.

여섯째 개별 국가의 비용과 이익 및 다수 국가의 비용과 이익 간에 균형을 취하고 있다. 개별 당사국은 각종 신고조치와 자국 화학산업에 대한 공개조치를 취하여야 할 뿐만 아니라, 특별사찰의 수용 및 비용부담의무까지 지도록 하고 있다. 반면에 그러한 것들을 통하여 다수 국가는 증가된 안보와 신뢰를 형성할 수 있을 뿐만 아니라, 동 협약의 한도 내에서 화학산업분야에 있어서의 자유거래와 확산을 가져올 수 있음으로써 이익을 얻고 있다.

Ⅲ 오스트레일리아그룹(Australia Group)

오스트레일리아그룹은 생물·화학무기와 그 기술에 관한 수출통제체제로서, 화학전구체, 생물작용제 및 생물·화학무기의 생산에 사용될 장비 등의 이전을 제한하기 위하여 1985년에 설립되었다. 동 그룹은 매년 회합을 갖는데, 이중용도 물질과 기술 및 장비가 생물·화학전에 사용되지 않도록 보장하기 위해서이다. 현재 동 그룹의 참여국은 42개국이다.

제4장
생물 · 화학무기 군축의 한계

생물 · 화학무기를 둘러싼 규제는 생물무기협약과 화학무기협약에 의해 전면적 · 포괄적 금지가 이루어지고 있음에도 불구하고, 아래와 같은 한계가 있다.

먼저 생물무기협약의 한계이다.

① 아직까지 동 협약의 보편성 확보에 의문이 있다는 점이다. 현재 동 협약의 당사국은 178개국[서명 후 비준하지 않은 국가는 6개국]에 머물고 있으며, 그나마 이 가운데 13개국은 유보를 붙이고 있는 실정이다. ② 동 협약에서는 효과적인 검증체제가 결여되어 있다는 점이다. 즉 동 협약은 위반방지와 준수확보를 위하여 각 당사국의 국내적 조치[동 협약 제4조], 위반 당사국에 대한 유엔 안전보장이사회에의 회부와 안전보장이사회의 조사에 대한 각 당사국의 협조[동 협약 제6조] 등에 관해서만 규정하고 있다. 따라서 현지사찰 등 보다 효과적인 검증방법이 요청되고 있다. ③ 동 조약이 발효하였음에도 불구하고 생물무기의 사용위협이 발효 후에도 계속되고 있다는 점이다. 예컨대 1991년 걸프전 당시 이라크에 의한 생물무기의 사용위협을 예로 들 수 있는데, 이것은 1980년대 이후 생명공학의 급속한 발전, 생물무기의 생산에 필요한 이중용도 기술과 장비의 범세계적 유통으로 인해 생물무기 확산이 크게 증대된 결과라고 할 수 있다.

다음으로 화학무기협약의 한계이다.

① 현재 동 협약의 당사국 수가 192개국에 이르고는 있지만, 아직 북한과 이스라엘[서명 후 비준하지 않음] 그리고 미얀마 등 화학무기의 사용의 위협국이 동 협약에 참여하지 않음으로써 동 협약의 보편성을 희석시키고 있다는 점이다. ② 동 협약 제7조에서는 동 협약의 이행을 위하여 국내이행입법의무와 국내이행기관의 지정[또는 설립]의무를 부과하고 있으며, 그러한 조치들을 화학무기금지기구에 통고하도록

규정하고 있다. 그럼에도 상기와 같은 조치를 취한 당사국이 전체 당사국의 50% 정도에 머물고 있다는 점이다. 따라서 동 협약의 국내적 이행을 효과적으로 하는 데는 큰 어려움이 있다는 점이다. ③ 동 협약에서 요구하는 폐기절차가 지연되고 있으며, 동시에 그 폐기에 막대한 비용이 소요된다는 점이다. 동 협약에서는 모든 화학무기와 그 생산시설을 발효 후 10년 또는 예외적으로 15년 이내에 폐기할 것을 요구하고 있다. 그럼에도 불구하고 미국·러시아 및 리비아는 스스로 자국의 폐기완료시한을 변경하여 화학무기금지기구에 제출함으로써 폐기시한을 연장하고 있다. 또한 폐기비용도, 스톡홀름 국제평화연구소의 견해에 의하면, 화학무기의 생산비용의 약 10배가 소요된다고 보고되고 있는 바, 이처럼 막대한 폐기비용은 동 협약의 이행에 부정적 영향을 끼친다는 점이다. ④ 동 협약에서는 광범위한 현지사찰제도와 독자적인 검증기구화학무기금지기구를 통해 효과적인 검증을 수행하고는 있지만, 사찰개시의 지연 등 기술적 측면에서의 한계와 검증대상의 광범위성으로 인한 시간과 비용의 과다한 소요 등 다양한 한계를 갖고 있다는 점이다. ⑤ 그 밖에도, 장래 국제적 협력의 개선과 관련한 문제 및 화학산업에 관한 기술과 비법의 교류에 관한 문제 등에서 미비점을 보이고 있다. 즉 동 협약이 컨센서스로 채택되기는 하였지만, 내면적으로 동 협약은 다양한 부분에서 다수 국가간의 타협의 산물이었기 때문에, 다방면에서 많은 문제점을 노출시키고 있는 것이다.

4편

재래식무기와 국제군축법

Ⅲ 미사일의 시험발사

1 북한의 미사일능력

2 북한의 미사일의 시험발사의 국제법적 평가

제1장

재래식무기와 그 규제과정

I 재래식무기의 정의

재래식무기라고 함은 전쟁법상의 해적수단인 무기들 중에서도 핵무기와 생물·화학무기 등 이른바 대량파괴무기를 제외한, 이를테면 종래부터 무력충돌에서 일반적으로 사용되어져 온 무기를 지칭한다. 또한 특정재래식무기라는 용어를 사용하기도 하는데, 이 경우 '특정'이라고 함은, 재래식무기 중에서도 그 성질상 특히 불필요한 고통 또는 과다한 상해를 일으키거나 혹은 무차별효과를 갖는 것으로 분류되는 특정 유형의 재래식무기를 말한다.

II 재래식무기의 규제과정

20세기 초까지의 재래식무기를 둘러싼 규제는 1863년의 리버훈령을 비롯하여 1874년의 브뤼셀선언, 1899년과 1907년의 헤이그 육전협약 및 그 부속규칙헤이그 육전규칙으로 진행되어 왔다.

그러나 그 후부터 1980년 특정재래식무기사용규제협약이 채택될 때까지의 약 70~80년 동안 재래식무기 규제분야에서의 발전은 불모지와 같은 시기였다. 그 기간 동안 있었던 성과라고 해야 소이성무기를 둘러싼 논의 정도가 고작이었다.

사실 소이성무기의 허용 여부를 둘러싼 논의는 결국 1980년 특정재래식무기

사용규제협약의 체결로 매듭지어졌으니, 그 논의가 헛된 것은 아니었다.

소이성무기라 함은 물질의 화학적 반응에 의해 발생하는 화염작용, 열작용 또는 이들의 복잡작용을 통해 물체에 화재를 발생시키거나 또는 사람에게 화상을 입히는 것을 주된 목적으로 설계된 무기 또는 탄약류를 지칭하는데, 그 대표적인 것으로는 네이팜[napalm]탄을 들 수 있다. 네이팜탄은 소이성무기의 일종으로서 폭발에 의해 3,000도에 달하는 소화불능의 화재를 발생시키며, 산소를 결핍시켜 질식의 상태를 만들며, 그 밖의 연소생성물의 독소효과를 수반한다. 일반적으로 네이팜탄은 대인살상용 또는 대게릴라용으로 사용하고 있다.

국제연맹시대에는 일반적으로 소이성무기의 사용을 위법시하는 견해가 지배적이었다. 그러나 제2차 세계대전을 통해 연합군 측이 소이성무기에 의한 공중폭격을 빈번히 감행하면서, 전쟁에서 승리한 연합군의 입장이 반영되어, 소이성무기의 합법성을 주장하는 견해가 등장하였다. 1960년대에 들어서면서 소이성무기의 일종인 네이팜탄의 허용성 여부가 주요한 논쟁의 대상으로 다시 등장하였는데, 그것은 베트남전쟁에서 네이팜탄이 광범위하게 사용되었기 때문이었다. 네이팜탄이 경작지와 삼림에 장기적 영향을 미치며 또한 사회 · 생태학적 변화를 야기하며 동시에 비인도적이며 불필요한 고통과 무차별적 효과를 야기한다는 점을 이유로, 국제사회는 네이팜탄을 명시적으로 금지하려는 인식이 팽배하였다. 이러한 점은 1965년의 제20차 적십자 국제회의의 결의[28호]와 1968년의 국제인권회의의 결의[제23호] 및 1968년의 유엔 총회결의[2,444호] 등에서도 그대로 확인되었는데, 상기 문서에서는 전투의 특정 방법 및 수단의 사용을 금지 또는 제한하기 위한 새로운 협약의 체결의 필요성이 강조되기도 하였다.

그 후 네이팜과 기타 소이성무기의 사용 등을 금지할 필요성이 유엔 사무총장의 보고서, 유엔 총회결의[UNGA. Res. 2852], 제네바 4개 협약에 대한 추가의정서의 정부전문가회의, 1974~1977년의 국제인도법 외교회의에서 각각 강조되었다.

이와 같은 움직임을 반영하여, 특정재래식무기에 대한 규제가 가시화되었던 바, 이처럼 국제인도법 외교회의에서 규제대상을 특정재래식무기에만 한정하고, 핵무기 등 대량파괴무기의 규제를 제외한 이유는 아래와 같다. 첫째 핵무기문제는 군축문제로서 그 당시에 이미 특정 강대국 간에 협상이 계속되고 있었다는 점, 둘째 재래식무기와는 달리 특정 강대국에 의한 핵무기의 보유는 오히려 강대국 간의 핵전쟁의 발생을 억지하는 역할을 행한다는 관념이 지배적이었다는 점, 셋째 핵무기문제를 재래식무기문제와 함께 다룬다는 것은 무기의 성질이나 동 외교회의의 성격에 비추어서 적절하지 못할 뿐만 아니라 결과적으로 함께 다루는 것이 오히려 특정 합의에의 도달을 어렵게 만들지도 모른다는 실제적 측면에서의 인식이 작용한 점 등이다.

또한 국제인도법 외교회의에서 일부 국가특히 강대국들은, 동 외교회의의 성격에 비추어 재래식무기의 사용규제문제를 다루는 것이 적절하지 못하다는 점과 재래식무기의 사용금지 또는 제한에 관한 기준을 정하는 작업이 기술적으로 곤란하다는 이유를 들어, 특정재래식무기의 규제문제를 다루는 데 처음부터 반대하였다. 그러나 현실적으로 무기의 사용을 규제함이 없이 1977년의 제1추가의정서상의 해적수단에 관한 기본원칙제35조 2항을 실현하기 어렵다는 점에서, 상기 기본원칙과 이를 구체화하는 특정재래식무기의 사용규제문제는 밀접한 상호 관련성을 갖는 문제이므로, 결국 동 외교회의에서는 특정재래식무기의 사용규제를 포함하여 국제인도법을 포괄적으로 재검토하고 재정립하려는 기본방침이 수락되었던 것이다.

상기와 같은 과정을 거쳐, 재래식무기의 사용문제는 국제인도법 외교회의의 특별위원회가 담당하였다. 동 특별위원회는, 국제적십자위원회ICRC의 전문가회의Luzern 1974년, Lugano 1976년가 제출한 보고서를 중심으로, 재래식무기의 사용규제문제를 1974년부터 1977년까지 비중 있게 다루었다.

그러나 재래식무기의 규제에 관한 미국을 비롯한 서구국가들과 구소련을 비롯한 동구국가들의 소극적 자세에 부딪혀 구체적 성과를 얻지 못하였다. 다만 1977년 국제인도법 외교회의 최종회기를 통해, 재래식무기에 관한 유엔 전권회의의 소집을 권고하는 '특정재래식무기의 사용 금지 또는 제한에 관한 후속조치'를 결의하는 정도의 성과를 얻었다. 동년 12월, 제32차 유엔 총회는 상기 결의를 확인함으로써, 이 문제에 관한 유엔 전권회의를 1979년 중에 개최할 것을 결의하였다. 이 결의에 의거하여 1979년 9월, 제1차 유엔 특정재래식무기사용규제회의가 개최되었다.

그러나 제1차 유엔 특정재래식무기사용규제회의에서도 마찬가지로 최종합의를 보지 못하였다. 다만 차기 회의를 결정한 유엔 총회결의UNGA. Res. 34/82에 따라, 제2차 유엔 특정재래식무기사용규제회의가 1980년 9월부터 10월까지 제네바에서 개최되었으며, 그 결과로서 1980년 10월 10일 '특정재래식무기사용의 금지 또는 제한에 관한 협약'Convention on Prohibitions or Restrictions on the Use of Certain Conventional Weapons which may be deemed to be excessively Injurious or to have Indiscriminate Effects 및 이것과 불가분의 일부를 구성하는 3개의 부속의정서가 채택되었다.

그 후 재래식무기의 규제분야는 추가적 결실을 맺게 되는데, 그 대표적인 규범이 1990년의 유럽에서의 재래식무기의 제한에 관한 조약CFE Treaty, 1997년의 대인지뢰금지협약APM Ban Convention, 2008년의 집속탄금지협약Convention on Cluster Munitions, 2013년의 무기거래금지조약Arms Trade Treaty 등이다.

제2장

재래식무기의 규제내용

재래식무기를 규제하는 문서로서는 후술하는 주요 조약이외에도 상트페테르부르크St. Petersburg선언, 담담탄또는 덤덤탄의 금지선언, 자동촉발기뢰의 부설에 관한 협약 등이 있다.

먼저 1868년의 상트페테르부르크선언에서는 '400g 이하의 작열성, 폭발성 또는 소이성 물질을 충전한 발사물'을 육군 또는 해군에서 사용함을 금지하고 있다. 따라서 400g 이하의 폭발물이라고 할지라도 발사물탄환이 아닌 수류탄으로 사용하는 것은 금지되지 않으며, 또한 400g 이상의 폭발성 발사물의 경우에는 금지의 대상이 되지 않는다. 결국 동 선언은 400g 이하의 폭발성 발사체의 사용으로 인해 전투원에게 불필요한 고통을 야기하는 것을 방지하고 또한 아울러 무익하게 전투원을 살상하는 것을 방지하는 데 그 목적을 두고 채택되었다. 그러나 상술한 것처럼 동 선언상의 금지범위가 극히 한정적이라는 점과 그마저도 총가입조항을 내포하고 있다는 점 등에서 한계를 지니고 있다.

다음으로 1899년의 헤이그평화회의에서 채택된 담담탄작열성탄환금지선언은 '총탄의 중심부를 외포로 완전하게 덮지 않거나 또는 외포에 자국을 새겨둠으로써 인체 내에서 쉽게 파열되거나 납작하게 되어 인체 내의 상처를 확대시키는 효과를 갖는 탄환담담탄의 사용을 금지'하고 있다. 동 선언은 전투원에게 불필요한 고통을 경감케 하기 위한 인도적 고려와 담담탄의 탄도가 고르지 않기 때문에 발생하는 총기의 손상방지라는 군사적 이유에 기인하여 채택되었지만, 총가입조항을 내포하고 있다는 점과 당사국이 대부분 서구제국뿐이라는 점에서 한계를 보이고 있다.

끝으로 1907년 헤이그평화회의에서 체결된 자동촉발기뢰의 부설에 관한 협약은 해전에서 해적수단으로 사용되고 있는 기뢰의 부설에 관해 규정하고 있다. 즉 1시간 이내에 무해화 되지 않는 무계류자동촉발기뢰, 계류를 벗어난 후 즉시 무해화 되지 않는 계류자동촉발기뢰, 불명중시 무해화 되지 않는 어뢰 등의 사용을 금지하고 있다. 그러나 "완전한 기뢰를 갖지 못한 체약국은 조속히 기뢰를 개량할 것을 약정한다."라는 동 협약 제6조로 인해, 체약국은 자국의 기술 부족을 빌미로 상기의 의무를 회피할 위험성이 있다.

I 환경변경기술의 군사적 이용금지협약(ENMOD Convention)

1960년대 후반이 되면서, 과학기술의 발달에 편승하여 무력충돌에서의 기상변경기술 또는 지구물리학적 무기의 사용금지문제가 대두되었다. 기상변경기술이라고 함은 인공적으로 비를 내리게 하거나 또는 안개를 일으키게 하거나 또는 태풍의 방향전환 등을 위한 기술을 의미하며, 지구물리학적 무기라고 함은 지진이나 해일 또는 기상이변을 일으키게 하는 무기 또는 장치를 의미한다.

1972년 스톡홀름에서 개최되었던 '유엔인간환경회의'에서 소위 환경변경기술의 군사적 이용에 관한 규제문제가 최초로 논의되었다. 이러한 논의의 직접적 배경은 베트남전에서 미군에 의해 자행되었던 우기연장조치로부터 기인하였다. 즉 베트남전에서 미군은 월맹군의 군사활동을 저지하기 위하여 우기연장을 목적으로 한 단기간의 기상조건의 변경을 시도하였던 것이다.

이와 같은 상황에서 1974년 구소련은 환경변경기술의 군사적 이용금지에 관한 협약초안을 유엔 총회에 제출하였다. 제29차 유엔 총회는 동 협약초안이 가능한 한 조속히 합의에 도달할 수 있도록 하기 위해 제네바 군축위원회 회의에 협조를 요청하였다.

1975년 미국과 구소련은 각각 별개의 협약초안을 제네바 군축위원회 회의에 제출하였으며, 이를 기초로 협상을 계속하였다. 그 결과 제네바 군축위원회 회의는 단일의 협약초안을 입안하였고, 그것을 유엔 총회에 송부하였다. 동 협약초안은 1976년 12월 10일 유엔 총회결의의 형식으로 채택되었는데, 이것이 '환경변경기술의 군사적 이용 또는 기타의 적대적 이용 금지협약'Convention on the Prohibition of Military or any other Hostile Use of Environmental Modification Techniques이다. 동 협약은 무력충돌에 있어서의 자연환경 보호에 관한 1977년의 제네바 4개 협약에 대한 제1추가의정서 제35조 3항과 제55조와 함께, 첨단기술의 남용으로부터 인간과 자연환경을 보호하려는, 국제인도법의 또 하나의 성과였다.

동 협약은 1977년 5월 18일 제네바에서 서명을 위해 개방되었으며, 1978년 10월 5일 효력이 발생하였다. 2018년 현재 당사국의 수는 77개국이다. 동 협약은 환경변경기술의 군사적 이용 및 기타 적대적 사용금지를 목적으로 하고 있다. 동 협약에서는 지진·조수·기후 등의 변경과 같은 현상들을 야기하는 광범위하고 장기적이며 극심한 효과를 가지는 환경변경기술의 사용을 금지하고 있다.

Ⅱ 특정재래식무기사용규제협약(Inhumane Weapons Convention)

특정재래식무기사용규제협약은 특정재래식무기의 사용을 규제하기 위하여, 1981년 4월 10일 뉴욕에서 서명을 위해 개방되었으며, 1983년 12월 2일 효력이 발생하였다. 그 후 2001년 11월 21일 원협약 제1조에 대한 개정[2004년 5월 18일 발효]이 있었고, 제2부속의정서의 개정, 제4부속의정서의 채택, 제5부속의정서의 채택 등으로 발전해 왔다. 현재 원 협약의 당사국의 수는 125개국, 개정된 협약의 당사국의 수는 86개국, 제1부속의정서의 당사국의 수는 118개국, 제2부속의정서의 당사국의 수는 96개국, 개정된 제2부속의정서의 당사국의 수는 104개국, 제3부속의정서의 당사국의 수는 115개국, 제4부속의정서의 당사국의 수는 108개국, 제5부속의정서의 당사국의 수는 94개국이다.

동 협약은 우산조약[umbrella treaty]의 형식을 취하고 있다. 즉 동 협약에서는 재래식무기의 사용규제에 관한 일반적 규정만을 두고, 그 규제대상이 되는 특정 무기에 관해서는 동 협약의 부속의정서에서 규제하고 있다. 각 부속의정서에서 구체적으로 금지하고 있는 것은 다음과 같다. 즉 제1부속의정서에서는 엑스선에 의해 탐지되지 않는 쇄편무기의 사용금지를, 제2부속의정서에서는 지뢰·부비트랩 및 기타 장치물의 사용금지를, 제3부속의정서에서는 소이성무기의 사용제한을, 제4부속의정서에서는 레이저무기의 사용금지를, 제5부속의정서에서는 폭발성 전쟁잔존물의 규제를 담고 있다.

동 협약에서는 재래식무기의 사용규제에 관한 일반적 규정만을 두고 있고, 직접적으로 사용의 규제대상이 되는 특정 무기에 관해서는 동 협약에 부속된 5개의 의정서에서 규정하고 있다. 특별히 동 협약에서는 그에 비준 또는 가입하고자 하는 국가는 최소한 2개의 부속의정서에 대하여 선택적으로 비준 또는 가입하여야 하며[동 협약 제4조 3항], 사후 어느 때라도 나머지 부속의정서에 대해 추가적으로 가입할 수 있도록 하고 있다[동 협약 제4조 4항]. 동 조약이 이러한 형태를 취한 이유는 동 협약 및 부속의정서를 조속하게 성립시키려는 현실적 측면을 고려한 것으로써, 특정의 의정서가 요구되는 비준을 얻지 못한 경우에도 이미 비준을 얻은 기타의 의정서는 동 협약과 함께 효력을 발생시킨다는 이점을 고려했기 때문이다.

최초의 1981년 협약에서는 3개의 부속의정서를 두었는데, 그 후 '동 협약에 대한 제1차 재검토회의'[the first Review Conference of the 1980 Convention on Certain Conventional Weapons]의 제1회기[1995.9.25~10.10, 비엔나]를 통해, 1995년 10월 13일 새로운 제4부속의정서를 채택하였으며, 또한 동 재검토회의의 제2·3회기[1996.1.15~1.19 및 1996.4.22~5.3, 제네바]를 통해, 1996년 5월 3일 제2부속의정서에 대한 개정안이 채택되었다.

21세기에 들어와서도 무기사용을 규제하려는 노력은 계속되었는데, 2001년 11월 21일 동 협약 제1조의 개정[2004년 5월 18일 발효]을 통해 동 협약의 적용범위를 비국제적 무력충돌에까지 확대하였으며, 2003년 11월 28일 제네바에서 동 협약에 대한 제5부속의정서[2006년 11월 22일 발효]가 채택되어 폭발성 전쟁잔존물[불발탄]에 대한 통제가 어느 정도 가능하게 되었다. 폭발성 전쟁잔존물의 규제를 위한 제5의정서[폭발성 전쟁잔존물에 관한 의정서, Protocol on Explosive Remnants of War]가 채택되었던 바, 그 주요내용은 아래와 같다.

동 의정서는 폭발성전쟁잔존물에 의한 무력충돌 후의 심각한 인도적 문제를 깊이 숙고하며, 그러한 잔존물의 위험과 영향을 최소화하기 위해 특정의 법규범이 필요하다는 인식하에서 채택되었다[동 의정서 전문].

동 의정서는 전문을 비롯해서 11개 조항으로 구성된 본문과 기술부속서로 구성되는데, 본문은 일반규정 및 적용범위, 정의, 폭발성전쟁잔존물의 원상회복·제거·폐기, 정보의 기록·보존 및 교류, 폭발성전쟁잔존물의 위험과 영향으로부터 민간주민과 민간물자의 보호를 위한 기타 예방조치, 폭발성전쟁잔존물의 영향으로부터 인도적 대표단과 조직체의 보호, 기존 폭발성전쟁잔존물에[1] 대한 지

1 기존 폭발성전쟁잔존물이란 본 의정서의 발효 이전에 각 당사국에 존재했던 폭발되지 않은 무기

원, 협력과 지원, 일반적 방지조치, 체약국 간의 자문 및 협력, 준수 등으로 구성되어 있는데, 그 주요내용을 소개하면 아래와 같다.

첫째 각 당사국은, 개별적으로 또는 기타 당사국과 협력하에, 무력충돌 후의 폭발성전쟁잔존물의 위험과 영향을 최소화하기 위하여 동 의정서에서 규정하고 있는 다양한 의무를 진다[동 의정서 제1조 1항].

둘째 동 의정서는 당사국의 내수를 포함한 육지의 폭발성전쟁잔존물, 개정된 동 협약 제1조 1항에서 6항까지 언급된 무력충돌로부터 야기되는 상황 및 기존 폭발성전쟁잔존물에[2] 적용된다[동 의정서 제1조 2항, 3항, 4항].

셋째 폭발성무기류를 사용한 국가는, 폭발성전쟁잔존물의 표시 및 원상회복·제거 또는 폐기를 용이하게 하기 위하여, 적대행위의 중단 후 유엔과 폭발성전쟁잔존물 관련 조직과 함께 기술적·재정적·물질적 또는 인적 지원을 제공하여야 한다[동 의정서 제3조 1항]. 또한 적대행위의 중단 후 그리고 가능한 한 실행 가능하게, 각 당사국과 충돌당사국은 자국의 통제하에 있는 영역 내에 있는 폭발성전쟁잔존물을 표시하거나 원상회복·제거 또는 폐기하여야 한다[동 의정서 제3조 2항].

넷째 각 당사국과 충돌당사국은, 폭발성 전쟁잔존물의 신속한 표시 및 원상회복·제거 또는 폐기를 용이하게 하기 위하여, 폭발성 무기류의 사용과 유기에 관한 정보를 가능한 한 폭넓고 실질적으로 기록하고 보존하여야 한다[동 의정서 제4조 1항].

Ⅲ 유럽에서의 재래식무기의 제한에 관한 조약(CFE 조약)

유럽에서의 재래식무기의 제한에 관한 조약은 유럽에서의 재래식무기의 제한을 목적으로 '대서양에서 우랄산맥에 이르는 지역'[Atlantic-to-the-Urals지역] 내에 위치하고 있는 개별 국가들에 대한 5가지의 특정 형태의 재래식무기[조약적용무기, treaty-limited equipment]의 수적 상한을 정하고 있는데, 그 5가지는 탱크, 장갑차, 대포, 전투기, 공격용 헬리콥터 등이다. 동 조약이 체결된 이후, 구소련이 해체됨으로 인하여 ATTU지역 내에 위치하고 있는 구소련의 개개 독립공화국들을 동 조약의 당

류와 유기된 폭발성무기류를 의미한다(동 의정서 제2조 5항).

2 기존 폭발성 전쟁잔존물에 대해서는 동 의정서 제3조, 제4조, 제5조 및 제8조만 적용된다(동 의정서 제1조 4항).

사국으로 만들 필요가 있었다. 1992년 5월 15일 상기 국가들은 '자국의 영역 내에 존재하고 있는 CFE 조약상의 적용무기에 대한 상한을 확인하는 4개의 의정서' 및 'CFE 조약의 원칙과 이행절차에 관한 협정'에 서명하였으며, 1992년 6월 5일 북대서양조약기구의 모든 당사국과 러시아, 루마니아, 몰도바, 벨라루스, 불가리아, 아르메니아, 아제르바이잔, 우크라이나, 체코슬로바키아, 폴란드 등이 스스로 CFE 조약의 당사국이 되는 'CFE 조약의 당사국임시회의의 최종문서'에 서명한 후, 동 조약은 효력을 발생하였다. 동 조약은 1990년 11월 19일 파리에서 서명되었으며, 1992년 11월 9일 효력이 발생하였다. 현재 동 조약의 당사국의 수는 30개국이다.

또한 유럽에서의 재래식무기 중 병력에 관한 협상의 최종문서CFE-1A Agreement는 1992년 7월 10일에 서명되었고, 상기 CFE 조약과 동시에 발효하였다. 동 최종문서는 정치적으로만 구속력 있는 합의로서, 'ATTU지역' 내에 있는 각 당사국이 배치할 수 있는 군 병력의 수에 대한 상한을 정하고 있다.

또한 CFE 조약의 적용에 관한 합의Agreement on Adaptation of the Treaty on Conventional Armed Force in Europe는 1999년 11월 19일 헬싱키에서 CFE 조약의 당사국에 의해 서명되었으나, 아직 발효하지 않고 있다. 동 합의는 바르샤바조약기구의 해체와 북대서양조약기구의 확대에 따른 유럽의 군사적 변동상황을 반영하기 위해 CFE 조약을 개정한 것으로서, 블록바르샤바조약기구 구성국과 북대서양조약기구 구성국별로 조약적용무기의 상한을 정했던 CFE 조약의 구조를 개별 국가별, 영토별로 그 상한을 정하고 있다.[3] 또한 동 합의에서는 과거 북대서양조약기구 또는 바르샤바조약기구의 구성국이 아니었던 국가에 대해서도 가입을 개방하고 있으며, 보다 강화된 투명성을 제공하도록 규정하고 있다.

3 '국가별' 또는 '영토별'의 의미에 관해서는 제1편 제4장을 참고하십시오.

Ⅳ 대인지뢰금지협약(APM Ban Convention)

대인지뢰금지협약은 모든 대인지뢰의 개발 · 생산 · 비축 · 취득 · 보유 · 이전 및 사용을 포괄적으로 금지하고 있으며, 동 협약의 발효 후 4년 이내에 기존 비축된 대인지뢰를 폐기하여야 하며, 발효 10년 이내 매설된 지뢰를 제거하도록 하고 있다. 동 협약은 1997년 12월 3~4일 오타와에서 그리고 12월 5일 뉴욕의 유엔 본부에서 서명을 위해 개방되었으며, 1999년 3월 1일 효력이 발생하였다. 현재 동 협약의 당사국의 수는 164개국이다.

오늘날 지구상에는 대인지뢰가 무려 1억 1천만 개나 매설되어 있는 것으로 추산되고 있으며, 그 결과 이러한 지뢰로 인한 민간인 사상자가 연간 약 25,000명 이상 발생하는 것으로 보고되고 있다. 따라서 대인지뢰로부터 민간인 희생자를 보호하는 문제는 국제사회가 직면한 중요한 문제 중의 하나라고 하겠다.

이에 대인지뢰를 전면적으로 규제하려는 시도가 1990년대 들어서면서 나타나기 시작하였으며, 특히 1993년 유엔 총회는 '대인지뢰의 수출정지결의안'UNGA Res. 48/75K을 만장일치로 채택하였으며, 1996년 5월 특정재래식무기사용규제협약의 제2의정서지뢰 등의 일반주민에 대한 무차별적 사용을 금지를 개정하여 대인지뢰를 포함한 지뢰에 대한 통제를 한층 강화하였다.

그럼에도 불구하고 상기의 의정서만으로는 지뢰피해를 방지하기가 어렵다고 판단한 국제적십자위원회 · 국제지뢰철폐운동International Compaign to Ban Landmines, ICBL을 비롯한 비정부간기구들과 캐나다 · 오스트리아 등 일련의 국가들의 지속적 지뢰철폐노력으로 인하여 마침내 1997년 9월 18일 오슬로Oslo에서 대인지뢰금지협약이 체결되었다.

동 협약은 22개 조항으로 구성되어 있으며, 그 주요내용은 다음과 같다.

첫째 모든 대인지뢰의 개발 · 생산 · 비축 · 취득 · 보유 · 이전 및 사용의 포괄적 금지이다동 협약 제1조 1항.

둘째 동 협약의 발효 후 4년 이내에 기존에 비축된 대인지뢰의 폐기 및 10년 이내에 매설된 지뢰의 제거, 국가 위기 시 6개월 전 통고 후 탈퇴, 기타 구체적 이행절차, 지뢰 관련 정보의 공개 및 지뢰폐기계획서의 제출 등이다.

이처럼 동 협약의 채택은 기존의 국제인도법의 여러 조약에 비하여 단기간에 채택되었다는 점, 전투수단의 규제에 대하여 국제인도법 차원에서 접근하여 특정재래식무기의 전면적 금지를 최초로 도출하였다는 점, 기존의 군축조약 내지 헤이그법이 체약국간의 타협을 통한 컨센서스에 의해 조약을 채택한 반면에 동 협약은 채택을 원하는 국가들만의 합의에 의하여 조약을 탄생시켰다는 점에서 의의가 있다.

V 집속탄금지협약(Convention on Cluster Munitions)

집속탄금지협약은 민간인에게 받아들일 수 없는 해악을 야기하는 집속탄의 사용·생산·양도 및 비축을 금지하고 있으며, 희생자의 보호와 복귀를 위한 적절한 준비를 보장하는 협력과 지원체제의 설치, 오염지역의 제거, 위험감소교육 및 비축물의 폐기 등에 관해 규정하고 있다.

일반적으로 집속탄이란 한 개의 모탄에 내포된 수백 개의 자탄이 분리폭발됨으로써 광범위한 지역 내에 있는 모든 인명과 물자에 치명적인 타격을 입히는 폭탄이다. 특히 불발탄이 약 40% 잔존함으로써 전투 종료 후에도 민간인의 생명을 위협하는 속성을 가지고 있다. 이처럼 전투와 무관한 민간인 피해가 크고, 피해자의 약 98%가 민간인이고, 또 그 민간인 피해의 1/4이 어린이라는 점에서 이에 대한 규제는 큰 의의가 있다고 평가된다.

동 협약은 2008년 12월 3일 오슬로에서 서명을 위해 개방되었으며, 2010년 8월 1일에 효력이 발생하였다. 현재 동 협약의 당사국의 수는 102개국이다.

VI 무기거래금지조약(Arms Trade Treaty)

무기거래금지조약은 재래식무기의 국제거래를 규제하기 위한 공통의 국제기준을 설정하고, 아울러 재래식무기의 불법적 거래를 방지하고 근절하기 위하여 체결되었다. 또한 동 조약에서는, 무기가 집단살해범죄·인도적 범죄 및 전쟁범죄에 사용되어지는 경우, 각 당사국으로 하여금 그러한 무기의 양도를 금지하고 있으며, 또한 무기수출국으로 하여금 해당 무기의 수출이 평화와 안전을 파괴하거나 또는 국제인도법 또는 국제인권법의 심각한 위반을 야기하는 성질이 있는지에 대한 평가를 요구하고 있다. 나아가 각 당사국은 재래식무기의 실제적 수출·입에 관한 연간보고서를 제출하여야 한다.

동 조약은 2013년 6월 3일 뉴욕에서 서명을 위해 개방되었으며, 2014년 12월 24일 효력이 발생하였다. 현재 동 조약의 당사국의 수는 94개국이다.

Ⅶ 바세나르(Wassenaar)체제 및 EU 이중용도규칙(EU Dual-Use Regulation)

바세나르체제는 재래식무기, 이중적 용도를 가진 재화 및 기술에 관한 수출통제체제로서, 특정 국가가 재래식무기, 민감한 이중적 용도를 가진 재화 및 군사기술을 취득하는 것을 방지하기 위하여 1996년에 설립되었다. 현재 동 체제의 회원국 수는 41개국이다.

EU 이중용도규칙은 이중적 용도를 가진 재화 및 기술의 수출통제를 위해 유럽연합이 1995년에 설립하였다.

Theory & Practice of Contemporary International Disarmament Law

제3장

재래식무기 군축의 한계

재래식무기의 규제는 아직 초보적 단계에 머물고 있으며, 그나마도 아래와 같은 3가지 측면에서 일반적인 한계를 보이고 있다.

첫째 지금까지 체결된 군축조약에 의한 재래식무기의 규제는 그 규제되는 무기의 종류가 매우 한정적이며, 그것마저도 구형무기만을 대상으로 규제하고 있다는 점이다. 결국 특정의 군사선진국이 보유하고 있는 실제로 규제의 필요성이 매우 높은 최신형무기 또는 첨단무기에 대한 통제는 거의 이루어지지 못하고 있다.

둘째 재래식무기를 통제하고 있는 조약들은 그 당사국의 수가 아직까지 소수에 머물고 있기 때문에 보편성 확보에 의문이 있다는 점이다. 특히 일류 군사강대국인 미국·러시아·중국 등이 재래식무기를 통제하는 군축조약에 거의 가입하지 않고 있다는 점은 재래식무기의 통제를 더욱 어렵게 만드는 요인이 되고 있는 것이다.

셋째 그 밖에도 구체적인 검증체제를 갖추고 있지 않다는 점 및 조약의 이행시 수반되는 재원을 각 당사국 스스로에 맡기고 있다는 점은 재래식무기의 통제를 어렵게 만드는 요인이 되고 있다.

이상과 같은 일반적 한계에 덧붙여서 주요 조약이 갖는 개별적 한계는 아래와 같다.

먼저 특정재래식무기사용규제협약의 한계이다.

동 협약의 부속의정서에서 규제되는 무기의 종류가 극히 제한적이라는 점이다. 그나마 그러한 사용금지는 제1부속의정서와 제4부속의정서에 의한 검출 불가능한 쇄편을 이용한 무기와 실명성레이저무기에 관해서는 절대적이지만, 기타 종류의 무기에 관해서는 전면적 사용금지가 아니고 오히려 그 사용을 합법화하는 결과를 가져오기도 한다는 점이다. 특히 현재까지 엑스선에 의한 탐지가 불가능한 무기가 존재하지 않는다는 점에서, 동 부속의정서는 미래에 출현할 무기에 대한 예방적 규정에 불과하다. 또한 개정된 제2부속의정서는 원래의 제2의정서보다 진일보한 것이기는 하나, 대인지뢰개념의 불명확성, 구체적 검증규정의 결여 및 재원의 확보와 관련한 이행상의 문제점 등을 가지고 있다.

다음으로 대인지뢰금지협약의 한계이다.

동 협약의 채택과정에서 군사강대국의 일부가 협약채택의 마지막 단계에서 이탈한 것은 동 협약의 이행에 커다란 장애가 될 것으로 예상된다. 또한 러시아·미국·인도·중국·파키스탄 등 주요 강대국 또는 지뢰생산국이 불참함으로써 실질적 효력이 의문시된다는 점이다.

특히 한국은 한반도의 예외적 상황즉 북한의 호전적 군사정책이라는 특수성, 수도방위의 절대성 및 지뢰의 사용을 통한 남침의 효과적 차단과 반격시간의 확보라는 군사적 필요성과 관련하여, 지뢰사용의 전면금지에 반대하고 한반도를 예외적 지역으로 인정받기 위해 노력하여 왔다. 그럼에도 불구하고 동 협약이 예외를 불허하는 전면적 금지규정을 두며 또한 유보를 허용하지 않음으로써, 한국은 동 협약에 가입하지 않고 있다.

참고문헌

[동양문헌]

① 서적

강병근/이재완(역), 『국제법』, 제3판, 삼우사, 2014.

강호, 『비확산규범의 집행에 관한 국제법적 연구』, 경희대학교 대학원 박사학위논문, 2010.

경희국제안보통상법연구센터(편), "수출통제의 최근 동향", 『안보통상연구』, 제1권 1호(창간호), 2007.3.

고봉준(역), 『핵무기의 정치』, 명인문화사, 2017.

김대순, 『국제법론』, 삼영사, 2015.

김영석, 『국제법』, 박영사, 2010.

김정균/성재호, 『국제법』, 박영사, 2008.

김충남/최종호, 『미국의 21세기 전쟁』, 오름, 2018.

김한택, 『현대국제법』, 지인북스, 2007.

류병운, 『국제법』, 제2판, 형설출판사, 2012.

박덕영, 『국제법 조약집』, 박영사, 2011.

이강언 외 4명, 『군사용어사전』, 양서각, 2012.

이민효, 『무력분쟁과 국제법』, 연경문화사, 2008.

이서항, 『PSI의 최근 진전상황과 주요 쟁점』, 2004.

이용호, 『전쟁과 평화의 법』, 영남대학교 출판부, 2002.

______, 『군축조약상의 검증제도에 관한 연구』, 영남대학교 대학원 박사학위논문, 1994.

이진호, 『미래전쟁, 첨단무기와 미래의 전장환경』, 북코리아, 2011.

이창위, 『일본제국 흥망사』, 궁리, 2005.

임채호/전상훈, 『사이버전쟁의 위협과 대응전략』, 인포더북스, 2013.

정운장, 『국제인도법』, 영남대학교 출판부, 1994.

정인섭, 『신국제법강의』, 박영사, 2019.

최석철 편), 『무기체계@현대 · 미래전』, 21세기군사연구소, 2005.

허남성, 『전쟁과 문명』, 플래닛미디어, 2015.
藤田久一 外 1人, 『軍縮條約 · 資料集』, 有信堂, 1997.
黑澤 滿, 『核軍縮と國際法』, 有信堂, 1992.
(財) 史料調査會 編, 『2000年版 世界軍事情勢』, 原書房, 2000.

② 논문

노병렬, "미국 핵정책의 변화와 한국의 안보전략", 『국제정치논총』, 제42집 제1호, 한국국제정치학회, 2002.
박철민, "PSI의 의의와 우리의 대응", 『서울국제법연구』, 제14권 1호, 2007.
이용호, "현대 국제군축법의 구조와 한계", 『국제법학회논총』, 제60권 제2호, 대한국제법학회, 2015.
_____, "내전에서의 희생자보호와 그 한계", 『법학논총』, 제27군 1호, 국민대학교 법학연구소, 2014.
_____, "우리나라에 있어서의 국제인도법의 발전과 한계", 『법학논총』, 제26권 3호, 국민대학교 법학연구소, 2014.
_____, "확산방지안보구상(PSI)의 발전과 한계", 『강원법학』, 제39권, 강원대학교 비교법학연구소, 2013.
_____, "제네바법의 발전과 현대적 과제", 『국제법학회논총』, 제56권 제4호, 대한국제법학회, 2011.
_____, "미사일기술통제체제(MTCR)의 한계", 『성균관법학』, 제21권 3호, 법학연구소, 2009.
_____, "헤이그법의 발전과 현대적 과제", 『국제법평론』, 제30호, 국제법평론회, 2009.
_____, "북한핵실험에 대한 국제법적 평가", 『법학연구』, 제48권 1호, 부산대학교 법학연구소, 2007.
_____, "핵무기비확산체제의 전개와 미국의 역할", 『성균관법학』, 제19권 1호, 법학연구소, 2007.
_____, "UN안전보장이사회결의 제1718호와 개성공단사업", 『안보통상연구』, 제1권 1호, 한국안보통상학회, 2007.
_____, "핵실험통제의 한계", 『국제법학회논총』, 제51권 제3호, 2006.
_____, "핵무기비확산조약(NPT)과 미국의 핵정책", 『국제법학회논총』, 제51권 제2호, 대한국제법학회, 2006.
_____, "북한의 핵무기비확산조약 탈퇴에 대한 법적 평가와 그 전망", 『성균관법학』, 제18권 제1호, 법학연구소, 2006.
_____, "북한의 핵문제에 관한 소고", 『영남법학』, 제9권 제1호, 영남대학교 법학연구소, 2002.
_____, "전후 핵무기 통제의 법적 평가와 과제 - 핵실험의 규제 등을 중심으로 -", 『국제법평론』, 제17호, 국제법평론회, 2002.

______, "전후 핵무기 통제의 법적 평가와 과제", 『사회과학연구』, 제22집 제1권, 영남대학교 사회과학연구소, 2002.
______, "NPT의 발달과 전망", 『계암 정용태박사 고희기념논문집 특별호』, 계암 정용태박사 고희기념논문집 간행위원회, 2002.
______, "군축조약 등에 의한 전시 환경의 보호", 『영남법학』, 제8권 1/2호(통권 제15/16호), 영남대학교 법학연구소, 2002.
______, "핵물질 등의 다자간 수출통제체제에 관한 고찰", 『사회과학연구』, 제21권 제2집, 영남대학교 사회과학연구소, 2002.
______, "국제법상 국가미사일방어(NMD)체제의 적법성", 『영남법학』, 제7권 제1.2호, 영남대학교 법학연구소, 2001.
______, "미사일기술통제체제(MTCR)에 관한 연구", 『국제법학회논총』, 제45권 제2호, 대한국제법학회, 2000.
______, "START제조약의 한계", 『심천 윤화우교수 정년기념논문집 특별호』, 심천 윤화우교수 정년기념논문집 간행위원회, 2000.
______, "국제인도법의 발달과 평가 : 무기사용의 규제를 중심으로", 『인도법논총』, 제20호, 대한적십자사 인도법연구소, 2000.
______, "SALT, INF협상 및 START", 『국제법평론』, 통권 제12호, 국제법평론회, 2000.
______, "군축의 일반적 성질", 『여해 김영구교수 화갑기념 - 한국과 바다의 국제법상 제문제 화갑논문집』, 여해 김영구교수 화갑기념논문집 간행위원회, 1999.
______, "핵무기의 통제와 UN의 역할", 『국제법학회논총』, 제44권 제1호, 대한국제법학회, 1999.
______, "핵무기의 사용 또는 그 위협의 위법성에 관한 연구-ICJ의 권고적 의견을 중심으로", 『국제법학회논총』, 제43권 제1호, 대한국제법학회, 1998.
______, "군축에 있어서의 검증의 일반적 성질", 『교수논총』, 제5집, 국방대학원, 1996.
______, "화학무기협약(CW Convention)상의 검증체제에 관한 연구", 『인도법논총』, 16호, 대한적십자사 인도법연구소, 1996.
정서용, "국제법질서의 한계와 대량살상무기확산방지구상(PSI)의 출현", 『서울국제법연구』, 제14권 1호, 2007.
채규철, "북핵문제의 전개 시나리오와 해결방향", 『국제정치논총』, 제44집 제4호, 2004.
최재선/김민수, "유엔 결의(1818호)에 따른 북한 선박 및 화물 검색은 가능한가?", 『해양수산 현안분석』, 한국해양수산개발원, 2006.

[서양 문헌]

① Books

Banks, William(ed), *New Battlefields Old Law*, Columbia Univ. Press, 2011.

Bergen, Peter/Rothenberg, Daniel(ed), Drone Wars, Cambridge Univ. Press, 2015.

Best, Melvin/Hughes-Wilson, John/Pointkowsky, Andrei, *Strategic Stability in the Post-Cold War World and the Future of Nuclear Disarmament*, Kluwer Academic Publishers, 1995.

Black-Branch, Jonathan/Fleck, Dieter(ed), *Nuclear Non-Proliferation in International Law*, ASSER Press, 2014.

Blank, Laurie/Noone, Gregory, *International Law and Armed Conflict*, Wolters Kluwer Law & Business, 2013.

Boothby, William, *Weapons and the Law of Armed Conflict*, Oxford Univ. Press, 2009.

Boothby, William, *Conflict Law*, ASSER Press, 2014.

Byers, R. B(ed), *The Denuclearisation of the Oceans*, St. Martin's Press, 1986.

Casey-Maslen, Stuart(ed), *The War Report : Armed Conflict in 2013*, Oxford Univ. Press, 2014.

Chatterji, Manas/Forcey, Linda(ed), *Disarmament, Economic Conversion, and Management of Peace*, PRAEGER, 1992.

Chatterji, Manas/Jager, Henk/Rima, Annemarie(ed), *The Economics of International Security*, St. Martin's Press, 1994.

Chazournes, Laurence/Sands, Philippe, *International Law, the International Court of Justice and Nuclear Weapons*, Cambridge Univ. Press, 1999.

Cole, Leonard, *The Eleventh Plague*, W. H. Freeman and Company, 1997.

Detter, Ingrid, *The Law of War*, Ashgate Publishing Company, 2013.

Dinstein, Yoram, *Non-International Armed Conflicts in International Law*, Cambridge Univ. Press, 2014.

Dixon, Joe, *Defeat and Disarmament*, Univ. of Delaware Press, 1986.

Duffy, Helen, *The 'War on Terror' and the Framework of International Law*, Cambridge Univ. Press, 2015.

Feighery, Timothy/Gibson, Christopher/Rajah, Trevor(ed), *War Reparations and the UN Compensation Commission*, Oxford Univ. Press, 2015.

Gallagher, Nancy, *The Politics of Verification*, The Johns Hopkins Univ. Press, 1999.

International Court of Justice, *Legality of the threat or use of nuclear weapons,*

Advisory Opinion, 8 July 1996.

Karayanni Michael, *Conflicts in a Conflict*, Oxford Univ. Press, 2014.

Klein, Lawrence/Lo, Fu-chen/McKibbin, Warwick(ed), *Arms Reduction*, United Nations Univ. Press, 1995.

Kovel, Joel, *Against the State of Nuclear Terror*, South End Press, 1983.

Krepon, Michael/Umberger, Mary, *Verification and Compliance*, Ballinger Publishing Company, 1988.

Lubell, Noam, *Extraterritorial Use of Force Against Non-State Actors*, Oxford Univ. Press, 2010.

McKercher, B. J. C(ed), *Arms Limitation and Disarmament*, PRAEGER, 1992.

McLeod, Travers, *Rule of Law in War*, Oxford Univ. Press, 2015.

Nasu, Hitoshi/McLaughlin(ed), *New Technologies and the Law of Armed Conflict*, ASSER Press, 2014.

Ramberg, Bennett, *Arms Control Without Negotiation*, Lynne Rienner Publishers, 1993.

Randers, Jorgen, *A Global Forecast for the Next Forty Years 2052*, Chelsea Green Publishing, 2012.

Roscini, Marco, *Cyber Operations and the Use of Force in International Law*, Oxford Univ. Press, 2014.

Sagan, Scott/Waltz, Kenneth, *The Spread of Nuclear Weapons*, W. W. Norton & Company, 2003.

Singh, Judge Nagendra/Edward McWhinney,Q.C(ed), *Nuclear Weapons and Contemporary International Law*, Martinus Nijhoff Pub., 1989.

Sivakumaran, Sandesh, *The Law of Non-International Armed Conflict*, Oxford Univ. Press, 2012.

Stockholm International Peace Research Institute, *World Armament and Disarmament -SIPRI Yearbook 1977*, Oxford Univ. Press, 1977.

____________________, *SIPRI Yearbook 1989-World Armaments and Disarmament*, Oxford Univ. Press, 1989.

____________________, *SIPRI Yearbook 1990-World Armaments and Disarmament*, Oxford Univ. Press, 1990.

____________________, *SIPRI Yearbook 1992-World Armament and Disarmament*, Oxford Univ. Press, 1992.

____________________, *SIPRI Yearbook 1993-World Armaments and Disarmament*, Oxford Univ. Press, 1993.

____, *SIPRI Yearbook 2005-Armaments, Disarmament and International Security*, Oxford Univ. Press, 2005.
____, *SIPRI Yearbook 2011-Armaments, Disarmament and International Security*, Oxford Univ. Press, 2011.
____, *SIPRI Yearbook 2012-Armaments, Disarmament and International Security*, Oxford Univ. Press, 2012.
____, *SIPRI Yearbook 2013-Armaments, Disarmament and International Security*, Oxford Univ. Press, 2013.
____, *SIPRI Yearbook 2014-Armaments, Disarmament and International Security*, Oxford Univ. Press, 2014.
____, *SIPRI Yearbook 2015-Armaments, Disarmament and International Security*, Oxford Univ. Press, 2015.
____, *SIPRI Yearbook 2016-Armaments, Disarmament and International Security*, Oxford Univ. Press, 2016.
____, *SIPRI Yearbook 2017-Armaments, Disarmament and International Security*, Oxford Univ. Press, 2017.
____, *SIPRI Yearbook 2018-Armaments, Disarmament and International Security*, Oxford Univ. Press, 2018.
Sur, Serge, *A Legal Approach to Verification in Disarmament and Arms Limitation*, UN, 1988.
Sur, Serge(ed), *Disarmament Agreements and Negotiations the Economic Dimension*, Dartmouth Publishing Company Limited, 1991.
Thucydides, *The Peloponnesian War*, Penguin Books, 1972.
Towle, Philip, *Enforced Disarmament*, Clarendon Press, 1997.
UN, *The United Nations and Disarmament : 1945~1970*, UN Publication, 1971.
___, *The United Nations and Disarmament : 1970~1975*, UN Publication, 1976.
___, *The United Nations and Disarmament : A short history*, UN Department for Disarmament Affairs, 1988.
___, *Verification and the United Nations*, UN Department for Disarmament Affairs, 1991.
___, *The United Nations Disarmament Yearbook 1993*, Centre for Disarmament Affairs, 1994.
___, *The United Nations Disarmament Yearbook 1995*, Centre for Disarmament Affairs, 1996.
Weill, Sharon, *The Role of National Courts in Applying International Humanitarian*

Law, Oxford Univ. Press, 2014.
Wittner, Lawrence, *Resisting the Bomb*, Stanford Univ. Press, 1997.
Woolsey, R. James, *Nuclear Arms*, ICS Press, 1984.
Yoo, John, *Point of Attack*, Oxford Univ. Press, 2014.

② Articles

Ahlstrom, Christer, "The Proliferation Security Initiative : international law aspects of the Statement of Interdiction Principles", *SIPRI Yearbook 2005-Armaments, Disarmament and International Security*, Oxford Univ. Press, 2005.
Bauer, Sibylle/Dunne, Aaron and Micic, Ivana, "Strategic trade controls : countering the proliferation of weapons of mass destruction", *SIPRI Yearbook 2011-Armaments, Disarmament and International Security*, Oxford Univ. Press, 2011.
Burns, Richard Dean, "An Introduction to Arms Control and Disarmament", *Encyclopedia of Arms Control and Disarmament*, Vol. I , Macmillan Publishing Company, 1993.
Firmage, Edwin Brown, "The Treaty on the Non-Proliferation of Nuclear Weapons", *AJIL*, Vol.63, 1969.10.
Flowerree, Charles C., "Chemical and Biological Weapons and Arms Control", *Encyclopedia of Arms Control and Disarmament*, Vol. II, Macmillan Publishing Company, 1993.
Guilfoyle, Douglas, "Maretime Interdiction of Weapons of Mass Destruction", *Journal of Conflict & Security Law*, Oxford Univ. Press, 2007.
Krass, Allan S., "Arms Control Treaty Verification", *Encyclopedia of Arms Control and Disarmament*, Vol. I , Macmillan Publishing Company, 1993.
Piasecki, Edmund /Gati, Toby Trister, "The United Nations and Disarmament", *Encyclopedia of Arms Control and Disarmament*, Vol. II, Macmillan Publishing Company, 1993.
Richards, Paul G., "Stages Towards A New Test Ban", *Verification and Compliance*, Ballinger Publishing Company, 1988.

[웹사이트]

http://disarmament.un.org/treaties/
http://www.dvidshub.net/news/103524/saharan-express-2013-concludes-senegal
https://www.icrc.org/en/home
http://news.mofat.go.kr/enewspaper/articleview.php?master=&aid=5047&ssid=24&mvid=1476
http://www.nti.org/treaties-and-regimes/proliferation-security-initiative-psi/
http://www.state.gov/t/isn/c27726.htm
http://www.state.gov/t/isn/c277700.htm
http://www.state.gov/t/isn/c27732.htm
http://www.treaties.un.org/doc/db/Terrorism/Conv8-english.pdf
http://www.un.org/
http://en.wikipedia.org/wiki/Proliferation_Security_Initiative

약 어 표

ABM	Anti-Ballistic Missile
AEC	Atomic Energy Commission
AG	Australia Group
APM	Anti-Personnel Mine
APMC	Anti-Personnel Mines Convention
ATT	Arms Trade Treaty
ATTU	Atlantic-to-the Urals
BCC	Bilateral Consultative Commission
BTWC	Biological and Toxin Weapons Convention
BWC	Biological Weapons Convention
CBM	Confidence-Building Measure
CBW	Chemical and Biological Weapon/Warfare
CCM	Convention on Cluster Munitions
CCA	Commission for Conventional Armament
CCD	Conference of the Committee on Disarmament
CCW	Certain Conventional Weapons
CD	Conference on Disarmament
CD	Committee on Disarmament
CFE	Conventional Armed Forces in Europe
CTBT	Comprehensive Test Ban Treaty
CTBTO	Comprehensive Test Ban Treaty Organization
CWC	Chemical Weapons Convention

DC	Disarmament Commission
ENCD	Eighteen-Nation Committee on Disarmament
EU	European Union
FMCT	Fissile Material Cut-OFF Treaty
IAEA	International Atomic Energy Agency
ICBM	Intercontinental Ballistic Missile
ICJ	International Court of Justice
IWT	Inhumane Weapons Treaty
INF	Intermediate-Range Nuclear Forces
INFT	Intermediate-Range Nuclear Forces Treaty
MIRV	Multiple Independently Targetable Re-entry Vehicle
MTCR	Missile Technical Control Regime
NAM	Non-Aligned Movement
NATO	North Atlantic Treaty Organization
NGO	Non-Governmental Organization
NPT	Non-Proliferation Treaty
NSG	Nuclear Suppliers Group
NTM	National Technical Means
NWS	Nuclear Weapon State
OPANAL	Agency for the Prohibition of Nuclear Weapons in Latin American and the Caribbean
OPCW	Organization for the Prohibition of Chemical Weapons
OST	Outer Space Treaty
PNET	Peaceful Nuclear Explosion Treaty
PSI	Proliferation Security Initiative
PTBT	Partial Test Ban Treaty
SALT	Strategic Arms Limitation Talks
SALW	Small Arms and Light Weapon
SIPRI	Stockholm International Peace Research Institute
SLCM	Sea-Launched Cruise Missile
SORT	Strategic Offensive Reductions Treaty

SRBM	Short-Range Ballistic Missile
START	Strategic Arms Reductions Treaty/Talks
TLE	Treaty-Limited Equipment
TNCD	Ten-Nation Committee on Disarmament
TPNW	Treaty on the Prohibition of Nuclear Weapons
TTBT	Threshold Test Ban Treaty
UAE	United Arab Emirates
UAV	Unmanned Aerial Vehicle
UN	United Nations
UNABDS	UN Advisory Board on Disarmament Studies
UNIDIR	UN Institute for Disarmament Research
UNODA	UN Office for Disarmament Affairs
WA	Wassenaar Arrangement
WMD	Weapons of Mass Destruction

찾아보기

(ㄱ)

(ㄴ)

(ㄷ)

(ㄹ)

(ㅁ)

(ㅂ)

(ㅅ)

(ㅇ)

(ㅈ)

(ㅊ)

(ㅋ)

(ㅌ)

(ㅍ)

(ㅎ)

저자약력

이용호(李龍浩)

저자 이용호는 1962년 경상북도 경주에서 태어나 경주고등학교를 졸업한 후 영남대학교에서 학사 · 석사 및 박사학위를 받았다. 영남대학교 법과대학 학장, 순천향대학교 법학과 전임강사, 방위사업청 대표옴부즈만(제3대 · 제4대), 방송통신위원회의 방송분쟁조정위원회 위원 및 미국 인디애나대학교 로스쿨 연구교수를 역임하였고, 현재 영남대학교 법학전문대학원 교수, 외교부 국제인도법 한국위원회 위원, 대한적십자사 인도법자문위원회 위원, 제2작전사령부 자문위원회 위원, 행정안전부 정책자문위원회 위원, 경상북도 독도위원회 위원 등으로 있다. 주요 연구 분야는 국제군축법 및 국제인도법이다.

현대 국제군축법의 이론과 실제

초판발행 2019년 3월 30일

지은이 이용호
펴낸이 안종만 · 안상준

편 집 장웅진
기획/마케팅 장규식
표지디자인 김연서
제 작 우인도 · 고철민

펴낸곳 (주) 박영사
서울특별시 종로구 새문안로3길 36, 1601
등록 1959. 3. 11. 제300-1959-1호(倫)
전 화 02)733-6771
f a x 02)736-4818
e-mail pys@pybook.co.kr
homepage www.pybook.co.kr
ISBN 979-11-303-3371-7 93360

정 가 23,000원